T0107864

DANS LA MÊME COLLECTION

PSYCHOLOGIE MORALE

TEXTES CLÉS

PSYCHOLOGIE MORALE

Autonomie, responsabilité et rationalité pratique

Textes réunis et traduits
par
Marlène JOUAN

PARIS
LIBRAIRIE PHILOSOPHIQUE J. VRIN
6, place de la Sorbonne, V^e
2008

L'éditeur s'est employé à identifier tous les détenteurs de droits. Il s'efforcera de rectifier, dès que possible, toute omission qu'il aurait involontairement commise.

INTRODUCTION GÉNÉRALE

Les choses qui dépendent de nous et celles qui n'en dépendent pas. – Comment les départager ? Je ne sais pas.

Parfois je me sens responsable de tout ce que je fais, alors que, en y réfléchissant bien, j'ai suivi une impulsion dont je n'étais pas maître ; – d'autres fois, je me crois conditionné et asservi, et cependant je n'ai fait que me conformer à un raisonnement conçu en dehors de toute contrainte, même… rationnelle.

Impossible de savoir quand et comment on est libre, quand et comment manœuvré. Si, chaque fois, on voulait s'examiner pour identifier la nature précise d'un acte, on déboucherait plutôt sur un vertige que sur une conclusion. On en déduira que s'il y avait une solution au problème du libre arbitre, la philosophie n'aurait aucune raison d'exister.

E.M. Cioran, *Écartèlement*, dans *Œuvres complètes*

Voyez-vous, n'est-ce pas, messieurs, la raison est une bonne chose, c'est indiscutable, mais la raison n'est jamais que la raison et ne satisfait que la faculté raisonnante de l'homme, tandis que le vouloir est la manifestation de toute une vie, je veux dire de toute la vie d'un homme, y compris et sa raison et tout ce qui le démange. Et quoique dans cette manifestation-là, notre vie semble bien souvent ne pas vouloir tripette, c'est quand même la vie, et pas seulement l'extraction d'une racine carrée.

F.M. Dostoïevski, « Le souterrain », dans *Notes d'un souterrain*

La psychologie morale trouve son point de départ dans l'idée que la philosophie morale, si elle veut être intelligible, a besoin de faire de la psychologie, c'est-à-dire d'étudier les états mentaux, les processus cognitifs et motivationnels, les dispositions du caractère, les sentiments et les émotions impliqués dans notre « souci » de la moralité et dans notre capacité à agir moralement. L'injonction de G.E.M. Anscombe, dans un texte fondateur dénonçant les four-voiements de la « philosophie morale moderne » (1958), peut être considérée comme son mot d'ordre : sauf à disposer d'une philosophie de la psychologie adéquate, nous devrions tout simplement cesser de faire de la philosophie morale. On peut, comme l'ont fait Anscombe et à sa suite nombre des théoriciens de ce qu'on appelle aujourd'hui « l'éthique de la vertu » par opposition aux deux grandes traditions normatives que constituent le déontologisme et l'utilitarisme, rechercher l'antidote à un tel renoncement chez Aristote. Ce n'est cependant pas la seule option possible : toute enquête philosophique sur la normativité qui, plutôt que de se focaliser sur les fondements et les lois de l'action morale, commence par s'intéresser à l'agent lui-même dans sa particularité, s'engage dans ce projet « thérapeutique ». Non pas seulement « Que dois-je faire ? » ou « Quelle est l'action ici requise ? », mais « Quel type de personne est-ce que je désire ou devrais être ? », « Quelle forme de vie est-ce que je veux faire mienne ? » : telles sont les questions que se pose le sujet de la psychologie morale, et qui donnent à cette discipline son fil conducteur.

Cette orientation en fait en réalité moins l'adversaire de la philosophie morale que le perturbateur d'un potentiel « sommeil dogmatique » trop bien gardé par quelques fameuses dichotomies : la *valeur* ne saurait être dérivée du *fait*, le *devoir* n'a rien à demander au *pouvoir*, pas plus que *ce qui doit être* n'a de compte à rendre à *ce qui est*. En ce sens, la psychologie morale ouvre dans la philosophie morale un terrain empirique qui joue en même temps le rôle d'épreuve critique des concepts normatifs qu'elle mobilise, sans que cette épreuve signifie nécessairement dissolution ou exclusion. Alors qu'au milieu du XXe siècle, la scène de la philosophie morale analytique était occupée par la « méta-éthique » – l'examen de la signification des énoncés moraux, de leurs relations avec d'autres types d'énoncés et de leur statut épistémologique – cette démarche prolonge aujourd'hui le second héritage de L. Wittgenstein, plus fidèle et fertile que le premier, celui de l'*expérience* de l'éthique et de nos *pratiques* morales[1]. Depuis le début des années 1970, l'idée qu'une théorie normative échouant à satisfaire des réquisits psychologiques minimaux – c'est-à-dire présupposant une conception trop pauvre ou empiriquement intenable du sujet moral – est non seulement partielle mais partiale, rencontre ainsi un consensus croissant : on ne saurait exiger des agents moraux davantage que ce qu'ils peuvent donner, ni leur demander de satisfaire ces exigences à n'importe quel prix, en particulier celui du sacrifice de ce qu'ils *sont* et d'une vie humaine qu'il vaut la peine de vivre[2]. La psychologie morale contemporaine renoue ainsi également avec un principe humien par excellence : l'« enquête sur les principes de la morale » ne peut, à moins de rester stérile, s'affranchir de la « science de la nature humaine ». Dans cette perspective, les textes réunis dans ce recueil adossent leurs questionnements philosophiques concernant les valeurs et les normes de l'action et du jugement à une anthropologie qui se veut, du moins en principe, résolument réaliste.

LA PSYCHOLOGIE MORALE

La psychologie morale se présente comme une enquête « hybride », au carrefour d'une interrogation sur la normativité et d'une description du fonctionnement psychologique des individus en contexte ou « situés », engagés dans des rapports concrets avec eux-mêmes, autrui, et plus généralement avec leur milieu de vie social et symbolique. Au-delà des orientations théoriques particulières qu'elle recouvre (internalisme ou externalisme), sa focalisation sur l'agent est déprise de toute « métaphysique du sujet »,

1. Sur le double héritage de Wittgenstein en philosophie morale, voir Laugier 2004b.

2. Voir notamment Flanagan 1996a et 1996b, Stocker 1976 et Williams 1990 et 1976.

privé de la transparence et de la souveraineté qui caractérisaient l'*ego* cartésien. C'est ce qui en fait la fille des deux courants qui, au XXᵉ siècle, ont « démystifié » la subjectivité : la psychanalyse d'une part, avec ses antécédents nietzschéens, la philosophie du langage d'autre part, du structuralisme à Wittgenstein [1] (voir Honneth 1993, *infra*, p. 347-348). Mais démystification n'est pas suppression : comme son nom l'indique, la psychologie morale est bien un type d'investigation du psychisme ou du mental, ce qui suppose à tout le moins que cet objet puisse être circonscrit, décrit et modélisé de manière suffisamment autonome, et que l'on s'autorise à entrer dans les arcanes de l'intériorité. Si le sujet de la psychologie morale a perdu sa vieille consistance ontologique de chose, substantielle aussi bien que nouménale, il n'est pas non plus tout à fait un « complément comme les autres » [2].

D'un autre côté, la psychologie morale est trop « philosophique » pour être considérée, plus ou moins sur le modèle des sciences de la nature, comme une « science de l'esprit », visant à rechercher les lois et les causes de l'agir humain, même envisagé sous l'angle particulier de ses dimensions morales ou éthiques. Elle ne se rattache *a priori* à aucun « psychologisme », qu'il soit de type introspectif, comportemental ou cognitif. La psychologie morale reste une enquête conceptuelle, et en ce sens elle résiste par principe à toute tentative de naturalisation intégrale de l'esprit. Les concepts qu'elle emploie pour désigner les phénomènes mentaux sont d'ailleurs empruntés, pour la plupart, à la « psychologie populaire » ou psychologie du « sens commun » : ce sont « des concepts du quotidien » [3] dont la légitimité, eu égard à l'objectif de l'enquête, n'a pas à être mise en doute (même si cela n'implique aucune

1. *Encore* Wittgenstein donc, mais ici pour sa critique du mentalisme. À ce sujet, voir Bouveresse 1976.

2. Nous reprenons avec cette expression le point de départ de l'enquête grammaticale menée par V. Descombes, *Le complément de sujet. Enquête sur le fait d'agir de soi-même*, 2004.

3. Selon la formule de Wittgenstein dans ses *Remarques sur la philosophie de la psychologie*, 1994, § 62, p. 13.

souscription à l'ontologie mentaliste naïve que leur usage ordinaire véhicule). Ils constituent bien au contraire la matière même de la recherche, à partir de laquelle on va chercher à *rendre raison* de la possibilité de normes contraignantes d'action, des attitudes et du comportement des individus à l'aune de ces normes, ainsi que des différents types d'évaluation normative dont ils font l'objet. Dans cette mesure, bien que la psychologie morale rencontre inévitablement des questions d'ordre métaphysique sur la nature de la causalité et de la liberté de la volonté, elle n'est pas tenue d'y répondre sur ce terrain : que le déterminisme soit vrai ou faux, c'est-à-dire que toute action humaine puisse ou non s'expliquer par des causes nécessaires (qu'elles soient naturelles ou qu'elles relèvent de la socialisation), la conception ordinaire que nous avons de nous-mêmes et les pratiques de justification et de jugement qui y correspondent constituent une base suffisante pour s'interroger sur les conditions et les implications psychologiques de la normativité.

Qu'une telle enquête soit légitime ne va pas de soi. Elle suppose, en effet, de passer outre la séparation kantienne de principe entre la « métaphysique des mœurs » d'une part, complètement indépendante de l'expérience, et l'« élément empirique » de la morale d'autre part, réunion d'observations psychologiques, sociologiques ou anthropologiques sur les principes de la moralité qui ne pourraient, en dernière instance, qu'achopper sur le « cher moi », et frapperaient ainsi d'inanité le concept même de devoir [1]. La psychologie morale s'élève précisément contre une telle division du travail, de sorte que son épistémologie est nécessairement pluraliste : empruntant ses méthodes à la philosophie analytique (l'analyse, la logique, l'expérience de pensée, l'exemple), elle sort également des départements de philosophie en allant puiser ses ressources dans les sciences humaines (psychanalyse, psychologie sociale, histoire, anthropologie, droit...) et les neurosciences.

---

1. Voir Kant, *Fondements de la métaphysique des mœurs*, section II, surtout p. 104-113 et 136-138, trad. fr. V. Delbos revue par A. Philonenko, Paris, Vrin, 2004 [*infra*, p. 60-61].

Il n'y a aucune raison, dans cette perspective, de faire des théories du développement moral (successivement représentées par J. Piaget en France et L. Kohlberg aux États-Unis, et influencées par la conception kantienne de la moralité) un outil heuristique privilégié. Grossièrement esquissées, ces versions génétiques de la psychologie morale visent à dégager, à partir d'études empiriques, de tests et d'entretiens, les différents stades d'intégration et de mise en œuvre des règles morales, de la prime enfance à la maturité de l'âge adulte : où et comment s'effectue le passage de l'hétéronomie à l'autonomie chez Piaget (1923), le passage du réalisme moral naïf au respect de l'impératif catégorique chez Kohlberg (1981 et 1984). Tandis que les conclusions de Piaget apparaissent aujourd'hui simplistes et empiriquement suspectes, celles de Kohlberg, malgré la crédibilité des stratégies proposées dans le domaine de l'éducation morale, plient sous les accusations d'hyper-rationalisme, notamment celles de la critique féministe avancée par Carole Gilligan (1986), et plus généralement par les éthiques du *care* [1]. À tout le moins, ce modèle développemental sera donc complété par des approches en termes *personnalistes* d'une part, qui font du moi individuel le centre de gravité de la normativité ; et les approches en termes de *situation* d'autre part, qui mettent l'accent sur la « forme de vie » et le contexte intersubjectif de l'intériorisation et de l'autorité des normes.

---

1. Pour une présentation française générale des éthiques du *care*, telles qu'elles se sont développées, dans différents champs de problématisation et d'application, depuis la parution de l'ouvrage de C. Gilligan, voir Paperman et Laugier 2005. Pour une introduction synthétique à la psychologie du développement, que nous ne traiterons pas davantage, voir en français Moessinger 1996 ; pour une discussion critique du débat Gilligan/Kohlberg, voir Flanagan et Jackson 1987, et Blum 1988. Edelstein, Nunner-Winckler et Noam 1993 (4ᵉ partie), Kagan et Lamb 1987, ainsi que Wren 1990 (parties II et III), proposent plusieurs analyses de l'apport de la psychologie du développement à la psychologie morale et à la philosophie morale en général.

AUTONOMIE ET LIBERTÉ D'ACTION

Qu'ils empruntent l'une ou l'autre de ces deux directions épistémologiques, les textes réunis dans ce volume ont en commun une réflexion sur l'identité personnelle, sur ce que c'est qu'être un *moi*, un sujet ou une personne, et pas seulement un agent moral *tout court*. La question n'est pas nécessairement posée en ces termes, mais elle est sous-jacente à l'entreprise visant à dégager les conditions de possibilité psychologiques d'une existence humaine *autonome*, une existence dans laquelle nous sommes, eu égard à nos désirs et à nos croyances, proprement « nous-mêmes » et non le simple jouet de la Fortune. Dans cette mesure, le modèle hobbésien de ce que la philosophie analytique anglo-saxonne nomme *agency*, et que nous traduirons par « agentivité » – en entendant par-là les qualités et les dispositions propres à l'auteur d'une action, à ce qui le fait agir tout autant qu'à ce par quoi il agit – constitue une fin de non-recevoir. Nos motifs d'action ne sauraient se réduire à des forces causales : ils ont un contenu propositionnel qui, à l'aune de normes définies subjectivement et/ou objectivement, leur confère certaines qualités distinctives. Si, lorsque nous parlons de la liberté humaine, nous n'entendions rien d'autre que l'absence d'obstacles à la réalisation du « dernier appétit dans la délibération »[1], la psychologie morale n'aurait tout simplement pas lieu d'être. C'est dire que nous avons besoin, pour comprendre *qui* agit et *pourquoi*, d'enquêter sur les conditions positives de l'accomplissement de soi, et pas seulement, ni même nécessairement, sur les conditions négatives de la réalisation de nos désirs[2]. Le concept d'autonomie personnelle est en ce sens plus « épais » que celui de liberté d'action.

Le point de départ des développements contemporains au sujet de l'autonomie personnelle est précisément la démonstration, par

---

1. Hobbes, *Léviathan*, trad. fr. F. Tricaud et M. Pécharman, Paris, Vrin, 2004, chap. VI, p. 56. Pour la définition de la liberté de la volonté, voir chap. XXI.

2. Pour une critique de la conception hobbésienne de la liberté, voir par exemple Neely 1974, Taylor 1997a, Frankfurt 1998.

Harry Frankfurt (1971, *infra*, p. 79 *sq.*), de l'insuffisance des formulations du problème de la liberté en termes de liberté d'action uniquement. À travers l'exemple de trois toxicomanes, Malgrésoi, Consent et Sanfiche[1], Frankfurt présente une analyse des conditions de la liberté de la volonté, ou de l'autonomie, disjointes et indépendantes de celles de la liberté d'action : un sujet peut très bien être autonome même s'il n'a pas la possibilité d'agir autrement qu'il ne le fait. *Ex hypothesis*, les trois toxicomanes sont physiologiquement dépendants, et ne peuvent faire autrement que désirer, de manière irrésistible et récurrente, se droguer. Malgrésoi est une « victime impuissante » de son addiction : bien qu'il ne puisse s'empêcher de se droguer, il préfèrerait être débarrassé de ce désir, mettre un terme à sa dépendance, et il ressent son désir de drogue comme une force qui lui est « étrangère ». À l'inverse, Consent se drogue de plein gré, est tout à fait satisfait de sa situation, ressent son désir comme son désir propre et ne souhaite pas en changer. Sanfiche, enfin, est indifférent au contenu de sa volonté : il ne cherche pas à évaluer son désir, n'est ni pour ni contre ; il a un désir de drogue, point, et cela ne lui pose pas de problème, pas plus que cela ne le réjouit particulièrement. Est-ce que l'on peut dire de la volonté de l'un au moins de ces toxicomanes qu'elle est libre ? Non, mais cela n'a rien à voir avec le fait qu'ils soient ou non libres d'*agir* comme ils le font. Dans l'analyse de Frankfurt, la volonté d'un individu est libre si son désir de premier niveau – son désir de faire ou d'avoir telle ou telle chose – est en harmonie avec sa volition de second niveau correspondante – son désir que tel désir de premier niveau soit efficient. Or, si Malgrésoi et Consent ont bel et bien tous deux des désirs de second niveau – des désirs d'avoir tel ou tel désir de premier niveau, ces désirs ne permettent pas de dire qu'ils ont la volonté qu'ils désirent avoir. En effet, la volition de second niveau de Malgrésoi (que son désir de ne pas se droguer soit efficient) est en contradiction avec son désir de premier niveau (de se droguer), tandis que Consent, bien qu'il ait une volition

---

1. Nous reprenons ici la dénomination ingénieuse et commode de J. Proust 2005.

de second niveau conforme à son désir de premier niveau, n'est pas lui-même l'acteur de cette concordance. Dans les termes de Frankfurt, son « identification » à son désir de premier niveau est simplement fortuite et n'est pas constituée par son désir de second niveau. Enfin la volonté de Sanfiche n'est pas davantage libre, tout simplement parce qu'il n'a pas de désir de second niveau, absence qui, selon Frankfurt, lui retire également le privilège d'être une *personne* au sens propre du terme.

D'après cette analyse, la personne autonome est non pas celle qui a la possibilité d'agir autrement qu'elle ne le fait, mais celle dont les désirs efficients sont *ceux* qu'elle désire avoir et sont efficients *parce qu'*elle les désire, celle qui exprime dans son action l'unité réflexive des différents niveaux de son vouloir. Si, en outre, elle est libre d'agir selon ses désirs, alors elle possède « toute la liberté que l'on peut souhaiter ou concevoir ». L'abondante littérature qu'a suscitée l'article de Frankfurt au cours de ces trente dernières années suggère pourtant qu'il est possible et légitime de désirer une liberté plus grande que celle qui nous est ainsi proposée. Celle-ci laisse en effet nombre de questions dans l'ombre : en quoi consiste l'acte d'identification sur lequel est censée reposer l'autonomie de l'individu par rapport à ses désirs de premier niveau, et cet acte est-il suffisant, voire même nécessaire ? En quoi serais-je davantage moi-même en agissant d'après tel niveau de désir plutôt que tel autre ? Peut-on se contenter, pour déterminer l'autonomie d'une personne, de critères seulement subjectifs ou « internes », relatifs aux états mentaux dont le sujet a conscience ? Ne faut-il pas au contraire les confronter à des critères objectifs ou « externes », prenant en compte la genèse de ces états mentaux voire leur validité épistémique, ainsi que les capacités réflexives de l'individu ? En outre, le devenir-autonome de l'individu ne dépend-il pas de conditions intersubjectives, sociales, sans la prise en compte desquelles l'explication de son autonomie reste occulte ? Une grande partie des théories contemporaines de l'autonomie peuvent ainsi être comprises comme des tentatives de réponse, sous formes d'objections et de contre-objections, d'amendements du modèle initial ou de propositions de contre-modèles, aux difficultés soulevées par le concept frankfurtien d'autonomie. Ce recueil propose précisément au lecteur quelques « clés » pour retrouver les enjeux principaux et les lignes de partage fondamentales du débat.

L'AUTONOMIE PERSONNELLE : QUATRE ALTERNATIVES

La question est d'emblée obscurcie par l'absence de consensus sur la définition ou l'emploi théorique légitime du concept d'autonomie. Examinant ses contextes pratiques d'usage, Feinberg (1986) relève au moins quatre sens du terme, qui désignerait à la fois la *capacité* à se gouverner soi-même, l'*exercice effectif* du gouvernement de soi, l'*idéal de caractère* correspondant, ou encore l'ensemble des *droits* exprimant l'autorité juridique de la personne. Dworkin (1988), qui dégage plus d'une douzaine d'équivalents définitionnels, caractérise ainsi l'« autonomie » comme « un terme technique […] qu'un théoricien introduit en cherchant à rendre intelligible un réseau enchevêtré d'intuitions, de problèmes conceptuels et empiriques, de revendications normatives »[1]. Pour reprendre une distinction que J. Rawls emprunte à H.L.A. Hart, si l'on dispose bien d'un *concept* d'autonomie, on se trouve en revanche d'emblée face à plusieurs *conceptions* de l'autonomie qui, dès qu'« on en vient à spécifier plus concrètement quels principes justifient une interférence avec l'autonomie, quelle est la nature du "moi" qui effectue le choix, quelles sont les connexions entre l'autonomie et l'indépendance à l'égard d'autrui »[2], donnent

---

1. Dworkin 1988, p. 6-7. Voir également Arpaly 2003, qui distingue au chapitre 4 huit significations du concept au point que celui-ci serait aussi évasif que le terme du langage ordinaire qu'il est censé clarifier (p. 118-126).

2. Dworkin 1988, p. 9-10; voir Rawls 1987, p. 31-31. Cette distinction est notamment utilisée par Mackenzie et Stoljar 2000 (Introduction) pour souligner, à l'intention des critiques féministes de l'autonomie, qu'on ne saurait rejeter le concept d'autonomie lui-même à moins, précisément, de le confondre avec certaines conceptions individualistes de l'autonomie.

à ce concept un contenu très différent. Reste qu'on peut extraire de ce magma conceptuel quatre alternatives centrales, révélatrices des tensions dont est chargé le concept, et qui structurent le paysage problématique contemporain.

1. Liberté *négative* ou liberté *positive* : étant par principe, explicitement ou non, des théories de la personne, les théories contemporaines de l'autonomie empruntent nécessairement la seconde branche de l'alternative. Si l'on suit l'étymologie même du terme, l'*auto*-nomie personnelle, par analogie avec l'autonomie politique, consiste bien dans le pouvoir de se déterminer soi-même à agir d'après les lois et les principes que nous nous sommes fixés, et non pas à partir de normes extérieures que nous aurions *de facto* intériorisées[1]. Cette définition implique déjà deux choses : la personne autonome se caractérise non seulement par une certaine *indépendance* vis-à-vis d'autrui, mais également par une forme de *maîtrise de soi* en vertu de laquelle elle n'est pas déterminée à agir par des désirs qui, s'ils sont bien les siens au sens descriptif, ne le sont pas au sens normatif. Même en éludant la difficulté soulevée ici par I. Berlin (1988), d'après laquelle la promotion de l'autonomie conduirait paradoxalement à la négation de l'*auto*-détermination[2], reste le problème de l'identification du *nomos* en question : l'autonomie est-elle nécessairement non seulement rationnelle, mais encore morale, de sorte que la constitution particulière de l'agent, si elle a bien un pouvoir exécutif, ne peut légiférer sur sa volonté ? Au contraire, l'autonomie n'est-elle pas justement à comprendre comme l'expression et le développement de ma propre nature singulière, ce que Mill appelle mon « individualité » ? On a ici deux concepts distincts de liberté positive : le premier, qui identifie

1. Benn 1976 distingue en ce sens l'*autarcie*, une caractéristique de tout agent « normal » c'est-à-dire dont ni la rationalité pratique, ni la rationalité épistémique, ni la continuité psychique ne connaissent de déficiences pathologiques, de l'*autonomie* au sens propre, où l'agent décide pour lui-même à l'aune d'un processus continu de réflexion et d'évaluation critique. L'individu autonome actualise alors ce que l'individu autarcique ne possède que potentiellement.

2. Pour une critique des thèses de Berlin sur la liberté positive, voir Geuss 1995.

l'autodétermination à la détermination par la «bonne» ou la «droite» règle, réduit en fait l'autonomie à ce que P. Pettit et M. Smith (1990) appellent l'«*orthonomie*»; le second, qui identifie l'autodétermination à l'affirmation de soi, verse l'autonomie du côté de l'*authenticité*. C'est entre ces deux limites (Kant 2004 [1785] et Mill 1987 [1859], textes repris dans ce volume) que se déploie le débat contemporain.

2. L'autodétermination version *forte* ou *faible* : en quel sens faut-il comprendre la relation interne qui lie, dans l'agentivité autonome, le moi qui se détermine et les normes à l'aune desquelles cette détermination peut avoir un sens, c'est-à-dire à la fois ne pas être arbitraire et être justifiable aux yeux d'autrui? Une conception *forte* de l'autodétermination se paie manifestement de l'impossibilité à la fois empirique et logique de l'autonomie : autant notre héritage biologique, notre socialisation et nos relations d'attachement et de dépendance, notre histoire personnelle et notre configuration psychologique, rendent caduque toute interprétation de l'autodétermination en terme de création de soi *ex nihilo*, autant l'exercice de capacités de réflexion, de délibération et de choix à l'aune de certaines préférences, de croyances et de valeurs suppose que nous ne soyons pas les inventeurs individuels des instruments, des normes de validité et du matériau sur lesquels s'appuie l'autodétermination. Ce n'est qu'en prenant acte de cette double impossibilité que l'on peut construire un concept d'autonomie à la fois cohérent et réaliste[1]. Si l'idéal d'auto-*création* prive ainsi l'autonomie personnelle de ses conditions même de possibilité, l'autodétermination version *faible* ne s'affranchit pourtant pas si nettement de sa contrepartie métaphysique : affirmer que ce n'est pas à proprement parler l'origine de nos motivations qui importe, mais la manière dont nous en prenons une conscience critique ainsi que la capacité à les modifier, faire de l'autonomie une question apparemment plus modeste d'auto-*direction* ou de gouvernement de soi,

---

1. À ce sujet, voir entre autres Feinberg 1986, Noggle 2005, Oshana 2005, et Raz 1986.

est-ce que ce n'est pas d'une part défendre une conception hyper-intellectualiste et individualiste de l'autonomie, d'autre part privilégier la relation entre un « vrai » et un « faux » moi, plutôt que la relation entre l'intégralité du moi et le monde? De nombreuses conceptions structurales de l'autonomie ne feraient en ce sens que théoriser le substitut de l'idéal fondationnel qu'elles reconnaissent pourtant comme illusoire[1].

3. L'autonomie *avec* ou *sans* contenu : la notion d'autonomie est-elle simplement formelle, de sorte qu'une personne peut, toutes choses égales par ailleurs, être considérée comme autonome quels que soient ses désirs, ses croyances, ses valeurs? Au contraire, faut-il inclure dans cette notion une clause de contenu qui permette de statuer sur l'incompatibilité de l'autonomie avec l'adoption de certaines pro-attitudes et/ou relations à autrui? Sans tomber dans l'exigence d'une indépendance substantielle, laquelle entrerait en contradiction avec d'autres valeurs auxquelles nous tenons tout autant et qui sont constitutives d'une vie autonome (l'amour, l'engagement, la loyauté, …), la première branche de l'alternative, dite « neutre à l'égard du contenu », soutient que les seules conditions que doit satisfaire une personne autonome sont des conditions d'indépendance *procédurale* : l'autonomie repose entièrement sur l'économie interne des motivations de l'agent ou sur les processus par lesquels celles-ci ont été formées, indépendamment de leur contenu spécifique. Le lien entre l'autonomie de l'agent et les valeurs auxquelles il adhère est donc purement contingent : « la

---

1. Voir, dans une perspective critique, Arpaly 2003, Bernstein 1993, Berofsky 2005, Buss 2005, Meyers 2005, Thalberg 1978 (texte repris *infra*, p. 223 *sq.*), Young 1980a. Si aucune des théories contemporaines de l'autonomie ne soutient la version forte de l'autodétermination, qui caractérise plutôt les caricatures de l'agent autonome produites par les adversaires de l'autonomie, cette alternative a donc le mérite d'attirer l'attention sur les difficultés que le problème de l'origine de la détermination continue de poser même dans une conception psychologique de l'autonomie. Voir également les objections intersubjectivistes (Anderson et Honneth 2005) et communautariennes (MacIntyre 1997, Sandel 1999, C. Taylor 1997b et 2005, Walzer 1997) à l'idéal libéral d'autonomie.

personne autonome peut être un tyran ou un esclave, un saint ou
un pécheur, un individualiste ou un champion de la fraternité, un
leader ou un suiveur »[1], si tant est qu'elle ait choisit cette forme
de vie sans contrainte et de manière rationnelle[2]. À l'inverse, le
paradigme dit « substantialiste » invalide certaines formes de vie au
nom même de l'autonomie. Plus intuitif, car nous ne sommes
habituellement pas prêts à considérer comme autonomes les agents
ayant aliéné leur propre autorité, il reproche aux conceptions
neutres de faire de l'autonomie une notion trop mince pour mériter
la valeur critique qu'on lui reconnaît pourtant : celles-ci se privent
par principe des moyens de concilier les exigences de l'autonomie
personnelle et celles de la moralité, tout comme de répondre aux
défis de l'oppression, individuelle ou collective. D'après les procé-
duralistes, l'option substantialiste confond en réalité indûment, en
cherchant à faire de l'autonomie personnelle la source ultime des
valeurs, les réflexions d'ordre descriptif et normatif sur l'autonomie : il n'y aurait pas lieu de présupposer que, dans un contexte
de pluralisme des valeurs, l'autonomie ne puisse pas être en conflit
avec certaines d'entre elles.

4. L'autonomie, une question de *degré* ou de *tout ou rien* : peut-
on être plus ou moins autonome ou cette propriété est-elle
disjonctive ? Autrement dit, l'autonomie doit-elle s'appréhender à
un niveau *local* ou circonstanciel, celui des désirs singuliers dans
telle ou telle sphère de l'agir (Christman 1991a, Meyers 1987), ou à
un niveau *global*, celui de la personne elle-même ou de sa vie tout
entière (Dworkin 1988, Young 1980a)[3] ? La seconde approche
risque de conduire à n'attribuer la propriété d'autonomie qu'à un
nombre probablement très limité de personnes, et à la limite, si son

1. Dworkin 1988, p. 29. Voir aussi Christman 1991a (*infra*, p. 208-209) et 1991b.
2. Défenseur d'un subjectivisme fort, Double (1992) soutient, de manière plus
radicale encore, que la réflexivité critique n'est pas même une condition nécessaire de
l'autonomie.
3. Cette question n'a naturellement de sens que si l'on ne fait pas *de jure* de
l'autonomie une propriété universelle de toutes les volontés rationnelles, autrement
dit si l'on ne défend pas une conception kantienne de l'autonomie.

évaluation requiert « une vie menée jusqu'à son terme » [1], seulement rétrospectivement, excluant la prise en compte de compétences, même limitées, à l'autonomie. D'un autre côté, l'autonomie considérée au seul niveau local semble difficilement à même d'être utilisée comme outil critique pour dénoncer des situations sociales (politiques, économiques, professionnelles, familiales) qui compromettent de manière générale les capacités d'une personne à prendre conscience du caractère hétéronome de sa propre vie, ou qui ne lui laissent qu'une série d'options inadéquates entre lesquelles choisir (Friedman 2005, Raz 1986). Cette alternative a par ailleurs des implications importantes sur le problème de l'imputation de responsabilité. Si l'on tient en effet l'autonomie globale – qui exigerait, au plus, que notre histoire individuelle n'inclut aucun changement irrationnel et non délibérément choisi – pour une condition de la responsabilité morale, alors, encore une fois, très peu de gens seront reconnus responsables. Mais, outre le fait qu'elle risque d'entraîner une confusion non souhaitable entre l'autonomie personnelle et la responsabilité morale, cette présupposition ne va pas de soi. D'une part, comme Berofsky (1992) le remarque, ce n'est pas parce nous nous intéressons à l'autonomie en partie parce qu'elle a des incidences sur notre attribution du blâme et de l'éloge que les conditions de la responsabilité morale doivent être inclues dans le concept d'autonomie. D'autre part, et sauf, précisément, à ne considérer l'autonomie qu'au niveau local ou à défendre une conception objectiviste de l'autonomie globale, on peut, en analysant les conditions respectives de l'autonomie et de la responsabilité, soutenir qu'il s'agit là de deux types d'agentivités indépendantes l'une de l'autre : si la première est moins exigeante, en terme de conditions épistémiques, que la seconde, elle demande en revanche une satisfaction élargie des conditions de contrôle (McKenna 2005, Oshana 2002).

---

1. Comme le bonheur chez Aristote, l'autonomie ne serait « pas l'œuvre d'une seule journée, ni d'un bref espace de temps » (*Éthique à Nicomaque*, I, 6, 1096a).

Ces quatre points de controverse déterminent les deux grandes orientations prises par les théories contemporaines de l'autonomie : l'*internalisme* d'un côté, l'*externalisme* de l'autre, chaque orientation ayant sa version *forte* et sa version *faible*. Le tableau suivant aidera, en première et grossière approche, à saisir la répartition des différentes alternatives en jeu :

INTERNALISME	EXTERNALISME
Authenticité	Orthonomie
« Vrai »/« Faux » moi	Moi « intégral »/Monde
Conditions procédurales	Conditions substantielles
Propriété locale	Propriété globale

Une théorie est internaliste lorsqu'elle ne fait appel, pour dégager les conditions de l'autonomie, qu'aux états mentaux et aux actes réflexifs de l'agent lui-même, tout en étant neutre à l'égard du contenu de ces états mentaux. Elle est internaliste au sens fort lorsqu'elle se focalise uniquement sur leur économie ou leur agencement actuel à un instant *t*, et sur l'efficience des actes réflexifs pertinents. Les sujets dont la personnalité est dissociée, fragmentée ou profondément ambivalente, et qui pour cette raison ne peuvent résoudre de manière satisfaisante et durable les conflits qui surgissent entre désirs incompatibles, ne peuvent dans cette perspective être retenus comme candidats à l'autonomie. L'internaliste faible ajoute quant à lui des conditions positives de rationalité portant sur les procédures d'auto-réflexion et/ou sur la genèse des états mentaux dont l'autorité est responsable de l'autonomie de l'agent. Les partisans d'une théorie externaliste ou *substantialiste* de l'autonomie tiennent ces conditions procédurales pour insuffisantes : une personne peut parfaitement les satisfaire et pourtant échouer à être autonome. Aussi fait-elle appel, pour déterminer l'autonomie d'un individu, à des principes et à des normes qui ne sont pas nécessairement ceux de l'agent lui-même. L'externaliste faible soutiendra que les conditions normatives requises ne portent que sur la possession d'un certain nombre de compétences nécessaires à l'exercice réel de l'autonomie, qui ne peuvent se développer que dans un contexte de relations intersubjectives appropriées. Leur absence ou leur non-actualisation rendrait vaine la satisfaction des conditions internalistes de l'autonomie, voire entrerait en contradiction avec elles. Cependant, le seuil de ces compétences ainsi que les attentes normatives à l'égard du contexte restent subjectivement déterminées. C'est là précisément ce que conteste l'externaliste fort : le contenu des raisons d'agir de l'agent doit connaître, au nom de l'autonomie, des limites objectives qui sont fonction de leur validité épistémique et morale.

L'INTERNALISME

STRUCTURALISME, HISTORICISME ET SCEPTICISME

De manière générale, l'internaliste soutient qu'un agent est autonome s'il est capable de réfléchir sur ses désirs de manière à départager ceux qui sont « les siens » au sens propre de ceux qui lui sont « étrangers » (bien qu'ils soient aussi les siens au sens littéral), au point de s'identifier aux premiers et d'agir en conséquence. Cette capacité à se distancier de ses désirs, à les mettre en question et à les « endosser » ou les rejeter, est considérée comme une, voire *la* caractéristique essentielle d'une *personne*, une entité dont l'identité ne se résout pas dans ses désirs et raisons d'agir donnés et circonstanciés, mais se constitue à travers les attitudes qu'elle adopte envers eux, et leur appropriation réfléchie. La première partie de ce recueil présente les enjeux de ce concept pour la relecture et la critique des concepts kantiens d'autonomie et de personnalité. Le paradigme internaliste, structural au sens où il s'appuie sur une « topographie » [1] du moi de l'agent – une distribution de ses motifs en différents lieux ou instances psychiques – connaît deux versions : une version *hiérarchique* et une version *non-hiérarchique*. C'est chez Frankfurt (1971), comme on l'a vu, que l'on trouve l'exposé le plus influent de la première version, encore

---

1. Nous reprenons ce terme à C. Taylor 1998, chap. 5.

connue sous le nom de conception du moi « à deux niveaux » (*split-level self*)[1] : outre le fait de s'imposer pour expliquer le phénomène même de la réflexivité essentiel à la personnalité, la hiérarchisation des divers désirs de l'agent à des niveaux inférieurs et supérieurs est censée permettre de comprendre le conflit intérieur vécu par des agents contraints d'agir – et donc, en un sens, désirant agir comme ils sont contraints de le faire, par exemple pour sauver leur peau ou mettre fin à leur état de manque – contre leurs préférences « authentiques », les valeurs ou les désirs profonds qu'ils tiennent pour être constitutifs de leur « vrai » moi, qui font d'eux telle ou telle personne, dotée d'une identité propre. L'acte d'identification de l'agent, par l'intermédiaire d'un désir de second niveau, à un désir de premier niveau, est alors ce qui permet de caractériser l'agent en question comme autonome. Ce modèle soulève plusieurs objections, qui mettent en cause rien moins que sa capacité à résoudre les problèmes qu'il prend en charge. L'idée même de hiérarchie, en premier lieu, entraîne logiquement, sinon empiriquement, une régression à l'infini des niveaux de désirs et donc des conditions mêmes de l'autonomie : le rôle de fondement qu'est censé jouer le second niveau de désirs semble alors bien *arbitraire*. En outre, qu'est-ce qui interdit, en cas de conflit entre le premier et le second niveau de mes désirs, que je m'identifie à mes désirs de premier niveau, faisant ainsi le choix de n'être pas autonome ? La relation entre l'identification et le niveau supérieur des désirs ne semble donc que *contingente*, ouvrant la possibilité théorique que les conditions de l'autonomie soient aussi celles de l'hétéronomie[2]. Enfin, le modèle hiérarchique paraît incapable de résoudre le problème de la manipulation des désirs (que ce soit par une sociali-sation oppressive, un endoctrinement ou un neurochirurgien démo-

---

1. Voir aussi Dworkin 1970 et 1988, Jeffrey 1974, Neely 1974, C. Taylor 1976.
2. Dans le même ordre d'idées, on peut imaginer que l'harmonie interne des désirs nécessaire à l'autonomie soit le résultat d'un changement des désirs de second niveau plutôt que de ceux de premier niveau, de sorte que mon devenir-autonome passerait par une harmonisation « par le bas » plutôt que « par le haut ».

niaque) : rien, dans le statut des désirs de second niveau et dans l'acte d'identification à la source de l'accord intérieur des désirs, n'exclut la possibilité qu'ils aient été acquis ou produits de manière hétéronome, aussi bien s'ils font aujourd'hui consciemment partie de ce que je suis que s'ils appartiennent à un ordre de raisons d'agir dont je n'ai pas conscience. L'expérience subjective de l'autonomie pourrait bien en ce sens, comme celle de la liberté chez Spinoza, être parfaitement *illusoire*.

Sans se départir du modèle hiérarchique et avec une conception de l'identité personnelle héritée de Locke, Michael Bratman (1996, *infra*, p. 129 *sq.*) tente de répondre à ces objections en subordonnant les développements théoriques ultérieurs de Frankfurt à propos du phénomène de l'identification, en termes de « décision » et de « satisfaction », au concept de « ligne de conduite » (*policy*) jouant le rôle d'autorité normative subjective à travers le temps. D'autres théories néo-hiérarchiques ont cherché à reformuler le modèle initial, où le rôle et le statut du raisonnement pratique sont relativement indéterminés, en termes cognitivistes. Convoquant alors des normes et des principes que l'agent peut ne pas reconnaître, elles participent d'un internalisme *faible*. Sur le modèle épistémologique du cohérentisme de Keith Lehrer[1], Laura Waddell Ekstrom (1993) substitue ainsi à la notion de désirs de niveau supérieur celle de *préférences* : alors que les premiers peuvent être formés pour n'importe quelle raison, une préférence « est formée parce que l'agent trouve qu'un certain désir de premier niveau est bon, soit en lui-même soit comme moyen circonstanciel de réaliser sa conception générale du bien » (p. 604). Sous la plume de Charles Taylor (1976), ces mêmes désirs deviennent des « évaluations fortes », elles aussi caractéristiques des personnes et essentielles à notre notion du moi, mais qui, en tant que pourvoyeuses de critères normatifs de discrimination entre les désirs de l'individu, en sont

---

1. Voir K. Lehrer, « La théorie cohérentiste de la connaissance », dans J. Dutant et P. Engel (dir.), *Philosophie de la connaissance*, Paris, Vrin, 2005, p. 111-141.

précisément indépendantes[1]. Dans le même esprit, John David Velleman (1992) soutient que le motif responsable de la participation active de l'agent au processus de délibération pratique et de production de l'action est son désir d'agir rationnellement; tandis que dans l'interprétation de Eleonore Stump (1988), si les désirs de second niveau de l'agent représentent ce qu'il veut « vraiment », c'est parce qu'ils identifient « les désirs de premier niveau auxquels son intellect consent »[2]. Toujours dans une perspective cognitiviste, l'internaliste structural mais non-hiérarchique (Watson 1975, traduit *infra*, p. 157 *sq.*) cherche à résoudre les difficultés auxquelles Frankfurt est confronté en déployant une structure horizontale et non pas verticale de raisons d'agir. Plutôt que d'isoler certains désirs parmi d'autres en fonction de leur position sur une échelle de réflexivité, il s'agit de distinguer entre deux *sources* de motivations indépendantes l'une de l'autre, l'une constituée par les valeurs de l'agent, l'autre par ses désirs ou « appétits » bruts. Une personne est autonome, dans cette perspective, lorsque les deux systèmes de motivations concordent, c'est-à-dire lorsque les désirs efficients de l'agent sont aussi pour lui l'objet d'un jugement de valeur positif.

Le défenseur d'un structuralisme amendé, même s'il est cognitiviste voire précisément parce qu'il est cognitiviste, non seulement ne résout pas toutes les difficultés initiales, mais se heurte également à de nouvelles objections. La première, relayée et prise en charge ici par Christman (1991a, traduit *infra*, p. 181 *sq.*), cible la focalisation de l'approche structurale sur les états mentaux de l'agent « au présent », indépendamment des circonstances et des modalités de leur genèse. Les désirs de l'agent, aussi élevés soient-

---

1. Voir également C. Taylor 1997a et 1998, et Wallace 2001. Pour une critique de cette conception qui nous fait progressivement sortir du paradigme internaliste, voir Flanagan 1990 : Taylor présupposerait une relation trop étroite entre compréhension de soi et compétence linguistique, ainsi qu'entre motivation morale et jugement hautement cognitif.

2. Voir aussi Lindley 1986 et Haworth 1986.

ils, ont pourtant une histoire qui n'est pas sans effet rétroactif sur son autonomie actuelle. L'ajout de conditions en termes de rationalité ne fait d'ailleurs rien à l'affaire, car en l'absence d'une prise en compte du processus d'acquisition et de développement des désirs sur lesquels opère cette rationalité, rien n'exclut que l'agent soit aliéné aussi bien vis-à-vis de ses préférences, de ses évaluations fortes ou de ses valeurs, que de ses désirs de second et de premier niveau. Le second problème, plus général puisqu'il concerne également le modèle historique défendu par Christman, est ici analysé par Thalberg (1978), puis repris et développé par Arpaly et Schroeder (1999)[1] : en quoi les désirs de second niveau ou leur version rationaliste, voire simplement les processus réflexifs et délibératifs de l'agent, sont-ils à privilégier pour identifier son « vrai » moi, apposer le sceau de l'authenticité sur son comportement, ce au détriment des enseignements de la psychanalyse par exemple, dont il ne faudrait au moins pas exclure *a priori* la pertinence ? Davantage encore, pourquoi postuler l'existence d'un « vrai » moi chez l'agent, unifié et susceptible d'une connaissance adéquate, avec en vis-à-vis un moi « faux », contingent, extérieur ou étranger, partage qui ne fait finalement qu'hériter plus ou moins fidèlement de la division platonicienne de l'âme ? Cette objection a des implications épistémologiques lourdes. Les théories internalistes de l'autonomie cherchent en effet toutes à ôter au fondement de l'action autonome son caractère potentiellement arbitraire sans convoquer autre chose que certaines propriétés de la structure des états mentaux de l'agent, mais si cet *explicans*, dans sa version « temporelle » aussi bien que « spatiale », peut lui-même être soupçonné d'arbitraire, alors il devient difficile de ne pas remettre en cause la condition d'authenticité (Oshana 2005b), voire de douter de la pertinence du concept d'autonomie lui-même (Arpaly 2003). À défaut de céder à ce scepticisme théorique, on conviendra qu'une fois que l'internaliste faible a posé certaines options normatives,

---

1. Voir également les critiques féministes du concept internaliste d'autonomie, que nous développons dans la dernière section de cette introduction.

même simplement formelles, sur les conditions du raisonnement pratique à l'œuvre dans le contrôle de soi et l'identification à soi, il n'est pas loin du terrain de l'objectiviste, où l'autorité du point de vue en première personne n'est pas suffisante pour déterminer son autonomie.

L'EXTERNALISME
OBJECTIVISME, COMPÉTENTIALISME ET INTERSUBJECTIVISME

L'autre grande famille qui, en psychologie morale, occupe le devant de la scène dans le débat sur l'autonomie, est l'*externalisme*, autrement nommé le *substantialisme*. Sans nécessairement faire de l'autonomie « la source de la normativité » (Korsgaard 1996), l'externalisme est issu d'un souci de concilier, sur le plan de l'élaboration conceptuelle, la mise au jour des conditions de l'autonomie personnelle avec l'explication de la valeur non instrumentale que cet idéal revêt non seulement dans le rapport à soi, mais aussi dans un large ensemble de pratiques sociales[1]. On y retrouve ainsi, par-delà le personnalisme des conceptions inspirées de Mill, une idée d'inspiration grossièrement kantienne : l'autonomie de la personne ne peut pas être pensée sans que s'y rattache, de manière constitutive quoique sous des formes variables, une dimension morale qui interdit de concevoir n'importe quelle forme de vie, toutes choses égales par ailleurs, comme autonome. Cela n'implique naturellement pas que cette dimension morale soit imposée *a priori* sur le concept d'autonomie, puisque c'est toujours à partir d'une analyse des conditions empiriques de constitution de l'iden-

---

1. En particulier le domaine des questions de politique publique (problèmes de la valeur de la vie animale, du droit de vote, du droit à l'avortement, à la liberté d'expression et de religion, à la protection de la vie privée…), celui des questions de légitimité de l'exercice du pouvoir politique et des diverses institutions sociales, celui des éthiques appliquées ou professionnelles, médicales et judiciaires notamment. Sur ce point, voir J.S. Taylor 1999.

tité personnelle et d'exercice des capacités essentielles à l'agentivité autonome que sa normativité est reconnue. Cependant, les succès ou les ratés de ces deux épreuves ne sont plus fonction de la seule satisfaction ou non de conditions purement structurales et procédurales : tandis que les théories de l'autonomie personnelle, en tant que distinctes des théories de la liberté de l'action, ont eu initialement tendance à s'intéresser exclusivement aux contraintes internes susceptibles de l'entraver, l'externalisme opère ainsi un retour à une analyse des sources externes de l'hétéronomie, potentiellement opératoires alors même que toutes les conditions internalistes d'une autonomie analysée en termes « solipsistes » sont satisfaites. Que l'on se rappelle le tableau esquissé plus haut : plutôt que de se focaliser sur les relations d'opposition entre un « vrai » et un « faux » moi, l'externalisme se concentre sur les conflits et les relations de collaboration entre un moi « total » et le monde sans lequel le premier n'est qu'une forme vide, et où opèrent les critères normatifs, épistémiques et moraux, qui permettent de valider ou non son autonomie. L'une des vertus de ce modèle tient indéniablement dans son pouvoir doublement critique : critique des pratiques sociales qui ne permettent pas à l'individu d'atteindre un seuil significatif d'autonomie d'une part, critique des prétentions individuelles à l'autonomie qui constituent des barrières à l'autonomie d'autrui d'autre part. Par ailleurs, l'externalisme a le mérite d'écarter, par le point de vue même qu'il adopte, la menace sceptique (incompatibiliste) qui pèse sur la recherche métaphysique d'un fondement de l'autonomie dans le moi lui-même, et d'en promouvoir ainsi un concept pratique d'autant plus pertinent (voir Berofsky 2005).

Susan Wolf (1987, *infra*, p. 295 *sq.* ; 2005) défend une version forte, ou objectiviste, du substantialisme : un agent n'est pas autonome à moins que ses motifs, ou les processus mentaux qui les ont produits, ne répondent à un ordre de raisons d'agir suffisamment large, indépendant de ses propres désirs, intérêts et projets personnels. L'agent autonome, autrement dit, doit être capable d'apprécier les raisons qu'il a de faire ce qu'il fait, de reconnaître leur degré de validité objective en termes de Vrai et de Bien, et d'être motivé par ces raisons. L'intériorisation de normes de conduite objectivement fausses ou illégitimes par rapport au domaine de l'agir pertinent, couplée avec l'incapacité à les percevoir comme telles, disqualifie donc l'autorité que les agents concernés ont théoriquement sur les propres actions, ce même s'ils se conçoivent effectivement eux-mêmes comme dotés d'une telle autorité[1]. Si l'on peut être d'accord avec le diagnostic de l'externaliste concernant la faiblesse critique des théories hyper-subjectivistes de l'autonomie, on n'est cependant pas tenu, pour y répondre, de sortir une artillerie conceptuelle aussi lourde. Celle-ci n'est en effet pas sans poser un certain nombre de problèmes, dont certains sont repris dans ce volume par Benson (1994), aujourd'hui défenseur d'une version faible de l'externalisme, qui ne limite pas directement le contenu des préférences et des valeurs des agents autonomes. Une personne ne peut-elle pas se gouverner elle-même en dépit de certaines failles dans son rapport à la réalité empirique et normative ? Soutenir le contraire n'est-ce pas, comme on l'a déjà soupçonné, confondre les conditions de l'autonomie avec celles de la responsabilité morale, en risquant qui plus est de défendre une conception asymétrique de la responsabilité, où ne sont responsables que ceux qui ont eu la chance d'être nés dans une culture ou un milieu qui leur a inculqué de « bonnes » raisons d'agir ? En confondant l'idéal d'autonomie avec celui d'orthonomie, l'externalisme fort conduirait en fait à légitimer les critiques que I. Berlin (1988) adresse à la conception positive de la liberté, et rendrait difficile de discerner, dans un cadre normatif oppressif, les opportunités de résistance et d'émancipation interne.

Le partisan d'un substantialisme faible n'est en principe pas sujet à ces objections. En effet, les conditions normatives requises ne portent ici que sur les compétences nécessaires au déploiement de l'agentivité autonome, dont le seuil de possession et d'exercice

---

1. Voir également Benson 1987, Berofsky 1995, Fischer et Ravizza 1998, Richardson 2001, Stoljar 2000.

reste déterminé en première personne. Si ces conditions conduisent à limiter le contenu des désirs et des croyances des agents autonomes, ce n'est que dans la mesure où celui-ci peut subjectivement priver l'agent de la possibilité de se considérer, précisément, comme suffisamment compétent pour revendiquer son autonomie. Ce principe général – avec l'idée sous-jacente selon laquelle l'autonomie personnelle est inaliénable (voir Kuflik 1984, Kristinsson 2001) – se décline en plusieurs variantes, sur la base des compétences retenues. Tandis que Benson privilégie le sentiment d'estime de soi ou de mérite à répondre de leur conduite propre aux agents autonomes, Meyers (1987) met ainsi en avant un ensemble coordonné de capacités, parmi lesquelles la découverte et la définition de soi, correspondant à autant de dimensions de la subjectivité (rationnelle, culturelle, relationnelle, psychodynamique, corporelle). Le point commun des diverses formulations de ce type d'externalisme, dont certaines se rattachent aux éthiques du *care*, tient dans le rôle constitutif qu'elles attribuent, dans l'acquisition et le développement de l'autonomie personnelle, aux institutions et pratiques sociales en vigueur dans l'environnement de l'agent, ainsi qu'aux relations interpersonnelles, en particulier affectives, qui le structurent et par lesquelles l'agent peut intégrer ses vulnérabilités à la conception positive qu'il a de lui-même (Anderson et Honneth 2005, Friedman 2003, Oshana 2001). L'autonomie personnelle ne saurait donc ici se concevoir comme un prédicat à une place, qui pourrait être attribué *de jure* à l'agent indépendamment de la prise en considération de sa « situation », même si *de facto* il fallait de toute façon en tenir compte. À la limite, et en raison des liens étroits qu'il entretient traditionnellement avec des conceptions individualistes et « biaisées » du gouvernement de soi, adossées à une idéologie libérale ainsi qu'à des préjugés de classe et de genre, le concept d'autonomie « personnelle » devrait être remplacé par celui d'autonomie « *relationnelle* » (Mackenzie et Stoljar 2000). Sans céder à cette revendication ni à la critique communautarienne de l'autonomie, Axel Honneth (1993, *infra*, p. 349 *sq.*; 2000) soutient, dans le cadre d'une conception intersubjectiviste de l'identité personnelle inspirée de G.H. Mead et de la psychanalyse, que le « décentrement » nécessaire du concept d'autonomie nous oblige aujourd'hui à concevoir les différents aspects de la relation à soi qui la constituent comme émergeant d'expériences croisées de reconnaissance.

L'EXPRESSIVISME

La valeur d'une théorie de l'autonomie personnelle ne tient pas seulement au fait qu'elle nous fournit une analyse des conditions et des processus formellement nécessaires au *contrôle* sur soi de l'agent, éprouvé comme un écart entre son propre pouvoir de réflexion et de décision et les diverses forces motivationnelles qui le déterminent à agir. Un tel contrôle a en effet sa contrepartie pathologique, incompatible avec ce que, par simple intuition, nous sommes enclins à tenir pour caractéristique d'une personnalité autonome : la rigidité psychologique, l'inhibition des affects, le clivage entre des exigences rationnelles ou raisonnables et l'ouverture émotionnelle, la duperie de soi, le refoulement névrotique… Ces points de retournement de l'autodétermination constituent, de par leur ancrage dans le siège même de l'agentivité, des points d'achoppement pour toute conception, internaliste ou externaliste, qui prétend analyser les capacités à l'autonomie à partir du seul repère épistémologique fourni par l'*agent*, le moteur intentionnel de l'action. Le problème n'est pas tant ici que la perspective fournie par ce repère puisse être fausse, et qu'il faudrait la compenser par un *nomos* externe, mais que le fait même de se focaliser sur le sujet de l'action en tant qu'agent risque d'escamoter l'autre composante essentielle de l'autonomie, l'*expression* de soi, en amont et en aval du contrôle de soi. D'après Sarah Buss (2005b), la plupart des théories de l'autonomie échoueraient ainsi à fournir un critère suffisant de la distinction entre agentivité autonome et agentivité auto-aliénée, parce qu'elles omettent de prendre en compte le moment *pathique* de l'activité autonome, où le sujet n'exprime précisément pas son agentivité mais ce qui la déborde et lui donne un contenu. En termes heideggeriens, elles sur-estimeraient le pôle de la « résolution » (*Entschlossenheit*), la composante active de l'identité personnelle, au détriment de « l'être-jeté » (*Geworfenheit*), sa composante passive et non choisie. Ce diagnostic épargne en principe, comme on l'aura deviné, aussi bien les alternatives non-cognitivistes que certaines versions de l'externalisme faible qui, en donnant à l'agentivité autonome un ancrage constitutif dans les nécessités – circonstancielles, affectives et volitionnelles – caractéristiques de tout être humain, évitent de concevoir le sujet autonome comme un « super-agent ». À condition de ne pas tomber dans une forme d'essentialisme à partir duquel les aspirations à la transformation de soi et à l'émancipation deviendraient difficilement conceptualisables (voir Jaeggi 2005), l'expressivisme conçoit alors l'autonomie comme une forme de ce que Ralph Waldo Emerson (2000 [1841]) appelait la « confiance en soi »[1], et que l'on retrouvait aussi chez Mill dans son appel au développement en chacun de sa « nature » et de son « individualité ». Par leur thématisation de la part d'inévitable, d'impensable et d'inconnaissable qui donnent à l'*auto*nomie le *soi* qui lui manque toujours partiellement et que la personne a précisément à charge de s'approprier, Harry Frankfurt (1999 et 2006)[2], Stanley Cavell (1996) ainsi que les éthiques du *care* inspirées de Wittgenstein[3], représentent aujourd'hui autant de versions de l'expressivisme[4].

1. Voir ici l'analyse de Laugier 2004a.

2. À propos du passage, chez Frankfurt, d'une conception de l'autonomie comme contrôle de soi à une conception en terme d'expression de soi, voir Cuypers 2000.

3. Voir à nouveau Laugier 2005 pour une présentation des théories morales contemporaines « anti-orthodoxes », ainsi que Laugier 2007 pour un « sauvetage » grammatical de la subjectivité contre le réductionnisme de l'agentivité promu par Descombes 2004.

4. Sur les sources romantiques de l'expressivisme qui se développe au XVIIIe siècle en amont et en aval de la philosophie kantienne, voir C. Taylor 1998, chap. 21.

RAMIFICATIONS

Le choix des textes réunis dans ce recueil ne prétend naturellement pas représenter toutes les discussions qui se déroulent aujourd'hui en psychologie morale, même restreinte à sa dimension d'enquête conceptuelle sur le rapport de l'agentivité humaine et de la normativité pratique. Nous avons dû laisser de côté les développements importants consacrés, en particulier par les éthiques du *care* et les éthiques de la vertu, au statut et au rôle des émotions morales dans la structuration de la personnalité et de nos relations à autrui[1], développements qui participent de la dimension anthropologique du débat opposant libéraux et communautariens sur la question de la priorité normative du juste ou du bien. De même, les textes sélectionnés ne proposent qu'une entrée oblique et limitée dans l'abondante littérature vouée à l'« impasse dialectique » (Fischer 1994) que constitue le problème de la compatibilité du déterminisme et de la responsabilité, et par-là de la validité métaphysique de l'enquête menée en psychologie morale[2]. En adoptant la question de l'autonomie comme matrice problématique, nous espérons seulement pouvoir fournir au lecteur les outils d'une initiation à la psychologie morale et d'une compréhension de ses enjeux philosophiques essentiels. Certains trouveront peut-être qu'en dépit de ses prétentions elle simplifie à outrance notre vie morale, et seront tentés de la qualifier de « psychologie de cabinet » (Berofsky 1995). Cette appréciation, pour être parfois pertinente, ne saurait être définitive, dans la mesure où c'est justement de sa confrontation avec ce qui contredit ses modélisations que la psychologie morale trouve ses perspectives de développement auto-critique et de renouvellement. D'autres seront sceptiques

1. Voir notamment, pour les développements les plus récents : Gibbard 1996, Goldie 2000, Nussbaum 2001, Stocker 1996, Wallace 1994, Williams 1990 et 1973, et Wollheim 1999.

2. Pour un état des lieux du débat, voir Bernstein 2005, Fischer 1999, O'Connor 1993, Quante 1998, G. Strawson 2004, Tugendhat 1992, Watson 1982.

quant à l'éclairage que le concept même d'autonomie est susceptible d'apporter sur le théâtre de nos vies : n'est-ce pas, une fois
de plus, une invention de philosophes[1] ? En cherchant à épouser
une aspiration ordinaire à la liberté humaine et à la construction de
soi, ceux qui font de ce concept une clé herméneutique montrent
pourtant que si la possibilité de l'échec pratique de l'autonomie
peut nous accompagner de manière si troublante, c'est qu'elle fait
aussi partie de notre « grammaire » morale.

Notes sur les traductions

Les difficultés posées par la transposition en français du terme
« *agency* », dont l'usage est central et abondant dans la psychologie morale, sont clairement exposées dans l'article qui lui est
consacré dans le *Vocabulaire Européen des Philosophies*[2].
Comme nous l'avons indiqué dans l'introduction, nous avons
préféré ici le néologisme « agentivité ». Traduire par « agir » ou
« action », comme on l'a parfois fait, ne permettrait pas de rendre la
dimension de passivité impliquée dans l'« *agency* », et manquerait
également le caractère « décentré » du moi auquel on rapporte les
motifs de l'action. En outre, une telle traduction rendrait presque
inintelligible l'expression « *free agency* » qui, par contraste avec
la « *free action* », l'action libre, est un équivalent conceptuel
d'« *autonomy* ».

« *Want* » a été traduit par « désir » (« *to want* » par « désirer »).
Son usage en psychologie morale en fait en effet un synonyme,
dans la plupart des contextes, de « *desire* », dont l'extension
conceptuelle est beaucoup plus large que celle du langage ordinaire. Les « *wants* » ou « *desires* » d'un individu peuvent inclure

---

1. Pour un examen de cette objection, *cf.* Arpaly 2003, chap. 1, et Rössler 2002,
particulièrement p. 149-157.
2. Voir É. Balibar et S. Laugier, « Agency », dans B. Cassin (dir.), *Vocabulaire
Européen des Philosophies*, Paris, Seuil-Le Robert, 2004, p. 26-32.

aussi bien ses préférences à plus ou moins long terme, ses projets, ses intentions, que ses penchants, inclinations, appétits ou lubies passagères. L'usage de ces termes ne sous-entend donc *a priori* aucune option sur la caractérisation de l'état mental concerné, que ce soit du point de vue de son contenu, de son origine ou de sa durabilité. Leur extension se réduit en fait à mesure de l'orientation cognitiviste de telle ou théorie de l'agentivité (voir *infra*, p. 216). Cependant, lorsque « *desire* » est employé pour désigner exclusivement les désirs au sens restreint du terme, comme chez Watson (1975), nous avons traduit par « désirs simples » ou « bruts ». Voir ici Frankfurt (1971, *infra*, p. 82), Watson (1975, *infra*, p. 158) et Christman (1991a, *infra*, p. 183).

Nous avons traduit littéralement « *to endorse* » par « endosser », qui signifie « assumer la responsabilité de », au sens où l'agent se considère comme l'auteur de droit de l'action dont il a « endossé » les motifs. L'ambiguïté vient du fait que l'agent qui endosse un motif se l'approprie par-là même, le fait « sien » : dans les termes de Frankfurt (1971), il s'y « identifie ». Or, comme le remarque Christman (1991a, *infra*, p. 184-185) et Frankfurt lui-même (1988), ce qu'implique ce processus est loin d'être clair : endosser un motif n'implique pas nécessairement que je l'approuve, mais peut signifier simplement que je reconnais qu'il fait partie de mon économie motivationnelle. À nouveau, on comprendra le terme en fonction de l'interprétation cognitiviste ou non-cognitiviste de la théorie qui en fait usage : soit l'endossement implique un jugement de valeur, soit il ne s'agit que d'une affirmation descriptive.

« *To authorize* », utilisé par Benson (1994, ici traduit) a la même signification et est porteur des mêmes ambiguïtés : on ne saurait donc le traduire par « approuver » ou même « valider ». Nous avons donc également traduit le terme par « endosser », et « *authorization* » par « endossement ».

Nous nous sommes conformés, pour la traduction de « *self-deception* » par « duperie de soi », aux indications de Pascal Engel dans sa traduction de Davidson (1991, p. 10, n. 3). Remarquons cependant qu'à condition de faire abstraction de son sens sartrien, et en dépit du manque de forme verbale transitive correspondante, « mauvaise foi » aurait pu ici d'autant plus convenir que le concept est généralement utilisé de manière peu technique, et qu'il ne requiert pas nécessairement, contrairement à Davidson, l'*intention* de « duper » (Davidson 1991, p. 55), de former une fausse croyance.

La traduction ici reprise de E. Kant, *Fondements de la Métaphysique des Mœurs* (1785), Deuxième section, est celle de Victor Delbos revue par A. Philonenko, Paris, Vrin, 2004, p. 113-164. Nous reprenons également la traduction de J.S. Mill, *De la liberté* (1859), chapitre 3, « De l'individualité comme l'un des éléments du bien-être », à Gilbert Boss, Zurich, Grand Midi, 1987 (1re éd.), p. 85-103. Les coupures sont signalées par des crochets [ ].

On trouvera une traduction française de Harry Frankfurt (1971) par M. Neuberg dans M. Neuberg (dir.), *Théorie de l'action. Textes majeurs de la philosophie analytique de l'action*, Bruxelles, Mardaga, 1991, p. 253-269; et de Axel Honneth (1993) par M.-N. Ryan dans F. Gaillard, J. Poulain et R. Schusterman (dir.), *De Richard Rorty à Jürgen Habermas. La modernité en question*, Paris, Le Cerf, 1998, p. 240-251. Nous avons de manière générale suivi ces traductions tout en apportant les modifications qui nous semblaient nécessaires. Les divergences impliquant une décision conceptuelle sont justifiées en note.

Les références détaillées des textes sont données en bibliographie. Les notes de la traductrice sont signalées par des astérisques; celles des auteurs sont numérotées.

Enfin, je tiens à remercier tous ceux qui m'ont aidée à revoir les traductions : Christophe Alsaleh, Bruno Ambroise, Thomas Berriet, Solange Chavel, Stéphane Madelrieux, Laetitia Pasquier et Jérôme Ravat.

DÉFINITION DE L'AUTONOMIE

QU'EST-CE QU'UNE PERSONNE ?

AUTONOMIE MORALE ET AUTONOMIE PERSONNELLE

« L'impulsion du seul appétit est esclavage, et *l'obéissance à la loi qu'on s'est prescrite est liberté* » [1]. Bien qu'il n'emploie pas lui-même le terme, Rousseau est avec cette définition à l'origine du concept moderne d'autonomie comme *gouvernement de soi*, dont l'usage est auparavant cantonné à la sphère juridico-politique. La « loi » en question n'est pourtant pas encore la mienne propre : elle n'est pas issue de ma volonté particulière mais de sa soumission à la volonté générale, expression des intérêts de la communauté tout entière ; et cette soumission autorise même l'État ainsi formé, au nom précisément de la défense de l'intérêt commun, à « me forcer à être libre » [2]. Si Kant a bel et bien « inventé » l'autonomie plus qu'il ne l'a expliquée, c'est d'abord parce qu'il a intériorisé la loi rousseauiste qui, en devenant un commandement procédant de ma propre volonté rationnelle, ne laisse plus aucune place à la question de savoir pourquoi je devrais y obéir. Mais c'est aussi parce que cette intériorisation s'appuie sur une « psychologie métaphysique » qui réfute, comme on l'a déjà vu, toute considération empirique [3]. À première vue, le lien de parenté entre l'autonomie kantienne et les conceptions de l'autonomie que l'on trouve en psychologie morale sera donc assez lâche. Est-ce bien le cas ?

---

1. Rousseau 1964, I, 8, p. 364-365, nous soulignons.
2. *Ibid.*, I, 7, p. 363.
3. Voir la thèse de J.B. Schneewind 2001, particulièrement chap. 22 et 23.

Oui, ne serait-ce qu'à considérer les projets philosophiques qui de part et d'autre sous-tendent la réflexion sur l'autonomie : *d'un côté* fondation de la moralité ou de l'action accomplie « par devoir »; *de l'autre* fondation de l'épanouissement de soi et de l'auctorialité de l'agent sur sa propre vie – idéal qui, s'il ne se résout certes pas dans une satisfaction maximale de désirs donnés, n'est pas non plus intrinsèquement lié aux conditions de l'agentivité morale [1]. C'est de la différence entre ces deux programmes épistémologiques que se revendique aujourd'hui le débat sur l'autonomie *personnelle*, par contraste avec l'autonomie *morale*. Même s'il ne parle jamais de choix ou de vie « autonome » [2], c'est ainsi chez John Stuart Mill et non chez Kant qu'il faut chercher les sources des conceptions contemporaines. L'auteur de l'opuscule *De la liberté* (1859), dont nous reprenons ici le troisième chapitre, justifie en effet le développement de notre individualité en des termes très proches de ceux qui distinguent aujourd'hui l'autonomie personnelle : « *Là où ce n'est pas le caractère de la personne, mais la tradition et les mœurs des autres qui sont les règles de sa conduite*, il manque l'un des ingrédients principaux de bonheur humain, et assurément l'ingrédient principal du progrès individuel et social » (*infra*, p. 104) [3]. Sous réserve de substituer ici « autonomie » à « bonheur », on peut sans risque de déformation rallier les théories contemporaines à cette critique du conformisme. Kant, certes, avait déjà enjoint l'homme à « sortir de l'état de minorité » auquel il a tendance à se laisser délibérément aller, en remettant à autrui la

---

1. Voir par exemple Raz 1986, p. 370, n. 2.

2. O'Neill 2003 fait la suggestion suivante : le terme « autonomie » aurait été pour Mill un terme technique relevant soit des débats constitutionnels, soit de l'explication non naturaliste, kantienne précisément, de l'action.

3. Les théories contemporaines de l'autonomie ne sont pas pour autant utilitaristes : l'autonomie a en effet pour elles une valeur fondamentale et non instrumentale. Haworth 1986 défend cependant l'idée que bien que l'utilitarisme ne parvienne pas à en rendre compte, l'institution du bonheur comme fin souveraine de l'action suppose que l'autonomie personnelle soit promue en tant que valeur intrinsèque et en réalité supérieure à celle du bonheur.

direction de sa conduite plutôt qu'à l'usage de son propre entendement[1]. Mais l'appropriation et l'expression de notre intelligence ne
sont pas pour Mill, de même que pour les théories contemporaines,
une condition suffisante du développement de notre individualité :
sans une appropriation et une expression analogues de nos « sentiments », « désirs » et « impulsions », ce qu'il y a de personnel en nous
sera encore atrophié, et l'« usage » restera notre règle (*infra*, p. 108).

On gagne manifestement avec cette intuition le *moi* que la
psychologie morale reproche précisément à Kant de manquer : nos
motifs d'action et nos « plans de vie » s'ancrent désormais dans
l'individu particulier que nous sommes et dans notre expérience
singulière du monde. Mais est-ce que l'on ne perd pas en revanche
le *nomos* par lequel je suis censé me gouverner ? La conquête de
notre « spontanéité » aurait alors un coût considérable, celui d'une
autonomie sans aucune autre loi qu'une loi de nature : je pourrais
certes choisir rationnellement de satisfaire certains désirs plutôt
que d'autres, ce qui implique de ne pas être – ou à tout le moins de
ne pas me considérer comme – causalement déterminé par aucun
d'eux, mais mes actes seraient toujours motivés par la seule satisfaction de mes désirs. Dans les termes de la seconde section des
Fondements de la métaphysique des mœurs (1785), ici reprise, mes
choix seraient en réalité « hétéronomes ».

Comment comprendre cela ? N'est-ce pas en effet non seulement moi qui choisis, mais qui choisis en outre rationnellement, à
l'aune de principes pratiques, de règles, de « maximes » qui ont bel
et bien forme de lois, et par lesquelles je détermine librement ma
volonté ? Demander que ces lois soient d'une certaine sorte c'est-
à-dire à portée universelle, n'est-ce pas faire de l'idée d'*auto*-
législation, par laquelle je suis libre au sens positif du terme, une
idée contradictoire ? C'est précisément là que les partisans de
l'autonomie personnelle et ceux de l'autonomie morale divergent :
tandis que pour les premiers le « soi-même », sujet et objet de la loi,
est *individualiste* au sens où il fait référence aux agents particuliers,

1. Voir l'opuscule « Qu'est-ce que les Lumières ? », Kant 1980 [1784].

il renvoie chez les seconds à des justifications pratiques indépendantes de tout intérêt individuel. Le moi de l'analyse kantienne n'est en effet que *réflexif*, et cette réflexivité même est impersonnelle : la raison pratique, et non l'inclination particulière, est ici seule législatrice, de sorte que ses lois s'imposent inconditionnellement à tout être rationnel en tant que tel[1]. C'est à cette condition que la formule kantienne de l'autonomie – d'après laquelle « l'autonomie de la volonté est cette propriété qu'a la volonté d'être à elle-même sa loi (indépendamment de toute propriété des objets du vouloir) » – articule également le principe de la moralité.

Kant décrit donc l'autonomie de la volonté comme l'institution de la loi *par* la raison pratique et non par des moi individuels, dont l'activité législatrice est, contrairement à celle de la première, toujours dérivée, contingente, subjective[2]. D'une manière tout à fait paradoxale pour les théories contemporaines de l'autonomie, cette description fait de l'autonomie la notion privative et de l'hétéronomie la notion positive : celle-ci présuppose en effet, en sus de principes ayant forme de lois, des conditions substantielles pour lesquelles on ne peut trouver aucune défense rationnelle valable pour tous. Ses lois sont en ce sens pathologiques, par opposition à celles de l'autonomie qui sont objectivement bonnes. Cette opposition, explicitement thématisée ici par S. Wolf (1987), est aujourd'hui au cœur de l'externalisme : elle fait de l'autonomie une question d'« orthonomie »[3] plutôt que d'authenticité, laquelle

1. Pour un approfondissement de cette analyse, voir O'Neill 2003 et 2004 qui fournit une analyse comparatiste de l'autonomie kantienne et de l'autonomie dans la psychologie contemporaine. Voir également Hill 1989 et Waldron 2005.

2. Cf. *Critique de la raison pratique*, I, 1, § 1, scolie : « pour que la raison puisse légiférer, il faut qu'elle n'ait à présupposer qu'elle-même, parce que la règle n'est objectivement et universellement valable que si elle vaut sans les conditions contingentes et subjectives qui distinguent un être raisonnable d'un autre » (1985, p. 629).

3. P. Pettit et M. Smith 1990 et 1993 qualifient par ce terme la vertu à l'œuvre dans la conception aristotélicienne de la rationalité pratique. Dans la mesure où son envers est l'hétéronomie au sens d'un gouvernement non pas par une loi extérieure à

demande au contraire que la règle ou la loi ait un contenu subjectivement déterminé, que le «législateur» soit un moi empiriquement donné, aussi faillible soit-il.

Harry Frankfurt adresse ainsi deux objections à la théorie kantienne de l'autonomie, dont on trouvera les prémisses dans le texte de Mill: 1) Nous nous gouvernons nous-mêmes dans la mesure où les commandements ou les devoirs auxquels nous obéissons, qu'il s'agisse ou non de principes et de règles (lois morales comprises), sont «nos propres commandements»; 2) Une volonté «pure», indifférente aux particularités constitutives de notre identité ou de notre caractère, ne saurait être qu'une source très improbable de notre autonomie. Kant aurait finalement commis un abus de langage en qualifiant d'autonome une volonté qui n'est de droit la volonté de personne, ou qui caractérise des êtres humains qui ne sont pas nécessairement des *personnes*[1].

Ce n'est pas la localisation de la personnalité (*personhood*) dans la volonté qui pose problème, mais l'identification de celle-ci à notre raison seule (même pratiquement conçue) indépendamment de notre «être sensible»: croire que l'on peut saisir «qui nous sommes» en rejetant les composantes de notre individualité hors de notre volonté, c'est être prisonnier de l'illusion rationaliste qui consiste à assimiler la personne à l'être «raisonnable» ou plus encore «responsable», que la représentation de la loi morale détermine inconditionnellement à agir[2]. D'après Frankfurt (1971, *infra*, p. 81), c'est bien plutôt la «structure de leur volonté», en termes de désirs de premier et de second niveaux, qui caractérise les

soi, mais par une loi inappropriée, il s'applique aussi bien à toutes les conceptions de l'autonomie morale et non personnelle.

1. Voir Frankfurt 1994, particulièrement p. 130-132. Pour la critique de la conception kantienne (et plus généralement rationaliste) de la moralité, que nous ne traiterons pas ici, voir Frankfurt 2000, où l'on retrouve des objections similaires à celles développées par Williams 1990 et 1994b contre la philosophie morale.

2. Voir, outre la seconde section des *Fondements de la Métaphysique des Mœurs* (*infra*, p. 63-64); *La religion dans les limites de la simple raison*, trad. fr. J. Gibelin revue par M. Naar, Paris, Vrin, 1983, p. 70-72.

personnes. Cette structure n'est que le corrélat de leur réflexivité, mais d'une réflexivité éminemment personnelle : mes désirs de second niveau sont en effet formés en vertu d'une appréciation subjective de mes désirs de premier niveau à l'aune de ce que moi-même je reconnais ou souhaiterais être[1]. Ce sont eux qui constituent mon « vrai » moi, par opposition à ceux qui ne font pas partie de ma nature volitionnelle et que je subis passivement.

Une fois cette structure en place, c'est-à-dire une fois données les conditions de mon activité auto-réflexive, la question de l'autonomie peut se poser : soit je m'« identifie » à mon désir efficient qui constitue alors le contenu de la volonté que je désire avoir, auquel cas je suis autonome ; soit ma volonté efficiente est affectée par des désirs que je ne considère pas comme « miens », auquel cas je suis hétéronome. Dans les deux cas, comme dans la conception kantienne, une forme de nécessité est bien à l'œuvre : agir d'après nos volitions de second niveau n'est pas moins nécessaire, de cette nécessité qui est une condition de la liberté réelle, qu'agir d'après l'impératif catégorique ; inversement les désirs extérieurs à ma volonté ne sont pas moins des contraintes, de celles qui limitent cette fois-ci ma liberté, que les désirs d'une volonté pathologiquement déterminée[2].

Ce n'est donc pas parce que l'autonomie est personnelle et non pas morale que l'on est autorisé à la qualifier d'anarchique : si c'était le cas, on ne parlerait plus d'auto-*nomie* du tout. En revanche, le domaine couvert par les nécessités normatives à l'œuvre dans l'autonomie personnelle est beaucoup plus large que

1. Ou, dans les termes de Tugendhat 1995, à l'aune des réponses que j'apporte aux « questions pratiques » qui concernent les fins ultimes de mon agir.

2. Pour un approfondissement de l'idée que l'autonomie, c'est-à-dire à la fois la liberté et l'individualité, requiert certaines nécessités volitionnelles, voir Frankfurt 1992. Sans cela, la personne perd l'identité à partir de laquelle seule la notion de gouvernement de soi peut avoir un sens. Le concept de volition de second niveau ne permet en fait pas encore de saisir ce type de nécessité, qui n'apparaîtra pleinement qu'avec les concepts de *care* et d'importance, à partir de l'article « The Importance of What We Care About » (1982). À ce sujet, voir Jouan 2005 et 2008.

celui couvert par mes devoirs moraux, ce qui signifie non pas que
l'autonomie personnelle est la pure et simple négation de l'autonomie morale, mais simplement que rien dans les obligations
spécifiquement morales ne permet *a priori* de dire qu'elles constituent les seules obligations « vraies » et ultimes. Entrer dans la
logique de l'autonomie personnelle suppose donc non seulement
de se défaire du pan-moralisme de la théorie kantienne de la normativité pratique, mais aussi de s'affranchir de son orientation mani-
chéenne : il s'agit, en d'autres termes, de sortir d'une vision qui ne
voit pas d'autre alternative à la moralité, au respect inconditionnel
d'autrui, à la loi universelle, que l'immoralité, l'amour égoïste de
soi, la soumission aux passions [1]. Face à cette polarité disjonctive,
dénoncée dans ce volume par Arpaly et Schroeder (1999), l'autonomie personnelle constitue bien plutôt une troisième voie, prenant
en compte la complexité et la diversité des raisons d'agir non
morales, basées sur d'autres normes que celles définies soit en
termes de bien et de mal soit en termes d'intérêts étroitement
personnels. Les concepts de personne respectivement à l'œuvre
dans la « métaphysique des mœurs » et dans une psychologie
morale non-kantienne ne se recouvrent donc pas : la première
conçoit l'expression « personnalité morale » comme analytique,
alors qu'elle n'est dans la seconde que synthétique *a posteriori*.

1. Voir Frankfurt 1999 et 2004, et Williams 1990.

EMMANUEL KANT

FONDEMENTS DE LA MÉTAPHYSIQUE DES MŒURS
Deuxième section (extrait) *

Toute chose dans la nature agit d'après des lois. Il n'y a qu'un être raisonnable qui ait la faculté d'agir *d'après la représentation* des lois, c'est-à-dire d'après les principes, en d'autres termes, qui ait une *volonté*. Puisque, pour dériver les actions des lois, la *raison* est requise, la volonté n'est rien d'autre qu'une raison pratique. Si la raison chez un être détermine infailliblement la volonté, les actions de cet être qui sont reconnues nécessaires objectivement sont aussi reconnues telles subjectivement, c'est-à-dire qu'alors la volonté est une faculté de choisir *cela seulement* que la raison, indépendamment de l'inclination, reconnaît comme pratiquement nécessaire, c'est-à-dire comme bon. Mais si la raison ne détermine pas suffisamment par elle seule la volonté, si celle-ci est soumise encore à des conditions subjectives (à de certains mobiles) qui ne concordent pas toujours avec les conditions objectives, en un mot, si la volonté n'est pas encore *en soi* pleinement conforme à la raison (comme cela arrive chez les hommes), alors les actions qui sont reconnues nécessaires objectivement sont subjectivement contin- gentes, et la détermination d'une telle volonté, en conformité avec des lois objectives, est une *contrainte*; c'est-à-dire que le rapport des lois objectives à une volonté qui n'est pas complètement bonne est représenté comme la détermination de la volonté d'un être

---

* Nous reprenons la traduction V. Delbos, Paris, Vrin, 2004, p. 113-164.

raisonnable par des principes de la raison sans doute, mais par des principes auxquels cette volonté, selon sa nature, n'est pas nécessairement docile.

La représentation d'un principe objectif, en tant que ce principe est contraignant pour une volonté, s'appelle un commandement (de la raison), et la formule du commandement s'appelle un IMPÉRATIF.

Tous les impératifs sont exprimés par le verbe *devoir* (*sollen*), et ils indiquent par là le rapport d'une loi objective de la raison à une volonté qui, selon sa constitution subjective, n'est pas nécessairement déterminée par cette loi (une contrainte). Ils disent qu'il serait bon de faire telle chose ou de s'en abstenir; mais ils le disent à une volonté qui ne fait pas toujours une chose parce qu'il lui est représenté qu'elle est bonne à faire. Or cela est pratiquement *bon*, qui détermine la volonté au moyen des représentations de la raison, par conséquent non pas en vertu de causes subjectives, mais objectivement, c'est-à-dire en vertu de principes qui sont valables pour tout être raisonnable en tant que tel. Ce bien pratique est distinct de l'*agréable*, c'est-à-dire de ce qui a de l'influence sur la volonté uniquement au moyen de la sensation en vertu de causes purement subjectives, valables seulement pour la sensibilité de tel ou tel, et non comme principe de la raison, valable pour tout le monde [1].

1. On appelle inclination la dépendance de la faculté de désirer à l'égard des sensations, et ainsi l'inclination témoigne toujours d'un *besoin*. Quant à la dépendance d'une volonté qui peut être déterminable d'une façon contingente, à l'égard des principes de la raison, on l'appelle un *intérêt*. Cet intérêt ne se trouve donc que dans une volonté dépendante qui n'est pas d'elle-même toujours en accord avec la raison; dans la volonté divine on ne peut pas concevoir d'intérêt. Mais aussi la volonté humaine peut *prendre intérêt* à une chose sans pour cela *agir par intérêt*. La première expression désigne l'*intérêt pratique* que l'on prend à l'action; la seconde, l'*intérêt pathologique* que l'on prend à l'objet de l'action. La première montre seulement la dépendance de la volonté à l'égard des principes de la raison en elle-même; la seconde, la dépendance de la volonté à l'égard des principes de la raison mise au service de l'inclination, puisque alors la raison ne fournit que la règle pratique des moyens par lesquels on peut satisfaire au besoin de l'inclination. Dans le premier cas, c'est l'action qui m'intéresse; dans le second, c'est l'objet de l'action (en tant qu'il m'est agréable). Nous avons vu dans la première section que dans une action accom-

Une volonté parfaitement bonne serait donc tout aussi bien sous l'empire de lois objectives (lois du bien); mais elle ne pourrait pour cela être représentée comme *contrainte* à des actions conformes à la loi, parce que d'elle-même, selon sa constitution subjective, elle ne peut être déterminée que par la représentation du bien. Voilà pourquoi il n'y a pas d'impératif valable pour la volonté *divine* et en général pour une volonté *sainte*; le verbe *devoir* est un terme qui n'est pas ici à sa place, parce que déjà de lui-même le *vouloir* est nécessairement en accord avec la loi. C'est pourquoi les impératifs sont seulement des formules qui expriment le rapport de lois objectives du vouloir en général à l'imperfection subjective de la volonté de tel ou tel être raisonnable, par exemple, de la volonté humaine.

Or tous les impératifs commandent ou *hypothétiquement* ou *catégoriquement*. Les impératifs hypothétiques représentent la nécessité pratique d'une action possible, considérée comme moyen d'arriver à quelque autre chose que l'on veut (ou du moins qu'il est possible qu'on veuille). L'impératif catégorique serait celui qui représenterait une action comme nécessaire pour elle-même, et sans rapport à un autre but, comme objectivement nécessaire.

Puisque toute loi pratique représente une action possible comme bonne, et par conséquent comme nécessaire pour un sujet déterminable pratiquement par la raison, tous les impératifs sont des formules par lesquelles est déterminée l'action qui, selon le principe d'une volonté bonne dans une certaine visée, est nécessaire. Or, si l'action n'est bonne que comme moyen pour *quelque autre chose*, l'impératif est *hypothétique*; si elle est représentée comme bonne *en soi*, par suite comme étant nécessairement dans une volonté qui est en soi conforme à la raison, le principe qui la détermine est alors l'impératif est *catégorique*.

L'impératif énonce donc quelle est l'action qui, possible par moi, serait bonne, et il représente la règle pratique en rapport avec

plie par devoir, on doit considérer non pas l'intérêt qui s'attache à l'objet, mais seulement celui qui s'attache à l'action même et à son principe rationnel (la loi).

une volonté qui n'accomplit pas sur-le-champ une action parce qu'elle est bonne, soit que le sujet ne sache pas toujours qu'elle est bonne, soit que, le sachant, il adopte néanmoins des maximes contraires aux principes objectifs d'une raison pratique.

L'impératif hypothétique exprime donc seulement que l'action est bonne en vue de quelque fin, *possible* ou *réelle*. Dans le premier cas, il est un principe PROBLÉMATIQUEMENT pratique ; dans le second, un principe ASSERTORIQUEMENT pratique. L'impératif catégorique qui déclare l'action objectivement nécessaire en elle-même, sans rapport à un but quelconque, c'est-à-dire sans quelque autre fin, vaut comme un principe APODICTIQUEMENT pratique.

On peut concevoir que tout ce qui n'est possible que par les forces de quelque être raisonnable est aussi un but possible pour quelque volonté, et de là vient que les principes de l'action, en tant que cette action est représentée comme nécessaire pour atteindre à quelque fin possible susceptible d'être réalisée par là, sont en fait infiniment nombreux. Toutes les sciences ont une partie pratique, consistant en des problèmes qui supposent que quelque fin est possible pour nous, et en des impératifs qui énoncent comment cette fin peut être atteinte. Ces impératifs peuvent donc être appelés en général des impératifs de l'HABILETÉ. Que la fin soit raisonnable et bonne, ce n'est pas du tout de cela qu'il s'agit ici, mais seulement de ce qu'il faut faire pour l'atteindre. Les prescriptions que doit suivre le médecin pour guérir radicalement son homme, celles que doit suivre un empoisonneur pour le tuer à coup sûr, sont d'égale valeur, en tant qu'elles leur servent les unes et les autres à accomplir parfaitement leurs visées. Comme dans la première jeunesse on ne sait pas quelles fins pourraient s'offrir à nous dans le cours de la vie, les parents cherchent principalement à faire apprendre à leurs enfants une *foule de choses diverses* ; ils pourvoient à *l'habileté* dans l'emploi des moyens en vue de toutes sortes de fins *à volonté*, incapables qu'ils sont de décider pour aucune de ces fins, qu'elle ne puisse pas d'aventure devenir réellement plus tard une visée de leurs enfants, tandis qu'il est *possible* qu'elle le devienne un jour ; et cette préoccupation est si grande qu'ils négligent communément de leur former et de leur rectifier le jugement sur la valeur des choses qu'ils pourraient bien avoir à se proposer pour fins.

Il y a cependant *une* fin que l'on peut supposer réelle chez tous les êtres raisonnables (en tant que des impératifs s'appliquent à ces êtres, considérés comme dépendants), par conséquent un but qui n'est pas pour eux une simple *possibilité*, mais dont on peut certainement admettre que tous se le proposent *effectivement* en vertu d'une nécessité naturelle, et ce but est le *bonheur*. L'impératif hypothétique qui représente la nécessité pratique de l'action comme moyen d'arriver au bonheur est ASSERTORIQUE. On ne peut pas le présenter simplement comme indispensable à la réalisation d'une fin incertaine, seulement possible, mais d'une fin que l'on peut supposer avec certitude et *a priori* chez tous les hommes, parce qu'elle fait partie de leur essence. Or on peut donner le nom de *prudence*[1], en prenant ce mot dans son sens le plus étroit, à l'habileté dans le choix des moyens qui nous conduisent à notre plus grand bien-être. Aussi l'impératif qui se rapporte aux choix des moyens en vue de notre bonheur propre, c'est-à-dire la prescription de la prudence, n'est toujours qu'*hypothétique*; l'action est commandée, non pas absolument, mais seulement comme moyen pour un autre but.

Enfin il y a un impératif qui, sans poser en principe et comme condition quelque autre but à atteindre par une certaine conduite, commande immédiatement la conduite. Cet impératif est CATÉGORIQUE. Il concerne, non la matière de l'action, ni ce qui doit en résulter, mais la forme et le principe dont elle résulte elle-même; et l'essentiellement bon en elle consiste dans l'intention, quelles

---

1. Le terme de prudence est pris en un double sens; selon le premier sens, il peut porter le nom de prudence par rapport au monde; selon le second, celui de prudence privée. La première est l'habileté d'un homme à agir sur ses semblables de façon à les employer à ses fins. La seconde est la sagacité qui le rend capable de faire converger toutes ses fins vers son avantage à lui, durable. Cette dernière est proprement celle à laquelle se réduit la valeur de la première, et de celui qui est prudent de la première façon sans l'être de la seconde, on pourrait dire plus justement qu'il est ingénieux et rusé, mais en somme imprudent.

que soient les conséquences. Cet impératif peut être nommé celui de la MORALITÉ.

L'acte de vouloir selon ces trois sortes de principes est encore clairement spécifié par la *différence* qu'il y a dans le genre de contrainte qu'ils exercent sur la volonté. Or, pour rendre cette différence sensible, on ne pourrait, je crois, les désigner dans leur ordre d'une façon plus appropriée qu'en disant : ce sont ou des *règles* de l'habileté, ou des *conseils* de la prudence, ou des *commandements* (des lois) de la moralité. Car il n'y a que la *loi* qui entraîne avec soi le concept d'une *nécessité inconditionnée*, véritablement objective, par suite d'une nécessité universellement valable, et les commandements sont des lois auxquelles il faut obéir, c'est-à-dire se conformer même à l'encontre de l'inclination. L'*énonciation des conseils* implique, il est vrai, une nécessité, mais une nécessité qui ne peut valoir que sous une condition objective contingente, selon que tel ou tel homme fait de ceci ou de cela une part de son bonheur ; en revanche, l'impératif catégorique n'est limité par aucune condition, et comme il est absolument, quoique pratiquement nécessaire, il peut être très proprement nommé un commandement. On pourrait encore appeler les impératifs du premier genre *techniques* (se rapportant à l'art), ceux du second genre *pragmatiques* [1] (se rapportant au bien-être), ceux du troisième genre *moraux* (se rapportant à la libre conduite en général, c'est-à-dire aux mœurs). [...]

Quand je conçois un impératif *hypothétique* en général, je ne sais pas d'avance ce qu'il contiendra, jusqu'à ce que la condition me soit donnée. Mais si c'est un impératif *catégorique* que je conçois, je sais aussitôt ce qu'il contient. Car, puisque l'impératif

---

1. Il me semble que le sens propre du mot *pragmatique* peut être ainsi très exactement déterminé. En effet, on appelle pragmatiques les *sanctions* qui ne se déroulent pas proprement du droit des États comme lois nécessaires, mais de la *précaution* prise pour le bien-être général. Une *histoire* est composée pragmatiquement, quand elle rend prudent, c'est-à-dire quand elle apprend au monde d'aujourd'hui comment il peut prendre soin de ses intérêts mieux ou du moins tout aussi bien que le monde d'autrefois.

ne contient en dehors de la loi que la nécessité, pour la maxime [1], de se conformer à cette loi, et que la loi ne contient aucune condition à laquelle elle soit astreinte, il ne reste rien que l'universalité d'une loi en général, à laquelle la maxime de l'action doit être conforme, et c'est seulement cette conformité que l'impératif nous représente proprement comme nécessaire.

L'impératif catégorique est donc unique, et c'est celui-ci : *Agis uniquement d'après la maxime qui fait que tu peux vouloir en même temps qu'elle devienne une loi universelle*.

Or, si de ce seul impératif tous les impératifs du devoir peuvent être dérivés comme de leur principe, quoique nous laissions non résolue la question de savoir si ce qu'on appelle le devoir n'est pas en somme un concept vide, nous pourrons cependant tout au moins montrer ce que nous entendons par là et ce que ce concept veut dire.

Puisque l'universalité de la loi d'après laquelle des effets se produisent constitue ce qu'on appelle proprement *nature* dans le sens le plus général (quant à la forme), c'est-à-dire l'existence des objets en tant qu'elle est déterminée selon des lois universelles, l'impératif universel du devoir pourrait encore être énoncé en ces termes : *Agis comme si la maxime de ton action devait être érigée par ta volonté en* LOI UNIVERSELLE DE LA NATURE.

Nous allons maintenant énumérer quelques devoirs, d'après la division ordinaire des devoirs en devoirs envers nous-mêmes et devoirs envers les autres hommes, en devoirs parfaits et en devoirs imparfaits [2].

---

1. La *maxime* est le principe subjectif de l'action, et doit être distinguée du *principe objectif*, c'est-à-dire de la loi pratique. La maxime contient la règle pratique que la raison détermine selon les conditions du sujet (en bien des cas selon son ignorance, ou encore selon ses inclinations), et elle est ainsi le principe d'après lequel le sujet *agit*; tandis que la loi est le principe objectif, valable pour tout être raisonnable, le principe d'après lequel il *doit agir*, c'est-à-dire un impératif.

2. On doit remarquer ici que je me réserve entièrement de traiter de la division des devoirs dans une *Métaphysique des mœurs* qui paraîtra plus tard, et que cette division ne se trouve ici par conséquent que comme une division commode (pour classer mes exemples). Au reste, j'entends ici par devoir parfait celui qui n'admet

1. Un homme, à la suite d'une série de maux qui ont fini par le réduire au désespoir, ressent du dégoût pour la vie, tout en restant assez maître de sa raison pour pouvoir se demander à lui-même si ce ne serait pas une violation du devoir envers soi que d'attenter à ses jours. Ce qu'il cherche alors, c'est si la maxime de son action peut bien devenir une loi universelle de la nature. Mais voici sa maxime : par amour de moi-même, je pose en principe d'abréger ma vie, si en la prolongeant j'ai plus de maux à en craindre que de satisfaction à en espérer. La question est donc seulement de savoir si ce principe de l'amour de soi peut devenir une loi universelle de la nature. Mais alors on voit bientôt qu'une nature dont ce serait la loi de détruire la vie même, juste par le sentiment dont la fonction spéciale est de pousser au développement de la vie, serait en contradiction avec elle-même, et ainsi ne subsisterait pas comme nature ; que cette maxime ne peut donc en aucune façon occuper la place d'une loi universelle de la nature, et qu'elle est en conséquence contraire au principe suprême de tout devoir.

2. Un autre se voit poussé par le besoin à emprunter de l'argent. Il sait bien qu'il ne pourra pas le rendre, mais il voit bien aussi qu'on ne lui prêtera rien s'il ne s'engage ferme à s'acquitter à une époque déterminée. Il a envie de faire cette promesse ; mais il a aussi assez de conscience pour se demander : n'est-il pas défendu, n'est-il pas contraire au devoir de se tirer d'affaire par un tel moyen ? Supposé qu'il prenne cependant ce parti ; la maxime de son action signifierait ceci : quand je crois être à court d'argent, j'en emprunte, et je promets de rendre, bien que je sache que je n'en ferai rien. Or il est fort possible que ce principe de l'amour de soi ou de l'utilité personnelle se concilie avec tout mon bien-être à venir ; mais pour l'instant la question est de savoir s'il est juste. Je convertis donc l'exigence

aucune exception en faveur de l'inclination, et ainsi je reconnais non seulement des *devoirs parfaits* extérieurs, mais encore des *devoirs parfaits* intérieurs, ce qui est en contradiction avec l'usage du mot reçu dans les écoles ; mais je n'ai pas l'intention de répondre ici sur ce point, car qu'on me l'accorde ou non, cela est sans conséquence dans ma perspective actuelle.

de l'amour de soi en une loi universelle, et j'institue la question suivante : qu'arriverait-il si ma maxime devenait une loi universelle ? Or je vois là aussitôt qu'elle ne pourrait jamais valoir comme loi universelle de la nature et s'accorder avec elle-même, mais qu'elle devrait nécessairement se contredire. Car admettre comme une loi universelle que tout homme qui croit être dans le besoin puisse promettre ce qui lui vient à l'idée, avec l'intention de ne pas tenir sa promesse, ce serait même rendre impossible le fait de promettre avec le but qu'on peut se proposer par là, étant donné que personne ne croirait à ce qu'on lui promet, et que tout le monde rirait de pareilles démonstrations, comme de vaines feintes.

3. Un troisième trouve en lui un talent qui, grâce à quelque culture, pourrait faire de lui un homme utile à bien des égards. Mais il se voit dans une situation aisée, et il aime mieux se laisser aller au plaisir que s'efforcer d'étendre et de perfectionner ses heureuses dispositions naturelles. Cependant il se demande encore si sa maxime, de négliger ses dons naturels, qui en elle-même s'accorde avec son penchant à la jouissance, s'accorde aussi bien avec ce que l'on appelle le devoir. Or il voit bien que sans doute une nature selon cette loi universelle pourrait toujours encore subsister, alors même que l'homme (comme l'insulaire de la mer du Sud) laisserait rouiller son talent et ne songerait qu'à tourner sa vie vers l'oisiveté, le divertissement, la propagation de l'espèce, en un mot, vers la jouissance ; mais il ne peut absolument pas VOULOIR que cela devienne une loi universelle de la nature, ou que cela soit implanté comme tel en nous par un instinct naturel. Car, en tant qu'être raisonnable, il veut nécessairement que toutes les facultés soient développées en lui parce qu'elles lui sont utiles et qu'elles lui sont données pour toutes sortes de fins possibles.

4. Enfin un *quatrième*, à qui tout va bien, voyant d'autres hommes (à qui il pourrait bien porter secours) aux prises avec de grandes difficultés, raisonne ainsi : Que m'importe ? Que chacun soit aussi heureux qu'il plaît au Ciel ou que lui-même peut l'être de son fait ; je ne lui déroberai pas la moindre part de ce qu'il a, je ne lui porterai pas même envie ; seulement je ne me sens pas le goût de

contribuer en quoi que ce soit à son bien-être ou d'aller l'assister dans le besoin! Or, si cette manière de voir devenait une loi universelle de la nature, l'espèce humaine pourrait sans doute fort bien subsister, et assurément dans de meilleures conditions que lorsque chacun a sans cesse à la bouche les mots de sympathie et de bienveillance, et même met de l'empressement à pratiquer ces vertus à l'occasion, mais en revanche trompe dès qu'il le peut, trafique du droit des hommes ou y porte atteinte à d'autres égards. Mais, bien qu'il soit parfaitement possible qu'une loi universelle de la nature conforme à cette maxime subsiste, il est cependant impossible de VOULOIR qu'un tel principe vaille universellement comme loi de la nature. Car une volonté qui prendrait ce parti se contredirait ellemême; il peut en effet survenir malgré tout bien des cas où cet homme ait besoin de l'amour et de la sympathie des autres, et où il serait privé lui-même de tout espoir d'obtenir l'assistance qu'il désire par cette loi de la nature issue de sa volonté propre.

Ce sont là quelques-uns des nombreux devoirs réels, ou du moins tenus par nous pour tels, dont la division, à partir du principe unique que nous avons énoncé, tombe clairement sous les yeux. Il faut que nous *puissions vouloir* que ce qui est une maxime de notre action devienne une loi universelle; c'est là le canon qui permet l'appréciation morale de notre action en général. Il y a des actions dont la nature est telle que leur maxime ne peut même pas être *conçue* sans contradiction comme une loi universelle de la nature, bien loin qu'on puisse poser par la *volonté* qu'elle *devrait* le devenir. Il y en a d'autres dans lesquelles on ne trouve pas sans doute cette impossibilité interne, mais telles cependant qu'il est impossible de *vouloir* que leur maxime soit élevée à l'universalité d'une loi de la nature, parce qu'une telle volonté se contredirait elle-même. On voit aisément que la maxime des premières est contraire au devoir strict ou étroit (rigoureux), tandis que la maxime des secondes n'est contraire qu'au devoir large (méritoire), et qu'ainsi tous les devoirs, en ce qui concerne le genre d'obligation qu'ils imposent (non l'objet de l'action qu'ils déterminent), apparaissent pleinement par ces exemples dans leur dépendance à l'égard du même unique principe.

Si maintenant nous faisons attention à nous-mêmes dans tous les cas où nous violons un devoir, nous trouvons que nous ne voulons pas réellement que notre maxime devienne une loi universelle, car cela nous est impossible ; c'est bien plutôt la maxime opposée qui doit rester universellement une loi ; seulement nous prenons la liberté d'y faire une *exception* pour nous, ou (seulement pour cette fois) en faveur de notre inclination. En conséquence, si nous considérions tout d'un seul et même point de vue, à savoir du point de vue de la raison, nous trouverions une contradiction dans notre volonté propre en ce sens que nous voulons qu'un certain principe soit nécessaire objectivement comme loi universelle, et que néanmoins il n'ait pas une valeur universelle subjectivement, et qu'il souffre des exceptions. Mais comme nous considérons à un moment notre action du point de vue d'une volonté pleinement conforme à la raison, et ensuite aussi cette même action du point de vue d'une volonté affectée par l'inclination, il n'y a ici réellement pas de contradiction, mais bien une résistance de l'inclination aux prescriptions de la raison (*antagonismus*) : ce qui fait que l'universalité du principe (*universalitas*) est convertie en une simple *généralité* (*generalitas*), et que le principe pratique de la raison doit se rencontrer avec la maxime à moitié chemin. Or, bien que ce compromis ne puisse être justifié dans notre propre jugement quand celui-ci est impartialement rendu, il montre cependant que nous reconnaissons réellement la validité de l'impératif catégorique et que (avec un entier respect pour lui) nous nous permettons quelques exceptions sans importance, à ce qu'il nous semble, et pour lesquelles nous subissons une contrainte.

Ainsi nous avons réussi au moins à prouver que le devoir est un concept qui doit avoir un sens et contenir une législation effective pour nos actions ; cette législation ne peut être exprimée que dans des impératifs catégoriques, nullement dans des impératifs hypothétiques ; en même temps nous avons, ce qui est déjà beaucoup, exposé clairement pour chaque usage le contenu de l'impératif catégorique qui devrait renfermer le principe de tous les devoirs (en admettant qu'il devrait y avoir des devoirs). Mais nous ne sommes pas encore parvenus à démontrer *a priori* qu'un tel impératif existe réellement, qu'il y ait une loi pratique qui commande absolument par soi sans aucun mobile, et que l'obéissance à cette loi soit le devoir.

Quand on se propose de mener à bien une telle entreprise, il est de la plus haute importance de se tenir ceci pour dit : c'est qu'il ne faut pas du tout se mettre en tête de vouloir dériver la réalité de ce principe de la *constitution particulière de la nature humaine*. Car le devoir doit être une nécessité pratique inconditionnée de l'action ; il doit donc valoir pour tous les êtres raisonnables (les seuls auxquels peut s'appliquer absolument un impératif), et c'est *seulement par là* qu'il est aussi une loi pour toute volonté humaine. Au contraire, ce qui est dérivé de la disposition naturelle propre de l'humanité, ce qui est dérivé de certains sentiments et de certains penchants, et même, si c'est possible, d'une direction particulière qui serait propre à la raison humaine et ne devrait pas nécessairement valoir pour la volonté de tout être raisonnable, tout cela peut bien nous fournir une maxime à notre usage, mais non une loi, un principe subjectif selon lequel nous pouvons agir par penchant et inclination, non un principe objectif d'après lequel nous *aurions l'ordre* d'agir, alors même que tous nos penchants, nos inclinations et les dispositions de notre nature y seraient contraires ; cela est si vrai que la sublimité et la dignité interne du commandement exprimé dans un devoir apparaissent d'autant plus qu'il trouve moins de secours et même plus de résistance dans les causes subjectives, sans que cette circonstance affaiblisse le moins du monde la contrainte qu'impose la loi ou enlève quelque chose à sa validité.

Or nous voyons ici la philosophie placée dans une situation critique : il faut qu'elle trouve une position ferme sans avoir, ni dans le ciel ni sur la terre, de point d'attache ou de point d'appui. Il faut que la philosophie manifeste ici sa pureté, en se faisant la gardienne de ses propres lois, au lieu d'être le héraut de celles que lui suggère un sens inné ou je ne sais quelle nature tutélaire. Celles-ci, dans leur ensemble, valent sans doute mieux que rien ; elles ne peuvent cependant jamais fournir des principes comme ceux que dicte la raison et qui doivent avoir une origine pleinement et entièrement *a priori*, et tirer en même temps de là leur autorité impérative, n'attendant rien de l'inclination de l'homme, attendant tout de la suprématie de la loi et du respect qui lui est dû, ou, dans le cas contraire, condamnant l'homme à se mépriser et à s'inspirer une horreur intérieure.

Donc tout élément empirique non seulement est impropre à servir d'auxiliaire au principe de la moralité, mais est encore au plus haut degré préjudiciable à la pureté des mœurs. En cette matière, la valeur propre, incomparablement supérieure à tout, d'une volonté absolument bonne, consiste précisément en ceci, que le principe de l'action est libre de toutes les influences exercées par des principes contingents, les seuls que l'expérience peut fournir. Contre cette faiblesse ou même cette basse manière de voir, qui fait qu'on cherche le principe moral parmi des mobiles et des lois empiriques, on ne saurait trop faire entendre d'avertissements ni trop souvent ; car la raison, dans sa lassitude, se repose volontiers sur cet oreiller, et, bercée dans son rêve par de douces illusions (qui ne lui font cependant embrasser, au lieu de Junon, qu'un nuage), elle substitue à la moralité un monstre bâtard formé de l'ajustement artificiel de membres d'origines diverses qui ressemble à tout ce qu'on veut y voir, sauf cependant à la vertu, pour celui qui l'a une fois envisagée dans sa véritable forme [1].

La question est donc celle-ci : est-ce une loi nécessaire *pour tous les êtres doués de raison*, que de juger toujours leurs actions d'après des maximes telles qu'ils puissent vouloir eux-mêmes

---

1. Envisager la vertu dans sa véritable forme, ce n'est pas autre chose qu'exposer la moralité dégagée de tout mélange d'élément sensible et dépouillée de tout ornement inauthentique que lui prête l'attrait de la récompense ou l'amour de soi. Combien alors elle obscurcit tout ce qui paraît séduisant aux inclinations, c'est ce que chacun peut aisément apercevoir avec le plus léger effort de sa raison, pourvu qu'elle ne soit pas tout à fait corrompue pour toute abstraction.

qu'elles servent de lois universelles ? Si cette loi est telle, elle doit
être liée (tout à fait *a priori*) au concept de la volonté d'un être
raisonnable en général. Mais pour découvrir cette connexion, il
faut, si fort qu'on y répugne, faire un pas en avant, je veux dire vers
la Métaphysique, bien que ce soit dans un de ses domaines qui
est distinct de la philosophie spéculative, à savoir, dans la Métaphysique des mœurs. Dans une philosophie pratique, où il s'agit de
poser, non pas des principes de ce qui *arrive*, mais des lois de ce qui
doit arriver, quand même cela n'arriverait jamais, c'est-à-dire des
lois objectives pratiques, nous n'avons pas par là même à instituer
de recherche sur les raisons qui font qu'une chose plaît ou déplaît,
sur les caractères par lesquels le plaisir de la simple sensation se
distingue du goût, et sur la question de savoir si le goût se distingue
d'une satisfaction universelle de la raison, à nous demander sur
quoi repose le sentiment du plaisir et de la peine, comment de ce
sentiment naissent les désirs et les inclinations, comment des désirs
et des inclinations naissent, par la coopération de la raison, des
maximes : car tout cela fait partie d'une doctrine empirique de
l'âme qui devrait constituer la seconde partie d'une doctrine de la
nature, si l'on considère celle-ci comme *philosophie de la nature*,
en tant qu'elle est fondée sur des *lois empiriques*. Mais ici il s'agit
de la loi pratique objective, par suite du rapport d'une volonté à
elle-même, en tant qu'elle se détermine uniquement par la raison ;
dans ce cas, en effet, tout ce qui a rapport à ce qui est empirique se
supprime de lui-même, parce que si la *raison par elle seule* détermine la conduite (et c'est précisément ce dont nous avons à présent
à rechercher la possibilité), il faut qu'elle le fasse nécessairement
a priori.

La volonté est conçue comme une faculté de se déterminer soi-
même à agir *conformément à la représentation de certaines lois*. Et
une telle faculté ne peut se rencontrer que dans des êtres raisonnables. Or ce qui sert à la volonté de principe objectif pour se déterminer elle-même, c'est la *fin*, et, si celle-ci est donnée par la seule
raison, elle doit valoir également pour tous les êtres raisonnables.
Ce qui, en revanche, contient simplement le principe de la possibi-

lité de l'action dont l'effet est la fin s'appelle le *moyen*. Le principe subjectif du désir est le *mobile*, le principe objectif du vouloir est le *motif*; de là la différence entre des fins subjectives qui reposent sur des inclinations et des fins objectives qui tiennent à des motifs valables pour tout être raisonnable. Des principes pratiques sont *formels*, quand ils font abstraction de toutes les fins subjectives; ils sont *matériels*, au contraire, lorsqu'ils les mettent au fondement, s'appuyant donc sur certains mobiles. Les fins qu'un être raisonnable se propose à son gré comme *effets* de son action (les fins matérielles) ne sont toutes que relatives; car ce n'est que leur rapport à la nature particulière de la faculté de désirer du sujet qui leur donne la valeur qu'elles ont, laquelle, par suite, ne peut fournir des principes universels pour tous les êtres raisonnables; non plus que des principes nécessaires et valables pour chaque volition, c'est-à-dire des lois pratiques. Voilà pourquoi toutes ces fins relatives ne fondent que des impératifs hypothétiques.

Mais supposé qu'il y ait quelque chose *dont l'existence en soi-même* ait une valeur absolue, quelque chose qui, comme *fin en soi*, pourrait être un principe de lois déterminées, c'est alors en cela et en cela seulement que se trouverait le principe d'un impératif catégorique possible, c'est-à-dire d'une loi pratique.

Or je dis: l'homme, et en général tout être raisonnable, *existe* comme fin en soi, et *non pas simplement comme moyen* dont telle ou telle volonté puisse user à son gré, dans toutes ses actions, aussi bien dans celles qui le concernent lui-même que dans celles qui concernent d'autres êtres raisonnables, il doit toujours être considéré *en même temps comme fin*. Tous les objets des inclinations n'ont qu'une valeur conditionnelle; car, si les inclinations et les besoins qui en dérivent n'existaient pas, leur objet serait sans valeur. Mais les inclinations mêmes, comme sources du besoin, ont si peu une valeur absolue qui leur donne le droit d'être désirées pour elles-mêmes, que, bien plutôt, en être pleinement affranchi doit être le souhait universel de tout être raisonnable. Ainsi la valeur de tous les objets *à acquérir* par notre action est toujours conditionnelle. Les êtres dont l'existence dépend, à vrai dire, non pas de notre volonté, mais de la nature, n'ont cependant, quand ce sont des êtres dépourvus de raison, qu'une valeur relative, celle de *moyens*, et voilà pourquoi on les nomme des *choses*; au contraire, les êtres raisonnables sont appelés des *personnes*, parce que leur nature les désigne déjà comme des fins en soi, c'est-à-dire comme quelque chose qui ne peut pas être employé simplement comme moyen, quelque chose qui par suite limite d'autant notre libre arbitre (et est un objet de respect). Ce ne sont donc pas là des fins simplement subjectives, dont l'existence, comme effet de notre action, a une valeur *pour nous* : ce sont des *fins objectives*, c'est-à-dire des choses dont l'existence est une fin en soi-même, et même une fin telle qu'elle ne peut être remplacée par aucune autre, au service de laquelle les fins objectives devraient se mettre, *simplement comme moyens*. Sans cela, en effet, on ne pourrait trouver jamais rien qui eût une *valeur absolue*. Mais si toute valeur était conditionnelle, et par suite contingente, il serait complètement impossible de trouver pour la raison un principe pratique suprême.

Si donc il doit y avoir un principe pratique suprême, et au regard de la volonté humaine un principe catégorique, il faut qu'il soit tel que, par la représentation de ce qui, étant *une fin en soi*, est nécessairement une fin pour tout homme, il constitue un principe *objectif* de la volonté, que par conséquent il puisse servir de loi pratique universelle. Voici le fondement de ce principe : *la nature raisonnable existe comme fin en soi*. L'homme se représente ainsi nécessairement sa propre existence, c'est donc en ce sens un principe *subjectif* d'actions humaines. Mais tout autre être raisonnable se représente également ainsi son existence, en conséquence du même principe rationnel qui vaut aussi pour moi[1]; c'est donc en même temps un principe *objectif* dont doivent pouvoir être déduites, comme d'un principe pratique suprême, toutes les lois de la volonté. L'impératif catégorique sera donc celui-ci : *Agis de telle sorte que tu traites l'humanité aussi bien dans ta personne que*

---

1. Cette proposition, je l'avance ici comme postulat. On en trouvera les raisons dans la dernière section.

dans la personne de tout autre toujours en même temps comme une fin, et jamais simplement comme un moyen. […]

Ce principe, d'après lequel l'humanité et toute nature raisonnable en général sont considérées comme *fin en soi* (condition suprême qui limite la liberté des actions de tout homme), n'est pas emprunté à l'expérience d'abord à cause de son universalité, puisqu'il s'étend à tous les êtres raisonnables en général : si bien qu'ici aucune expérience ne suffit pour déterminer quelque chose ; ensuite parce qu'en ce principe l'humanité est représentée, non comme une fin de l'homme (subjective), c'est-à-dire comme un objet dont on se fait en réalité une fin de son propre gré, mais comme une fin objective, qui doit, quelles que soient les fins que nous nous proposions, constituer en qualité de loi la condition suprême restrictive de toutes les fins subjectives, et parce qu'ainsi ce principe doit dériver nécessairement de la raison pure. C'est que le principe de toute législation pratique réside *objectivement dans la règle* et dans la forme de l'universalité, qui la rend capable (d'après le premier principe) d'être une loi (qu'on peut dire à la rigueur une loi de la nature), tandis que *subjectivement* c'est dans la *fin* qu'il réside ; or le sujet de toutes les fins, c'est tout être raisonnable, comme fin en soi (d'après le second principe) ; de là résulte maintenant le troisième principe pratique de la volonté, comme condition suprême de son accord avec la raison pratique universelle, à savoir, l'idée *de la volonté de tout être raisonnable conçue comme volonté instituant une législation universelle.*

Selon ce principe on rejettera toutes les maximes qui ne peuvent s'accorder avec la législation universelle propre de la volonté. La volonté n'est donc pas simplement soumise à la loi ; mais elle y est soumise de telle sorte qu'elle doit être regardée également comme *législatrice*, et comme n'y étant avant tout soumise (elle peut s'en considérer elle-même comme l'auteur) que pour cette raison.

Les impératifs, selon le genre de formules que nous avons présentées plus haut, soit celui qui exige que les actions soient conformes à des lois universelles comme dans un *ordre de la nature*, soit celui qui veut que les êtres raisonnables aient la *prérogative* universelle de *fins* en soi, excluaient sans doute de leur autorité souveraine toute immixtion d'un intérêt quelconque, à titre de mobile, par cela même qu'ils étaient représentés comme catégoriques; mais ils n'étaient *admis* comme catégoriques que parce qu'il fallait en admettre de tels si l'on voulait expliquer le concept de devoir. Mais qu'il y ait des propositions pratiques qui commandent catégoriquement, c'est une vérité qui ne pouvait se démontrer dès l'abord, et il n'est même pas possible que cette démonstration se produise ici encore, dans cette section. Une chose toutefois n'en pouvait pas moins se faire: c'était que le détachement de tout intérêt dans l'acte de vouloir par devoir, considéré comme le caractère spécifique qui distingue l'impératif catégorique de l'impératif hypothétique, fût indiqué en même temps dans l'impératif même, au moyen de quelque détermination qui lui serait inhérente, et c'est ce qui arrive maintenant dans cette troisième formule du principe, à savoir l'idée de la volonté de tout être raisonnable conçue comme *volonté universellement législatrice*.

Car, si nous concevons une telle volonté, quelque possibilité qu'il y ait à ce qu'une volonté *soumise à des lois* soit liée encore à ces lois par un intérêt, il est impossible qu'une volonté qui est elle-même souveraine législatrice dépende en ce sens d'un intérêt quelconque; car une volonté ainsi dépendante aurait elle-même encore besoin d'une autre loi, qui vînt restreindre l'intérêt de son amour propre à cette condition, d'être capable de valoir comme loi universelle.

Ainsi le *principe* selon lequel toute volonté humaine apparaît comme *une volonté instituant par toutes ses maximes une législation universelle*[1], si seulement il apportait avec lui la preuve de sa justesse, conviendrait parfaitement bien à l'impératif catégorique, en ce que, précisément à cause de l'idée de la législation universelle, il *ne se fonde sur aucun intérêt* et qu'ainsi parmi tous les

---

1. Je peux être dispensé ici d'apporter des exemples pour l'explication de ce principe; car ceux qui tout à l'heure éclaircissaient l'impératif catégorique et ses formules peuvent ici tous servir de même pour cette fin.

impératifs possibles il peut seul être *inconditionné* ; ou mieux encore, en retournant la proposition, s'il y a un impératif catégorique (c'est-à-dire une loi pour la volonté de tout être raisonnable), alors il ne peut que commander de toujours agir en vertu de la maxime d'une volonté, qui pourrait en même temps se prendre elle-même pour objet en tant que législatrice universelle : car alors seulement le principe pratique est inconditionné ainsi que l'impératif auquel on obéit ; il n'y a en effet absolument aucun intérêt sur lequel il puisse se fonder.

Il n'est maintenant plus surprenant, si nous jetons un regard en arrière sur toutes les tentatives qui ont pu être faites pour découvrir le principe de la moralité, que toutes aient nécessairement échoué. On voyait l'homme lié par son devoir à des lois, mais on ne réfléchissait pas qu'il n'est soumis qu'*à sa propre législation*, encore que *cette législation soit universelle*, et qu'il n'est obligé d'agir que conformément à sa volonté propre, mais à sa volonté établissant suivant la fin naturelle (*Naturzweckenach*) une législation universelle. Car, si l'on ne le concevait que comme soumis à une loi (quelle qu'elle soit), celle-ci impliquerait nécessairement en elle un intérêt sous forme d'attrait ou de contrainte, parce qu'elle ne dériverait pas comme loi de *sa* volonté, et que sa volonté serait forcée conformément à la loi *par quelque chose d'autre* à agir d'une certaine manière. Or c'était cette conséquence de tout point inévitable qui faisait que tout travail pour retrouver un principe suprême de devoir était perdu sans retour. Car on ne découvrait jamais le devoir, mais la nécessité d'agir par un certain intérêt. Que cet intérêt fût un intérêt personnel ou un intérêt étranger, l'impératif affectait alors nécessairement un caractère conditionnel et ne pouvait en rien être bon pour le commandement moral. J'appellerai donc ce principe, principe de l'AUTONOMIE de la volonté, en opposition avec tous les autres principes, que pour cela je mets au compte de l'HÉTÉRONOMIE.

Le concept suivant lequel tout être raisonnable doit se considérer comme établissant pour toutes les maximes de sa volonté une législation universelle afin de se juger soi-même et ses actions de ce point de vue, conduit à un concept très fécond qui s'y rattache, je veux dire le concept *d'un règne des fins*.

Or par *règne* j'entends la liaison systématique de divers êtres raisonnables par des lois communes. Et puisque des lois déterminent les fins pour ce qui est de leur aptitude à valoir universellement, si l'on fait abstraction de la différence personnelle des êtres raisonnables et aussi de tout le contenu de leurs fins particulières, on pourra concevoir un tout de toutes les fins (aussi bien des êtres raisonnables comme fins en soi que des fins propres que chacun peut se proposer), un tout consistant dans une union systématique, c'est-à-dire un règne des fins qui est possible d'après les principes énoncés plus haut.

Car des êtres raisonnables sont tous sujets de la *loi* selon laquelle chacun d'eux ne doit *jamais* se traiter soi-même et traiter tous les autres *simplement comme des moyens*, mais toujours en *même temps comme des fins en soi*. Or de là dérive une liaison systématique d'êtres raisonnables par des lois objectives communes, c'est-à-dire un règne qui, puisque ces lois ont précisément pour but le rapport de ces êtres les uns aux autres, comme fins et moyens, peut être appelé règne des fins (qui n'est à la vérité qu'un idéal).

Mais un être raisonnable appartient, en qualité de *membre*, au règne des fins, lorsque, tout en y donnant des lois universelles, il n'en est pas moins lui-même soumis aussi à ces lois. Il y appartient, en qualité de *chef*, lorsque, donnant des lois, il n'est soumis à aucune volonté étrangère.

L'être raisonnable doit toujours se considérer comme législateur dans un règne des fins qui est possible par la liberté de la volonté, qu'il y soit membre ou qu'il y soit chef. Mais à la place de chef il ne peut prétendre simplement par les maximes de sa volonté; il n'y peut prétendre que s'il est un être pleinement indépendant, sans besoins, et avec un pouvoir qui est sans restriction adéquat à sa volonté.

La moralité consiste donc dans le rapport de toute action à la législation qui seule rend possible un règne des fins. Or cette législation doit se trouver dans tout être raisonnable même, et doit pouvoir émaner de sa volonté, dont voici alors le principe : n'accomplir d'action que d'après une maxime telle qu'elle puisse comporter en outre d'être une loi universelle, telle donc seulement *que la volonté puisse se considérer elle-même comme légiférant universellement en même temps par sa maxime*. Si maintenant les maximes ne sont pas tout d'abord par leur nature nécessairement conformes à ce principe objectif des êtres raisonnables, considérés comme auteurs d'une législation universelle, la nécessité d'agir d'après ce principe s'appelle contrainte pratique, c'est-à-dire *devoir*. Dans le règne des fins le devoir ne s'adresse pas au chef, mais bien à chacun des membres, et à tous à la vérité dans la même mesure.

La nécessité pratique d'agir selon ce principe, c'est-à-dire le devoir, ne repose en rien sur des sentiments, des impulsions et des inclinations, mais uniquement sur le rapport des êtres raisonnables entre eux, dans ce rapport, la volonté d'un être raisonnable doit toujours être considérée en même temps comme *législatrice*, parce qu'autrement l'être raisonnable ne se pourrait pas concevoir comme *fin en soi*. La raison rapporte ainsi chacune des maximes de la volonté conçue comme législatrice universelle à chacune des autres volontés, et même à chacune des actions envers soi-même, et cela non pas pour quelque autre motif pratique ou quelque futur avantage, mais en vertu de l'idée de la *dignité* d'un être raisonnable qui n'obéit à d'autre loi que celle qu'il institue en même temps lui-même.

Dans le règne des fins tout à un PRIX ou une DIGNITÉ. Ce qui a un prix peut être aussi bien remplacé par quelque chose d'autre, à titre d'*équivalent* ; au contraire, ce qui est supérieur à tout prix, ce qui par suite n'admet pas d'équivalent, c'est ce qui a une dignité.

Ce qui se rapporte aux inclinations et aux besoins généraux de l'homme, cela a un *prix marchand* ; ce qui, même sans supposer de besoin, correspond à un certain goût, c'est-à-dire à la satisfaction que nous procure un simple jeu sans but de nos facultés mentales, cela a un *prix de sentiment* ; mais ce qui constitue la condition qui seule peut faire que quelque chose est une fin en soi, cela n'a pas seulement une valeur relative, c'est-à-dire un prix, mais une valeur interne, c'est-à-dire une *dignité*.

Or la moralité est la condition qui seule peut faire qu'un être raisonnable est une fin en soi ; car il n'est possible que par elle d'être un membre législateur dans le règne des fins. La moralité, ainsi que l'humanité, en tant qu'elle est capable de moralité, c'est donc là ce qui seul a de la dignité. L'habileté et l'application dans le travail ont un prix marchand ; l'esprit, la vivacité d'imagination, l'humour, ont un prix de sentiment ; par contre, la fidélité à ses promesses, la bienveillance par principe (non la bienveillance d'instinct), ont une valeur interne. Ni la nature ni l'art ne contiennent rien qui puisse être mis à la place de ces qualités, si elles viennent à manquer ; car leur valeur consiste, non dans les effets qui en résultent, non dans l'avantage et le profit qu'elles constituent, mais dans les intentions, c'est-à-dire dans les maximes de la volonté qui sont prêtes à se traduire ainsi en actions, alors même que l'issue ne leur serait pas favorable. Ces actions n'ont pas besoin non plus d'être recommandées par quelque disposition subjective ou quelque goût qui nous les ferait considérer avec une faveur et une satisfaction immédiates ; ni de penchant immédiat ou d'un sentiment qui les concernent ; elles présentent la volonté qui les accomplit comme l'objet d'un respect immédiat ; il n'y a que la raison qui soit requise, pour les *imposer* à la volonté, sans chercher à les obtenir d'elle par *insinuation*, ce qui au surplus dans des devoirs serait contradictoire. Cette estimation fait reconnaître la valeur d'une telle disposition d'esprit comme une dignité, et elle la met à part infiniment au-dessus de tout prix ; on ne peut d'aucune manière la mettre en balance, ni la faire entrer en comparaison avec n'importe quel prix, sans porter atteinte en quelque sorte à sa sainteté.

Et qu'est-ce donc qui autorise l'intention moralement bonne ou la vertu à élever de si hautes prétentions ? Ce n'est rien moins que la faculté qu'elle confère à l'être raisonnable de participer à une *législation universelle*, et qui le rend capable par là même d'être membre d'un règne possible des fins : ce à quoi il était déjà destiné par sa propre nature comme fin en soi, et pour cela précisément comme législateur dans le règne des fins, comme libre au regard de toutes les lois de la nature, n'obéissant qu'aux lois qu'il établit lui-même et selon lesquelles ses maximes peuvent appartenir à une législation universelle (à laquelle il se soumet en même temps lui-même). En effet, rien n'a de valeur en dehors de celle que la loi lui assigne. Or la législation même qui détermine toute valeur doit avoir précisément pour cela une dignité, c'est-à-dire une valeur inconditionnée, incomparable, que traduit le mot de *respect*, le seul qui fournisse l'expression convenable de l'estime qu'un être raisonnable en doit faire*. L'*autonomie* est donc le principe de la dignité de la nature humaine et de toute nature raisonnable.

Les trois manières que nous avons indiquées de représenter le principe de la moralité ne sont au fond qu'autant de formules d'une seule et même loi, formules dont chacune contient en elle par elle-même les deux autres. Il y a cependant entre elles une différence, qui à vrai dire est plutôt subjectivement qu'objectivement pratique, et dont le but est de rapprocher (selon une certaine analogie) une idée de la raison de l'intuition et par là du sentiment. Toutes les maximes ont :

1. Une *forme*, qui consiste dans l'universalité, et à cet égard la formule de l'impératif moral est la suivante : il faut que les maximes soient choisies comme si elles devaient avoir la valeur de lois universelles de la nature ;

2. Une *matière*, c'est-à-dire une fin, et la formule s'énonce alors ainsi : l'être raisonnable, étant par sa nature une fin, étant par suite une fin en soi, doit être pour toute maxime une condition qui serve à restreindre toutes les fins simplement relatives et arbitraires ;

3. Une *détermination complète* de toutes les maximes par cette formule, à savoir, que toutes les maximes qui dérivent de notre

---

* Pour approfondir la notion de respect, voir la *Métaphysique des mœurs*, II, *Doctrine de la vertu*, trad. fr. A. Philonenko, Paris, Vrin, 1985, Introduction, XII ; et *Critique de la raison pratique*, trad. fr. L. Ferry et H. Wisman, dans F. Alquié (éd.), *Œuvres philosophiques* II, Paris, Gallimard, 1985, 1 re partie, Analytique, chap. III.

législation propre doivent concourir à un règne possible des fins comme à un règne de la nature[1]. Le progrès se fait ici en quelque sorte selon les catégories, en allant de l'*unité* de la forme de la volonté (de son universalité) à la *pluralité* de la matière (des objets c'est-à-dire des fins), et de là à l'*intégralité* ou la totalité du système Mais on fait mieux de procéder toujours, quand il s'agit de porter un *jugement* moral, selon la stricte méthode, et de prendre pour principe la formule universelle de l'impératif catégorique : *Agis selon la maxime qui peut en même temps s'ériger elle-même en loi universelle*. Mais si l'on veut en même temps ménager à la loi morale l'*accès* des âmes, il est très utile de faire passer la même action par les trois concepts indiqués et de la rapprocher par là autant que possible de l'intuition.

Nous pouvons maintenant finir par où nous avions commencé, c'est-à-dire par le concept de la volonté inconditionnellement bonne[*]. Est *absolument bonne* la *volonté* qui ne peut être mauvaise, dont par suite la maxime, quand elle est convertie en loi universelle, ne peut jamais se contredire elle-même. Ce principe est donc aussi sa loi suprême : agis toujours d'après une maxime telle que tu puisses la vouloir en même temps portée à l'universel, à la façon d'une loi ; c'est l'unique condition sous laquelle une volonté ne peut jamais être en opposition avec elle-même, et un tel impératif est catégorique. Et puisque le caractère qu'a la volonté de valoir comme loi universelle pour des actions possibles a de l'analogie avec la connexion universelle de l'existence des choses selon des lois universelles, qui est l'élément formel de la nature en général, l'impératif catégorique peut encore s'exprimer ainsi : *Agis selon des maximes qui puissent se prendre en même temps elles-mêmes*

---

1. La téléologie considère la nature comme un règne des fins ; la morale, un règne possible des fins comme un règne de la nature. Là le règne des fins est une idée théorique destinée à expliquer ce qui est donné. Ici c'est une idée pratique, qui sert à accomplir ce qui n'est pas donné, mais ce qui peut devenir réel par notre façon d'agir, et cela conformément à cette idée même.

* Ce point de départ n'apparaît pas dans notre reprise du texte, voir *Fondements de la métaphysique des mœurs*, trad. cit., p. 79-82.

pour objet comme lois universelles de la nature. C'est donc ainsi qu'est constituée la formule d'une volonté absolument bonne.

La nature raisonnable se distingue des autres par ceci, qu'elle se pose à elle-même une fin. Cette fin serait la matière de toute bonne volonté. Mais comme, dans l'idée d'une volonté absolument bonne sans condition restrictive (le fait d'atteindre telle ou telle fin), il faut faire abstraction de toute fin *à réaliser* (qui ne pourrait rendre bonne une volonté que relativement), il faut que la fin soit conçue ici, non pas comme une fin à réaliser, *mais* comme une fin *existant par soi*, qu'elle soit par suite conçue d'une façon seulement négative, c'est-à-dire comme une fin contre laquelle on ne doit jamais agir, qui ne doit donc jamais être estimée simplement comme moyen, qui doit être toujours estimée en même temps dans tout acte de vouloir comme une fin. Or cette fin ne peut être autre chose que le sujet même de toutes les fins possibles, puisque celui-ci est en même temps le sujet d'une volonté absolument bonne possible ; en effet, une volonté absolument bonne ne peut sans contradiction être mise au-dessous d'aucun autre objet. Le principe : agis à l'égard de tout être raisonnable (de toi-même et des autres) de telle sorte qu'il ait en même temps dans ta maxime la valeur d'une fin en soi, ne fait donc qu'un au fond avec le principe : agis selon une maxime qui contienne en même temps en elle l'aptitude à valoir universellement pour tout être raisonnable. Car dire que dans tout usage des moyens en vue d'une fin je dois imposer à ma maxime cette condition limitative, qu'elle vaille universellement comme une loi pour tout sujet, signifie précisément ceci : que pour principe fondamental de toutes les maximes des actions il faut poser que le sujet des fins, c'est-à-dire l'être raisonnable même, ne doit jamais être traité simplement comme un moyen, mais comme une condition limitative suprême dans l'usage de tous les moyens, c'est-à-dire toujours en même temps comme une fin.

Or il suit de là incontestablement que tout être raisonnable, comme fin en soi, doit pouvoir, au regard de toutes les lois, quelles qu'elles soient, auxquelles il peut être soumis, se considérer en même temps comme auteur d'une législation universelle, car c'est précisément cette aptitude de ses maximes à constituer une législation universelle qui le distingue comme fin en soi ; il suit pareillement que c'est sa dignité (sa prérogative), par-dessus tous les simples êtres de la nature, qui implique qu'il doive considérer ses maximes toujours de son point de vue à lui, mais qui est aussi en même temps le point de vue de tout être raisonnable conçu comme législateur (voilà pourquoi on appelle aussi de tels êtres des personnes). Or c'est ainsi qu'un monde d'êtres raisonnables (*mundus intelligibilis*), considéré comme un règne des fins, est possible, et cela par la législation propre de toutes les personnes comme membres. Aussi bien, tout être raisonnable doit agir comme s'il était toujours par ses maximes un membre législateur dans le règne universel des fins. Le principe formel de ces maximes est : agis comme si ta maxime devait servir en même temps de loi universelle (pour tous les êtres raisonnables). Un règne des fins n'est donc possible que par analogie avec un règne de la nature ; le premier ne se constitue que d'après des maximes, c'est-à-dire d'après des règles que l'on s'impose à soi-même, mais le dernier en revanche uniquement selon des lois de causes efficientes soumises à une contrainte extérieure. Malgré cela, on n'en donne pas moins à l'ensemble de la nature, bien qu'il soit considéré comme une machine, en tant qu'il se rapporte à des êtres raisonnables considérés comme ses fins, le nom justifié par là de règne de la nature. Or un tel règne des fins serait effectivement réalisé par des maximes dont l'impératif catégorique prescrit la règle à tous les êtres raisonnables, *si elles étaient universellement suivies*. Mais quoique l'être raisonnable ne puisse pas compter que, quand il suivrait lui-même ponctuellement cette maxime, ce soit un motif pour que tous les autres y soient également fidèles, ni non plus que le règne de la nature et la disposition de ce règne selon des fins concourent avec lui, comme avec un membre digne d'en faire partie, à un règne des fins possibles par lui-même, c'est-à-dire favorise son attente du bonheur, cependant cette loi : agis d'après les maximes d'un membre qui institue une législation universelle pour un règne des fins simplement possible, subsiste dans toute sa force parce qu'elle commande catégoriquement. Et c'est en cela précisément que consiste ce paradoxe : que seule la dignité de l'humanité, en tant que nature raisonnable, indépendamment de toute autre fin à atteindre par là, ou de tout avantage, que par suite le respect pour une simple idée n'en doive pas moins servir de prescription inflexible pour la volonté, et que ce soit juste cette indépendance de la maxime à l'égard de tous les mobiles de cette sorte qui en fasse la sublimité, et qui rende tout sujet raisonnable digne d'être un membre législateur dans le règne des fins ; car autrement on ne devrait le représenter que soumis à la loi naturelle de ses besoins. Alors même que le règne de la nature aussi bien que le règne des fins seraient conçus comme unis sous un chef, et qu'ainsi le second de ces règnes ne serait plus une simple idée, mais acquerrait une véritable réalité, il y aurait là assurément pour cette idée un bénéfice qui lui viendrait de l'addition d'un mobile puissant, mais en aucune façon d'un accroissement de sa valeur interne ; car, malgré cela, il n'en faudrait pas moins se représenter toujours ce législateur unique et infini lui-même comme jugeant de la valeur des être raisonnables seulement d'après leur conduite désintéressée, telle qu'elle leur est prescrite à eux-mêmes en vertu de cette idée uniquement. L'essence des choses ne se modifie pas par leurs rapports externes, et ce qui, abstraction faite de ces derniers, suffit à constituer la valeur absolue de l'homme, est aussi la mesure d'après laquelle il doit être jugé par qui que ce soit, même par l'Être suprême. La *moralité* est donc le rapport des actions à l'autonomie de la volonté, c'est-à-dire à la législation universelle possible par les maximes de cette volonté. L'action qui peut s'accorder avec l'autonomie de la volonté est *permise* : celle qui ne le peut pas est *défendue*. La volonté dont les maximes s'accordent nécessairement avec les lois de l'autonomie est une volonté *sainte*, absolument bonne. La dépendance d'une volonté qui n'est pas absolument bonne à l'égard du principe de l'autonomie (la contrainte morale), c'est l'*obligation*. L'obligation ne peut donc être rapportée à un être saint. La nécessité objective d'une action en vertu de l'obligation s'appelle *devoir*.

Par le peu que je viens de dire, on n'aura maintenant pas de peine à s'expliquer comment il se fait que, bien que sous le concept du devoir nous nous figurions une soumission à la loi, nous nous représentions cependant aussi par là une certaine sublimité et une certaine *dignité* attachées à la personne qui remplit tous ses devoirs. Car ce n'est pas en tant qu'elle est *soumise* à la loi morale qu'elle a en elle de la sublimité, mais bien en tant qu'au regard de cette même loi elle est en même temps *législatrice*, et qu'elle n'y est subordonnée qu'à ce titre. Nous avons également montré plus haut comment ce n'est ni la peur, ni l'inclination, mais uniquement le respect pour la loi qui est le mobile capable de donner à l'action une valeur morale. Notre volonté propre, supposé qu'elle n'agisse que sous la condition d'une législation universelle rendue possible par ses maximes, cette volonté idéale (*in der Idee*), qui peut être la nôtre, est l'objet propre du respect, et la dignité de l'humanité consiste précisément dans cette faculté qu'elle a d'établir des lois universelles, à la condition toutefois d'être en même temps soumise elle-même à cette législation.

L'autonomie de la volonté
comme principe suprême de la moralité

L'autonomie de la volonté est cette propriété qu'a la volonté d'être à elle-même sa loi (indépendamment de toute propriété des objets du vouloir). Le principe de l'autonomie est donc : de toujours choisir de telle sorte que les maximes de notre choix soient entendues en même temps comme lois universelles dans ce même acte de vouloir. Que cette règle pratique soit un impératif, c'est-à-dire que la volonté de tout être raisonnable y soit nécessairement liée comme à une condition, cela ne peut être démontré par la simple analyse des concepts impliqués dans la volonté, car c'est là une proposition synthétique ; il faudrait dépasser la connaissance des objets et entrer dans une critique du sujet, c'est-à-dire de la raison pure pratique ; en effet, cette proposition synthétique, qui commande apodictiquement, doit pouvoir être connue entièrement *a priori* ; or ce n'est pas l'affaire de la présente section. Mais que le principe en question de l'autonomie soit l'unique principe de la morale, cela s'explique bien par une simple analyse des concepts de la moralité. Car il se trouve par là que le principe de la moralité doit être un impératif catégorique, et que celui-ci ne commande ni plus ni moins que cette autonomie même.

L'hétéronomie de la volonté comme source de tous les principes illégitimes de la moralité

Quand la volonté cherche la loi qui doit la déterminer *autre part* que dans l'aptitude de ses maximes à instituer une législation universelle qui vienne d'elle; quand en conséquence, passant par-dessus elle-même, elle cherche cette loi dans la propriété de quelqu'un de ses objets, il en résulte toujours une *hétéronomie*. Ce n'est pas alors la volonté qui se donne à elle-même la loi, c'est l'objet qui la lui donne par son rapport à elle. Ce rapport, qu'il s'appuie sur l'inclination ou sur les représentations de la raison, ne peut rendre possibles que des impératifs hypothétiques; je dois faire cette chose, *parce que je veux cette autre chose*. Au contraire, l'impératif moral, par conséquent catégorique, dit : je dois agir de telle ou telle façon, alors même que je ne voudrais pas autre chose. Par exemple, d'après le premier impératif, on dit : je ne dois pas mentir, si je veux continuer à être honoré; d'après le second, on dit : je ne dois pas mentir, alors même que le mensonge ne me ferait pas encourir la moindre honte. Ce dernier impératif doit donc faire abstraction de tout objet, en sorte que l'objet n'ait absolument aucune *influence* sur la volonté : il faut en effet que la raison pratique (la volonté) ne se borne pas à administrer un intérêt étranger, mais qu'elle manifeste uniquement sa propre autorité impérative, comme législation suprême. Ainsi, par exemple, je dois chercher à assurer le bonheur d'autrui, non pas comme si j'étais par quelque endroit intéressé à sa réalité (soit par une inclination immédiate, soit indirectement à cause de quelque satisfaction suscitée par la raison), mais uniquement pour ceci, que la maxime qui l'exclut ne peut être comprise dans un seul et même vouloir comme loi universelle. […]

HARRY G. FRANKFURT

LA LIBERTÉ DE LA VOLONTÉ
ET LE CONCEPT DE PERSONNE[*]

L'analyse du concept de personne qui s'est imposée récemment
en philosophie n'est en réalité pas du tout une analyse de *ce*
concept. Strawson, par exemple, définit la notion de personne
comme « le concept d'un type d'entités tel que *à la fois* des prédicats attribuant des états de conscience *et* des prédicats attribuant
des caractéristiques corporelles [...] sont également applicables
à un seul individu de ce type unique d'entités »[1]. Cette définition
est tout à fait représentative de l'utilisation actuelle de cette notion.
Il n'y a pourtant pas que les personnes qui possèdent à la fois
des propriétés mentales et des propriétés physiques. Il se trouve
– même si cela paraît surprenant – qu'il n'y a pas de terme anglais
courant pour le type d'entités auquel pense Strawson, un type qui

 * H.G. Frankfurt, « Freedom of the Will and the Concept of a Person », *The
Journal of Philosophy*, vol. 68, n° 1, 1971, p. 5-20. Nos remerciements vont à
l'éditeur et à l'auteur pour leurs aimables autorisations.

1. P.F. Strawson, *Individuals*, London, Methuen, 1959, p. 101-102; trad. fr.
A. Shalom et P. Drong, *Les individus*, Paris, Seuil, 1973, p. 114. Ayer utilise le terme
« personne » dans un sens similaire : « il est caractéristique des personnes que, outre le
fait qu'elles possèdent diverses propriétés physiques [...] on leur attribue aussi des
formes variées de conscience » (*The Concept of a Person*, New York, St. Martin's,
1963, p. 82). Strawson et Ayer s'intéressent au problème de la relation entre l'esprit et
le corps, et non pas à la question fort différente de savoir ce qu'est une créature qui
non seulement a un esprit et un corps, mais est aussi une personne.

inclurait non seulement les êtres humains mais aussi bien des animaux d'espèces variées et moins évoluées. Cela ne justifie pas pour autant le détournement d'un terme philosophique précieux.

Pour savoir si les membres de certaines espèces animales sont des personnes, il ne suffit certainement pas de déterminer s'il est correct de leur appliquer, en plus des prédicats leur attribuant des caractéristiques corporelles, des prédicats leur attribuant des états de conscience. Ce serait faire violence à notre langage que d'accepter d'étendre l'application du terme « personne » aux nombreuses créatures qui certes possèdent à la fois des propriétés psychologiques et matérielles, mais qui ne sont manifestement pas des personnes au sens normal de ce terme. Ce mauvais usage du langage est sans aucun doute innocent de toute erreur théorique. Cependant, bien que la faute soit « simplement verbale », elle cause un tort considérable. En effet, elle appauvrit sans raison notre vocabulaire philosophique et augmente le risque de négliger l'important domaine d'investigation auquel se rapporte naturellement le terme « personne ». On aurait pu s'attendre à ce que, de tous les problèmes philosophiques, comprendre ce que nous sommes essentiellement soit celui qui passionne avant tout les penseurs. Pourtant le désintérêt à l'égard de ce problème est tel qu'on a pu aller jusqu'à tronquer son intitulé quasiment sans se faire remarquer, et en tout cas sans susciter aucun sentiment général de perte.

Dans l'une de ses significations, le mot « personne » est simplement la forme singulière de « gens » et, à l'instar de ce dernier terme, ne traduit rien de plus que l'appartenance à une espèce biologique particulière. Mais pour ce qui est des significations ayant un intérêt philosophique plus grand, les critères qui déterminent ce qu'est une personne ne servent pas avant tout à distinguer les membres de notre propre espèce de ceux des autres espèces. Ils sont plutôt destinés à appréhender les attributs qui sont l'objet de l'intérêt que l'être humain porte à lui-même et qui sont à l'origine des aspects de sa condition qu'il considère comme les plus importants et les plus problématiques. Or, même s'ils n'étaient pas de fait particuliers et communs à tous les membres de notre propre espèce, ces attributs auraient pour nous la même importance. Ce qui nous intéresse le plus dans la condition humaine ne nous intéresserait pas moins s'il s'agissait également d'une caractéristique de la condition d'autres créatures.

Les attributs auxquels se réfère notre concept de nous-mêmes en tant que personnes ne sont donc pas nécessairement spécifiques à notre espèce. Il est logiquement possible que les membres d'une nouvelle espèce ou même d'une espèce non humaine déjà connue soient des personnes ; de même qu'il est logiquement possible que certains membres de l'espèce humaine ne soient pas des personnes. D'un autre côté, c'est un fait que nous présumons que les membres des autres espèces ne sont pas des personnes, et donc que ce qui est essentiel aux personnes est un ensemble de caractéristiques généralement considérées – à tort ou à raison – comme spécifiquement humaines.

Je pense que l'une des différences essentielles entre les personnes et les autres créatures réside dans la structure de la volonté des premières. Les êtres humains ne sont pas les seuls à avoir des désirs et des motifs, ou à faire des choix. Ils partagent ces facultés avec les membres d'autres espèces, dont certains paraissent même capables de s'engager dans des délibérations et de prendre des décisions sur la base d'une réflexion antérieure. Cependant, il semble particulièrement caractéristique des êtres humains qu'ils puissent former ce que j'appellerai des « désirs de second niveau ».

Outre qu'ils ont des désirs, font des choix et sont motivés pour *faire* ceci ou cela, les êtres humains peuvent aussi désirer avoir (ou ne pas avoir) certains désirs et certains motifs. Ils peuvent désirer être différents, quant à leurs préférences et leurs buts, de ce qu'ils sont. Beaucoup d'animaux possèdent apparemment la capacité de former ce que j'appellerai des « désirs de premier niveau », qui sont simplement des désirs de faire ou non telle ou telle chose. En revanche, aucun animal autre que l'homme ne paraît disposer de la capacité d'auto-évaluation réflexive[*] qui se manifeste dans la formation des désirs de second niveau [1].

I

Il est très difficile de saisir le concept désigné par le verbe « désirer ». Un énoncé de la forme « *A* désire faire *X* » – pris en lui-même et en dehors du contexte qui sert à élargir ou à restreindre sa signification – transmet remarquablement peu d'informations. Il peut par exemple être compatible avec chacun des énoncés suivants : a) la perspective de faire *X* ne provoque chez *A* ni sentiment ni réaction émotive accessible par introspection ; b) *A* n'est pas conscient de ce qu'il désire faire *X* ; c) *A* croit qu'il ne désire pas faire *X* ; d) *A* désire s'abstenir de faire *X* ; e) *A* désire faire *Y* et croit qu'il est impossible pour lui de faire à la fois *Y* et *X* ; f) *A* ne désire pas « vraiment » faire *X* ; g) *A* préfèrerait encore mourir plutôt que de faire *X* ; etc. Pour formuler la distinction entre les désirs de premier et de second niveaux, on ne peut donc pas se contenter de dire, comme je l'ai fait plus haut, qu'un individu a un désir de premier niveau quand il désire faire ou non telle ou telle chose, et

---

1. Pour des raisons de simplicité, je me bornerai à ce que quelqu'un désire (*want*) ou a envie de faire (*desire*), et je négligerai des phénomènes apparentés tels que les choix et les décisions. Je propose d'employer les verbes *want* et *desire* de manière interchangeable, bien qu'il ne s'agisse certainement pas de synonymes parfaits. Je laisse de côté les nuances établies entre ces mots parce que le verbe *to want*, dont la signification correspond mieux à mes intentions, ne se prête lui-même pas si aisément à la formation de noms que le verbe *to desire*. On peut éventuellement accepter, bien que cela soit disgracieux, de parler au pluriel des *wants* de quelqu'un, mais parler au singulier du *want* serait une abomination.

* D'après Frankfurt lui-même, les termes d'« auto-évaluation » et d'« endossement » ont prêté à des équivoques et des interprétations regrettables, d'après lesquelles l'identification à un désir impliquerait que l'agent porte un jugement de valeur positif sur le contenu de ce désir. L'identification serait au contraire à comprendre comme un processus descriptif : l'agent reconnaît simplement un désir comme sien. Voir « Reply to Michael Bratman », dans Buss et Overton 2002, p. 86-90.

qu'il a un désir de second niveau quand il désire avoir ou non un certain désir de premier niveau.

J'interpréterai les énoncés de la forme « *A* désire faire *X* » comme recouvrant un éventail assez large de situations[1]. Ils peuvent être vrais même quand les énoncés (a) à (g) sont vrais : c'est-à-dire quand *A* n'a pas conscience d'un quelconque sentiment se rapportant à l'accomplissement de *X*, quand il ne se rend pas compte qu'il désire faire *X*, quand il se dupe lui-même à propos de ce qu'il désire et croit (faussement) qu'il ne désire pas faire *X*, lorsque d'autres désirs entrent en conflit avec son désir de faire *X*, ou quand il est ambivalent. Les désirs en question peuvent donc être conscients ou inconscients, ils ne sont pas nécessairement univoques, et *A* peut se tromper à leur propos. Il existe cependant une autre source d'ambiguïtés qui peut affecter les énoncés identifiant les désirs d'un individu, et sur ce point il est important, pour les buts que je poursuis ici, d'être moins tolérant.

Prenons d'abord le cas où « *A* désire faire *X* » identifie un désir de premier niveau – c'est-à-dire les énoncés où l'expression « faire *X* » renvoie à une action. En lui-même, un énoncé de ce genre ne dit rien quant à l'intensité du désir de *A* pour *X*, et n'indique pas non plus s'il est susceptible ou non de jouer un rôle décisif dans ce que *A* fait ou essaie de faire. En effet on peut légitimement dire que *A* désire faire *X* alors même que ce désir n'est qu'un désir parmi d'autres et qu'il est loin d'être le désir dominant. Ainsi, il est possible que *A* désire faire *X* tout en ayant une forte préférence pour une autre action ; de même qu'il est possible qu'il désire faire *X* tout en agissant pour un motif autre que ce désir. Dans d'autres contextes cependant, lorsqu'on dit que *A* désire faire *X* on veut signifier par là que le motif ou le ressort de l'action effective

1. Ce que je vais dire dans ce paragraphe ne s'applique pas uniquement aux cas dans lesquels « faire *X* » fait référence à une action ou une abstention, mais également à ceux où « faire *X* » se réfère à des désirs de premier niveau et où l'énoncé « *A* désire faire *X* » est donc une version abrégée d'un énoncé – « *A* désire désirer faire *X* » – qui désigne un désir de second niveau.

est bien ce désir, ou que A (à moins qu'il ne change d'avis) sera effectivement mû par ce désir quand il passera à l'acte.

C'est seulement quand il est employé de cette dernière façon que, étant donné l'usage spécial de « volonté » que je propose d'adopter, l'énoncé « A désire faire X » décrit la volonté de A. On identifie donc la volonté d'un agent en identifiant le ou les désirs qui sont soit les motifs de son action présente, soit les motifs de son action à venir, soit ses motifs au cas où il agirait. La volonté d'un agent est donc identique à l'un ou plusieurs de ses désirs de premier niveau. Mais cette notion de volonté n'a pas la même extension que la notion de désirs de premier niveau. En effet, ce n'est pas la notion d'une simple propension, plus ou moins forte, à agir, mais seulement celle d'un désir *efficient* – un désir qui amène (ou amènera ou amènerait) la personne à passer à l'acte. Cette notion de volonté ne recoupe donc pas la notion de ce qu'un agent a l'intention de faire. En effet un individu peut avoir la ferme intention de faire X et néanmoins faire autre chose que X, parce que, en dépit de son intention, son désir de faire X s'est avéré plus faible ou moins efficient qu'un désir concurrent.

Considérons à présent le cas où « A désire faire X » identifie des désirs de second niveau – c'est-à-dire les énoncés où l'expression « faire X » renvoie à un désir du premier niveau. Là aussi, il existe deux types de situations où il peut être vrai que A désire désirer faire X. En premier lieu, il est possible que A, bien que désirant sans équivoque, sans hésitation et sans ambiguïté, s'abstenir de faire X, désire aussi désirer faire X. En d'autres termes, on peut désirer avoir un certain désir, tout en désirant sans équivoque que ce désir ne soit pas satisfait.

Imaginons qu'un psychothérapeute soignant des toxicomanes croie qu'il pourrait les aider plus efficacement s'il comprenait mieux ce que c'est pour eux de désirer la drogue dont ils sont dépendants. Supposons qu'il soit ainsi amené à désirer un désir de la drogue en question. Pour autant qu'il désire avoir un désir authentique, alors il ne désire pas simplement ressentir les sensations généralement ressenties par les toxicomanes en manque. Ce que ce médecin désire, c'est être disposé ou poussé, jusqu'à un certain point, à se droguer.

Mais il se peut fort bien que, bien qu'il désire être mû par un désir de se droguer, il ne désire pas que son désir soit efficient, qu'il l'amène à passer à l'acte. Il n'a pas nécessairement d'intérêt à faire l'expérience de la drogue. Et dans la mesure où il désire seulement *désirer* se droguer, et non pas *se droguer*, son désir présent ne serait aucunement satisfait par la drogue elle-même. Il est possible qu'en fait il désire sans équivoque *ne pas* se droguer ; et que par prudence il prenne des dispositions pour s'empêcher, si son désir du désir de se droguer devait tôt ou tard être satisfait, de réaliser le désir qui l'animerait à ce moment là.

Du fait que le médecin désire, à un moment donné, désirer se droguer, il ne s'ensuit donc pas qu'il désire effectivement se droguer ; son désir de second niveau (de désirer se droguer) n'implique pas de désir de premier niveau (de se droguer). Son désir de désirer se droguer ne contient pas nécessairement un désir implicite pouvant être satisfait par la prise d'une drogue ; tout en désirant désirer se droguer, il peut *ne pas* désirer se droguer, et désirer *uniquement* faire l'expérience du désir de se droguer. Autrement dit, son désir d'avoir un certain désir qu'il n'a pas n'est pas forcément un désir que sa volonté soit un tant soit peu différente de ce qu'elle est.

Un individu désirant seulement de cette manière tronquée désirer faire X est à la limite de l'affectation, et le fait qu'il désire désirer faire X n'est pas pertinent pour l'identification de sa volonté. Il existe cependant un second type de situation où l'énoncé « A désire désirer faire X » se rapporte effectivement à un désir de A concernant le contenu de sa volonté. Dans de tels cas l'énoncé signifie que A désire que le désir de faire X soit celui qui l'amène à passer à l'acte. Il ne désire pas seulement que ce désir fasse partie des désirs qui, plus ou moins fortement, le poussent ou l'inclinent à agir, mais qu'il soit efficient – c'est-à-dire qu'il soit le motif de son action. Dans ce contexte, l'énoncé que A désire désirer faire X implique que A désire déjà faire X. Il ne pourrait pas être vrai à la fois que *A* désire que le désir de faire *X* le pousse à agir et qu'il ne désire pas faire *X*. Ce n'est que s'il désire faire *X* qu'il peut de manière cohérente désirer que le désir de faire *X* ne soit pas simplement un désir parmi d'autres, mais, plus décisivement, constitue sa volonté [1].

Supposons qu'un individu désire être motivé par le désir de se concentrer sur son travail. Il est nécessairement vrai, dans ce cas, qu'il désire déjà se concentrer sur son travail. Ce désir fait dès à présent partie de ses désirs. Cependant, savoir si son désir de second niveau est ou non satisfait ne dépend pas seulement de ce que le désir qu'il désire soit l'un de ses désirs, mais de ce que désir soit son désir efficient ou sa volonté. Si, en fin de compte, c'est le désir de se concentrer sur son travail qui le pousse à agir comme il le fait, alors son désir à ce moment là correspond effectivement (au sens pertinent) à ce qu'il désire désirer. Si, en revanche, c'est un autre désir qui le pousse réellement à agir, alors ce qu'il désire à ce moment là n'est pas (au sens pertinent) ce qu'il désire désirer, en dépit du fait que le désir de se concentrer sur son travail fait toujours partie de ses désirs.

II

Un individu possède un désir de second niveau soit lorsqu'il désire simplement avoir un certain désir, soit lorsqu'il désire qu'un

---

1. Il n'est pas certain que la relation d'implication qui vient d'être décrite reste valable dans certains types de cas que l'on peut honnêtement considérer, me semble-t-il, comme non standards, la différence essentielle entre les cas standards et non standards résidant dans le type de description par lequel on identifie le désir de premier niveau en question. Ainsi, supposons que *A* admire *B* au point que, même s'il ignore ce que *B* désire faire, il désire être mû de façon efficiente par tout désir efficient de *B* : en d'autres termes, sans savoir ce qu'est la volonté de *B*, *A* veut que sa propre volonté soit identique à la sienne. Il ne s'ensuit certainement pas que *A* possède déjà, parmi ses désirs, un désir analogue à celui qui constitue la volonté de *B*. Je n'étudierai pas ici la question de savoir s'il existe d'authentiques contre-exemples à opposer à la thèse avancée, ni comment, s'il en existe, modifier ma thèse.

certain désir constitue sa volonté. Dans ce dernier cas, j'appellerai ses désirs de second niveau des « volitions de second niveau ». Or j'estime que c'est la possession de volitions de second niveau, et non pas la possession de désirs de second niveau en général, qui est essentielle au fait d'être une personne. Il est logiquement possible, bien que peu probable, que des agents aient des désirs de second niveau tout en étant dénués de volitions de second niveau. Dans ma perspective, de telles créatures ne seraient pas des personnes. J'utiliserai le terme « irréflexif » * pour désigner des agents qui ont des désirs de premier niveau mais ne sont pas des personnes parce que, qu'ils aient ou non des désirs de second niveau, ils n'ont pas de volitions de second niveau [1].

La caractéristique essentielle de l'individu irréflexif est que sa volonté l'indiffère. Ses désirs le poussent à faire certaines choses, sans qu'on puisse dire de lui ni qu'il désire être mû par ces désirs ni qu'il préfère être mû par des désirs différents. La classe des

---

1. Les créatures qui ont des désirs de second niveau sans avoir de volitions de second niveau diffèrent de façon significative des animaux (des brutes), et dans certains contextes il serait souhaitable de les considérer comme des personnes. C'est donc quelque peu arbitrairement que je ne les considère pas comme des personnes. J'ai adopté cet usage principalement pour faciliter la formulation de certaines de mes thèses. Par la suite, à chaque fois que je considère des énoncés de la forme « A désire désirer faire X », j'ai à l'esprit des énoncés qui identifient des volitions de second niveau et non pas des désirs de second niveau qui ne seraient pas des volitions de second niveau.

* Nous suivons ici M. Neuberg (1991) en traduisant, par ce néologisme, le terme *wanton* utilisé par l'auteur. Comme Neuberg l'explique, la traduction traditionnelle par *irréfléchi*, *impulsif* ou *incontinent* donnerait ici lieu a des associations non souhaitables, en suggérant en particulier une opposition trop tranchée entre passion et raison, partie animale et partie rationnelle de l'âme. Or, comme le précisera Frankfurt, le *wanton* n'est pas dépourvu de capacités rationnelles et peut parfaitement en faire usage, même s'il s'agit en l'occurrence d'une rationalité purement instrumentale. Par ailleurs, ce n'est pas non plus un incontinent ou un akratique : étant indifférent à la nature de ses désirs et n'ayant de préférence pour aucun d'eux, il ne saurait agir à l'encontre de son meilleur jugement et faire ainsi preuve de faiblesse de volonté. « Le terme *irréflexif* veut exprimer cette indifférence » (Neuberg 1991, p. 258), l'absence d'auto-réflexivité de la volonté.

irréflexifs comporte tous les animaux autres que l'homme qui ont des désirs, les enfants en bas âge, et peut-être également certains êtres humains adultes. De toute façon, les êtres humains adultes peuvent être plus ou moins irréflexifs; ils peuvent agir plus ou moins souvent, en réponse à des désirs de premier niveau à propos desquels ils n'ont pas de volitions de second niveau, de façon irréflexive.

Qu'un irréflexif n'ait pas de volitions de second niveau ne signifie pas qu'il réalise immédiatement et sans réfléchir chacun de ses désirs de premier niveau. Il se peut qu'il n'en ait pas l'opportunité ou bien que leur réalisation soit retardée ou empêchée, soit par des désirs concurrents du premier niveau, soit par l'intervention de la délibération. En effet l'irréflexif peut fort bien disposer de facultés rationnelles d'un niveau élevé et les mettre en œuvre. La notion d'irréflexif n'implique nullement une incapacité de raisonner ou de délibérer sur les moyens de réaliser ses désirs*. Ce qui distingue l'irréflexif rationnel des autres agents rationnels, c'est qu'il se désintéresse de la question de savoir si ses désirs sont désirables ou non. Il ne se demande pas quelle devrait être sa volonté. Il fait ce vers quoi il penche le plus, mais sans se soucier de savoir laquelle de ses inclinations est la plus forte.

Une créature rationnelle peut donc être un irréflexif bien qu'elle réfléchisse sur la meilleure façon de réaliser ses désirs. Cependant, lorsque je soutiens que ce qui constitue l'essence de la personne réside non pas dans la raison mais dans la volonté, je suis

---

* Frankfurt (1987) revient sur cette concession : il n'est plus question d'accorder à l'irréflexif une rationalité même simplement instrumentale, c'est-à-dire une capacité à délibérer sur les moyens techniques d'obtenir ce qu'il désire irréflexivement. En effet : « le raisonnement implique de prendre des décisions sur ce qu'il faut penser, ce qui n'apparaît pas moins incompatible avec l'irréflexivité profonde que de décider ce que l'on désire faire. Il semble que prendre une décision et trouver les moyens de la mettre à exécution soient deux choses différentes, mais il n'est pas certain que cette seconde tâche puisse être accomplie sans que l'on se décide à le faire selon des modalités structurellement assez analogues à celles qui sont impliquées dans la première » (p. 176).

loin de suggérer qu'une créature dépourvue de raison puisse être une personne. Car c'est seulement en vertu de ses capacités rationnelles qu'une personne est en mesure d'acquérir une conscience critique de sa propre volonté, et de former des volitions de second niveau. La structure de la volonté d'une personne présuppose, par conséquent, qu'elle soit un être rationnel.

On peut illustrer la distinction entre une personne et un irréflexif par le cas de deux toxicomanes. Supposons que les conditions physiologiques à la base de leur dépendance sont identiques, et que tous les deux succombent inévitablement à leurs envies périodiques de drogue. L'un d'eux hait sa dépendance et cherche désespérément, bien que sans résultat, à se soustraire à son emprise, en essayant tous les moyens qu'il croit efficaces. Mais son envie est trop forte pour qu'il lui résiste et, invariablement, il finit à terme par s'y soumettre. Il s'agit d'un toxicomane malgré lui, d'une victime impuissante de ses propres désirs.

Le toxicomane malgré lui est habité par des désirs de premier niveau opposés : il désire se droguer et il désire aussi s'en abstenir. En plus de ces désirs de premier niveau, il a cependant une volition de second niveau. Il n'est pas neutre dans le conflit opposant son désir de se droguer et son désir de s'en abstenir : il désire que ce soit ce dernier qui constitue sa volonté, soit efficient et détermine la fin de son action.

L'autre toxicomane est un irréflexif. Ses actions reflètent l'économie de ses désirs de premier niveau, sans qu'il cherche à savoir s'il désire être amené à agir par ces désirs. S'il rencontre des problèmes pour obtenir de la drogue ou pour la consommer, il fera éventuellement appel à la délibération pour satisfaire son envie. Mais il ne lui arrive jamais de se demander s'il désire ou non que les rapports entre ses désirs donnent lieu à la volonté qui est la sienne. S'il s'agissait d'un animal, il serait incapable de s'intéresser à sa volonté ; il n'est de toute façon, quant à ce défaut d'intérêt, pas différent d'un animal.

Il est possible que le second toxicomane vive un conflit de premier niveau analogue à celui du premier toxicomane. Qu'il s'agisse ou non d'un être humain, l'irréflexif peut (éventuellement à la suite d'un conditionnement) à la fois désirer se droguer et désirer s'en abstenir. Cependant, à la différence du toxicomane malgré lui, il n'a pas de préférence quant à la priorité des désirs en conflit; il ne préfère pas que ce soit l'un de ses désirs de premier niveau plutôt qu'un autre qui constitue sa volonté. Il serait trompeur de dire qu'il est neutre dans le conflit opposant ses désirs, puisque cela laisserait entendre qu'il les considère comme également acceptables. En réalité, n'ayant pas d'identité autre que celle de ses désirs de premier niveau, il ne préfère aucun de ces désirs et il ne préfère pas non plus ne pas prendre parti.

Le toxicomane malgré lui, qui est une personne, accorde de l'importance à la question de savoir lequel de ses désirs de premier niveau en conflit va prendre le dessus. Certes les deux désirs sont les siens; et qu'il se drogue finalement ou qu'il réussisse à s'en empêcher, il agit pour satisfaire ce qui est, au sens littéral, son propre désir. Dans les deux hypothèses, il fait ce que lui-même désire faire, et il le fait suite à son désir et non sous une influence externe aboutissant par hasard au même résultat. Cependant, le toxicomane malgré lui s'identifie, en formant une volition de second niveau, à l'un plutôt qu'à l'autre de ses désirs opposés de premier niveau. Il s'approprie l'un d'eux plus intimement et, ce faisant, prend ses distances par rapport à l'autre. C'est en vertu de cette identification et de cette prise de distance, dues à la formation d'une volition de second niveau, que le toxicomane malgré lui peut, dans un énoncé parfaitement pourvu de sens quoique surprenant du point de vue de l'analyse conceptuelle, dire de la force qui le pousse à se droguer qu'elle lui est étrangère et que ce n'est pas de plein gré mais plutôt malgré lui qu'il est conduit à se droguer.

Le toxicomane irréflexif soit se désintéresse du conflit entre ses désirs de premier niveau et de sa solution, soit n'est pas capable d'y prendre intérêt. Ce manque d'intérêt est du non pas à son incapacité à trouver une base convaincante pour former une préférence, mais soit à l'inexistence chez lui d'un pouvoir de réflexion soit à son insouciante indifférence à l'égard de la tâche qui consiste à évaluer ses propres désirs et motifs [1]. Il n'y a ici qu'une seule issue possible au conflit de premier niveau : c'est l'un ou l'autre des désirs en conflit qui s'avèrera le plus fort. Puisqu'il est habité par les deux désirs, il ne sera pas entièrement satisfait de son action quel que soit le désir finalement efficient. Mais que sa dépendance ou son aversion de la drogue prenne le dessus *lui* importe peu. Il n'a pas d'intérêt dans le conflit en jeu et donc, à la différence du toxicomane malgré lui, il ne saurait ni gagner ni perdre la lutte dans laquelle il est engagé. Lorsqu'une *personne* agit, le désir qui la motive correspond soit à la volonté qu'elle désire soit à une volonté qu'elle ne désire pas. Quand un *irréflexif* agit, ce n'est ni l'une ni l'autre.

III

La capacité de former des volitions de second niveau est étroitement liée à un autre pouvoir essentiel de la personne – un pouvoir qu'on a souvent considéré comme trait distinctif de la condition humaine, à savoir : ce n'est que par ses volitions de second niveau que la personne peut jouir ou, au contraire, être privée de la liberté de la volonté. Le concept d'une personne n'est donc pas seulement le concept d'un type d'entités qui possèdent à la fois des désirs de premier niveau et des volitions de second niveau ; il peut aussi être conçu comme le concept d'un type d'entités pour qui la liberté de la volonté peut poser problème. Ce concept exclut tous les irréflexifs (infra-humains ou humains),

---

1. En parlant de l'évaluation de ses propres désirs et motifs comme étant caractéristiques d'une personne, je n'entends pas suggérer que ses volitions de second niveau expriment nécessairement sa position *morale* à l'égard de ses désirs de premier niveau : elle peut très bien évaluer ces derniers d'un point de vue non moral. De plus, une personne peut former ses volitions de second niveau de manière irresponsable et capricieuse et ne pas examiner sérieusement ce qui est en jeu. Les volitions de second niveau n'expriment des évaluations que dans la mesure où il s'agit de préférences ; la base sur laquelle elles sont formées, s'il y en a une, n'est pas sujette à des restrictions significatives.

puisqu'ils ne satisfont pas une condition essentielle de la liberté de la volonté. Il exclut également ces êtres supra-humains dont, s'il en existe, la volonté est nécessairement libre.

De quelle nature est au juste la liberté de la volonté ? La réponse à cette question exige d'identifier le domaine spécifique de l'expérience humaine auquel le concept de liberté de la volonté, en tant que distinct des concepts d'autres formes de liberté, se rapporte particulièrement. Ce faisant, mon but sera avant tout de localiser le problème qui touche le plus immédiatement une personne concernée par la liberté de sa volonté.

D'après une tradition philosophique familière, être libre consiste fondamentalement à agir selon ses désirs. Or la notion d'un agent qui fait ce qu'il désire n'est certainement pas évidente : à la fois le faire et le désir, ainsi que la relation appropriée entre les deux, demandent à être élucidés. Mais même s'il faut la préciser et affiner sa formulation, je crois que cette notion embrasse effectivement au moins une partie de ce qui est implicite dans l'idée d'un agent qui *agit* librement. Elle passe cependant complètement à côté du contenu spécifique de l'idée très différente d'un agent dont la *volonté* est libre.

Nous ne pensons pas que les animaux possèdent la liberté de la volonté, bien que nous admettions qu'un animal puisse être libre de courir partout où il le désire. Être libre d'agir selon ses désirs n'est donc pas une condition suffisante de la liberté de la volonté. Ce n'en est pas non plus une condition nécessaire. En effet, en privant quelqu'un de sa liberté d'action, on ne limite pas nécessairement la liberté de sa volonté. Il est vrai que lorsqu'un agent prend conscience qu'il n'est pas libre de faire certaines choses, cela affecte ses désirs et limite l'étendue des choix qu'il peut faire. Mais supposons qu'un individu, sans qu'il s'en soit rendu compte, a en fait perdu ou a été privé de sa liberté d'action. Même s'il n'est plus libre de faire ce qu'il désire, sa volonté demeure aussi libre qu'auparavant. Bien qu'il ne soit plus libre de réaliser ses désirs ou d'agir conformément aux déterminations de sa volonté, il peut toujours former ces désirs et produire ces déterminations aussi librement que si sa liberté d'action n'avait pas été restreinte *.

Quand on veut savoir si la volonté d'une personne est libre, on ne demande pas si cette personne est en mesure de réaliser ses désirs de premier niveau. Cette question se rapporte à la liberté de l'action, alors que le problème de la liberté de la volonté concerne les désirs eux-mêmes et non pas la relation entre ce que la personne fait et ce qu'elle désire faire. Mais de quel problème s'agit-il au juste ?

Il me paraît à la fois naturel et utile de poser le problème de la liberté de la volonté en étroite analogie avec celui de la liberté d'action. Or la liberté d'action est (en gros au moins) la liberté d'agir selon ses désirs. De façon analogue, l'énoncé qu'une personne jouit de la liberté de la volonté signifie (en gros également) qu'elle est libre de désirer ce qu'elle désire désirer. Plus précisément, il signifie qu'elle est libre de vouloir ce qu'elle désire vouloir ou d'avoir la volonté qu'elle désire. De même que le problème de la liberté d'action d'un agent est lié à la question de savoir si c'est l'action qu'il désire accomplir, de même le problème de la liberté

---

* Frankfurt développe beaucoup plus longuement cette expérience de pensée dans « Alternate Possibilities and Moral Responsibility » (1969), dans le but de contester le Principe des Possibilités Contraires selon lequel la responsabilité morale de nos actions présuppose la liberté de choix, c'est-à-dire requiert que nous aurions pu agir autrement que nous ne l'avons effectivement fait. Comme le souligne Fischer (1994, p. 114), Locke (2001) avait déjà introduit un tel exemple pour démontrer que la liberté *n*'est précisément *pas* une propriété de la volonté de l'agent, mais de l'agent lui-même par rapport à telle ou telle action. Voir *Essai sur l'entendement humain*, livre II, chap. 21, sec. 10 : « [...] supposez un homme transporté pendant son sommeil dans une chambre où se trouve une personne qu'il est impatient de voir et qu'il y soit enfermé de sorte qu'il soit hors de son pouvoir d'en sortir ; il se réveille, il est heureux de se trouver en compagnie si désirée et il demeure volontairement là, c'est-à-dire il préfère rester plutôt que s'en aller. Ma question : n'est-ce pas rester volontairement ? Personne n'en doutera ; et pourtant, étant enfermé, il n'a évidemment pas la liberté de ne pas rester, il n'a aucune liberté de sortir. Ainsi, *la liberté n'est pas une idée attachée à la volition* ou à la préférence, mais à la personne qui a le pouvoir de faire ou d'éviter de faire selon que l'esprit choisira ou ordonnera. Notre idée de liberté a la même extension que ce pouvoir et pas plus » (p. 381). Autrement dit, pour Locke il n'y a pas d'autre concept pertinent de liberté que celui de liberté d'action.

de sa volonté est lié à la question de savoir si cette volonté est celle qu'il désire avoir.

C'est donc en conformant sa volonté avec ses volitions de second niveau qu'une personne dispose d'une volonté libre. Et c'est dans l'écart entre sa volonté et ses volitions de second niveau, ou en se rendant compte que leur concordance n'est pas de son propre fait mais seulement un pur hasard, qu'une personne ressent son manque de liberté. La volonté du toxicomane malgré lui n'est pas libre, et cela se manifeste dans le fait que sa volonté n'est pas celle qu'il désire avoir. Il est vrai également, bien qu'en un sens différent, que la volonté du toxicomane irréflexif n'est pas libre : il n'a ni la volonté qu'il désire ni une volonté différente de celle qu'il désire. Puisqu'il n'a pas de volitions de second niveau, la liberté de sa volonté n'est pas un problème pour lui. Elle lui manque pour ainsi dire par défaut.

Les hommes sont généralement beaucoup plus complexes que ne peut le suggérer mon esquisse de la structure de la volonté d'une personne. Les désirs de second niveau, par exemple, peuvent receler autant d'ambivalence, de conflits, de duperie de soi, qu'il y en a concernant les désirs de premier niveau. S'il y a un conflit non résolu entre les désirs de second niveau d'un individu, il risque de ne pas disposer de volitions de second niveau ; car aussi longtemps que perdure ce conflit, il n'a pas de préférence quant au désir de premier niveau qui devrait constituer sa volonté. Quand cette situation devient grave au point d'empêcher l'individu de s'identifier d'une manière suffisamment nette avec *l'un quelconque* de ses désirs opposés de premier niveau, il est détruit en tant que personne. En effet, soit sa volonté tend à être paralysée et il sera alors dans l'incapacité d'agir, soit il tend à se désengager vis-à-vis de sa volonté, qui va alors opérer sans sa participation. Dans les deux hypothèses il devient, comme le toxicomane malgré lui quoique d'une façon différente, un témoin impuissant des forces qui le meuvent.

Une autre source de complication est qu'une personne peut avoir, particulièrement dans le cas où ses désirs de second niveau sont en conflit, des désirs et des volitions d'un niveau supérieur au second. Théoriquement, il n'y a pas de limite à l'élévation des niveaux de désirs : rien, si ce n'est le bon sens et éventuellement une fatigue salvatrice, ne peut empêcher un individu de refuser obstinément de s'identifier à l'un quelconque de ses désirs aussi longtemps qu'il n'a pas formé un désir d'un niveau immédiatement supérieur. La tendance à générer une telle série d'actes de formation de désirs, qui correspondrait à un cas d'humanisation devenue chaotique, conduit également à la destruction de la personne.

Il est cependant possible de mettre un terme à une telle série d'actes sans pour autant l'interrompre arbitrairement. Quand une personne s'identifie *d'une manière décisive** à l'un de ses désirs de

---

* À la différence de M. Neuberg, nous choisissons de traduire *decisively* par « de manière *décisive* » et non « de manière *définitive* ». Le terme « définitif » fait certes ressortir le caractère ultime et irrévocable de l'identification que Frankfurt a à l'esprit, mais il manque néanmoins deux aspects de cette identification, qui ne deviendront explicites que dans l'article « Identification and Wholeheartedness » (1987) : d'une part, une telle identification résulte d'une décision de la personne par laquelle elle *se constitue activement elle-même*, s'appropriant ainsi ce désir de manière responsable ; d'autre part, outre le fait que la personne puisse changer d'avis, cette identification ne signifie pas nécessairement la fin de tout conflit entre ses désirs, puisque la décision reste une intention dont l'exécution n'est pas garantie par le fait que la personne soit convaincue d'avoir résolu le conflit (ici, le refoulement d'autres désirs, toujours efficaces, peut donc intervenir). La traduction de Neuberg rend donc l'interruption de l'ascension vers des désirs de niveaux supérieurs au second plus arbitraire qu'elle ne l'est en réalité, prêtant la main aux objecteurs de Frankfurt. Frankfurt n'est d'ailleurs pas sans reconnaître, dans le même article, que les termes d'« identification », d'« engagement décisif » et de « résonance » sont plutôt obscurs, et tout en tentant de les éclaircir, l'analyse étymologique de l'expression *to decide* ou *to make up one's mind* (sec. V), ainsi que celle, phénoménologique, de l'acte de prendre une décision (sec. VI), montrent bien en quoi la traduction de *decisive* par *définitif* rend l'argumentation de Frankfurt purement circulaire : « Le fait qu'un engagement résonne sans fin *est* simplement le fait que l'engagement soit *décisif*. Car un engagement est décisif si et seulement s'il est pris sans réserve, et prendre un engagement sans réserve signifie que la personne concernée a la conviction qu'aucune autre investigation plus précise n'exigerait qu'elle ne change d'avis. Il est donc inutile de poursuivre l'enquête plus longtemps. C'est précisément l'effet-

premier niveau, cet engagement « résonne » à travers la série potentiellement infinie des niveaux supérieurs. Reprenons le cas de la personne qui, sans réserve ni hésitation, désire être motivée par le désir de se concentrer sur son travail. Le fait que cette volition de second niveau soit une volition décisive signifie qu'il n'y a plus de place pour des questions portant sur la pertinence de désirs ou de volitions de niveaux supérieurs. Supposons que l'on demande à cette personne si elle désirer désirer désirer se concentrer sur son travail. Elle peut à bon droit répondre que cette question à propos d'un désir de troisième niveau ne se pose pas. On n'aurait tort d'affirmer, parce qu'elle ne s'est pas demandée si elle désirait la volition de second niveau qu'elle a formée, qu'elle est indifférente à la question de savoir si elle désire que sa volonté soit en accord avec cette volition ou avec une autre. Le caractère décisif de son engagement signifie qu'elle a décidé qu'il n'y avait plus de question à poser au sujet de sa volition de second niveau, à quelque niveau supérieur que ce soit. Il importe peu qu'on explique cela en disant que son engagement génère implicitement une série infinie de désirs corroborants de niveaux supérieurs, ou qu'il est équivalent à une dissolution du sens même des questions à propos de niveaux supérieurs du désir.

Des cas comme celui du toxicomane malgré lui incitent à penser que les volitions de second niveau, ou de niveaux supérieurs, doivent être formées délibérément et que la personne doit particulièrement lutter pour assurer leur satisfaction. Mais la conformité de la volonté d'une personne à ses volitions de niveau supérieur peut être beaucoup plus spontanée et irréfléchie que cela. Certaines personnes sont naturellement mues par la gentillesse quand elles désirent être gentilles, et par la méchanceté quand elles désirent

---

résonnance. […] Car la seule raison de poursuivre la série [de niveaux supérieurs de désirs] serait d'être en prise avec un conflit présent ou avec la possibilité qu'un conflit puisse avoir lieu. Étant donné que la personne n'a pas cette raison pour poursuivre, il n'est guère arbitraire qu'elle s'arrête » (p. 168). Bratman (1996, ici traduit) analyse les vertus et les insuffisances d'un tel concept de décision.

être méchantes, sans pour autant y penser explicitement et sans avoir besoin de s'imposer une sévère autodiscipline. D'autres en revanche sont mues par la méchanceté quand elles désirent être gentilles et par la gentillesse quand elles ont l'intention d'être méchantes, également sans y penser et sans résister activement à ces violations de leurs désirs de niveau supérieur. Certains conquièrent facilement la liberté, alors que d'autres doivent lutter pour l'atteindre.

IV

Ma conception de la liberté de la volonté explique aisément pourquoi on répugne à la reconnaître aux membres d'espèces inférieures à la nôtre. Elle satisfait également une autre condition que toute théorie de ce genre doit remplir, en expliquant pourquoi la liberté de la volonté devrait être considérée comme souhaitable. Celui qui jouit d'une volonté libre voit certains de ses désirs (de second niveau ou de niveaux supérieurs) satisfaits, alors que celui qui en est privé les voit frustrés. Les satisfactions en question reviennent à l'individu dont la volonté est sienne, et les frustrations correspondantes sont vécues par celui qui est étranger à lui-même, ou qui se trouve être le témoin impuissant ou passif des forces qui le meuvent.

Une personne peut être libre d'agir selon ses désirs sans être en mesure d'avoir la volonté qu'elle désire. Mais supposons qu'elle jouisse à la fois de la liberté d'action et de la liberté de la volonté. Dans ce cas elle n'est pas seulement libre d'agir selon ses désirs, mais elle est libre également de désirer ce qu'elle désire désirer. Elle possède alors, me semble-t-il, toute la liberté que l'on peut souhaiter ou concevoir. Certes il y a d'autres biens souhaitables dans la vie, et il se peut qu'elle soit privée de certains d'entre eux. Mais sous l'aspect de la liberté, il ne lui manque rien.

Il n'est pas du tout sûr que certaines autres théories de la liberté de la volonté remplissent ces conditions élémentaires mais essentielles, à savoir : que l'on comprenne pourquoi nous souhaitons cette liberté pour nous et pourquoi nous refusons de l'attribuer aux animaux. Prenons par exemple l'interprétation étrange qu'a donnée Roderick Chisholm de la thèse selon laquelle la liberté humaine implique l'absence de détermination causale[1]. S'il faut suivre Chisholm, à chaque fois qu'une personne exécute une action libre, c'est un miracle[*]. En effet, lorsqu'une personne bouge la main, ce mouvement est le résultat d'une série de causes physiques ; mais selon Chisholm il y a un événement dans cette série, « et probablement l'un de ceux qui ont eu lieu à l'intérieur du cerveau, [qui] a été causé par l'agent et non par d'autres évènements » (p. 18). C'est pourquoi l'agent libre possède « une prérogative que certains voudraient attribuer seulement à Dieu : chacun de nous, quand nous agissons, est un premier moteur immobile » (p. 23).

Rien dans cette conception de la liberté n'interdit de l'appliquer aux animaux d'espèces inférieures. Chisholm ne rend pas moins probable le fait qu'un lapin accomplisse un miracle quand il bouge la patte, qu'un être humain quand il bouge la main. De toute façon, pourquoi devrait-on se *soucier* de ce qu'on peut interrompre l'ordre naturel des causes de la manière dont Chisholm le décrit ? Chisholm ne donne aucune raison permettant de penser qu'il y a une différence discernable entre l'expérience d'un homme qui déclenche miraculeusement une série de causes en bougeant la main et un

---

1. « Freedom and Action », dans K. Lehrer (ed.), *Freedom and Determinism*, New York, Random House, 1966, p. 11-44.

* On se souviendra ici de la critique de Malebranche par Leibniz, qui lui reproche, pour expliquer l'influence de l'esprit sur le corps, de faire « venir un Dieu comme dans une machine de théâtre, pour faire le dénouement de la pièce, en soutenant que Dieu s'emploie tout exprès pour remuer les corps comme l'âme le veut, et pour donner des perceptions à l'âme comme le corps le demande ; d'autant que ce système, qu'on appelle celui des causes occasionnelles (parce qu'il enseigne que Dieu agit sur le corps à l'occasion de l'âme, et *vice versa*), outre qu'il introduit des miracles perpétuels pour faire le commerce des deux substances, ne sauve pas le dérangement des lois naturelles établies dans chacune de ces mêmes substances, que leur influence mutuelle causerait dans l'opinion commune » (*Essai de théodicée*, Paris, Gallimard, 1969, § 61).

homme qui bouge la main sans qu'intervienne une telle rupture de la séquence causale normale. Il n'existe apparemment pas de faits concrets sur la base desquels on pourrait préférer être impliqué dans l'un de ces états de choses plutôt que dans l'autre [1].

On suppose généralement que, outre qu'elle doive remplir les deux conditions mentionnées, une théorie satisfaisante de la liberté de la volonté doit aussi fournir une analyse de l'une des conditions de la responsabilité morale. De fait, l'approche récente la plus commune du problème de la liberté de la volonté a consisté à déterminer ce qu'implique l'hypothèse qu'un individu est moralement responsable de son action. J'estime, pour ma part, que la relation entre la responsabilité morale et la liberté de la volonté a été très largement mal comprise. Il est faux qu'une personne n'est moralement responsable de son action que si sa volonté était libre au moment d'agir. Il est tout à fait possible qu'elle soit moralement responsable de son action alors que sa volonté n'était pas du tout libre.

La volonté d'une personne est libre seulement si cette personne est libre d'avoir la volonté qu'elle désire, c'est-à-dire lorsqu'elle est libre de faire de n'importe lequel de ses désirs de premier niveau le contenu de sa volonté. Quelle que soit sa volonté, la personne dont la volonté est libre aurait donc pu avoir une volonté différente ; elle aurait pu constituer sa volonté autrement. La question de savoir précisément comment l'expression «elle aurait pu faire autrement» doit être interprétée dans des contextes comme celui-ci est intrigante. Mais bien qu'elle ait son importance pour la théorie de la liberté, son incidence sur la théorie de la responsabilité morale est nulle. En effet la supposition qu'une personne est moralement responsable de son action n'implique pas qu'elle était en mesure d'avoir la volonté qu'elle désirait.

---

1. Ceci ne signifie pas que la soi-disant différence entre ces deux états de choses ne puisse pas être soumise à vérification. Au contraire, il est probable que les physiciens puissent montrer que les conditions de l'action libre telles qu'elles sont établies par Chisholm ne sont pas satisfaites, parce qu'il n'y a pas d'événement cérébral pertinent dont on ne puisse pas identifier une cause physique suffisante.

Cette supposition implique *uniquement* que la personne agissait librement ou de plein gré. Cependant, on aurait tort de penser qu'un individu agit librement seulement lorsqu'il est libre d'agir selon ses désirs ou qu'il agit de plein gré seulement si sa volonté est libre. Supposons qu'une personne ait agit comme et parce qu'elle le désirait, et que la volonté qui l'a fait passer à l'acte était la sienne puisqu'elle la désirait. Cette personne a donc agi librement et de plein gré. Supposé même qu'elle aurait pu agir autrement, elle ne l'aurait pas fait, et supposé même qu'elle aurait pu avoir une autre volonté, elle ne l'aurait pas désirée. De plus, puisque la volonté qui l'a fait passer à l'acte était celle qu'elle désirait, elle ne peut pas prétendre qu'elle lui a été imposée ou qu'elle n'a pas participé à sa formation. Dans ces conditions, rechercher si les alternatives qu'elle a rejetées lui étaient ou non réellement accessibles n'a rien à voir avec l'évaluation de sa responsabilité morale [1].

Illustrons ce point par le cas d'un troisième toxicomane. Supposons que sa dépendance a la même base physiologique et la même force irrésistible que celles du toxicomane malgré lui et du toxicomane irréflexif, mais qu'il est parfaitement satisfait de sa condition. Il s'agit en l'occurrence d'un toxicomane consentant, qui n'aimerait pas que les choses soient autres. Si l'emprise de sa dépendance se relâchait quelque peu, il ferait tout ce qui est en son pouvoir pour la raffermir, et si son envie de drogue commençait à faiblir, il chercherait à renouveler son intensité.

La volonté du toxicomane consentant n'est pas libre, car son désir de se droguer sera efficient, qu'il désire ou non que ce désir constitue sa volonté. Cependant il se drogue librement et de plein gré. Son cas peut selon moi être interprété comme impliquant une surdétermination de son désir de premier niveau de se droguer. Ce

---

1. Pour une autre analyse des considérations mettant en doute le principe selon lequel une personne n'est moralement responsable de son action qu'à la condition d'avoir pu agir différemment, voir mon article « Alternate Possibilities and Moral Responsibility » (1969).

désir est un désir efficient parce que l'agent se trouve dans une dépendance physiologique, mais aussi parce qu'il désire qu'il soit efficient. L'agent ne contrôle pas sa volonté, mais en désirant (par un désir de second niveau) que son désir de se droguer soit efficient, il a fait sienne cette volonté. Étant donné que ce n'est donc pas uniquement à cause de sa dépendance que son désir de se droguer est efficient, on peut tenir l'agent pour moralement responsable de ce qu'il se drogue.

Ma conception de la liberté de la volonté s'avère neutre par rapport au problème du déterminisme. Il paraît concevable qu'une personne soit libre de désirer ce qu'elle désire par une détermination causale, et si cela est concevable, alors il est possible qu'une personne jouisse d'une volonté libre suite à une détermination causale. Affirmer qu'il est déterminé de manière inéluctable et en vertu de forces échappant à leur contrôle que certaines personnes aient une volonté libre et d'autres non n'est paradoxal qu'en apparence, et il n'y a rien d'incohérent à dire que c'est un pouvoir autre que celui de la personne elle-même qui est responsable (et même *moralement* responsable) du fait qu'elle jouisse ou soit privée de la liberté de la volonté. Il est possible qu'une personne soit moralement responsable de ce qu'elle fait de plein gré et qu'une autre personne soit également moralement responsable de ce que la première l'a fait[1].

---

1. Il y a une différence entre être *pleinement* responsable et être *seul* responsable. Supposons que le toxicomane consentant soit devenu dépendant suite à l'action délibérée et calculée d'une autre personne. Dans ce cas, il est possible que ces deux individus soient pleinement responsables de ce que le premier se drogue, bien qu'aucun d'eux n'en soit le seul responsable. Prenons un autre exemple pour bien faire ressortir cette distinction entre être pleinement responsable et être le seul responsable d'un point de vue moral. Supposons qu'une lampe quelconque puisse être allumée ou éteinte en actionnant l'un de deux interrupteurs, et que deux personnes, dont chacune ignore ce que fait l'autre, tournent simultanément ces interrupteurs pour allumer la lampe. Ni l'une ni l'autre n'est seule responsable de ce que la lampe s'allume, elles ne partagent pas non plus la responsabilité au sens où chacune serait partiellement responsable ; mais chacune d'elles est pleinement responsable de ce qu'elle a fait.

D'un autre côté, il paraît concevable qu'une personne soit libre d'avoir la volonté qu'elle désire par hasard, et si cela est concevable, alors ce peut être par hasard que certaines personnes jouissent de la liberté de la volonté et d'autres non. Et si l'on croit, à l'instar de certains philosophes, que des états de chose peuvent se produire autrement encore que par hasard ou que comme résultat d'une séquence de causes naturelles, on peut aussi concevoir qu'une personne arrive à jouir de la liberté de la volonté de cette troisième manière.

JOHN STUART MILL

DE L'INDIVIDUALITÉ COMME
L'UN DES ÉLÉMENTS DU BIEN-ÊTRE *

Telles étant les raisons qui rendent indispensable de laisser les êtres humains libres de former leurs opinions et de les exprimer sans réserve, et telles étant les conséquences fatales pour la nature intellectuelle et, partant, morale, de l'homme, si la liberté n'est pas concédée, ou du moins revendiquée, en dépit de l'interdiction, examinons à présent si les mêmes raisons n'exigent pas que les hommes soient libres d'agir selon leurs opinions – c'est-à-dire libres de les mettre en pratique dans leur vie sans empêchement ni physique ni moral de la part de leurs semblables tant qu'ils exercent leur liberté à leurs seuls risques et périls. La dernière condition est bien sûr indispensable. Personne ne prétend que les actions doivent être aussi libres que les opinions. Au contraire, même les opinions perdent leur immunité quand les circonstances dans lesquelles elles sont exprimées sont telles que leur expression devient une instigation positive à quelque méfait. L'opinion que les marchands de blé sont ceux qui affament les pauvres, ou que la propriété privée est un vol, ne devrait pas être inquiétée quand elle circule simplement dans la presse, mais elle peut encourir une juste punition

---

* Nous reprenons, avec son aimable autorisation, la traduction de Gilbert Boss, Zurich, Grand Midi, 1987, p. 85-103. Mill vient d'exposer, dans le chapitre précédent de *De la liberté*, les arguments en faveur d'une défense et d'une promotion de la « liberté de pensée et de discussion ».

quand elle est émise oralement face à une foule agitée, rassemblée devant la maison d'un marchand de blé, ou quand on la fait passer dans cette même foule sous la forme d'une affiche. Les actes de tout genre qui font du tort aux autres sans cause justifiable peuvent – et, dans les cas les plus importants, doivent – être contrôlés par la réprobation et, si nécessaire, par une intervention active des gens. La liberté de l'individu doit être contenue dans ces limites : il ne doit pas se rendre nuisible à autrui. Mais s'il s'abstient d'importuner les autres dans ce qui les concerne, et qu'il se contente de suivre ses propres inclinations et son propre jugement dans ce qui le concerne lui-même, les mêmes raisons qui montrent que l'opinion devrait être libre, prouvent également qu'on devrait pouvoir, sans vexations, mettre en pratique ses opinions à ses propres dépens. Que les hommes ne soient pas infaillibles, que leurs vérités, pour la plupart, ne soient que des demi-vérités, que l'accord des opinions ne soit pas souhaitable s'il ne résulte pas de la plus complète et de la plus libre comparaison des opinions opposées, et que la diversité ne soit pas un mal, mais un bien, tant que l'humanité n'est pas bien plus capable que maintenant de reconnaître tous les aspects de la vérité, voilà des principes qui sont applicables aux manières d'agir des hommes autant qu'à leurs opinions. De même qu'il est utile qu'il y ait des opinions diverses tant que l'humanité est imparfaite, de même il est utile qu'il y ait différentes expériences dans les façons de vivre, que le champ soit laissé libre aux divers caractères, tant qu'ils ne font pas de tort aux autres, et que la valeur des différents modes de vie se prouve pratiquement à ceux qui jugent opportun de les réaliser. Bref, il est souhaitable que l'individualité puisse se manifester dans tout ce qui ne concerne pas essentiellement les autres. Là où ce n'est pas le caractère propre de la personne, mais la tradition et les mœurs des autres qui sont les règles de sa conduite, il manque l'un des ingrédients principaux du bonheur humain, et assurément l'ingrédient principal du progrès individuel et social.

Lorsqu'on maintient ce principe, la plus grande difficulté qu'on rencontre ne réside pas dans l'appréciation des moyens en vue d'une fin reconnue, mais dans l'indifférence générale des gens

vis-à-vis de la fin elle-même. Si l'on sentait que le libre développement de l'individualité est l'un des éléments les plus essentiels
du bien-être, que ce n'est pas un simple accessoire de ce que l'on
nomme civilisation, instruction, culture, mais bien un aspect nécessaire et une condition de toutes ces choses, il n'y aurait aucun danger
que la liberté soit sous-estimée, et la définition de la frontière entre
elle et le contrôle social ne présenterait aucune difficulté extra-
ordinaire. Mais le drame est que la spontanéité individuelle n'est
presque pas reconnue par les manières habituelles de penser comme
ayant une valeur intrinsèque, ou comme méritant d'être considérée
pour son propre compte. La majorité, satisfaite de la façon de vivre
de l'humanité (parce que c'est elle qui la rend telle qu'elle est), ne
voit pas pourquoi ses manières de vivre ne satisferaient pas tout
le monde. Et plus encore, la majorité des réformateurs moraux et
sociaux excluent de leur idéal la spontanéité, qu'ils regardent
plutôt avec jalousie, comme une entrave gênante, voire rebelle à
l'acceptation générale de ce qu'ils jugent pour leur part être le
mieux pour l'humanité. Peu de gens hors d'Allemagne comprennent même le sens de la doctrine que Wilhem von Humboldt – un
homme éminent aussi bien comme savant que comme politicien – a
prise pour thème d'un traité, à savoir ceci : « la fin de l'homme, ou
ce qui est prescrit par les décrets immuables et éternels de la raison,
et non suggéré par des désirs vagues et éphémères, est le développement le plus haut et le plus harmonieux de ses facultés en un
tout parfait et cohérent », de sorte que l'objet « vers lequel tout
être humain doit sans cesse diriger ses efforts, et sur lequel ceux qui
ont l'ambition d'influencer leurs semblables doivent tout particulièrement fixer constamment leurs regards, est l'individualité
de la puissance et du développement »; pour y atteindre, il faut
deux choses : « la liberté et la variété des situations », de l'union
desquelles naissent « la vigueur individuelle et la grande diversité »,
qui se lient dans « l'originalité » [1].

---

1. *La Sphère et les Devoirs du Gouvernement* du Baron Wilhelm von Humboldt.

Pourtant, aussi inhabituelle que paraisse une doctrine comme celle de von Humboldt, et aussi surprenante que soit sa valorisation extrême de l'individualité, il faut observer néanmoins qu'il ne peut s'agir ici que d'une question de degrés. Personne n'estime que le comportement idéal consiste à se contenter purement et simplement de se copier les uns les autres. Personne n'affirmerait qu'il ne faut laisser dans notre mode de vie et dans la conduite de nos affaires absolument aucune trace de notre propre jugement et de notre propre caractère individuel. De l'autre côté, il serait absurde de prétendre qu'il faille vivre comme si absolument rien n'avait été connu dans le monde avant nous, comme si auparavant l'expérience n'avait rien pu faire pour montrer qu'un mode d'existence ou de conduite est préférable à un autre. Personne ne nie qu'il faille éduquer et exercer la jeunesse pour lui apprendre les résultats acquis de l'expérience humaine et l'en faire profiter. Mais c'est le privilège et la condition normale d'un être humain arrivé à la maturité de ses facultés, que d'utiliser et d'interpréter l'expérience à sa façon. C'est à lui de découvrir ce qui dans l'expérience transmise est utilement applicable à sa situation et à son caractère propres. Les traditions et les coutumes des autres sont, jusqu'à un certain point, le témoin de ce que leur expérience *leur* a appris, et elles justifient une présomption qui, comme telle, est digne de respect. Mais, en premier lieu, leur expérience peut être trop étroite, ou bien ils peuvent l'avoir faussement interprétée. Deuxièmement, leur interprétation de l'expérience peut être correcte, mais non adaptée à la personne en question. Les coutumes sont des manières ordinaires d'agir, faites pour les situations ordinaires et pour les caractères ordinaires, mais la situation et le caractère de quelqu'un peuvent sortir de l'ordinaire. Troisièmement, même si les coutumes sont à la fois bonnes comme coutumes et adaptées à lui, il n'en reste pas moins que se conformer à l'usage *en tant qu'*usage ne l'éduque pas et ne développe en lui aucune des qualités ou talents distinctifs de l'être humain. Les facultés humaines de la perception, du jugement, du discernement, de l'activité mentale, et même de la préférence morale, ne s'exercent qu'en faisant des choix. Celui qui n'a que l'usage comme motif de ses actions ne fait aucun choix. Il ne s'exerce pas ainsi à discerner ou à désirer ce qui vaut le mieux. Les forces intellectuelles et morales, comme les forces musculaires, ne se raffermissent que par l'exercice. Mais faire une chose seulement parce que les autres la font n'exerce pas plus nos facultés que de croire une chose seulement parce que les autres la croient. Si les raisons d'une opinion ne sont pas rationnellement concluantes aux yeux de la personne concernée elle-même, alors le fait de l'adopter ne fortifie pas sa raison, mais l'affaiblit plutôt; et si les motifs d'un acte (qui ne touche ni les affections ni les droits d'autrui) restent étrangers à ses sentiments et à son caractère propres, cette personne ne gagnera à l'accomplir que de rendre ses sentiments et son caractère inertes et engourdis, plutôt qu'actifs et énergiques.

Celui qui laisse le monde ou son entourage choisir son plan de vie à sa place, n'a pas besoin d'autre faculté que celle d'imiter les singes. Celui qui choisit lui-même son plan utilise toutes ses facultés. Il doit employer le sens de l'observation pour voir, le raisonnement et le jugement pour prévoir, l'activité pour recueillir les matériaux en vue de la décision, le discernement pour décider, et, quand il a décidé, la fermeté et la maîtrise de soi pour s'en tenir à sa décision délibérée. Et il lui faut avoir et exercer ces qualités dans l'exacte mesure où il détermine sa conduite par son jugement et ses sentiments propres. Il est possible qu'il soit guidé sur une bonne voie et gardé à l'abri sans rien de tout cela. Mais quelle sera sa valeur relative en tant qu'être humain? Ce qui est réellement important, c'est non seulement ce que les hommes font, mais également la sorte d'hommes qu'ils sont en le faisant. Parmi les œuvres de l'homme que la vie humaine s'ingénie avec raison à perfectionner et à embellir, la première en importance est certainement l'homme lui-même. Supposé que des machines – des automates à forme humaine – puissent construire des maisons, faire pousser le blé, se battre à la guerre, juger des causes, voire élever des églises et dire des prières, ce serait une perte considérable que d'échanger contre ces automates même les hommes et les femmes qui habitent à présent les régions les plus civilisées du monde et qui, assurément, ne sont que de frêles spécimens de ce que la nature peut produire et produira effectivement. La nature humaine n'est pas une machine susceptible d'être construite selon un modèle pour faire exactement le travail qu'on lui prescrit, mais elle est un arbre qui veut croître et se développer de tous côtés, selon les tendances des forces intérieures qui en font un être vivant.

On concédera probablement qu'il est souhaitable que les gens exercent leur intelligence et qu'une manière intelligente de suivre l'usage, voire d'en dévier l'occasion, vaut mieux qu'une adhésion aveugle et purement mécanique à la coutume. Jusqu'à un certain point, il est admis que notre intelligence doit nous être propre ; mais on n'admet pas aussi volontiers que nos désirs et nos impulsions doivent nous être propres également, ni qu'avoir des élans personnels d'une certaine intensité soit autre chose qu'un péril ou un piège. Pourtant, les désirs et les impulsions font partie de la perfection de l'être humain autant que les croyances et les contraintes et de fortes impulsions ne sont dangereuses que lorsqu'elles ne sont pas convenablement équilibrées, lorsqu'un ensemble de visées et d'inclinations est entièrement développé, tandis que d'autres, qui devraient coexister avec elles, restent faibles et inactives. Si les hommes agissent mal, ce n'est pas à cause de la force de leurs désirs, mais à cause de la faiblesse de leur conscience. Il n'y a aucun lien naturel entre des impulsions vives et une conscience faible. Le lien naturel s'établit en sens contraire. Dire que les désirs et les sentiments d'une personne sont plus forts et plus variés que ceux d'une autre, c'est simplement dire que les matériaux bruts de la nature humaine sont plus abondants en elle et qu'ils la rendent donc capable de plus de mal, peut-être, mais certainement aussi de plus de bien. De fortes impulsions, c'est simplement un autre nom pour l'énergie. L'énergie peut être utilisée à de mauvaises fins, mais une nature énergique peut toujours faire plus de bien qu'une nature indolente et insensible. Ceux qui ont le plus de sensibilité naturelle sont toujours ceux qui peuvent acquérir les plus forts sentiments cultivés. La même forte sensibilité qui rend vives et puissantes les impulsions personnelles, est la source dont on tire l'amour le plus passionné de la vertu et la maîtrise de soi la plus sévère. C'est par leur formation que la société à la fois fait son devoir et protège ses intérêts, et non pas en rejetant l'étoffe dont sont faits les héros parce qu'elle ne sait pas les faire. Lorsque quelqu'un a des désirs et des impulsions personnels – parce qu'ils sont l'expression de sa nature, telle qu'elle s'est développée et modifiée par sa propre culture – on dit qu'il a du caractère. Une personne dont les désirs et les impulsions ne sont pas à elle n'a pas de caractère, pas plus que n'en a une machine à vapeur. Si un individu a des impulsions non seulement personnelles, mais encore fortes et dominées par une forte volonté, il a un caractère énergique. Quiconque pense que l'individualité des désirs et des impulsions ne devrait pas être encouragée à se manifester doit soutenir que la société n'a pas besoin de fortes natures – qu'elle ne s'en trouve pas mieux pour contenir de nombreuses personnes ayant beaucoup de caractères – et qu'un haut niveau moyen d'énergie n'est pas souhaitable.

Dans certains états primitifs de la société, ces forces pouvaient dépasser, et dépassaient effectivement par trop la puissance dont la société disposait pour les discipliner et les contrôler. Il fut un temps où l'élément de spontanéité et d'individualité dominait à l'excès, et où le principe social devait mener une rude lutte contre lui. La difficulté était alors d'amener les hommes forts de corps et d'esprit à obéir aux règles leur enjoignant de contrôler leurs impulsions. Pour résoudre cette difficulté, la loi et la discipline, à l'instar des papes dans leur lutte contre les empereurs, s'attribuaient une puissance sur l'homme entier, prétendant contrôler toute sa vie de manière à contrôler son caractère – puisque la société n'avait pas trouvé d'autres moyens suffisants pour le tenir en laisse. Mais maintenant, la société a eu largement raison de l'individualité, et le danger qui menace la nature humaine n'est plus l'excès, mais la déficience des impulsions et des préférences personnelles. Les choses ont bien changé depuis que les passions des puissants, forts de leur position ou de leurs talents personnels, étaient dans un état de rébellion constante contre les lois et les règlements, et devaient être bridées étroitement pour permettre aux personnes vivant dans leur voisinage de jouir d'un peu de sécurité. À notre époque, de la classe la plus haute à la plus basse, tout le monde vit comme sous le regard d'une censure hostile et redoutée. Non seulement en ce qui concerne les autres, mais en ce qui les regarde uniquement eux-mêmes, l'individu et la famille ne se demandent pas : « qu'est-ce que je préfère ? » ou « qu'est-ce qui correspondrait à mon caractère et à ma disposition ? » ou « qu'est-ce qui permettrait à ce qu'il y a de plus élevé et de meilleur en moi d'avoir libre jeu, de se développer et de prospérer ? » Ils se demandent : « qu'est-ce qui convient à ma position ? », « qu'est-ce que les autres personnes de ma position et de ma fortune ont l'habitude de faire ? » ou (pire encore) « que font d'habitude les personnes d'un rang et d'une fortune supérieure à la mienne ? » Je ne veux pas dire qu'ils choisissent de suivre l'usage de préférence à ce qui convient à leur propre inclination. Il ne leur vient pas à l'idée d'avoir une quelconque inclination pour autre chose que le normal. Ainsi, l'esprit lui-même est courbé sous le joug : même dans ce que les gens font pour leur plaisir, la confor-mité est la première chose qu'ils considèrent ; ils aiment en masse ; ils limitent leur choix aux choses qu'on fait communément ; ils évitent comme des crimes toute singularité de goûts, toute excen-tricité de conduite, au point que, à force de ne pas suivre leur naturel, ils n'ont plus de naturel à suivre : leurs capacités humaines sont atrophiées et sans vie ; ils deviennent incapables du moindre désir vif ou du moindre plaisir spontané, et ils manquent en général d'opinions ou de sentiments de leur cru ou vraiment leurs. Maintenant, est-ce là, oui ou non, la condition idéale de la nature humaine ? [...]

Ce n'est pas en effaçant dans l'uniformité tout ce qui est individuel en eux, mais en le cultivant et en le mettant en jeu dans les limites imposées par les droits et les intérêts des autres, que les êtres humains deviennent un noble et bel objet de contemplation ; et comme les œuvres participent du caractère qui les fait, c'est par le même processus que la vie humaine devient riche, diversifiée, animée, apte à nourrir plus abondamment les pensées sublimes et les sentiments élevés, et à renforcer le lien qui lie chaque individu à la race en accroissant infiniment la valeur de notre appartenance à la race. À proportion du développement de son individualité, chacun acquiert plus de valeur à ses propres yeux et devient par conséquent plus capable d'en avoir davantage pour les autres. Il y a alors une plus grande plénitude de vie dans sa propre existence, et quand il y a plus de vie dans les unités, il y en a davantage dans la masse qu'elles composent. On ne peut pas se dispenser de comprimer les spécimens les plus vigoureux de la nature humaine autant qu'il le faut pour les empêcher d'empiéter sur les droits des autres ; mais à cela on trouve ample compensation, même du point de vue du développement humain. Les moyens de développement que l'individu perd par l'interdiction de satisfaire ses inclinations au détriment des autres sont obtenus principalement aux dépens du développement d'autrui. Et lui-même reçoit une compensation entière dans le meilleur développement de l'aspect social de sa nature, rendu possible par la contrainte imposée à son égoïsme. Le fait d'être astreint à suivre les règles strictes de la justice par égard pour les autres, développe les sentiments et les aptitudes qui ont pour objet le bien des autres. Mais d'être contraint par leur seul déplaisir dans des choses qui n'affectent pas leur bien, cela ne développe rien de bon, sinon la force de caractère qui peut se manifester en résistant à la contrainte. Quant au caractère de celui qui se soumet, cette contrainte l'émousse entièrement et le rend terne. Pour donner une chance équitable à la nature de chacun, il est essentiel que les différentes personnes aient la permission de mener différentes vies. Aucune époque ne s'est jamais signalée à l'attention de la postérité que dans la mesure où cette latitude y a été pratiquée. Même le despotisme ne produit pas ses pires effets tant qu'il laisse subsister l'individualité ; et tout ce qui oppresse l'individualité est un despotisme, quel que soit le nom par lequel on l'appelle, et qu'il professe imposer la volonté de Dieu ou les injonctions des hommes.

Après avoir dit que l'individualité est la même chose que le développement et que la culture de l'individualité produit ou peut produire des êtres humains bien développés, je pourrais conclure ici l'argument; car que peut-on dire de plus ou de mieux d'un état quelconque des affaires humaines sinon qu'il mène les êtres humains eux-mêmes plus près de ce qu'ils peuvent être de mieux? Ou que peut-on dire de pire de tout obstacle au bien, sinon qu'il l'empêche? Toutefois ces considérations ne suffiront pas sans doute à convaincre ceux qui ont le plus besoin d'être convaincus; et il est nécessaire de montrer encore que ces êtres humains développés ont quelque utilité pour les non-développés: il faut faire clairement voir à ceux qui ne désirent pas la liberté et n'en auraient pas l'usage, qu'ils peuvent être récompensés de permettre aux autres d'en user sans entrave.

En premier lieu, donc, j'aimerais suggérer qu'ils pourraient apprendre quelque chose d'eux. Personne ne niera que l'originalité ne soit un élément précieux dans les affaires humaines. On a toujours besoin de personnes non seulement pour découvrir de nouvelles vérités et pour montrer à quel moment ce qui a été vrai ne l'est plus, mais aussi pour commencer de nouvelles pratiques, pour donner l'exemple d'une conduite plus éclairée et établir le modèle d'un goût et d'un bon sens plus parfaits dans la vie humaine. Ceci peut difficilement être contredit par quiconque ne croit pas que le monde ait déjà atteint la perfection dans toutes ses coutumes et pratiques. Il est vrai que tout le monde ne peut pas rendre également ce service: ils sont peu nombreux, par rapport à toute l'humanité, ceux dont les expériences pourraient constituer un progrès relativement à l'usage établi, si les autres les adoptaient. Mais ces quelques personnes sont le sel de la terre. Sans elles la vie humaine deviendrait une mare stagnante. Non seulement c'est elles qui introduisent les bonnes choses qui n'existaient pas auparavant, mais c'est elles aussi qui gardent en vie celles qui existent déjà. S'il n'y avait rien de nouveau à faire, l'intelligence humaine cesserait-elle d'être nécessaire? Serait-ce une raison pour ceux qui font les anciennes choses d'oublier pourquoi on les fait et de les faire comme du bétail, non comme des êtres humains? Il y a dans les croyances et les pratiques les meilleures une tendance qui n'est que trop grande à dégénérer en action mécanique; et, sans une succession de personnes dont l'originalité perpétuellement renouvelée empêche les raisons de ces croyances et pratiques de devenir purement traditionnelles, une telle matière morte ne résisterait pas au moindre choc de la part d'une quelconque chose vraiment vivante et il n'y aurait pas de raison que la civilisation ne périsse pas, comme dans l'Empire byzantin. Il est vrai que les personnes de génie sont, et seront probablement toujours, une faible minorité ; mais pour les avoir, il est nécessaire de préserver le terreau dans lequel elles croissent. Le génie ne peut respirer librement que dans une *atmosphère* de liberté*. Les personnes de génie sont, *ex vi termini*, plus individuelles que toutes les autres, et moins capables par conséquent de se couler sans des compressions nocives dans le petit nombre de moules que la société prépare pour éviter à ses membres le trouble de former leur propre caractère. Si, par timidité, elles consentent à se laisser presser dans un de ces moules et à laisser s'atrophier toute cette partie d'elles-mêmes qui ne peut pas se développer sous cette pression, la société ne profitera guère de leur génie. Si elles ont un fort caractère et qu'ils brisent leurs chaînes, elles deviennent une cible pour la société qui n'a pas réussi à les réduire à la normale, et qui les désigne avec des avertissements solennels comme « sauvages », « fous », et autres qualitatifs semblables – un peu comme si on se plaignait que le Niagara ne coule pas doucement entre ses rives comme un canal hollandais.

J'insiste donc avec force sur l'importance du génie et sur la nécessité de lui permettre de se développer librement, aussi bien dans la pensée que dans la pratique, car si je sais bien que personne ne refusera cette position en théorie, je sais aussi qu'en réalité presque tout le monde y est totalement indifférent. Les gens pensent que le génie est une belle chose si elle permet à un homme d'écrire un poème émouvant ou de peindre un tableau. Mais dans son vrai sens, d'originalité dans la pensée et dans l'action, bien que

---

* David Hume défend cette idée en des termes quasi identiques dans l'opuscule « De la naissance et du progrès des Arts et des Sciences », dans *Essais esthétiques*, trad. fr. R. Bouveresse, Paris, GF-Flammarion, 1973, p. 61-91.

personne ne dise qu'il ne faut pas l'admirer, presque tous, dans leur
for intérieur, estiment qu'ils peuvent bien s'en passer. Malheu-
eusement cette attitude est trop naturelle pour qu'on puisse s'en
étonner. S'il y a une chose dont les esprits peu originaux ne ressentent aucun besoin, c'est bien l'originalité. Le premier service que
l'originalité doit leur rendre, c'est de leur ouvrir les yeux ; et une
fois cette opération achevée, ils auraient une chance de devenir
eux-mêmes originaux. En attendant, qu'ils se souviennent que rien
n'a jamais été fait sans que quelqu'un le fasse en premier, et que
toutes les bonnes choses qui existent sont le fruit de l'originalité ;
et qu'ils soient alors assez modestes pour croire qu'il reste en elle
quelque chose à accomplir, et qu'ils se persuadent qu'ils ont
d'autant plus besoin d'originalité qu'ils en ressentent moins le
manque. […]

J'ai dit qu'il était important de laisser le plus de champ possible
aux choses inhabituelles, de façon à ce qu'on puisse voir en temps
voulu lesquelles d'entre elles sont aptes à passer dans l'usage. Mais
l'indépendance dans l'action et le dédain de l'usage ne méritent pas
seulement d'être encouragés pour la chance qu'ils donnent de
découvrir de meilleurs modes d'action et des mœurs plus dignes
d'une adoption générale ; et il n'y a pas que les personnes d'un
esprit nettement supérieur qui aient juste droit de mener leur vie à
leur guise. Il n'y a pas de raison que toute existence humaine doive
se construire sur un modèle unique ou sur un petit nombre seulement de modèles. Si une personne possède juste assez de sens
commun et d'expérience, sa propre manière de planifier son existence est la meilleure, non pas qu'elle soit la meilleure en soi, mais
parce qu'est sa manière propre. Les êtres humains ne sont pas
comme les moutons ; et même les moutons ne sont pas semblables
au point qu'on ne puisse encore les distinguer. Un homme ne
trouve un habit ou une paire de chaussures qui lui vont que s'ils sont
faits sur mesure ou s'il a un magasin entier pour faire son choix.
Mais est-il plus facile de lui trouver une vie à sa mesure qu'un
habit ? Ou les êtres humains se ressemblent-ils plus par leur constitution physique et spirituelle entière que par la forme de leurs pieds ?

Ne serait-ce que parce que les gens ont des goûts divers, il ne faut pas tenter de les former tous sur le même modèle. Mais des personnes différentes requièrent également des conditions différentes pour leur développement spirituel ; et elles ne peuvent pas plus se maintenir en santé dans la même morale que toute la variété des plantes ne peut le faire dans la même atmosphère physique et le même climat. Les mêmes choses qui aident une personne à cultiver sa nature supérieure, sont des obstacles pour une autre. Le même mode de vie est pour l'une une stimulation salutaire, qui conserve dans leur meilleur ordre toutes ses facultés d'action et de jouissance, tandis que pour une autre il est une charge et un tourment qui suspend ou brise toute sa vie intérieure. Il y a de telles différences entre les êtres humains dans leurs sources de plaisir, leur sensibilité à la peine et l'effet sur eux des divers agents physiques et moraux, que, sans une diversité correspondante dans leurs modes de vie, ils n'obtiennent jamais leur part équitable de bonheur, et ne s'élèvent pas à la stature mentale, morale et esthétique dont leur nature est capable. Pourquoi donc la tolérance, dans la mesure où le sentiment public est concerné, devrait-elle s'étendre uniquement aux goûts et aux modes de vie qui s'arrachent l'assentiment grâce à la multitude de leurs adhérents ? Nulle part (si ce n'est dans quelques institutions monastiques) la diversité des goûts n'est entièrement rejetée ; une personne peut sans encourir de blâme aimer ou ne pas aimer se promener en barque, ou fumer, il peut aimer ou non la musique, la gymnastique, les échecs, les cartes ou l'étude, parce qu'aussi bien ceux qui aiment chacune de ces choses que ceux qui ne les aiment pas sont trop nombreux pour être réprimés. Mais les hommes, et plus encore les femmes, qui peuvent être accusés ou bien de faire « ce que personne ne fait », ou bien de ne pas faire « ce que tout le monde fait », sont sujets à se voir dénigrés autant que si, eux ou elles, ils avaient commis quelque grave délit moral. […]

L'INTERNALISME

IDENTIFICATION ET MANIPULATION

La notion d'identification, avec celle de niveaux de désirs, est la notion cardinale du modèle hiérarchique de l'autonomie inauguré par Frankfurt (1971). Reprenons un exemple simple et proche de Malgrésoi, celui du fumeur dépendant. Ayant depuis longtemps déjà pris conscience des dangers de sa dépendance pour sa propre santé et celle de son entourage, de l'argent qu'il pourrait économiser s'il arrêtait, du temps perdu à sortir « s'en griller une », et de l'image que sa dépendance renvoie de lui, il saisit l'occasion de l'entrée en vigueur d'une nouvelle loi sur le tabac pour entreprendre le traitement qui dans son cas correspond à une véritable « cure de désintoxication ». Il a naturellement toujours très envie de fumer, mais considère maintenant ce désir de premier niveau comme étranger à lui-même, même s'il doit lutter pour y résister. Si on lui demandait aujourd'hui de se présenter comme fumeur ou non-fumeur, il choisirait sans hésiter la deuxième branche de l'alternative, et ce bien qu'il ne soit pas encore, au sens descriptif du terme, un parfait non-fumeur. Il désire en fait ne pas avoir le désir de fumer, et que ce soit ce désir de second niveau qui détermine sa conduite. Bref, il s'identifie à son désir d'arrêter le tabac, et en vertu de cette identification, on peut dire de son désir de ne pas fumer qu'il représente ce qu'il veut « vraiment », qu'il constitue le contenu de sa volonté, fait partie de son identité. Toutes choses égales par ailleurs, notre fumeur est autonome tant qu'il ne fume pas.

Ce type de portrait, et plus généralement les concepts auxquels Frankfurt recourt pour déterminer l'identité d'une personne en évitant le problème platonicien de l'« homoncule », ont suscité une littérature foisonnante d'objections – dont certaines ont déjà été rapidement évoquées (*supra*, p. 25-26) – qui ont amené Frankfurt et d'autres théoriciens néo-hiérarchiques à affiner le modèle initial, alors que d'autres encore abandonnaient plus ou moins complètement ses prémisses pour proposer d'autres modèles de l'autonomie et de la responsabilité. Le point de controverse principal est le suivant : en quoi consiste véritablement l'identification à un désir ? Et ce phénomène suffit-il à départager les désirs qui me sont « propres » de ceux qui me sont « étrangers », ou encore mes désirs « internes », qui m'appartiennent de droit en vertu de leur « endossement » par un désir de second niveau, de mes désirs « externes », qui ne sont que des évènements factuels sans personne à qui les attribuer essentiellement ? Sans une réponse précise à ces questions, la structure de la volonté que nous propose le modèle hiérarchique perd son pouvoir explicatif.

Le premier défi majeur naît du manque d'autorité normative des désirs de second niveau. Il semble en effet que je puisse être aliéné aussi bien à l'égard de ces derniers qu'à l'égard de mes désirs de premier niveau, voire que ce soient mes désirs de premier niveau qui représentent ce que je veux « vraiment »[1]. Laissons de côté le fumeur dépendant pour nous arrêter sur une jeune diplômée, dont l'environnement familial, puis les professeurs et condisciples dans les établissements prestigieux où elle a effectué ses études, les directeurs de stage successifs, ont toujours encouragé les efforts et salué les compétences alors même qu'elle traversait des périodes de doute sur le sens de son engagement universitaire puis professionnel. Elle vient d'être recrutée par une grande entreprise, et son désir de second niveau est de désirer travailler dur, afin d'obtenir rapidement les responsabilités auxquelles la destinent son parcours sans faute, son sérieux, son dynamisme. Dans le même temps, elle a aussi un désir de premier niveau de « profiter de la vie », de voyager

---

1. Voir Benson 1991, Dworkin 1988, Ekstrom 1993, Friedman 1986, Jaeggi 2005, Thalberg 1978 (*infra*, p. 234-235), Watson 1975 (*infra*, p. 174), Young 1980a.

peut-être, ou de consacrer davantage de temps à son compagnon, à ses amis, à elle-même, temps qu'elle a depuis longtemps sacrifié au profit de son désir de réussite. Aujourd'hui, il n'est pas sûr que ce désir, auquel elle s'identifie pourtant, illustre le type de vie qu'elle souhaite véritablement mener ou son identité réelle. Les désirs auxquels je m'identifie ne sont pas nécessairement les indicateurs les plus fiables de mes désirs profonds, autrement dit qu'un désir soit plus élevé qu'un autre dans la hiérarchie ne le dote pas d'une légitimité intrinsèque. Peut-être ne s'agit-il que d'une rationalisation d'un désir de premier niveau s'expliquant par un besoin d'adaptation à mon environnement et qui ne permet pas d'inférer quoi que soit sur mon « vrai » moi. L'identification, telle que la thématise Frankfurt (1971), s'avère donc parfaitement compatible avec une manipulation de mes désirs de second niveau aussi bien locale – une hypnose à mon insu – que globale – une pression sociale ou une idéologie dominante.

Par ailleurs, qu'est-ce qui, dans mes désirs de second niveau, empêche qu'en cas d'incompatibilité entre eux je sois à leur égard aussi irréflexif que Sanfiche l'est vis-à-vis de son désir de premier niveau de se droguer? De même, pourquoi l'ambivalence possible vis-à-vis de mes désirs de premier niveau ne se reproduirait-elle pas au niveau supérieur? Il ne s'agit après tout que de désirs, et on ne voit pas ce qui rend nécessaire une identification à l'un des désirs en conflit plutôt qu'à l'autre[1]. Le phénomène de l'identification, enfin, n'est pas en lui-même dénué d'ambiguïté : s'agit-il simplement de reconnaître les désirs qui font bel et bien partie de mon identité même si je ne les approuve pas, ou d'approuver ces désirs comme conformes à l'idéal que j'ai de moi-même[2]? Dans la première interprétation l'identification peut de fait contredire mon autonomie, et d'après la seconde n'être qu'un acte de duperie de

1. Voir Watson 1975. L'objection est reprise par Frankfurt 1987, p. 165-166, et 1992, p. 105.

2. Voir Christman 1991a (*infra*, p. 184-185), Oshana 2005b, Raz 1997. Frankfurt 1976 tentait déjà d'éclaircir la relation entre ces deux interprétations.

soi, ou se payer d'un refoulement excessif de désirs réels mais que je n'accepte pas[1]. À nouveau, on doit conclure que les attitudes réflexives que j'adopte à l'égard de mes désirs de premier niveau sont aussi susceptibles d'« externalité », c'est-à-dire de ne pas être véritablement miennes, que ces désirs eux-mêmes.

Ces objections, et d'autres variantes, cumulent dans le problème de la régression à l'infini des niveaux de désirs, également formulé comme problème de l'incomplétude. En effet, aussi bien pour faire face à la possibilité d'une ambivalence ou d'une incohérence de second niveau, que pour écarter le spectre d'une manipulation extérieure ou d'une auto-suggestion qui retirerait à mon « vrai » moi la prérogative de l'identification, un troisième niveau de désir semble requis, qu'il s'agisse de jouer le rôle d'arbitre ou de garantir l'authenticité des actes d'identification eux-mêmes et des désirs de second niveau. Et puisque rien à ce niveau, pas plus qu'au second, ne permet de considérer ces questions comme closes, nous sommes reconduits à un niveau encore supérieur, à moins précisément de considérer qu'une théorie en termes d'identification et de hiérarchie de désir ne possède pas les ressources suffisantes pour rendre compte de la distinction entre autonomie et hétéronomie, intégrité et aliénation psychique. Frankfurt (*supra*, p. 95-96) avait anticipé cette difficulté en y apportant deux réponses, l'une empirique et l'autre conceptuelle. La première réponse n'est guère satisfaisante : on ne saurait compter sur le « bon sens » et la « fatigue » intellectuelle des agents pour qu'ils interrompent une activité auto-réflexive censée résoudre des questions d'identité cruciales. La seconde réponse, qui imprime à l'acte d'identification un caractère « décisif » rendant de fait absurde une montée supplémentaire dans la hiérarchie, ressemble en fait à une pétition de principe. De l'aveu même de Frankfurt (1987), la notion d'identification demeure en tant que telle « terriblement obscure », et ses tentatives ultérieures pour répondre aux objections qu'elle soulève restent partiellement aporétiques.

1. Voir Benson 1994 (*infra*, p. 344), et Jaeggi 2005.

Les trois textes repris ici représentent autant de solutions possibles pour pallier les déficiences du répertoire conceptuel mobilisé par Frankfurt. Dans le même temps, la cible des critiques et les discordances entre les modèles proposés permettent de distinguer non pas un mais deux problèmes d'identification : 1) Qu'est-ce que cela signifie, pour un agent, de s'identifier à un désir, une attitude, un trait de caractère, une partie de lui-même? Il s'agit ici d'une question personnelle concernant ma propre identité et qui ne peut se résoudre que dans la réitération d'un retour à soi; 2) À quoi un agent ou une personne doit-il être identifié? Qu'est-ce qui est essentiel et distinctif de ce type d'entités? La question est ici objective et le point de vue en première personne ne fait plus autorité pour y répondre.

La conception néo-hiérarchique de Michael Bratman (1996) reste sur le terrain de l'internalisme tout en contestant l'interprétation réductionniste de l'identification, qui ne saurait consister qu'en la possession de désirs de niveau supérieur. Mais faire de l'évaluation positive d'un désir un présupposé de mon identification à ce désir ne fournit pas de solution de rechange convaincante, comme le prouvent les cas d'identification acratique. Plutôt qu'un amendement pleinement cognitiviste dans le style des conceptions de Ekstrom (1993), Stump (1988) ou encore Velleman (1992), Bratman propose donc de combiner les propres révisions théoriques de Frankfurt au concept, d'inspiration lockéenne, d'*agentivité planifiante* ou de *projet*, dont les normes constituent le point de vue pratique de l'agent. La première notion importée pour comprendre le déroulement du processus d'identification est celle de «décision» (Frankfurt 1987): en cas de conflit de désirs de premier niveau, soit je m'identifie aux deux désirs en jeu et décide simplement de donner la priorité à l'un d'eux, soit je m'identifie à l'un seulement d'entre eux et décide alors de rejeter le désir vaincu. Le problème est que la décision est encore un événement mental, et qu'elle n'est à ce titre pas davantage épargnée par la régression à l'infini que l'identification simple. La seconde notion frankfurtienne à laquelle recourt Bratman est celle de «satisfaction»

(Frankfurt 1992) qui a certes le mérite de ne pas requérir d'acte mental supplémentaire mais qui, en réduisant l'identification à la simple acceptation heureuse de la possession du désir, ne résout pas l'ambiguïté qui pèse sur le phénomène, pas plus qu'elle ne permet d'écarter le spectre de la manipulation, qu'elle soit imputable à un tiers ou à l'agent lui-même. La voie dans laquelle s'engage Bratman est alors étroite : pour s'identifier à un désir, l'agent doit non seulement décider de le considérer comme une raison d'agir, c'est-à-dire comme inscrivant l'action (dans les circonstances pertinentes) dans une téléologie ; mais également être satisfait de ce désir, ce qui implique que celui-ci ne soit pas incompatible avec les lignes de conduites ou orientations normatives qui sont les siennes concernant ses désirs. L'approche de Bratman tente ainsi d'associer, dans l'identification, une composante active à une composante passive [1], laquelle évite les problèmes de la régression et de l'autorité puisque les projets pratiques de l'agent constituent au moins partiellement son identité même [2].

Si cette voie est étroite, c'est aussi parce qu'elle s'écarte doublement des prémisses du modèle de Frankfurt : d'une part elle subsume les désirs de second niveau sous un processus de raisonnement impliquant des principes de justification et de légitimation ; d'autre part elle introduit un facteur temps dans une approche qui se veut uniquement structurale. Ces deux directions, cognitiviste et historique, sont respectivement radicalisées par Gary Watson (1975) et John Christman (1991a), tous deux traduits ici : tandis que le premier conserve partiellement l'idée d'identification mais substitue aux désirs de second niveau les *valeurs* de l'agent ; le second conserve la hiérarchie des désirs mais remplace la condition d'identification par des conditions portant sur le *processus* de formation des désirs de l'agent. Les deux analyses cherchent certes

---

1. C'est aussi dans cette voie hybride que Frankfurt développe sa conception depuis « The Importance of What We Care About » (1982), voir à ce sujet Cuypers 2000.

2. Voir aussi Noggle 2005.

à répondre à des problèmes différents. Watson, comme Frankfurt, est avant tout concerné par les obstacles à l'autonomie issus de nos propres désirs. De tels obstacles cependant ne sont pas dus au fait que certains de ces désirs s'opposent à d'autres désirs hiérarchiquement supérieurs : pourquoi même postuler une hiérarchie, puisque nos délibérations pratiques concernent directement l'action elle-même[1]. Si une forme d'harmonisation entre deux types de pro-attitudes est bel et bien nécessaire à l'autonomie, c'est une harmonisation entre d'un côté nos simples désirs, et de l'autre l'ensemble plus ou moins lâche de nos jugements de valeur et verdicts rationnels. La question que pose Christman est alors la suivante : ces jugements de valeur ne peuvent-ils pas être tout aussi peu authentiques que certains de mes désirs irréfléchis ? L'obstacle principal à l'autonomie, plutôt qu'interne, ne vient-il pas de facteurs exogènes qui ne sont pas sous le contrôle de l'agent ? C'est donc au problème de la manipulation, et non des conflits de désirs, que s'attaque Christman, problème qui jusqu'ici est resté dans l'impasse en raison du caractère an-historique des approches structurales. Il ne s'agit naturellement pas de dire que je doive être l'unique origine de tous mes désirs pour être autonome à leur égard, mais que je le deviens par un processus réflexif d'appropriation de leur genèse. On peut douter cependant que les conditions de Christman soient non seulement suffisantes, mais simplement nécessaires[2].

---

1. On retrouve cet argument chez Buss 1994 et Thalberg 1978 (*infra*, p. 228-230).

2. Voir Arpaly 2003 et J. S. Taylor 2005 (Introduction).

MICHAEL BRATMAN

IDENTIFICATION, DÉCISION ET RAISON D'AGIR[*][1]

LE DÉFI DE FRANKFURT

En 1991, dans son allocution présidentielle à l'American Philosophical Association, Harry Frankfurt a qualifié la « notion d'identification … [d']essentielle à toute philosophie de l'esprit et de l'action »[2]. Il s'agit là d'une affirmation surprenante. Les philosophies classiques de l'action se veulent en effet plutôt minimalistes : certaines le sont à l'extrême et n'incluent que la croyance, le désir et l'action ; d'autres introduisent des formes spécifiques d'évaluation ; et d'autres encore soutiennent qu'il est nécessaire d'inclure, à un niveau élémentaire, des intentions et des projets, ainsi que les décisions desquelles ils sont normalement issus[3].

[*] M. Bratman, « Identification, Decision and Treating as a Reason », *Philosophical Topics*, vol. 24, n° 2, 1996, p. 1-18. Nos remerciements vont à l'éditeur et à l'auteur pour leurs aimables autorisations.

1. J'aimerais remercier N. Arpaly, L. Beyer, S. Buss, R. Cohon, J. Fischer, A. Mele, E. Millgram, J. Rosner, T. Schroeder, D. Velleman et G. Yaffe pour leurs commentaires salutaires.

2. Frankfurt (1992), p. 12. Pour des remarques antérieures dans le même esprit, voir « Three Concepts of Free Action », dans Frankfurt (1988), particulièrement p. 54.

3. Le modèle désir-croyance reste, dans de nombreux domaines philosophiques, le modèle standard de l'agentivité intentionnelle. Voir par exemple F. Dretske, *Explaining Behavior : Reasons in a World of Causes* (Cambridge, Mass., Bradford Books-MIT Press, 1988). G. Watson (1975) a souligné la nécessité d'introduire des

L'effort de Frankfurt pour attirer notre attention sur l'«identification» pose un double défi : il nous faut savoir ce qu'est
l'identification, et si la reconnaissance de ce phénomène requiert
d'ajouter quelque chose de plus, et d'essentiel, à notre modèle de
l'agentivité humaine.

Frankfurt met en avant la possibilité qu'un agent considère le
motif de son action comme «externe», bien qu'en un sens littéral
il s'agisse bien du sien. Ainsi de l'attitude du toxicomane envers
son désir irrésistible de drogue, ou de celle qu'un individu adopte
envers son «acerbe désir de nuire par jalousie» à une connaissance, ou encore envers un «accès d'émotion» qui l'«a soudain
submergé»[1]. Considérer son motif d'action comme externe peut
fréquemment entraîner des sentiments d'étrangeté à soi-même,
même si Frankfurt ne semble pas les considérer comme essentiels[2].
En revanche il est parfois possible, après réflexion, de «s'identifier» à son motif ; l'agent le considère alors comme fondant une
action qui, en un sens qui demande à être précisé, est pleinement
sienne. C'est ce que l'individu du second exemple ferait s'il renon-
çait à son désir de nuire et s'identifiait au contraire à un désir de
bienveillance, agissant alors selon ce désir. Une telle identification
semble impliquer à tout le moins une forme (peut-être rudimentaire) d'examen réfléchi de ses motifs ainsi qu'une forme (peut-être
également rudimentaire) d'endossement de ces mêmes motifs

formes d'évaluation non réductibles à du désir. Ma propre conception est une version
de celle de Watson, une version qui met l'accent sur la spécificité et l'importance de
l'intention. Décider est une forme d'intention en un sens standard. Voir M. Bratman,
Intention, Plans, and Practical Reason (Cambridge, Mass., MIT Press, 1986). Voir
également G. Harman, *Change in View* (Cambridge, Mass., MIT Press, 1986) et
H.-N. Castaneda, *Thinking and Doing* (Dordrecht, Reidel, 1975).

1. Les trois exemples sont de H. Frankfurt, le premier étant extrait de «La liberté
de la volonté et le concept de personne», et les deux derniers de «Identification and
externality» (1976, respectivement p. 67 et 63).

2. Voir Frankfurt (1976), p. 63. Dans «Alienation and Externality», *Canadian
Journal of Philosophy*, vol. 29, n° 3, 1999, p. 371-387, T. Schroeder et N. Arpaly
soulignent l'importance de tels sentiments dans une explication de l'externalité.

à la lumière de cette réflexion. En s'identifiant à son désir, écrit Frankfurt, « une personne est active à l'égard de » ce désir et elle « prend la responsabilité » de l'action subséquente [1].

Comment peut-on, au mieux et de manière systématique, rendre intelligible un tel langage de l'identification ? Frankfurt a tenté de le faire à différentes reprises, de même que certains de ses commentateurs et critiques. Je voudrais réfléchir sur ce débat et esquisser une proposition qui se situe, jusqu'à un certain point, dans l'esprit de la thèse défendue par Frankfurt en 1987 dans son article « Identification and Wholeheartedness » [2], thèse qu'il rejette dans son allocution présidentielle.

Un avertissement préliminaire : on peut tenter de voir dans l'identification une clé pour une conception compatibiliste de la responsabilité morale, mais je ne me concentrerai pas ici sur ces questions plus larges. Mon souci primordial sera simplement de fournir une caractérisation cohérente des phénomènes ciblés par le langage frankfurtien de l'identification. Il pourrait s'agir d'une erreur : peut-être n'y a-t-il pas de phénomène unique d'identification mais plutôt une variété de phénomènes reliés entre eux de manière complexe et dont le principal point commun gît dans leur rapport à des jugements de responsabilité et autres semblables. Mais je voudrais voir s'il est possible, au lieu de cela, de décrire – sans recourir, indépendamment, à des jugements de responsabilité – un phénomène relativement unifié pouvant être compris, de manière vraisemblable, comme l'objet de ce discours en terme d'identification. Mon hypothèse est qu'une telle description est possible et que ce qui est primordial, c'est le fait de décider de considérer et de considérer, dans son raisonnement et son projet pratiques, certains de ses désirs comme des raisons d'agir.

1. Frankfurt, « Three Concepts of Free Action », *op. cit.*, p. 54.
2. Frankfurt (1987).

Hiérarchies du désir et systèmes évaluatifs

Commençons par le commencement. Dans son article de 1971, « La liberté de la volonté et le concept de personne », Frankfurt a eu recours, pour décrire dans ses grandes lignes la « structure de la volonté » d'une personne, à l'idée de désirs de niveaux supérieurs [1]. Frankfurt s'est concentré sur les cas où un agent avait des désirs « de premier niveau » en désaccord sur la nature de l'action à accomplir – prendre ou non une certaine drogue, par exemple. Pour peu que l'agent fût suffisamment réfléchi (et non un « irréflexif »), il pouvait se demander quel était, de ces désirs, celui dont il voulait qu'il dirige son comportement, et ainsi arriver à un désir de second niveau – dans la terminologie de Frankfurt, une « volition » de second niveau – qu'un certain désir de premier niveau dirige sa conduite et, en ce sens, constitue sa « volonté ».

L'agent pouvait également éprouver un conflit au second niveau et avoir besoin de réfléchir à un niveau encore supérieur. Cependant, à un certain niveau – peut-être simplement au second, peut-être à un niveau supérieur – l'agent pouvait aboutir à une volition de dernier niveau adéquate et incontestée. Frankfurt indique que dans certains de ces cas au moins la « personne s'identifie *de manière décisive* avec l'un de ses désirs de premier niveau » [2]. Si, en dépit d'une telle identification, l'agent est poussé à agir par un désir de premier niveau opposé, ce désir efficient peut être tenu pour une « force [qui] lui est étrangère » [3] : c'est dans ces termes que Frankfurt décrit le cas du « toxicomane malgré lui ».

Or, il y a dans ce premier article une tension entre deux conceptions concurrentes. Suivant l'une d'elles, on peut réduire l'identification à un désir de premier niveau à un état de chose dans lequel la volition afférente de dernier niveau encourage le fait d'être mû par ce désir. Selon la seconde conception, plus faible,

1. Frankfurt (1971), p. 12 [*supra*, p. 81].
2. *Ibid.*, p. 21 [*supra*, p. 95].
3. *Ibid.*, p. 18 [*supra*, p. 90].

l'identification à un désir de premier niveau implique une telle volition de dernier niveau en sa faveur mais ne saurait simplement s'y réduire.

En fait, la première interprétation, réductionniste, n'est manifestement pas la bonne. Dans les termes utilisés par Gary Watson : « Les volitions de niveau supérieur ne sont, après tout, que des désirs, et en soi leur niveau ne leur donne aucune autorité spéciale vis-à-vis de l'extérieur »[1]. Peut-être ai-je un désir de prononcer une déclaration publique agressive, aussi bien qu'un désir de ne pas le faire. Peut-être ai-je également un désir de second niveau que mon désir de premier niveau (de ne pas faire la déclaration) soit ma volonté, mais peut-être ma réflexion n'est-elle pas allée au-delà. La question de savoir si je dois considérer ma volition de second niveau comme une « pierre d'achoppement » éminemment respectable et redoutable peut rester ouverte. Le simple fait qu'elle soit de second niveau ne suffit pas à garantir qu'à travers elle je m'identifie au désir de ne pas prononcer la déclaration publique agressive.

Ceci nous invite à tenter de prendre la seconde voie : l'identification implique une volition associée de dernier niveau, mais implique également autre chose. Seulement nous sommes maintenant privés d'une explication complète de la nature de l'identification.

Watson a formulé ces arguments dans son article de 1975, « Free Agency »[2]. Il y soutenait la thèse suivante : s'il n'est pas possible d'analyser l'identification en termes de niveaux de désir, nous pouvons en revanche accéder au phénomène en question en recourant à une distinction entre les systèmes motivationnel et évaluatif de l'agent. Un toxicomane peut être poussé à agir par un désir de drogue même si son système évaluatif encourage le rejet de cette action ; dans de tels cas il agit d'après un motif auquel il ne s'identifie pas. Les actions de l'individu dominé par une passion

---

1. Watson (1987), p. 145-172, particulièrement p. 149 [cf. déjà Watson 1975 (infra, p. 173)].

2. Watson (1975).

soudaine pourraient être commentées de la même manière. L'hypothèse, donc, était que la distinction entre ce qui relève du système motivationnel et ce qui relève du système évaluatif pouvait faire le travail que la distinction entre niveaux de désirs ne parvenait pas à faire : nous dire de quoi nous parlons lorsque nous disons qu'une personne est mue par un désir auquel elle s'identifie (ou ne s'identifie pas). En gros, un individu s'identifie à son désir de A, et par-là (si ce désir le pousse à faire A) à son accomplissement de A, lorsque son système évaluatif plaide en faveur de A [1].

Watson, cependant, abandonne cette conception dans son article de 1987, « Free Action and Free Will » [2]. Le problème, selon lui, est qu'il semble possible d'embrasser – de s'identifier à – un type d'action sans pour autant penser qu'il s'agit du meilleur, du plus important ou de celui dont on se soucie le plus profondément. Comme l'écrit Watson, « On peut penser que ce n'est pas la meilleure chose à faire, mais c'est drôle ou passionnant; c'est quelque chose qu'on aime faire… » [3]. Je suis pleinement conscient, supposons, que si je prends quelques verres de bière avec mes amis ce soir, j'aurai du mal à me concentrer lors d'un important entretien prévu demain, mais je choisis néanmoins le plaisir de boire un peu d'alcool avec des amis. Je ne suis pas obligé de le faire; cet acte est pleinement mien. Mais ce n'est pas l'acte que mon système évaluatif préfère. Watson poursuit ainsi :

1. Dans son dernier article, « Free Action and Free Will » (1987), Watson tente d'éviter la couleur excessivement « rationaliste » de son modèle en substituant à un discours en termes d'évaluation un discours en termes de souci [*care*] pour quelque chose. Susan Wolf a proposé un amendement similaire, qui va dans notre sens, recommandant de parler de « ce qui importe à une personne en un sens positif ». Voir *Freedom and Reason* (New York, Oxford UP, 1990), p. 31 (Wolf critique en outre l'utilisation de sa démarche pour défendre une forme quelconque de compatibilisme). Certains aspects de l'analyse de Frankfurt (1982) ont également une structure similaire. Mais tous ces sympathiques amendements ne protègent pas en eux-mêmes la conception en cause des problèmes qu'on ne peut manquer de soulever à propos de ce que Watson appelle les cas « pervers ».

2. Watson (1987).

3. *Ibid.*, p. 150.

Appelons de tels cas, si vous voulez, des cas pervers… Il n'y pas ici d'étrangeté à soi. La volonté de l'agent est pleinement derrière ce qu'il fait. Évidemment, on peut définir le système évaluatif d'une personne simplement dans les termes de ce qu'elle fait, sans regret, quand il est effectivement question d'agir, mais cela reviendrait à renoncer à l'explication de l'identification par l'évaluation [1].

Je crois que Watson a ici raison. L'identification n'est réductible, purement et simplement, ni à des hiérarchies de désirs ni à la manière dont l'agent évalue ses actions. Qu'est-ce alors que l'identification?

DÉCISIONS CONCERNANT LES DÉSIRS

Nous avons déjà noté que certains modèles de l'agentivité intentionnelle incluaient de manière élémentaire les décisions et les intentions sur lesquelles elles débouchent généralement. Peut-être pouvons-nous comprendre l'identification à l'aide de ces ressources conceptuelles supplémentaires. C'est effectivement ce que Frankfurt suggère dans son article de 1987, « Identification and Wholeheartedness » [2].

Dès son article de 1976, « Identification and Externality », Frankfurt abandonne l'entreprise de réduction de l'identification à des hiérarchies de désirs [3]. Il décrit ainsi une situation dans laquelle « en prenant un type particulier de décision… la personne noue à l'égard de ses passions un rapport spécifique », et poursuit en remarquant que « les décisions, contrairement aux désirs ou aux attitudes, ne semblent pas susceptibles d'être à la fois internes et externes » [4]. Dans l'article de 1987, Frankfurt développe cette idée en esquissant une explication de l'identification en termes de décision :

1. *Ibid.*
2. Frankfurt (1987).
3. Frankfurt (1976), p. 66.
4. *Ibid.*, p. 68 et note.

C'est, de manière caractéristique, par une décision ... que l'on met fin à une série de désirs et de préférences de niveaux de plus en plus élevés. Quand la décision est prise sans réserve, l'engagement qu'elle implique est définitif. ... La décision détermine ce que la personne désire vraiment en faisant du désir auquel elle s'est arrêtée un désir pleinement sien [1].

Un agent « désire vraiment » A – s'identifie avec son désir de A – quand son désir afférent de dernier niveau favorise A et quand il s'est décidé en faveur de ce désir et des désirs de niveau inférieur qui y sont associés.

Qu'est-ce qu'une décision ? Frankfurt ne fournit pas de réponse systématique à cette question, mais nous propose en revanche une explication de ses fonctions habituelles dans notre agentivité. Nous sommes confrontés à deux types de conflits de désirs [2]. Certains conflits, pour être résolus, demandent simplement que l'on trie les désirs en terme d'importance : par exemple, un conflit entre un désir de gagner plus d'argent et un désir d'avoir plus de temps libre. D'autres conflits exigent en revanche de rejeter l'un des désirs comme « hors-la-loi » [3] – ainsi de « l'acerbe désir de nuire par jalousie ». Dans chacun des cas nous pouvons prendre une décision, mais tandis que dans le premier la décision joue un rôle d'« intégration », dans le second elle joue un rôle de « ségrégation ». Dans les deux cas, l'une des fonctions de la décision est de promouvoir un système unifié de motifs et un schème coordonné d'actions dans le temps, c'est-à-dire « d'intégrer la personne de manière à la fois dynamique et statique » [4].

---

1. Frankfurt (1987), p. 170.
2. *Ibid.* ; voir également Frankfurt (1976), p. 66-67.
3. Frankfurt (1987).
4. *Ibid.*, p. 175. J'ai argumenté, dans le même esprit, en faveur de l'importance de fonctions similaires pour les intentions et les projets – qui constituent les résultats habituels et pour ainsi dire les traces de la décision. En articulant le rôle des intentions dans la coordination de projets nous en disons beaucoup sur ce qu'est l'intention – et par conséquent sur ce qu'est la décision (voir M. Bratman, *Intentions, Plans, and Practical Reason, op. cit.*). Nous en venons également à modéliser la ligne de

Les décisions, telles que les conçoit Frankfurt, concernent toujours, du moins en partie, les désirs de l'agent. Je ne décide pas simplement de ne pas prendre de drogue. Je me décide en faveur de mon désir de ne pas en prendre, et par-là je m'identifie à ce désir et donc à cette action. Si j'opte simplement pour telle ou telle action, Frankfurt tient à dire que je fais un choix mais que, à proprement parler, je ne prends pas de décision [1].

Je crois pourtant que, parfois, il nous suffit pour parler de décision qu'il y ait eu un certain acte. Reste que ce n'est pas la terminologie qui importe, mais l'affirmation substantielle selon laquelle l'identification implique des décisions qui concernent en partie nos désirs. Nous ne pouvons pas comprendre l'identification uniquement en termes de hiérarchies de désir, mais nous ne le pouvons pas davantage sans un type de décision qui « implique de manière essentielle la réflexivité » [2].

Supposons que je considère que la résolution du conflit entre mon désir d'argent et mon désir de temps libre appelle un classement et une intégration. Et supposons que pour cette fois je me décide en faveur du temps libre. Je ne traite pas pour autant le désir d'argent comme « externe » : c'est là qu'intervient la distinction entre ce type de conflit et celui dont la résolution demande une « ségrégation ». Reste que ma décision est bien de rechercher du temps libre, et non de l'argent. Comment le modèle peut-il alors rendre compte de la possibilité que je m'« identifie » aux deux désirs opposés à la fois ?

La réponse, je présume, tient dans le caractère complexe de ma décision : il s'agit d'une décision à la fois d'ordonner mes désirs de cette manière dans ces circonstances et de rechercher du temps

conduite d'un agent comme une intention suffisamment générale (voir M. Bratman, « Intentions and Personal Policies », *Philosophical Perspectives* 3, 1989, p. 443-469). J'examine des problèmes analogues dans « Responsibility and Planning », *The Journal of Ethics* 1 (1987), p. 27-43, en particulier p. 29-30.

1. Voir Frankfurt (1987), p. 172.

2. *Ibid.*, p. 176. À comparer avec l'insistance de Watson sur les évaluations (d'actions) de premier niveau dans « Free Agency », p. 219 [*infra*, p. 175].

libre dans ces mêmes circonstances. Bien qu'il s'agisse d'une décision qui favorise l'une des options en conflit, elle traite néanmoins
les deux désirs comme mes désirs propres. Je peux m'identifier
à un désir même si, au moment présent, ce désir n'est pas celui qui
a les faveurs de ma volition afférente de niveau supérieur : dans
l'exemple en question, après tout, ma volition de dernier niveau est
que mon désir de rechercher du temps libre constitue ma volonté.

Dans notre effort pour fournir un cadre conceptuel adéquat au
phénomène de l'identification, nous sommes passés des hiérarchies de désir et des systèmes évaluatifs aux décisions concernant
nos désirs. Et nous avons été conduits à une relation plus complexe
entre l'identification et la volition de niveau supérieur. Je crois que
nous sommes sur la bonne voie ; même si une explication complète
devrait en dire davantage sur la nature des décisions[1]. Mais nous
devons maintenant examiner une objection à l'idée selon laquelle
l'identification est une forme de décision à propos de nos désirs.

DÉCISION NON-CONSCIENTE
ET SATISFACTION RÉFLEXIVE

J. David Velleman a soutenu qu'un recours à la décision
ne saurait faire l'affaire, car il peut exister des décisions « non-
conscientes » auxquelles l'agent ne s'identifie pas[2]. Velleman
décrit une situation où les commentaires d'un ami m'amènent, de
colère, à élever la voix. À la réflexion je réalise que des « griefs
[antérieurs] s'étaient cristallisés dans mon esprit… aboutissant à la
résolution de rompre notre amitié ». Mais cette décision antérieure
était non-consciente et, au moment de l'action, je ne m'identifiais

---

1. Comme je l'indique n. 4, p. 134, je pense que la théorie de l'intention en terme
de projet peut nous aider à compléter cette explication en considérant les intentions
comme les produits habituels des décisions, et en nous fournissant ainsi une théorie
plausible de la nature de l'intention.

2. Voir Velleman (1992).

pas à elle. À ce moment, « c'était mon ressentiment qui parlait, pas moi »[1].

La décision non-consciente évoquée par Velleman est de premier niveau : c'est une décision de rompre l'amitié. Frankfurt pourrait maintenir qu'il s'agit simplement d'un choix qui, par conséquent, ne remet pas en cause son argument sur les décisions. Mais on pourrait développer l'exemple de Velleman de manière à impliquer une décision non-consciente de réaliser le désir de rompre l'amitié. L'objection à l'idée de Frankfurt selon laquelle « les décisions… ne semblent pas susceptibles d'être à la fois internes et externes » tient donc.

De fait, Frankfurt abandonne dans son allocution présidentielle sa tentative de considérer l'identification comme un type de décision. Ses raisons sont semble-t-il du même ordre que celles suggérées par l'exemple de Velleman : on peut se demander, à propos de n'importe quel acte ou événement mental y compris une décision, si l'agent s'y identifie ou non[2]. L'identification ne peut donc pas simplement consister en l'acte ou l'évènement mental lui-même, quel qu'il soit. Aussi Frankfurt recherche-t-il une approche différente.

« L'identification », nous dit-il maintenant, « a précisément lieu lorsque la personne endosse un désir de second niveau dont elle est satisfaite »[3]. Il n'est pas nécessaire, pour être satisfait d'un désir de niveau supérieur, d'adopter envers lui une attitude supplémentaire. Si une telle attitude était requise, nous serions sous la menace de régression à l'infini ; car nous pourrions, à propos de cette nouvelle attitude, nous demander si l'agent s'y identifie ou non. Il suffit pour la satisfaction que l'on soit heureux, au sens opportun, avec ce désir :

1. *Ibid.*, p. 464-465.
2. Voir les remarques de Frankfurt (1992), p. 104. L'article « Identification and Externality » (1976, p. 65-66) anticipait cette difficulté sans l'appliquer aux décisions.
3. Frankfurt (1992), p. 105.

Être authentiquement satisfait ne consiste pas, par conséquent, à choisir de laisser les choses telles qu'elles sont, ni à porter un jugement ou à prendre une décision à propos des avantages d'un éventuel changement [de désir]. Cela consiste simplement dans le fait de *ne pas avoir d'intérêt* à changer les choses, ce qui exige *l'absence* d'éléments psychiques d'un certain type. … [Cette] absence doit cependant être réflexive. En d'autres termes, c'est en fonction de ce qui lui apparaît et de ce qu'elle comprend à propos d'elle-même que la personne n'est pas poussée à changer les choses. Ainsi, l'absence requise n'est ni contrainte par la délibération ni irréflexivement inconsciente [1].

La satisfaction, tout en étant réflexive, est néanmoins une « absence ». Une telle absence réflexive est censée faire le travail que la décision devait faire dans la conception de 1987 (désormais rejetée).

Supposons que je réfléchisse à un désir de niveau supérieur et que je me demande si je dois ou non m'y opposer. Jusqu'à présent je n'ai pris aucune décision à ce sujet mais c'est parce que je n'y ai pas encore réfléchi de manière exhaustive et concluante ; mes réflexions n'ont pas encore abouti à une conclusion. Je ne suis pas (encore) prêt à « changer les choses », et ceci est fonction de « ce qui [m']apparaît et de ce que [je] comprends » à propos de moi-même. Certes, je n'en suis pas non plus (encore) venu à considérer ce désir comme « hors-la-loi », mais le fait de ne pas l'avoir rejeté ne suffit pas pour que je m'y identifie. L'identification semble en effet exiger que je tranche, d'une manière ou d'une autre, la question du statut de mon désir. Pour ce faire, mes réflexions doivent atteindre un terme – elles doivent aboutir à une conclusion. Or, apparemment, cela signifie qu'il est nécessaire que ma réflexion aboutisse à la décision soit de mettre en question ce désir de niveau supérieur soit de « laisser les choses telles qu'elles sont » : la simple absence de motivation à « changer les choses » semble insuffisante.

1. *Ibid.*, p. 104-105.

N'avons-nous pas fait fausse route? L'identification requiert-elle vraiment une décision? Supposons que je découvre que je ne suis pas prêt à changer les choses, que je m'arrête donc simplement là et «laisse les choses telles qu'elles sont». Pourquoi ne serait-ce pas suffisant pour l'identification? Parce qu'on peut laisser les choses en l'état à cause d'une faiblesse ou d'une fatigue quelconque, d'une dépression ou autre état du même genre. Si, dans une telle situation, l'agent n'a pas effectivement décidé de laisser les choses en l'état, il ne s'est pourtant pas, selon moi, identifié à cet état de choses.

Il ne s'agit pas de rejeter complètement la stratégie employée par Frankfurt dans son allocution présidentielle. Même si la décision est nécessaire à l'identification, il est possible qu'elle ne soit pas suffisante. Peut-être a-t-on besoin, en partie, d'une décision dont on est «satisfait». Je vais maintenant argumenter en faveur d'une telle thèse.

ORIENTER SES DÉCISIONS ET DONNER SES RAISONS

Si l'identification implique une décision, de quel type de décision s'agit-il?

Nous ne pouvons pas simplement dire que l'identification à un désir de A est une décision d'agir selon ce désir. Il y a deux raisons principales à cela. Revenons d'abord sur l'exemple du toxicomane. Supposons que, en situation de manque criant, il décide à contre-cœur de passer à l'action et de se droguer. Supposons qui plus est qu'il passe effectivement à l'action et réfléchisse, toujours à contre-cœur, aux démarches préliminaires et aux moyens appropriés pour obtenir la drogue en question. Il est néanmoins possible qu'il considère toujours son désir de drogue comme «hors-la-loi», externe; il est possible qu'il ne s'y identifie toujours pas. Décider d'agir selon le désir de A ne garantit donc pas que l'on s'identifie à ce désir.

Rappelons-nous ensuite la distinction de Frankfurt entre deux types de conflits de désirs: les conflits dont la résolution exige un classement des désirs, et ceux qui demandent en revanche le rejet pur et simple de l'un des désirs en conflit. Supposons que je considère qu'un conflit requiert, pour être résolu, un classement et une intégration des désirs en cause et que je prenne une décision en ce sens. Pour revenir à un exemple précédent : je décide cette fois-ci de rechercher plus de temps libre plutôt que plus d'argent. Je peux toujours considérer mon désir d'argent comme mien : le simple fait qu'en cette occasion je me sois décidé en faveur du temps libre n'implique pas que je ne m'identifie pas au désir perdant. L'identification à un désir de A ne requiert donc pas une décision d'agir selon ce désir.

Peut-être avons-nous mal identifié ce que l'agent décide quand il s'identifie à son désir de A. Il n'est certes pas nécessaire, pour qu'il s'identifie au désir perdant (d'avoir plus d'argent), qu'il décide de rechercher davantage d'argent. Il n'en est pas moins possible que l'identification implique un certain type de décision à propos de ce désir.

Quel type de décision ? T.M. Scanlon souligne que, dans le raisonnement pratique, nous « opérons [parfois] une sélection parmi les considérations à prendre en compte lorsque nous décidons de ce qu'il faut faire » [1]. Scanlon donne l'exemple d'une

---

1. Voir Th. Scanlon, *What We Owe To Each Other* (Cambridge, Mass., Harvard UP, 1998), chap. 1. R. Cohon introduit une idée à peu près semblable dans « Internalism about Reasons for Action », *Pacific Philosophical Quarterly* 74 (1993), p. 265-288. Selon elle, les agents rationnels ont « des critères de rationalité pratique » qui spécifient « ce qu'est une raison et ce qui ne l'est pas » (p. 274-275). Cohon indique explicitement qu'« il est possible que, à l'aune de ces critères, l'agent considère que certains de ses désirs ne fournissent aucune raison d'agir » (p. 275). Elle soutient que ces critères constituent de fait des thèses sur ce que sont des raisons d'agir ; tandis que les décisions et les lignes de conduites allant en ce sens, du type de celles auxquelles je ferai appel ci-dessous, n'impliquent pas nécessairement que l'agent pense qu'il a, à ce sujet, raison ou tort (bien qu'il puisse bien entendu le penser). A. Gibbard (1996, p. 211) analyse également « les normes qui disent [à l'agent] de traiter R comme pesant en faveur de l'acte X ». À ma connaissance, ni Cohon ni Gibbard, pas plus que Scanlon, n'examinent la relation entre d'une part la manière dont ils conçoivent les décisions et les critères ou normes concernant les raisons d'agir de l'agent, et d'autre

personne devant décider si, lorsqu'elle jouera au tennis, ce sera « pour gagner ». Il s'agit, indique-t-il, de décider de tenir ou non, lorsqu'elle envisage par exemple de monter au filet, le fait que cela puisse favoriser la victoire comme une raison d'agir.

Supposons qu'un joueur de tennis désire habituellement gagner mais décide, quand il joue contre son jeune fils, de ne pas considérer la victoire comme une raison d'agir [1]. Cela ne signifie pourtant pas qu'il considère son désir de victoire comme, dans les termes de Frankfurt, « hors-la-loi ». Après tout, notre joueur de tennis décide seulement de ne pas considérer son désir de victoire comme une raison d'agir dans certaines circonstances particulières. Mais supposons, par contraste, qu'il finisse par désespérer de sa compétitivité excessive et qu'il décide de ne plus traiter, à l'avenir, son désir de victoire comme une raison d'agir dans quelque circonstance que ce soit : celui-ci ne sera plus considéré comme fixant une fin pour son raisonnement pratique et son action. À ce moment-là il semble qu'il tienne ce désir pour « externe » [2]. C'est le type de décision qu'un agent pourrait prendre à propos d'un « acerbe désir de nuire par jalousie » ou d'un « accès d'émotion » (pour reprendre certains des exemples de Frankfurt) [3].

part les problèmes qui se posent à propos de la nature de l'identification au sens recherché par Frankfurt et ses critiques. C'est précisément ce que je tente ici de faire : m'inspirer d'idées qui sont dans une certaine mesure dans l'esprit de ces travaux afin d'apporter quelque lumière sur l'identification.

1. Une telle décision fonctionnerait comme ce que Joseph Raz nomme une « raison d'irrecevabilité ». Voir J. Raz, *Practical Reason and Norms* (London, Hutchinson, 1975 ; réimp. Princeton, Princeton UP, 1990), p. 35-48.

2. Ce peut être une manière d'interpréter l'observation de Frankfurt selon laquelle l'agent, dans le cas d'un conflit dont la résolution exige une « ségrégation », « place le désir rejeté hors de la portée de ses préférences, de manière à ce qu'il ne soit pas du tout candidat à la satisfaction » (Frankfurt 1976, p. 67 ; voir également 1987, p. 170). Frankfurt, cependant, n'invoque pas ici explicitement l'idée de considérer ou de traiter son désir comme une raison ; il se pourrait donc qu'il n'approuve pas cette interprétation.

3. Il est possible que ce type de décision implique des sentiments caractéristiques d'étrangeté à soi, tels ceux mis en exergue par Schroeder et Arpaly, *op. cit.* Cepen-

Si c'est là ce que signifie considérer un désir comme extérieur à soi, qu'est-ce que s'identifier à un désir ? Nous pouvons tenter la chose suivante : je m'identifie à mon désir de *A* seulement si je désire *A* et que je ne traite pas ce désir comme externe – c'est-à-dire si je ne décide jamais de ne pas le traiter comme une raison. Mais, comme je l'ai remarqué en commentant l'allocution présidentielle de Frankfurt, la simple absence d'une décision n'empêche pas que la question du statut du désir reste véritablement ouverte : elle est donc compatible avec l'absence (jusqu'ici) d'identification au désir.

Ceci semble indiquer que pour s'identifier à un désir de *A* l'agent doit bel et bien, dans son raisonnement et son projet pratiques dans telle ou telle situation, décider de considérer ce désir comme une raison d'agir. En exigeant une telle décision, et pas simplement l'absence d'une décision de ne pas le considérer comme une raison en aucune circonstance, nous tenons compte des cas situés entre l'identification à un désir et le fait de le considérer comme externe, à savoir des cas dans lequel l'agent n'aboutit à aucune décision. L'identification ainsi conçue requiert un endossement effectif (bien que, peut-être, rudimentaire), et pas simplement l'absence d'un rejet explicite.

Il reste ainsi possible que je m'identifie à un désir même si, dans une situation où je le considère comme une raison d'agir, je ne décide pas d'agir selon ce désir ; je peux en effet décider de considérer mon désir (par exemple mon désir d'argent) comme une raison d'agir mais, cette fois-ci, décider néanmoins et également de ne pas agir selon cette même raison (mais au contraire selon mon désir d'avoir plus de temps libre).

Mais que signifie considérer un désir comme une raison d'agir ? Est-ce, en bref, s'identifier à ce désir ? Nous mouvons-nous dans un cercle ?

---

dant, je ne pense pas que de tels sentiments soient nécessaires. Dans tous les cas, je me préoccupe ici davantage du rôle joué par une telle décision dans le raisonnement et l'action de l'agent.

Ce qu'il nous faut, pour l'objectif que nous nous sommes fixés, c'est comprendre, même modestement, ce que signifie considérer un désir comme une raison d'agir, de manière à éviter une circularité inacceptable dans notre explication de l'identification. On peut pour ce faire recourir à l'idée selon laquelle je considère mon désir comme une raison d'agir au sens approprié quand je le considère comme instituant une fin – où considérer mon désir comme instituant une fin signifie en partie que je considère qu'il justifie potentiellement, au moins dans une certaine mesure, l'emploi des moyens adéquats et/ou le suivi des étapes préliminaires appropriées. Mais ce n'est, au mieux, qu'une partie de l'histoire. Le désir que mon action soit partiellement contrainte, par exemple, peut constituer une raison d'agir sans fixer la fin de l'action[1]. Mais limitons ici notre attention au cas élémentaire d'un désir instituant une fin. Si cela s'avère utile à notre compréhension de l'identification, nous pourrons revenir ultérieurement sur d'autres complexités.

Jusqu'ici, l'idée est donc que pour s'identifier à un désir de *A* l'agent doit décider de considérer ce désir comme une raison d'agir dans certains au moins de ses raisonnements et projets pratiques pertinents. L'agent considère son désir comme une raison d'agir quand il le tient pour fixant une fin qui peut dans une certaine mesure justifier les moyens et/ou les démarches préliminaires. Cela ne signifie pas que l'agent considère son désir comme une raison d'agir seulement s'il décide de le considérer ainsi. Dans de nombreux cas nous considérons simplement et sans réfléchir nos désirs de cette manière, sans plus de décision. L'idée est simplement que le phénomène spécifique de l'identification à un désir implique une décision de considérer ce désir comme une raison d'agir.

---

1. Voir R. Nozick, *Anarchy, State, and Utopia* (New York, Basic Books, 1974), p. 29-33.

ÊTRE SATISFAIT DE SA DÉCISION

Revenons à notre toxicomane malgré lui. Supposons qu'il réagisse à son état de manque en décidant de se droguer. Ayant pris cette décision il se met à réfléchir aux moyens et démarches préliminaires à la prise de drogue. Est-ce que cela signifie qu'il considère son désir de drogue comme une raison d'agir ? Si oui, aurait-il pu ne pas décider de le considérer de cette manière ?

Il semble qu'il faille distinguer deux cas. Parfois le toxicomane traite, dans son raisonnement, le désir de drogue comme une sorte de menace de douleur future et autre chose de ce genre. Sarah Buss décrit la situation ainsi :

> Puisque le toxicomane est certain que son désir de drogue va bientôt s'emparer de lui au point de l'empêcher d'agir intentionnellement, et puisque la lutte pour se passer de drogue est extrêmement douloureuse, il décide de cesser de résister à son désir, et de prendre les mesures nécessaires pour le satisfaire [1].

Dans ce cas le toxicomane tente de répondre à son désir de drogue de la manière dont on pourrait essayer de réagir au sentiment que l'on va violemment éternuer à moins que l'on ne prenne certaines mesures. Réagir de cette manière n'équivaut pas au fait de considérer ce désir comme une raison d'agir au sens ici pertinent. L'approche que nous adoptons promet ainsi d'expliquer le sens auquel un tel toxicomane ne s'identifie pas à son désir de drogue. Le problème est qu'il semble également y avoir des cas où le toxicomane traite à contre-cœur son désir comme fixant la fin de son action et réfléchit aux moyens et démarches préliminaires pour atteindre cette fin. En raisonnant ainsi il considère son désir de drogue comme une raison d'agir dans le sens modeste qui est le nôtre. Et pourtant il semble qu'il lui soit toujours possible de ne pas s'identifier à son désir.

---

1. S. Buss (1994), p. 95-121, particulièrement p. 101. N. Arpaly et T. Schroeder (1999) font un portrait assez similaire du toxicomane malgré lui [*infra*, p. 275-276].

On pourrait répondre à ce problème en contestant l'idée qu'il puisse exister des cas d'action dépendante du second type, où l'agent traite véritablement son désir de drogue (basé sur sa dépendance) comme une raison d'agir tout en ne s'y identifiant pas[1]. Dans le même esprit, on pourrait au contraire tenter de rétorquer qu'un tel toxicomane, bien qu'il traite peut-être effectivement son désir de drogue comme une raison d'agir, ne *décide* pas de le traiter ainsi. Je suis cependant sceptique quant au succès de ces stratégies pour tous les cas. Ce n'est certes pas un argument, et je ne suis pas sûr de savoir comment trancher cette question de manière convaincante. Ce que je propose en revanche c'est d'esquisser une autre stratégie pour défendre l'idée que l'identification implique une décision de considérer son désir comme une raison d'agir. Je pense que cette stratégie peut nous apprendre quelque chose même s'il s'avère que ce n'est pas la seule dont nous disposons.

La clé du problème est, selon moi, de remarquer qu'une décision de considérer un désir comme une raison d'agir peut elle-même être incompatible avec les autres décisions ou lignes de conduite [*policies*] données de l'agent concernant ce qu'il faut traiter comme raison d'agir. Le toxicomane involontaire pourrait avoir pour ligne de conduite générale de ne pas considérer son désir de drogue comme raison d'agir et, cependant, confronté à l'urgence présente du désir, décider cette fois-ci de le tenir pour une raison d'agir. Un tel toxicomane, me semble-t-il, ne s'identifie pas à son désir de drogue, même s'il décide à ce moment-là de le considérer comme une raison d'agir.

On peut développer l'argument en exploitant, dans la terminologie de Frankfurt, le concept de « satisfaction » – c'est donc

1. C'est ce que suggère S. Buss (*op. cit.*), ainsi que D. Velleman dans sa correspondance. E. Millgram, dans son analyse complexe de celui qu'il appelle le « toxicomane averti », semble également soulever ce type d'objection, bien qu'il ne prenne apparemment pas en compte le fait qu'un tel toxicomane puisse traiter son « besoin » (dans la mesure où il ne s'agit pas à proprement parler d'un « désir ») comme fixant la fin de son action. Voir *Practical Induction* (Cambridge, Mass., Harvard UP, 1997), p. 29-31.

seulement maintenant que nous nous intéressons plus particulièrement à la satisfaction couplée à un type spécifique de décision[1].
Pour s'identifier à un désir, peut-on dire, l'agent doit à la fois
décider de considérer ce désir comme une raison d'agir dans
certains de ses raisonnements pratiques associés et être satisfait de
cette décision. Et qu'est-ce qu'être satisfait d'une telle décision ?
Nous ne devrions pas exiger que cette décision soit dépourvue de
tout conflit. En revanche nous pouvons exiger que l'agent n'ait
pas pris ni retenu de décision, d'intention ou de ligne de conduite
contradictoire concernant le traitement de son désir comme raison
d'agir. Si l'agent avait pour ligne de conduite générale de ne pas
considérer un certain désir comme une raison d'agir, et cependant,
dans une situation particulière et dans l'urgence du désir, décidait
de le traiter ainsi en cette occasion, sa volonté serait divisée[2]. Pour
s'identifier à un certain désir l'agent doit décider de le traiter
comme une raison d'agir dans le raisonnement pratique associé
et être satisfait de cette décision. L'agent est satisfait d'une telle

---

1. Il y a des analogies entre ce que j'affirme ici et les commentaires de Frankfurt
sur le caractère « plein et entier » [*wholehearted*] d'une décision dans « Identification
and Wholeheartedness ». Frankfurt y fait allusion à une situation dans laquelle une
« ... décision, aussi consciencieuse et sincère qu'elle puisse paraître, n'est pas *pleine
et entière* : que la personne en ait conscience ou non, elle a d'autres intentions, des
intentions incompatibles avec celle que sa décision instaure [...] » (p. 174). Ailleurs
cependant, Frankfurt semble indiquer que le caractère « plein et entier » d'une décision peut être compromis non seulement par des intentions mais également par des
désirs opposés (*ibid.*, p. 175), ou par un conflit avec les objets dont la personne se
soucie (1982, p. 84). Mon approche, comme celle indiquée par Frankfurt dans le
passage cité ci-dessus mais contrairement à d'autres de ses remarques, considère
comme fondamental tout conflit d'intentions, de décisions ou de projets.

2. Frankfurt écrit que « choisir de ne pas faire *X*... est incompatible avec le choix
de faire *X* » (Frankfurt, « Concerning Freedom and Limits of the Will », *Philosophical Topics* 17 (1989), p. 119-130). Cependant, dans la situation que je décris,
l'une des décisions concerne une ligne de conduite générale (de ne pas considérer le
désir comme une raison) et l'autre un cas particulier (de le considérer comme une
raison). Une telle ligne de conduite générale est une « intention auto-législatrice »,
du type de celle que j'analyse dans *Intention, Plans and Practical Reason*, *op. cit.*,
particulièrement p. 159.

décision quand sa volonté est, au sens approprié, non divisée : la décision de ne pas traiter son désir comme une raison d'agir n'est pas opposée à ses autres décisions et lignes de conduites en vigueur à propos des désirs à traiter comme raisons d'agir [1].

UNE CONDITION DE RÉUSSITE

Il nous faut, pour compléter notre explication élémentaire de la nature de l'identification à un désir, ajouter un dernier élément. Dans « The Importance of What We Care About », Frankfurt souligne que l'on peut décider de se soucier de quelque chose et cependant, « lorsqu'il faut battre le fer », ne pas parvenir à s'en

---

1. Comme je l'ai indiqué dans les notes 2, p. 141 et 1, p. 146, l'idée que l'identification à un désir implique une décision de le considérer comme raison d'agir, ainsi que le fait d'être satisfait de cette décision, pourrait être une manière d'interpréter la conception développée par Frankfurt dans « Identification and Wholeheartedness ». Cependant, comme ces notes l'indiquent également, il n'est pas certain qu'il approuverait cette interprétation. Ch. Korsgaard (1996) lie également, mais d'une manière différente, le fait de s'identifier et de traiter comme une raison. Comme Frankfurt, Korsgaard met l'accent sur la structure réflexive de notre agentivité consciente (Korsgaard fait référence à l'article de Frankfurt de 1971 – p. 99, n. 8 – mais n'entend pas rendre compte de ses conceptions plus récentes). Elle pense que lorsqu'un agent réflexif agit selon tel ou tel désir, il « doit se dire à lui-même que ce désir est une raison d'agir » (p. 94). Considérer un désir comme une raison c'est, pour Korsgaard, le juger approprié à la conception normative pertinente que l'on a de sa propre identité : le rapport du désir à la conception qu'a l'agent de sa propre identité est ce qui fait de ce désir une raison. Selon moi, en revanche, s'identifier à un désir c'est, pour une grande part, décider de considérer ce désir comme une raison d'agir. Une telle décision sera elle-même généralement fondée d'une manière ou d'une autre, et je serais d'accord pour dire que dans de nombreux cas elle est fondée dans une quelconque conception générale de sa propre identité. Mais (comme le suggère G.A. Cohen dans « Reason, Humanity, and the Moral Law », dans Korsgaard 1996, p. 167-188), il n'est pas certain que la décision doive être fondée de cette manière. Dans tous les cas, c'est le fait de décider de considérer un désir comme une raison, et de le considérer effectivement comme tel, qui constitue selon moi l'identification à un désir (et non les fondements de la décision).

soucier[1]. Peut-être que, de manière similaire, je peux décider de considérer comme raison d'agir mon désir, disons, de me réconcilier avec une vieille connaissance, et cependant, lorsqu'il faut battre le fer, me trouver incapable de le faire. Je peux m'apercevoir que, en dépit de ma décision, et bien que j'en sois satisfait, je ne me soucie pas assez de la réconciliation.

Il semble que, dans ce cas, je ne sois pas parvenu à m'identifier à mon désir de réconciliation. Car l'individu qui s'identifie à son désir ne prend normalement pas seulement la décision appropriée de considérer ce désir comme une raison d'agir, mais le considère aussi effectivement de cette manière. Nous devons, cependant, prendre soin de tenir compte des cas où l'agent s'identifie à un désir mais, précisément, ne se trouve pas dans les circonstances pour lesquelles il a décidé de le considérer comme une raison d'agir. En effet, cela n'empêche pas qu'il soit tout à fait prêt à le considérer ainsi si les circonstances pertinentes se présentent.

Je crois que nous pouvons faire droit à la fois à ces complexités et à la perspicacité de Frankfurt quant aux limites de la décision : s'identifier à un désir c'est a) prendre une décision de considérer ce désir comme une raison d'agir et être satisfait de cette décision, et b1) considérer ce désir comme une raison d'agir ou, au moins, b2) être parfaitement prêt à le considérer comme une raison d'agir si l'occasion pertinente devait se présenter.

Nous pouvons maintenant revenir au souci de Velleman concernant les décisions «non-conscientes». Il s'agit, dans l'exemple déjà étudié, d'une décision de rompre l'amitié (d'accomplir ce désir), et non d'une décision de considérer le désir de rompre l'amitié comme une raison d'agir. Il me semble que si nous en venons à une décision de traiter ce désir comme une raison d'agir, si nous ajoutons qu'il s'agit d'une décision dont l'agent est satisfait et

---

1. Frankfurt (1982), p. 84-85. Voir également ses remarques dans «Identification and Wholeheartedness», p. 174. S. Buss m'a permis, par ses remarques perspicaces, de réaliser qu'il était nécessaire de répondre aux problèmes soulevés par cet aspect des thèses de Frankfurt.

que l'agent considère également ce désir comme une raison d'agir, l'agent en question ne pourra plus prétendre de manière crédible que « c'était [son] ressentiment qui parlait, pas [lui] »[1].

1. C'est le moment de s'arrêter brièvement sur ce que propose Velleman (1992), et sur le lien entre cette thèse et la conception que j'esquisse ici. Velleman recherche, dans l'appareil motivationnel de l'agent, l'élément qui joue ce que le sens commun considère comme le rôle de l'agent. Velleman affirme que c'est « le désir d'agir conformément à des raisons » qui joue ce rôle (p. 478). Plus spécifiquement, c'est le désir « de comprendre quels sont les motifs qui fournissent les plus fortes raisons d'agir, et ensuite de s'assurer qu'ils prévalent sur ceux dont la force rationnelle est moins forte » (*ibid.*). En un sens, l'agent doit être identifié à ce désir particulier tel qu'il opère dans sa psychologie : « l'agent *est* [ce] motif, en termes fonctionnels » (p. 480). Selon moi, en revanche, l'identification est à concevoir non pas dans les termes d'un désir d'agir selon les raisons les plus fortes, mais en termes de décision : il s'agit de décider de considérer, et de considérer effectivement, un désir comme une raison d'agir. Ceci me permet de fournir une interprétation plus naturelle de l'identification aux désirs perdants. D'après ma conception, on peut considérer comme les « siens » propres à la fois les motifs auxquels l'agent s'identifie, et les décisions et lignes de conduite qui permettent de garantir une telle identification. Cela dit, ma conception reste dans l'esprit de celle de Velleman (comme il me l'a fait remarquer à travers notre correspondance) puisqu'elle explique en partie l'identification en recourant à la manière dont l'agent peut intégrer son désir dans son raisonnement pratique. Il peut également être utile de comparer mon approche à celle que développe S. Buss (1994), puisqu'elle en appelle aussi à la manière dont l'agent intègre ou non son désir dans son raisonnement pratique. Buss écrit que « les désirs d'une personne… peuvent figurer dans son raisonnement pratique en tant qu'objets de ses considérations… Parfois, cependant, ces mêmes états [mentaux] exercent une influence *non* rationnelle sur le raisonnement de la personne » (p. 106). Buss montre que cette distinction est capitale pour comprendre en quoi certains désirs sont externes : « leur statut d'influences externes dépend de la manière dont ils se rapportent au raisonnement pratique de la personne. Plutôt que d'être *constitutifs* de ce raisonnement… ils influencent le raisonnement de l'extérieur » (p. 107). (Buss ajoute que toutes « ces influences non rationnelles ne compromettent pas l'autonomie », p. 108). J'accorde à Buss qu'il est important que l'agent considère ou non son désir comme une raison d'agir – dans les termes de Buss, comme une chose « prise en considération » dans son raisonnement (p. 107). Mais je mets également l'accent sur le fait que nous prenons des décisions, que nous avons des lignes de conduite à ce sujet et qu'elles sont importantes pour l'identification.

ÉTENDRE LE MODÈLE

Souvenez-vous qu'il est possible que je considère, de manière irréfléchie, l'un de mes désirs comme une raison d'agir sans décider concrètement de le traiter de cette manière. Ceci suggère une objection[1]. Supposons que je considère habituellement et automatiquement l'un de mes désirs donnés comme une raison d'agir. Supposons également que je n'ai pas effectivement décidé de le traiter de cette manière mais que je n'ai pas non plus pris de décision en sens contraire. Est-ce que je ne m'identifie pas à ce désir ?

Frankfurt envisage un problème analogue dans son analyse de la satisfaction :

> Il est possible, naturellement, que quelqu'un soit satisfait de ses désirs de premier niveau sans en aucune façon envisager la question de leur endossement. Dans ce cas, il est bel et bien identifié à ces mêmes désirs. Mais dans la mesure où ses désirs sont complètement irréfléchis, il n'est pas du tout une personne au sens authentique du terme, mais simplement un irréflexif[2].

Bien que ce ne soit pas complètement clair dans cet extrait, je présume que la thèse de Frankfurt est ici qu'un tel agent, tout en étant « identifié à » son désir de premier niveau, ne s'identifie pas à ce désir ; car pour s'identifier à un désir l'agent doit considérer ce désir de manière réfléchie. Ma première réponse à la présente objection suit une ligne similaire. Si l'agent n'a pas réfléchi à la question de savoir s'il doit traiter ou non son désir comme une raison d'agir, alors il ne s'est pas même confronté au problème auquel l'identification apporte une réponse. Si, cependant, l'agent réfléchit dans une certaine mesure à ce désir, alors il doit prendre une décision, même de manière rudimentaire, afin de trancher la question. Il y aura donc des actions intentionnelles motivées par des désirs que l'agent considère comme des raisons d'agir et non

---

1. L'objection vient de N. Arpaly et T. Schroeder.
2. Frankfurt (1992), p. 105-106.

comme externes mais auxquels, à strictement parler, il ne s'identifie pas.

Il s'agit là, comme je l'ai dit, de ma première réponse. Mais je voudrais également signaler une façon naturelle d'élargir utilement l'explication, toujours en réponse à l'objection présente et à la lumière des remarques de Frankfurt. Nous pourrions ajouter qu'une personne s'identifie, au sens large du terme, à un désir si 1) elle le considère comme une raison d'agir, 2) elle ne le considère pas comme externe, et 3) elle décidait toujours de le considérer comme une raison d'agir, était satisfaite de cette décision, et le considèrerait toujours effectivement comme une raison d'agir si elle réfléchissait à la question[1]. On peut, en ce sens élargi, s'identifier à un désir même si l'on n'a pas réfléchi au désir selon les modalités requises pour que l'on s'y identifie.

TROIS QUESTIONS

Voyons comment cette façon de résoudre le problème peut répondre à trois questions.

Supposons en premier lieu qu'un toxicomane soit si déprimé et si résigné à sa dépendance qu'il ne tente même pas d'y résister[2]. Au lieu de cela, il décide de considérer son désir de drogue comme une raison d'agir, agit en ce sens, et puisqu'il est résigné à sa dépendance, n'a pas d'orientation contraire. Mais il considère toujours son désir comme critiquable.

Selon moi, un tel exemple montre que l'on peut s'identifier à un désir que l'on pense contestable si l'on décide vraiment de le considérer comme une raison d'agir, que l'on est satisfait de cette décision et qu'on traite de fait le désir de cette manière. Peut-être est-ce

---

1. Bien qu'il y ait des cas où la question de savoir ce qu'un agent déciderait s'il réfléchissait à la question n'a pas de réponse claire. Dans un travail non publié, Jennifer Rosner explore des problèmes similaires concernant ce qu'elle nomme « la stabilité contre-factuelle à l'évaluation réfléchie ».

2. L'exemple vient de J. Fischer.

là une conséquence de la résignation ou de la dépression, mais c'est une autre affaire [1].

Deuxièmement, supposons que ma décision de considérer mon désir d'argent comme une raison d'agir soit motivée par un pari [2]. Je gagne le pari si je passe les dix prochaines années à considérer ce désir de cette manière, même si je pense qu'agir ainsi est, pour le moins, peu digne [3]. Je suis satisfait de cette décision, mais seulement parce que je veux gagner le pari. Est-ce que je m'identifie à mon désir d'argent ? Une réponse affirmative me semble plausible : je m'y identifie afin de gagner le pari. Il s'agit certes d'un motif d'identification peu classique et ce peut être une mauvaise manière de vivre, mais c'est encore une fois une autre affaire.

Enfin, que dire des cas « pervers » de Watson ? Une personne peut s'identifier à son désir en faveur de quelque chose de « passionnant » sans penser qu'il s'agit du désir le meilleur ou du plus important pour elle. Mais si elle s'y identifie vraiment, c'est qu'elle l'endosse en quelque manière, et l'explication ici présentée semble plausible. Bien qu'elle pense que cette façon d'agir est loin d'être la meilleure chose qui soit, elle décide néanmoins de considérer son désir comme une raison d'agir ; et elle le considère effectivement de cette manière. Si cette décision la satisfait, elle s'identifie à ce désir.

---

1. Remarquez que cet exemple diffère de celui signalé plus haut, où la dépression de l'agent l'empêche de décider d'une manière ou d'une autre s'il doit considérer ou non son désir comme une raison d'agir. Or, Frankfurt (1992) écrit qu'« une personne peut reconnaître que les passions qu'elle éprouve sont indéniablement et de manière non équivoque les siennes… » (p. 65). Je suggère qu'il y a deux versions différentes de la situation à laquelle Frankfurt fait ici allusion : l'une dans laquelle la personne est simplement résignée à la passion qu'elle désapprouve ; l'autre dans laquelle la personne, peut-être par résignation, décide de traiter cette passion comme une raison d'agir. Cette différence est, selon ma conception, significative pour l'identification.

2. Cet exemple vient de A. Mele.

3. Si je gagne le pari, j'obtiens autre chose que de l'argent, une chose à laquelle j'accorde beaucoup de valeur. Peut-être que je gagne un mariage avec la princesse Turandot.

Conclusion

J'ai tenté de comprendre l'identification en recourant au phénomène suivant : décider de considérer et considérer, dans son raisonnement pratique, son projet et son action, l'un de ses désirs comme une raison d'agir. L'identification ainsi comprise est-elle « essentielle », comme l'affirme Frankfurt, « à toute philosophie de l'esprit et de l'action » ? De fait, nous avons vu qu'il y avait de bonnes raisons d'inclure dans notre modèle de l'agentivité intentionnelle les phénomènes que je viens à nouveau de mentionner. L'identification, au fond, consiste en de tels phénomènes – ou du moins est-ce ce que j'ai proposé. Étant donné que de tels phénomènes sont importants dans nos vies pratiques, nous pouvons accorder à Frankfurt que l'identification est, en ce sens, « essentielle ».

GARY WATSON

L'AGENTIVITÉ LIBRE[*][1]

J'étudierai dans ce texte une distinction cruciale pour qui recherche une explication correcte de l'action libre ainsi qu'une conception adéquate des motifs d'action et de la responsabilité des agents humains.

I

D'après une conception familière de la liberté, une personne est libre dans la mesure où elle peut faire ou obtenir ce qu'elle désire; l'étendue de la liberté d'une personne est fonction de l'ensemble des choses qu'elle peut faire. Sous certaines réserves, je pense que cette explication est légitime, et qu'elle permet d'interpréter les emplois principaux et les plus intéressants du terme « libre ». Cette thèse générale s'est cependant vue opposer un certain nombre d'arguments. L'une des objections les plus importantes – sur

* G. Watson, « Free Agency », *The Journal of Philosophy*, vol. 72, n° 8, 1975, p. 205-220. Nos remerciements vont à l'éditeur et à l'auteur pour leurs aimables autorisations.

1. J'ai bénéficié pour la matière de cet essai de discussions avec nombre d'amis, d'étudiants, de collègues et autres; j'aimerais les remercier collectivement. Je me dois cependant de remercier tout particulièrement Joel Feinberg, Harry Frankfurt et Thomas Nagel.

laquelle je vais ici me concentrer – est que cette conception familière est trop pauvre pour affronter le problème de la liberté de l'action et de la volonté.

Assez souvent, nous disons ou sommes tentés de dire d'un individu que, même si son comportement est intentionnel, il ne contrôle pas ses propres actions ou n'est pas un « agent libre » sous cet aspect. Les actions que nous expliquons par la dépendance, les manies, et les phobies de diverses sortes sont des exemples possibles de ce type de situation. Mais il semble que l'analyse de la liberté comme pouvoir d'agir selon ses désirs fasse du concept d'action libre un pléonasme. Selon cette analyse en effet, lorsqu'une personne agit intentionnellement, c'est évidemment qu'elle pouvait agir ainsi, et qu'elle était donc libre de le faire. Pour autant que la liberté soit en jeu, la conception familière n'autoriserait plus d'autres questions à propos de l'action. Par conséquent, cette explication confond apparemment l'action libre et l'action intentionnelle.

Les philosophes qui défendent une quelconque forme de compatibilisme ont couramment proposé cette analyse de la liberté, le but étant de montrer que la liberté et la responsabilité ne sont pas vraiment incompatibles avec le déterminisme. D'autres au contraire ont rejeté le compatibilisme précisément parce qu'il est associé à cette conception familière de la liberté. Isaiah Berlin pose ainsi la question suivante : si le déterminisme est vrai...

> ... quelles raisons de principe pouvez-vous avancer au fait que vous jugez responsables ou appliquez des critères moraux [à certaines personnes], critères que vous estimeriez déraisonnable d'appliquer à des maniaques – des kleptomanes, des dipsomanes, etc. ? [1].

L'idée est que parler d'actions libres dans un monde déterministe nous obligerait à qualifier de libres les actions des « décideurs compulsifs ». Pour éviter cette conséquence, on suggère

---

1. *Éloge de la liberté* (1988), p. 18.

souvent l'adoption d'une sorte de conception « anti-causale » de la liberté *.

Cependant, bien que des compatibilistes comme Hobbes jusqu'à J.J.C. Smart ** aient produit une analyse excessivement rudimentaire des concepts moraux et psychologiques en jeu, cette pauvreté n'est pas inhérente au compatibilisme lui-même, pas plus qu'à la conception de la liberté comme pouvoir d'agir selon ses désirs. Car la différence entre les actions libres et non libres – telle que nous l'entendons habituellement – n'a absolument rien à voir avec la vérité ou la fausseté du déterminisme.

Dans les pages suivantes, je souhaite développer une distinction entre désirer et estimer qui permette, tout en adoptant la conception familière de la liberté, de rendre intelligible la notion d'action non libre. Je soutiendrai que, dans le cas des actions non libres, l'agent est incapable de faire de qu'il désire le plus, ou *estime*, cette incapacité étant due à son propre « système motivationnel ». L'obstacle à l'action qu'il désire le plus est alors sa propre volonté, et c'est pourquoi son action n'est pas libre : c'est l'accomplissement même de l'action qui entrave l'agent.

Il ne s'agit pas ici de défendre le compatibilisme. Cette doctrine peut être inacceptable pour diverses raisons, dont certaines mettent en question la cohérence du concept de responsabilité. Cependant, que le compatibilisme repose sur la conception de la liberté comme pouvoir d'agir selon ses désirs ne saurait être une raison de le rejeter, et la confusion de l'action libre et de l'action intentionnelle ne lui est pas non plus inhérente. Ceux qui veulent montrer que

* Par exemple, précisément la conception de R. Chisholm que Frankfurt (1971) critique *supra*, p. 91.
** Philosophe d'origine écossaise travaillant en Australie, J.J.C. Smart est l'un des ardents défenseurs, dans la seconde moitié du 20ᵉ siècle, de l'« identity theory of mind », théorie physicaliste de l'esprit affirmant que les états et activités de l'esprit sont identiques (et pas seulement corrélés) aux états et activités du cerveau. Voir en particulier « Sensations and Brain Processes », *Philosophical Review*, 68 (1959), p. 141-156 ; « Materialism », *Journal of Philosophy*, 60 (1963), p. 651-662 ; « The Content of Physicalism », *Philosophical Quarterly*, 28 (1978), p. 339-341.

le compatibilisme est faux doivent trouver des arguments plus profonds.

II

Qu'est-ce qui doit être vrai des personnes si l'on doit donner un sens à la notion d'action libre ? Le problème de l'action libre vient du constat que ce qu'un individu désire le plus ne correspond pas nécessairement à ce qu'il est finalement amené à faire. Le degré auquel un individu désire quelque chose n'est donc pas déterminé par la seule *force* de ses désirs (ou « motifs ») telle qu'on peut l'évaluer en fonction de leur efficience. Que l'agent agisse de fait conformément à telle envie ou à tel désir permet certes d'évaluer la force de cette envie ou de ce désir (en un sens sans doute super-ficiel, puisqu'il ne suffit pas de dire, pour comprendre les raisons de son action, qu'un agent a agi selon ce désir parce qu'il était le plus fort). Cependant, s'il est possible que ce que l'on désire le plus ne corresponde pas à ce que, selon cette évaluation, l'on désire avec le plus de force, en quel sens peut-on affirmer que c'est bien ce que l'on désire le plus[1] ?

Pour répondre à cette question, on peut commencer par mettre en contraste, au moins dans les grandes lignes, les conceptions humienne et platonicienne du raisonnement pratique. Les Anciens distinguaient entre les parts rationnelle et irrationnelle de l'âme, entre la Raison et l'Appétit. Hume emploie une distinction à première vue similaire. Cependant, il ne faudrait pas identifier ce qui pour l'Antiquité (Platon du moins) était la part rationnelle de l'âme à ce que Hume appelle « Raison » par opposition aux

---

1. J'emploierai les termes « désir » (*want*) et « envie » (*desire*) dans le sens très large désormais familier en philosophie, sens auquel pratiquement tout facteur moti-vationnel pouvant figurer dans l'explication d'une action intentionnelle est un désir, tandis que « envie » sera principalement employé par référence aux appétits et aux passions.

« Passions ». Selon Hume en effet, la Raison n'est pas une source de motivation mais une faculté de détermination du vrai et du faux, c'est-à-dire une faculté uniquement concernée par les « questions de fait » et les « relations d'idées », et complètement muette sur la question de ce que l'on doit faire. Éventuellement, Hume pourrait accorder à la Raison ce rôle très pratique : sur la base d'un ensemble initial de désirs et de croyances à propos de ce qui est ou sera probablement le cas, elle génère certains désirs au cours de l'opération. Autrement dit, un humien pourrait accorder à la Raison un rôle crucial dans la délibération. Son rôle essentiel ne consiste cependant pas à fournir des motifs à l'action – ce n'est pas son affaire – mais plutôt à calculer, dans un contexte de désirs et de fins, les moyens d'accomplir les uns et de servir les autres*. Pour Platon en revanche, la part rationnelle de l'âme n'est pas une sorte de machine à inférences, mais bien en elle-même une source de motivation. De manière générale, les désirs de la Raison sont dirigés vers « le Bien ».

Quelques notions élémentaires de la théorie de la décision peuvent peut-être permettre d'illustrer ce contraste. Selon le modèle bayesien de la délibération**, par exemple, on applique une échelle de préférences sur les différents états de choses pouvant résulter des actions de l'agent. Selon sa place sur cette échelle, on peut assigner à chaque état de chose une valeur numérique (valeur initiale) ; sur la base de cette valeur et des probabilités que les états de choses adviennent si les actions sont accomplies, on peut alors assigner une valeur numérique finale (désirabilité escomptée) aux actions elles-mêmes. L'agent rationnel exécute l'action ayant la désirabilité escomptée la plus élevée.

Interprétée dans les termes de cette théorie, la Raison du modèle humien est la faculté qui calcule les probabilités et les

---

* Voir Hume (1991), Partie III, sec. 3, particulièrement p. 269-271.

** Voir T. Bayes, « An Essay Toward Solving a Problem in the Doctrine of Chances », *Philosophical Transactions of the Royal Society of London*, vol. 53 (1764), p. 370-418.

désirabilités escomptées. En ce sens elle est neutre à l'égard des actions, puisqu'elle peut opérer de manière identique sur n'importe quelle assignation de valeurs initiales et de probabilités – elle n'a rien à dire à propos de l'assignation des valeurs initiales. Dans le modèle platonicien en revanche, c'est la part rationnelle de l'âme elle-même qui détermine ce qui a de la *valeur* et combien : elle est ainsi responsable de la mise en ordre initiale des différents états de choses.

Il pourrait sembler que ce qui distingue ces conceptions soit une simple différence quant à ce qui doit être appelé «Raison» ou «rationnel», une différence qui ne serait donc pas substantielle. Lorsqu'il parle de Raison, Hume a à l'esprit un contraste fort entre ce que l'on désire et ce que l'on pense être le cas. Quel est alors le contraste implicite dans la conception platonicienne, où la mise en ordre des différents états de chose relève de la partie rationnelle de l'âme ?

Le contraste en question n'est pas sans importance, puisque la différence entre les schèmes classificatoires reflète des conceptions différentes de la psychologie humaine. En soutenant *grosso modo* cette thèse, Platon faisait pour une part remarquer que penser qu'un état de chose est bon, estimable ou digne d'être promu est une chose, et qu'avoir envie ou simplement désirer qu'un état de chose ait lieu en est une autre. En d'autres termes, puisque la notion de valeur est rattachée à (ne peut pas être comprise indépendamment de) celles du bon et du vertueux, estimer (juger bon) un état de chose est une chose et désirer qu'il ait lieu en est une autre. Cependant, penser qu'une chose est bonne c'est en même temps la désirer (ou désirer la promouvoir). La Raison est donc un ressort originel de l'action. C'est parce qu'estimer est essentiellement lié au fait de penser ou *juger* bon qu'il est légitime de dire que les désirs qui sont (ou peut-être sont issus) des évaluations appartiennent à, ou ont leur origine dans, la part rationnelle (c'est-à-dire *jugeant*) de l'âme. Les valeurs fournissent ainsi des *raisons* pour l'action, par contraste avec les désirs, dont les objets ne sont pas nécessairement considérés comme bons et qui sont donc, en un sens naturel, aveugles ou irrationnels. Les désirs n'ont rien à dire quant à ce qui est bon [1].

Or, il me semble que lorsqu'on conçoit la liberté comme pouvoir d'agir selon ses désirs, le problème de l'action libre ne peut se poser que si la conception platonicienne de l'âme est (en gros) correcte. Même si pour Platon la doctrine des parties de l'âme signifiait sans doute beaucoup plus que cela, la thèse que je vais défendre est platonicienne au sens où elle implique une distinction entre estimer et désirer en tant que sources indépendantes de motivation. La conception platonicienne fournit en effet une réponse à la question que j'ai posée plus haut [p. 158] : en quel sens est-il possible que ce que l'agent désire le plus soit différent de l'objet de son désir le plus fort ? La réponse réside dans l'ambiguïté de l'expression « ce que l'on désire le plus », qui peut signifier soit « l'objet du désir le plus fort » soit « ce que l'on *estime* le plus », c'est-à-dire être interprétée soit en termes de force soit en termes de mise en ordre ou de préférence. Le problème de l'action libre se pose parce ce qu'il est possible que ce l'on désire ne corresponde

1. Simplement pour citer un passage révélateur parmi de nombreux autres : « Il faut observer qu'en chacun de nous il y a deux principes qui nous gouvernent et nous dirigent, et que nous suivons où ils nous dirigent ; l'un est inné, c'est le désir des plaisir ; l'autre est une croyance acquise, c'est l'aspiration au meilleur. Ces deux principes, en nous, tantôt s'accordent, tantôt se combattent ; tantôt l'un, tantôt l'autre l'emporte. Or, quand un jugement rationnel nous dirige vers le meilleur, et domine, cette domination s'appelle *tempérance*. Quand, déraisonnablement, un désir nous entraîne vers les plaisirs et nous gouverne, ce gouvernement reçoit le nom de démesure » (*Phèdre*, 237e-238e, trad. fr. P. Vicaire, Paris, Les Belles Lettres, 1985, p. 18-19). Pour une fascinante étude de la doctrine platonicienne des parties de l'âme, voir T. Penner, « Thought and Desire by Platon », dans Gregory Vlastos (ed.), *Plato : A Collection of Critical Essays*, vol. II (New York, Anchor, 1971). Si je la comprends bien (et j'ai été influencé sur ce point par l'article de Penner), la distinction que j'attribue à Platon était dans sa perspective une solution au problème socratique de l'*acrasie*. Je montrerai que cette distinction, quoique nécessaire, ne suffit pas à remplir cet objectif, parce qu'elle ne fait pas de différence entre la (« simple ») incontinence ou faiblesse de la volonté et la compulsion psychologique. Cette différence requiert un examen attentif des diverses choses que l'on peut vouloir dire en parlant de la force d'un désir.

pas à ce que l'on estime, et que ce que l'on estime le plus ne correspond pas à ce que l'on est finalement amené à faire [1].

L'identification tacite entre désirer et estimer est si courante [2] qu'il est nécessaire d'illustrer par quelques exemples la manière dont ils peuvent diverger. En principe, un écart peut semble-t-il surgir de deux manières. Premièrement, il est possible que ce que l'on désire ne soit *à aucun degré* estimé, tenu pour valable ou jugé bon : l'agent n'assigne *aucune* valeur que ce soit à l'objet de son désir. Deuxièmement, bien que l'on puisse effectivement estimer ce qui est désiré, il est possible que la force du désir ne reflète pas adéquatement le degré auquel on estime son objet : bien que l'agent reconnaisse une certaine valeur à l'objet de son désir, il peut, en situation, ne pas considérer qu'il est le plus précieux et néanmoins le désirer avec plus de force que l'objet qu'il estime le plus.

Les cas où l'on n'accorde aucune valeur à ce que l'on désire sont peut-être rares, mais ils existent sûrement. Considérons le cas d'une femme ayant soudainement envie de noyer son bébé qui, alors qu'elle lui donne un bain, ne cesse de hurler ; ou le cas d'un joueur de squash qui, subissant une écrasante défaite, désire frapper de sa raquette la figure de son adversaire. Noyer son bébé ou blesser et faire souffrir son adversaire sont des actes que, sans doute possible, ni la mère ni le joueur de squash n'estiment. Mais ils

---

1. Je n'insisterai pas davantage ici sur le contraste rationnel/non-rationnel, bien que Platon l'eût souhaité. Cependant, cette distinction minimale a une implication importante et anti-humienne, à savoir qu'il n'est pas vrai que, si une personne a envie de faire *X*, elle a par conséquent (voire se considère elle-même comme ayant) une raison de faire *X*.

2. J'estime par exemple que mes arguments sont incompatibles avec la manière dont R.B. Perry caractérise la valeur dans *General Theory of Value* (Cambridge, Mass., Harvard UP, 1950). Au chap. v, Perry écrit : « Nous tenons donc [...] pour source originelle et trait constant de toutes les valeurs [que ce] qui est un objet d'intérêt est *eo ipso* investi de valeur ». Et « l'intérêt » est caractérisé de la manière suivante : « [...] penchant et dégoût, désir et aversion, volonté et refus, ou recherche et évitement. C'est à cette caractéristique prépondérante de la vie affective et motrice, à cet *état*, *acte*, *attitude* ou *disposition* à la faveur ou défaveur, que nous proposons de donner le nom d'"intérêt" ».

désirent néanmoins ces choses, ils les désirent malgré eux. Ce n'est pas qu'ils assignent à ces actions une valeur initiale sur laquelle d'autres considérations l'emportent par la suite : ces activités ne sont pas même représentées par une entrée positive, si faible soit-elle, sur la « matrice de désirabilité » initiale.

Ces exemples semblent suggérer que la première forme radicale de divergence entre désirer et estimer n'a lieu que dans les cas d'envies ou d'impulsions momentanées et inexplicables. Je ne vois pourtant aucune raison concluante de penser qu'une personne ne puisse pas être étrangère, de manière similaire, à un désir plus durable et dominant, un désir d'ailleurs relativement explicable. Imaginons qu'un individu croie que ses inclinations sexuelles sont l'œuvre du diable, que le fait même d'avoir de telles inclinations reflète sa nature corrompue. Mettons cet exemple en contraste avec celui du célibataire qui décide que la vie la plus accomplie pour lui serait une vie d'abstinence. Dans ce second exemple, la valeur de l'activité sexuelle est *l'une* des choses que l'agent prend en compte lorsqu'il forme son jugement *toutes choses considérées* : selon son point de vue, l'activité sexuelle a certes des avantages, mais le célibat en a davantage. En revanche, l'individu étranger à ses inclinations sexuelles ne reconnaît pas même une raison *prima facie* en faveur de l'activité sexuelle ; qu'il soit sexuellement enclin à certaines activités n'est pas même *un seul instant* pris en considération. On peut encore illustrer cette différence en disant que, pour le second célibataire, renoncer aux relations sexuelles constitue une perte même si elle est négligeable par rapport aux avantages du célibat ; tandis que le premier ne ressent absolument aucune perte.

Or, il nous faut reconnaître que dans la mesure où un désir non satisfait entraîne de la souffrance et empêche l'agent de poursuivre ses fins, n'importe quel désir peut fournir la base d'une raison d'agir. Cependant il est important de remarquer qu'une raison générée de cette manière est une raison pour *se débarrasser* du désir en question, et l'on peut se débarrasser d'un désir soit en le satisfaisant, soit en l'éliminant d'une autre manière (par des tranquillisants ou des douches froides par exemple). Ce genre de raison diffère donc d'une manière significative des raisons basées sur l'évaluation des activités ou des états de chose en question. Dans le premier cas en effet, la réalisation du désir est simplement un moyen d'éliminer l'inconfort ou l'agitation, tandis que dans le second cas elle est en elle-même une fin. Et habituellement, lorsque nous recherchons les objets de nos désirs, nous n'essayons pas principalement de nous soulager : nous visons la satisfaction, et non la simple élimination, du désir.

Néanmoins, les impulsions transitoires mises à part, il est possible que les cas où l'on ne peut absolument rien dire en faveur de l'objet du désir soient rares. En effet, et ce n'est certainement pas à négliger, même la personne qui conçoit ses désirs sexuels comme essentiellement diaboliques pourrait être amenée, semble-t-il, à reconnaître qu'une certaine indulgence serait agréable. (Est-elle vraiment obligée de le reconnaître ? L'indulgence peut en effet, dans un contexte d'angoisse, ne rapporter aucun plaisir. De plus, que le plaisir soit intrinsèquement bon, indépendamment du mérite de l'objet agréable, ne va pas de soi). De toute façon, le second type de divergence entre l'évaluation et le désir demeure : il est possible que, dans un contexte particulier, ce que l'on désire le plus fortement ne soit pas ce que l'on estime le plus.

Il est capital de comprendre que la distinction entre estimer et désirer n'est pas une distinction quant au contenu des envies ou des désirs : décrire les objets des désirs d'un agent ne permet en rien d'isoler les désirs basés sur les valeurs de cet agent. Elle est bien plutôt liée à la *source* du désir ou à son rôle dans le « système » total des désirs et des fins de l'agent, c'est-à-dire aux raisons qu'il a de désirer agir comme il le fait.

Identifier une envie ou un désir uniquement en vertu de son contenu n'est évidemment pas identifier sa (ses) source(s). Que je désire manger n'implique pas nécessairement que j'aie faim : je peux désirer manger parce que je désire être en bonne santé, ou bien parce que j'ai faim, ou encore parce qu'il s'agit d'une activité agréable. Ce seul désir peut donc avoir trois sources indépendantes (elles peuvent ne pas être complètement indépendantes, manger n'étant peut-être agréable que parce que j'ai grand appétit). Certaines descriptions des désirs ou des envies d'un agent – comme désirs ardents par exemple – identifient (approximativement du moins) la source de sa motivation.

C'est une caractéristique essentielle des appétits et des passions qu'ils engendrent (ou consistent en) des désirs dont l'existence et la persistance sont indépendantes des jugements de valeur de la personne. La faim entraîne un désir de manger qui a sa source dans les besoins physiques et les états physiologiques de l'organisme affecté. Et des émotions telles que la colère et la peur consistent partiellement en des inclinations spontanées à agir – à attaquer ou à fuir l'objet de son émotion, par exemple. Il est constitutif des appétits et des passions que les individus qui en sont affectés puissent être motivés malgré eux. C'est parce que de tels désirs naissent indépendamment du jugement et des valeurs de la personne que les Anciens localisaient les émotions et les passions dans la part irrationnelle de l'âme[1]; et c'est en raison de cette forme d'indépendance qu'un conflit entre estimer et désirer est possible[2].

Ces arguments pourraient suggérer une conception excessivement dualiste selon laquelle les personnes sont dédoublées en deux moitiés sinon toujours contraires, du moins inévitablement étrangères l'une à l'autre. On aurait pourtant tort de déduire un tel dualisme des arguments précédents. Chose rarement prise en compte bien qu'elle soit cruciale pour la condition humaine, certaines activités sont estimées uniquement dans la mesure où

1. Remarquons que la plupart des émotions, en ce qu'elles impliquent des croyances et une forme d'évaluation (voir le ressentiment), diffèrent des passions telles que l'envie. Il est possible que cette différence fonde chez Platon la mise en place d'une troisième partie de l'âme qui, en un sens, est partiellement rationnelle, à savoir le *thumos*.

2. L'agent peut certes tenter de cultiver ou d'éliminer certains appétits et passions, de telle sorte que les désirs qui en résultent soient dépendants de ses évaluations. Mais même dans ce cas et en vertu de leur nature, les désirs en question pourront persister indépendamment des valeurs de l'agent. En l'occurrence, c'est un peu comme se battre contre des moulins à vent.

elles sont les objets de nos appétits. Cela signifie que nous ne considérerions pas de telles activités comme des éléments précieux de notre vie si nous n'étions pas sensibles aux motifs « aveugles », indépendants de nos valeurs. L'activité sexuelle et celle de manger en sont encore des exemples. Il est possible que nous estimions l'activité de manger pour ses vertus nutritionnelles, mais aussi parce qu'il s'agit d'une activité agréable, même si ce statut dépend de notre appétit, de notre faim. Dans le cas du sexe en réalité, si nous n'étions pas des créatures érotiques, certaines activités ne perdraient pas seulement leur valeur pour nous, mais pourraient même ne pas être physiologiquement possibles.

Ces exemples montrent non pas que la distinction entre désirer et estimer est inexistante, mais que la valeur donnée à certaines activités dépend de ce qu'elles satisfont des désirs qui naissent et persistent indépendamment de ce que nous estimons. Ce n'est donc pas que, lorsque nous estimons l'activité de manger, nous pensons qu'il y a des raisons de manger quels que soient nos autres désirs ; c'est au contraire lorsque nous avons faim que nous donnons de la valeur à cette activité, et de manière analogue, lorsque nous sommes excités que nous estimons les relations sexuelles. Ici une part essentielle du *contenu* de notre évaluation est la motivation de l'activité en question par certains appétits. Il est possible que ces activités nous soient précieuses uniquement dans la mesure où elles sont motivées par des appétits, même si avoir ces appétits ne revient pas *ipso facto* à estimer leurs objets.

Estimer certaines activités de cette manière signifie en partie ceci : nous pensons que cesser d'avoir de tels appétits revient à perdre quelque chose de précieux. Un tel jugement ne signifie pas simplement qu'il vaut la peine (*ceteri paribus*), pour un individu qui a de tels appétits, de faire preuve d'indulgence à leur égard, mais qu'il est précieux de les avoir et de faire alors preuve d'indulgence. Seule cette seconde proposition rend compte de la perte ou de la tristesse de l'eunuque. Elle est également à la racine du malaise que l'on peut ressentir lorsqu'on envisage une situation dans laquelle, disons, la faim est constamment éliminée et la nourriture fournie par d'insipides pilules.

Un être non érotique ou un individu n'ayant ni faim ni soif ne pourrait pas complètement comprendre la valeur que la plupart d'entre nous attache au sexe et aux repas. L'activité sexuelle doit sûrement paraître parfaitement grotesque à un être non-érotique (ce qui explique peut-être pourquoi on dit parfois que le désir sexuel est aux yeux de Dieu répugnant et pécheur). Considérons encore un appétit de fait « non-naturel » (acquis) : l'envie de tabac. Pour une personne qui n'a jamais connu la séduction de Madame Nicotine, quoi de plus incompréhensible que la répugnante pratique consistant à consommer un excellent repas en aspirant les fumées toxiques d'une herbe incandescente ?

Les relations entre l'évaluation et la motivation sont donc difficiles à démêler. L'évaluation d'un grand nombre de nos activités dépend de la possibilité d'être poussé à agir indépendamment de notre jugement. La distinction sur laquelle j'ai insisté (entre désirer et estimer) ne nous engage donc pas à un dédoublement inévitable entre la Raison et l'Appétit, puisqu'il est fort possible que les activités motivées par l'appétit constituent, pour tel individu, les aspects les plus précieux de sa vie[1]. En revanche cette distinction nous engage à reconnaître la possibilité d'un tel dédoublement. En effet, s'il existe des sources de motivation indépendantes des valeurs de l'agent, il est possible qu'il soit parfois motivé à commettre des actes qu'il estime dénués de valeur. Cette possibilité est à la base du principal problème de l'action libre : une personne peut être entravée dans ses actions par sa propre volonté.

En rapport avec la première, il existe une autre possibilité qui présente des problèmes considérables pour la compréhension de l'agentivité libre ou de l'autonomie, à savoir que certains désirs, lorsqu'ils naissent, peuvent « colorer » ou influencer les évaluations apparentes de l'agent, mais seulement de manière temporaire.

---

1. On raconte que H.G. Wells considérait que les éléments les plus importants de sa vie avaient été 1) la réalisation d'une Société Mondiale, et 2) le sexe.

Autrement dit, c'est uniquement quand il a tel ou tel désir que l'agent tend à penser ou à dire que l'objet de ce désir est précieux ou bon. Il faut distinguer cette possibilité d'une autre, dans laquelle un individu juge que manger lorsqu'il a faim ou s'adonner à une activité sexuelle lorsqu'il en a envie sont des choses qui en valent la peine. En effet un tel jugement est possible même lorsque les appétits en question sont silencieux. La situation que j'ai à l'esprit est plutôt celle où le jugement de l'agent est temporairement affecté par la présence du désir de telle sorte que, à la fois avant et après l'« assaut » du désir, il juge l'objet du désir digne d'être poursuivi (dans ces circonstances), qu'il le désire ou non. Dans ce cas on tend à penser, à tête reposée, qu'une telle influence est à regretter et que l'on devrait se méfier des désirs qui ont cette propriété. Dans d'autres contextes il est possible que ce ne soit pas le désir lui-même qui influence notre jugement, mais l'ensemble des conditions où ces désirs naissent – par exemple les conditions provoquées par les drogues ou l'alcool (remarquez bien que nous disons : « sous l'influence de l'alcool »). Il est possible que, dans de telles circonstances, l'agent en train de juger se dupe souvent lui-même. Ce phénomène soulève de toute façon des problèmes à propos de l'identification des valeurs d'une personne.

En dépit de ce que suggèrent mes exemples, on aurait tort de conclure que les seuls désirs indépendants de toute évaluation sont les désirs appétitifs ou passionnés. Pour parler en termes freudiens, on peut être dissocié des demandes du surmoi aussi bien que de celles du ça. Tel individu peut se trouver peu disposé à s'éloigner de sa famille, la simple idée de le faire suscitant chez lui du remord ; mais cette répugnance peut fort bien dépendre uniquement de son éducation et non pas de son jugement présent, reflétant éventuelle-ment une évaluation de ses « devoirs » et intérêts. Ou, pour prendre un autre exemple, on peut avoir habitué un individu à penser que le divorce doit toujours être évité, de telle sorte que l'aversion à divorcer persiste même s'il ne voit aucune raison de sauver son mariage. Dans ces deux cas, l'attitude de l'agent vient uniquement de sa socialisation et existe indépendamment de son jugement.

C'est pourquoi les désirs acculturés sont irrationnels (mieux : non-rationnels) au même sens que les appétits et les désirs passionnés. Une personne peut certes penser, en dépit des inhibitions contractées au cours d'une éducation puritaine, que la poursuite du plaisir sexuel a une certaine valeur, son jugement étant alors du côté du moi plutôt que du surmoi. En ce qu'elles s'expriment souvent dans un langage évaluatif (« le divorce est mauvais ») et entraînent des sentiments de culpabilité quand nous n'agissons pas en conformité avec elles, les attitudes socialement acquises pourraient sembler s'apparenter davantage à l'évaluation qu'à l'appétit. Cependant, puisque le conflit est ici possible, désirer quelque chose en vertu d'une acculturation n'équivaut pas à l'« estimer » au sens que nous cherchons à saisir.

Il n'est pas facile d'expliquer de manière pertinente la signification du verbe « estimer » en question. Pour une part, estimer une chose c'est, dans les circonstances appropriées, la désirer, et attribuer à un individu le désir d'une certaine chose, c'est dire qu'il est disposé à tenter de l'obtenir. C'est pourquoi il est difficile d'établir cette distinction en termes comportementaux. La différence est apparemment liée à l'attitude de l'agent vis-à-vis des différentes choses qu'il est disposé à essayer d'obtenir. On pourrait dire que les valeurs d'un agent consistent en ces principes et ces fins qu'il définit – à tête reposée et sans duperie de soi – comme ceux et celles propres à une vie bonne, épanouissante et défendable. Que la plupart des gens ait des « conceptions du bien » articulées, des projets de vie cohérents, des *systèmes* de fins, etc., est évidemment de l'ordre de la fiction. Pourtant nous avons tous des objectifs à plus ou moins long terme et des principes normatifs que nous sommes prêts à défendre : ce sont ces derniers qui doivent être identifiés à nos valeurs.

Le *système évalutatif* d'un agent correspond à cet ensemble de considérations qui, combiné à ses croyances factuelles (et ses calculs de probabilité), entraîne des jugements de la forme suivante : la chose que je dois faire dans ces circonstances, *toutes choses considérées*, est *a*. Lorsqu'on dit d'un agent qu'il est autonome, on présuppose qu'il porte de tels jugements : il doit pour cela assigner des valeurs à différents états de choses, c'est-à-dire les ordonner en termes de mérite.

Le *système motivationnel* d'un agent correspond à cet ensemble de considérations qui le font passer à l'acte. On l'identifie en identifiant ce qui le motive. L'action d'un agent peut ne pas être libre dans la mesure où son système évaluatif et son système motivationnel peuvent ne pas complètement coïncider. Ces systèmes s'harmonisent dans la mesure où ce qui détermine les jugements (*toutes choses considérées*) d'un agent détermine également ses actions.

Or, puisque estimer c'est aussi désirer, il est vrai que les systèmes évaluatif et motivationnel d'un agent se recouvrent nécessairement dans une large mesure. Si, dans des circonstances appropriées, les valeurs que revendique un individu ne l'incitaient jamais à agir, on tiendrait cette revendication pour illégitime. Le système évaluatif d'un agent a donc nécessairement une prise (considérable) sur son système motivationnel. Le problème est qu'il existe des facteurs motivationnels autres que les facteurs évaluatifs. L'agent libre a spécifiquement le pouvoir de traduire ses valeurs en actes ; ses actions découlent de son système évaluatif.

On peut dire que le système évaluatif d'un agent constitue son point de vue, le point de vue d'où il juge le monde. Ce qui caractérise ce système c'est qu'on ne peut s'en dissocier *entièrement* de manière cohérente. En effet se dissocier des fins et des principes qui constituent son système évaluatif revient à les désavouer ou à les répudier, et les fins et principes que l'agent désavoue de la sorte (la duperie de soi mise à part) cessent d'être constitutifs de son système évaluatif. On ne peut donc se dissocier d'un certain ensemble de fins et de principes que du point de vue d'un autre ensemble que l'on ne désavoue pas. En bref, il est impossible à un agent de se dissocier de tous ses jugements normatifs sans perdre tous les points de vue et avec eux son identité en tant qu'agent.

Naturellement, la nécessité d'adopter un certain point de vue n'implique pas qu'on doive n'en avoir qu'un seul, ni que celui que l'on adopte soit complètement déterminé. Il est possible qu'il y existe des oppositions fondamentales, des tensions insolubles, et des choses à propos desquelles on ne sait tout simplement pas quoi faire ou dire. Certaines de ces possibilités révèlent des problèmes quant à l'unité de la personne en cause, le cas extrême étant pathologique. Je tends à penser que quand le dédoublement est suffisamment sévère, avoir plus d'un point de vue revient à n'en avoir aucun.

La distinction entre désirer et estimer requiert une explication beaucoup plus complète que celle que je viens de donner. Les précédents arguments auront peut-être au moins montré *que* la distinction existe et est importante, et indiqué en quoi elle consiste. Cette distinction est importante pour celui qui adhère à la conception familière de la liberté (d'après laquelle, lorsqu'on parle d'action libre et d'agentivité libre, l'idée sous-jacente est celle de pouvoir agir selon ses désirs) parce qu'elle permet de comprendre pourquoi les agents n'agissent pas librement quand ils ne font pas ce qu'ils désirent vraiment ou le plus, et qu'elle explique le contraste entre l'action libre et l'action intentionnelle. Certes, d'autres arguments sont nécessaires pour montrer que de tels agents non libres sont *incapables* de faire ce qu'ils désirent ; mais on a déjà fait un premier pas dans cette direction.

À cette étape de l'argumentation, le bref examen d'une thèse à maints égards analogue à celle que je viens de développer devrait être fort instructif. Je pense que le contraste entre les deux clarifiera les arguments défendus dans les pages précédentes.

III

Dans un article important et provocateur[1], Harry Frankfurt a proposé une description de ce qu'il tient pour être la caractéristique essentielle du « concept de personne », une caractéristique qui selon lui serait également fondamentale pour comprendre « la liberté de la volonté », à savoir : la possession de volitions de niveau supé-

---

1. Frankfurt (1971).

rieur ainsi que de désirs de premier niveau. Frankfurt définit la notion de volonté comme « [la notion] d'un désir *efficient* – un désir qui amène (ou amènera ou amènerait) une personne à passer à l'acte » (p. 84). Un individu a une volition de second niveau quand il désire « qu'un certain désir constitue sa volonté » (Frankfurt examine également le cas d'un désir de second niveau qui n'est pas une volition de second niveau, cas où le désir de l'agent est simplement d'avoir un certain désir et non d'agir conformément à ce désir. Un individu peut par exemple être curieux de savoir ce que c'est qu'être dépendant de drogues ; il désire donc désirer de l'héroïne, mais ne désire pas nécessairement que son désir d'héroïne soit efficient ou constitue sa volonté. L'exemple étudié par Frankfurt est un peu plus singulier, car le désir de l'individu en question n'est pas simplement d'avoir un désir d'héroïne, mais un désir d'héroïne qui a une certaine source, c'est-à-dire est issu d'une dépendance. Il désire savoir ce que c'est qu'*être en manque* d'héroïne.) Un individu qui n'a pas de volitions de second niveau est un irréflexif. Enfin, « ce n'est que par ses volitions de second niveau que la personne peut jouir ou, au contraire, être privée de la liberté de la volonté » (p. 91).

Dans la mesure où elle se focalise sur « la structure de la volonté [d'une personne] » (p. 81), la thèse de Frankfurt ressemble à la conception platonicienne que nous avons développée jusqu'ici. Je souhaiterais faire une simple remarque à propos de l'exposé de Frankfurt, à savoir que la caractéristique « structurale » qu'il invoque n'est fondamentale ni pour l'autonomie ni pour la personnalité ; elle ne suffit tout simplement pas à remplir la tâche qu'il lui assigne.

En distinguant les niveaux inférieurs et supérieurs du désir, Frankfurt souhaitait entre autres expliquer en quel sens il est possible de dire que certains désirs de l'agent lui appartiennent plus authentiquement que d'autres (bien qu'en un sens évident tous soient les siens), en quel sens l'agent « s'identifie » à un désir plutôt qu'à un autre, et en quel sens un agent est ou non libre à l'égard de sa propre « volonté ». Cette entreprise est similaire à la nôtre.

Cependant, il suffit de poser la question suivante pour comprendre que la notion de « volition de niveau supérieur » n'est pas vraiment la notion fondamentale pour atteindre ces objectifs : ne peut-on pas être un irréflexif, pour parler comme Frankfurt, à l'égard de ses désirs et de ses volitions de second niveau ?

En cas de conflit entre deux désirs de premier niveau, Frankfurt aimerait nous faire croire que l'agent s'identifie à un désir plutôt qu'à un autre en ayant, concernant le premier, une volition d'un niveau supérieur à toute volition concernant le second. Le premier désir reçoit un statut spécifique supérieur au second parce qu'il fait l'objet d'une volition de niveau n, tandis que le second se voit au plus attribuer une volition de niveau $(n - 1)$. Mais pourquoi l'agent devrait-il se soucier de ses volitions de niveau supérieur ? Puisque ces dernières ne sont elles-mêmes que des désirs, les ajouter aux désirs déjà en conflit revient seulement à augmenter le nombre des concurrents, et non pas à donner un rôle spécial à l'un quelconque des désirs en concurrence. Il est possible que l'agent se désintéresse de savoir lequel de ses désirs de second niveau a le dessus, et il en va de même de même à chaque niveau supérieur.

Tout à fait conscient de cette difficulté, Frankfurt écrit :

> Théoriquement, il n'y a pas de limite à l'élévation des niveaux de désirs : rien, si ce n'est le bon sens et éventuellement une fatigue salvatrice, ne peut empêcher un individu de refuser obstinément de s'identifier à l'un quelconque de ses désirs aussi longtemps qu'il n'a pas formé un désir d'un niveau immédiatement supérieur (p. 95).

Il persiste néanmoins en disant que :

> Il est [...] possible de mettre un terme à une telle série d'actes [de formation de volitions de niveau toujours supérieur] sans pour autant l'interrompre arbitrairement. Quand une personne s'identifie *d'une manière décisive* à l'un de ses désirs de premier niveau, cet engagement « résonne » à travers la série potentiellement infinie des niveaux supérieurs. [...] Le fait que cette volition de second niveau soit une volition décisive signifie qu'il n'y a plus de place pour des questions portant sur la pertinence de désirs ou de volitions de niveaux supérieurs. [...] Le caractère décisif de son engagement signifie qu'elle a décidé qu'il n'y avait plus de question à poser au

sujet de sa volition de second niveau, à quelque niveau supérieur que ce soit (p. 95-96).

Mais soit cette réponse ne tient pas de debout, soit elle révèle que la notion de volition de niveau supérieur n'est pas la notion fondamentale. Nous souhaitions savoir ce qui empêche l'irréflexivité de l'agent vis-à-vis de ses volitions de niveau supérieur. Qu'est-ce qui donne à ces volitions un rapport spécifique à « soi-même » ? Répondre que l'on prend un « engagement décisif », quand cela signifie seulement qu'on ne va pas permettre une ascension interminable vers des niveaux supérieurs, n'aide en rien : c'*est* arbitraire.

Cette difficulté montre que la notion de niveaux de désirs ou de volitions ne remplit pas la tâche que Frankfurt lui assigne : elle ne nous dit pas pourquoi ou comment un désir particulier peut avoir, parmi tous les « désirs » d'une personne, la propriété spécifique d'être particulièrement le « sien ». Les notions d'actes d'identification et d'engagement décisif ne sont probablement pas dénuées de signification, mais elles ne recouvrent de toute façon pas celle de désir de second niveau (ou de niveau n). Et si ce sont les notions cruciales, on ne comprend pas bien pourquoi ces actes d'identification ne pourraient pas eux-mêmes être du premier niveau – c'est-à-dire être des actes d'identification ou d'engagement à certaines actions (plutôt qu'à des désirs) – auquel cas aucune ascension n'est nécessaire, la notion de volitions de niveau supérieur devenant superflue ou du moins secondaire[*].

---

[*] Velleman 1992 montre que remplacer les désirs de second niveau par les valeurs de l'agent ne résout pas le problème auquel Frankfurt est lui-même confronté : rien dans le concept de valeur n'interdit qu'une personne y soit étrangère, comme elle peut l'être à l'égard de ses désirs. Que les valeurs de l'agent contribuent à produire son comportement ne résout donc pas la question de la participation de l'agent lui-même. Il est vrai que Watson ne situe pas simplement les valeurs de l'agent dans l'agent lui-même mais dans son système évaluatif, et qu'il pourrait donc répondre que lorsque l'agent est étranger à certaines de ses valeurs, celles-ci ne sont plus intégrées à ce système. Mais cela signifierait, à rebours de ce que Watson prétend explicitement lui-même, qu'il a introduit subrepticement le concept d'identification dans sa distinction entre les valeurs appartenant au système évaluatif d'un agent et ses

En réalité, je pense que de tels actes «d'identification et d'engagement» (si l'on accepte cette manière de parler) ont en général lieu à l'égard des actions, et sont donc de premier niveau. La représentation frankfurtienne du jugement pratique correspond apparemment à celle d'un agent pourvu d'un ensemble donné de désirs (de premier niveau) à propos desquels il forme ensuite des volitions de second niveau. Mais il s'agit, semble-t-il, d'une représentation déformée. J'estime pour ma part que les agents élaborent fréquemment des valeurs à propos d'options qu'ils n'avaient jamais désirées auparavant. Initialement, ils ne se demandent pas (ou n'ont habituellement pas besoin de se demander) quel est le désir qu'ils désirent réaliser, mais quelle action mérite le plus d'être poursuivie. La question pratique initiale qu'ils se posent concerne des actions et non eux-mêmes.

Les jugements pratiques sont certes en rapport avec des «volitions de second niveau». En effet les mêmes considérations qui constituent, après délibération, nos raisons d'accomplir quelque action *a*, sont des raisons de désirer que le «désir» d'accomplir *a* soit efficient, et que les désirs contraires ne soient pas efficients. Cependant, les évaluations ont généralement déjà eu lieu et sont de premier niveau. C'est parce qu'ils ont ce statut spécifique que les désirs de premier niveau issus des jugements pratiques génèrent des volitions de second niveau; et non pas, comme Frankfurt le souhaiterait, parce qu'ils font l'objet d'un désir de niveau supérieur.

Les conceptions de Frankfurt et de Platon se ressemblent donc en vertu de leur focalisation sur la structure de l'«âme»[1], mais

---

1. La notion frankfurtienne d'irréflexif [*wanton*], convenablement interprétée, peut avoir d'autres usages éclairants en psychologie morale. Elle s'avère selon moi précieuse dans l'examen du phénomène problématique de psychopathie ou de sociopathie.

autres valeurs non systématisées. De même que Frankfurt est confronté au problème de savoir comment une volition devient véritablement celle de l'agent, Watson serait alors confronté au problème de savoir comme une valeur s'intègre au système évaluatif de l'agent (voir p. 472). Voir également Bratman 2005.

elles découpent cette structure de manière différente : tandis que Frankfurt partage l'âme en niveaux supérieurs et inférieurs de désirs, pour Platon – et pour moi – la distinction est fonction de sources indépendantes de motivation [1].

IV

On peut donc légitimement conclure que l'une des inquiétudes à la source du rejet de la conception traditionnelle de la liberté – et, à son tour, du compatibilisme – est infondée. Pour revenir à la question de Berlin [*supra*, p. 156], il est faux que le déterminisme implique que toutes nos actions et tous nos choix aient un statut identique à celles et ceux de « décideurs compulsifs » tels que « les kleptomanes, les dipsomanes, etc. ». Ma thèse est qu'un tel comportement impulsif se caractérise par une indépendance plus ou moins radicale des désirs et des émotions des agents en question à l'égard de leurs systèmes évaluatifs. Le caractère compulsif des vols d'un kleptomane n'a donc absolument rien à voir avec le déterminisme (ses désirs de voler peuvent surgir tout à fait par hasard). C'est bien plutôt parce que ses désirs s'expriment indépendamment de ses jugements de valeur que nous tendons à penser que les actions du kleptomane ne sont pas libres.

Naturellement, la vérité est que Dieu (traditionnellement conçu) est le seul agent libre, *sans phrase*. Dieu étant en effet omnipotent et omniscient, il ne peut pas y avoir chez lui de disparité entre les systèmes évaluatif et motivationnel. La subordination de la motivation à l'égard de l'évaluation est totale, puisqu'il n'existe dans son cas qu'une seule et unique source de motivation, à savoir sa

---

1. À des fins analogues, certains articles très récents emploient des distinctions très proches de celle de Frankfurt et de la mienne. Voir, par exemple, R.C. Jeffrey (1974). Dans « Freedom and Desire » (1974), W. Neely invoque des désirs de niveau supérieur, apparemment sans être au courant du développement frankfurtien de ce concept.

bienveillance présumée[1]. Chez les bêtes, les motifs d'action n'ont également qu'une seule source, à savoir l'appétit et (éventuellement) la passion; ils n'ont pas (du moins est-ce que nous pensons habituellement) de système évaluatif. En revanche les êtres humains ne sont que plus ou moins libres, habituellement plutôt moins que plus, et seulement sous certains aspects. Dans certaines situations où les appétits et les passions sont en jeu, il est évident que l'indépendance manifeste de leurs systèmes motivationnels à l'égard de leurs valeurs est incompatible avec l'agentivité libre; ce qui signifie que les gens sont parfois motivés par des appétits et des passions opposés à leurs jugements pratiques[2].

Comme Nietzsche l'a dit (en ayant probablement à l'esprit un argument assez différent), «c'est la partie de son corps qui est au-dessous de la ceinture qui fait que l'homme ne se prend pas facilement pour un dieu»[3].

---

1. Dieu ne pourrait pas agir *de manière acratique*. À cet égard, Socrate pensait que les humains ne différaient de Dieu que par leur ignorance et leur pouvoir limité.

2. Cette possibilité est une caractéristique sans appel des désirs appétitifs et passionnés.

3. *Par-delà le Bien et le Mal*, trad. fr. C. Heim, Paris, Gallimard, 1971, sec. 141.

John Christman

AUTONOMIE ET HISTOIRE PERSONNELLE[*][1]

Introduction

Les évaluations du bien-être d'une personne, de son intégrité, de son statut moral, ainsi que les théories politiques et morales basées sur de telles évaluations, dépendent quasiment toutes, et de manière décisive, de l'hypothèse selon laquelle les préférences et les valeurs de la personne sont, en un sens important, les siennes. En particulier, la nature et la valeur de la liberté politique sont étroitement liées à la présupposition que les actions qu'un agent est libre de faire découlent de désirs et de valeurs qui expriment véritablement son « gouvernement de soi ». Cependant, nous savons tous qu'aucun individu ne s'est fait lui-même comme s'il était une « volonté » intacte et parfaitement formée ayant fleuri *ex nihilo*. Nous expliquons en effet nos valeurs et nos préférences par des références essentielles aux différentes influences qui se sont exercées sur notre développement tout au long de nos histoires personnelles. C'est pourquoi nous avons besoin d'élaborer une théorie de l'autodétermination ou de l'autonomie qui nous aiderait à déter-

[*] J. Christman, « Autonomy and Personal History », *Canadian Journal of Philosophy*, vol. 21, n° 4, 1991, p. 1-24. Nos remerciements vont à l'éditeur et à l'auteur pour leurs aimables autorisations.

[1] Une version de cet article a déjà été présentée aux rencontres de l'*American Philosophical Association* à New York, en décembre 1987.

miner précisément quand et si nos valeurs et nos préférences méritent le caractère central que les théories morales et politiques leur confèrent.

J'entends ici défendre une théorie de l'autonomie individuelle, et je procéderai pour cela en trois étapes : en premier lieu j'argumenterai en faveur de la nécessité d'une théorie de l'autonomie en tant qu'aspect essentiel de la liberté humaine ; en second lieu, j'expliciterai une approche influente du concept d'autonomie et montrerai comment des critiques puissantes peuvent lui être opposées ; je développerai ensuite une nouvelle théorie qui évite ces difficultés et qui se justifie par elle-même. Cette nouvelle théorie est originale dans la mesure où je me focalise sur la manière dont l'agent *en est venu à avoir* tel ou tel ensemble de désirs, plutôt que sur son attitude envers ces désirs à un moment quelconque. L'élément clé de l'autonomie est, dans ma perspective, non pas l'identification de l'agent au désir lui-même, mais l'acceptation ou le rejet par l'agent du processus de formation du désir ou des facteurs qui déclenchent cette formation. Je montrerai que cette théorie réussit là où d'autres ont échoué à restituer l'essence du gouvernement de soi, lequel exprime pour beaucoup une composante fondamentale de l'architecture axiologique d'une société libre et juste.

TERMINOLOGIE : AUTONOMIE ET LIBERTÉ

Bien que dans certains contextes le terme « autonomie » soit employé de manière purement interchangeable avec celui de « liberté », je considère que ces termes désignent des propriétés distinctes, bien que complémentaires, de la vie et de l'action d'une personne [1]. On considère que le terme « liberté » renvoie essentiellement à l'absence des différentes formes de contraintes (internes

---

1. Pour un inventaire des diverses conceptions de l'autonomie dans la littérature philosophique récente, voir J. Christman (1988).

ou externes, positives ou négatives)[1] qui peuvent intervenir entre les désirs d'un agent et l'accomplissement de ses actions. Mais même si on emploie un concept riche de contrainte, cette définition de la liberté ne rend pas compte d'un élément capital[*]. Par exemple, il est possible que la publicité subliminale induise une personne à *préférer* quelque chose qu'elle ne préfèrerait pas sans cela, et que par conséquent les actions basées sur cette préférence ne soient pas libres. Cependant, on aurait tort de dire que la personne n'était pas libre parce qu'on l'empêchait de faire *cette* chose, puisqu'elle l'a faite. Et on ne peut pas non plus dire qu'elle n'avait « pas le choix », car nous pouvons supposer que rien ni personne ne l'empêchait d'agir autrement. Ce qui fait néanmoins d'elle une personne non libre, c'est qu'elle ne *préfèrerait* aucune autre action à celle-ci. La préférence qui guide son action a elle-même été corrompue par une manipulation[2].

---

1. Ce sens de « liberté » est bien sûr celui qui concerne les débats moraux et politiques. Pour une étude des diverses conceptions de la liberté dans cette perspective, voir. W.D. Parent, « Some Recent Work on the Concept of Liberty », *American Philosophical Quarterly*, vol. 11, 1974, p. 149-167. La notion de contrainte interne et externe est explicitée dans J. Feinberg, *Social Philosophy*, Englewood Cliffs, Prentice Hall, 1973, chap. 1. Dans cet ouvrage Feinberg emploie les termes « compulsion » et « contrainte » de manière interchangeable, ce qui rend selon moi inintelligible le problème même qui est en jeu.

2. Même si on inclut les « contraintes internes » parmi les types de facteurs qui diminuent la liberté, l'hypnose, les messages subliminaux ou autres n'*empêchent* pas, de manière interne ou externe, une personne de faire quelque chose. Bien au contraire : elles *forcent* une personne à (préférer) faire quelque chose.

* Christman 1991b clarifie sa terminologie en assimilant explicitement l'autonomie individuelle à la liberté positive, par opposition à la simple liberté négative : « La distinction entre cette idée [d'autonomie individuelle] et le concept de liberté *négative* correspond à la distinction entre concevoir la liberté comme simplement l'absence de contrainte (de n'importe quel type) et concevoir la liberté comme (outre cela) la capacité de maîtrise et de gouvernement de soi » (p. 444); « [...] la liberté négative ne suffit tout simplement pas à expliquer complètement la liberté humaine. La personne libre doit être guidée par des valeurs qui sont les siennes. C'est ce que l'idée de liberté positive tente d'exprimer » (p. 445).

Ces observations nous conduisent au problème de la portée de la propriété d'autonomie. Gerald Dworkin affirme par exemple que la liberté fait référence aux actes individuels qu'une personne est ou non libre de faire, tandis qu'« on ne peut aborder la question de l'autonomie qu'à l'aune de portions étendues de la vie d'une personne. Ce type d'évaluation porte sur une manière globale de vivre sa vie »[1]. Cela dit, je pense que la question même de Dworkin, celle de savoir si l'autonomie est, à son niveau d'application le plus fondamental, simplement une propriété des personnes tout entières ou de la totalité de leurs vies, n'est pas fondée. Considérons le fait suivant : tandis que dans certains aspects de leur vie, les gens prennent des décisions de manière autonome, dans d'autres ils sont mus par des facteurs externes, hétéronomes, affectant la prise de décision. Une personne ayant une phobie incontrôlable, par exemple, peut manifester tous les niveaux de maîtrise et de liberté de pensée caractéristiques de l'autonomie dans les aspects de sa vie non affectés par sa phobie. Interpréter l'autonomie comme une propriété de tout ou rien concernant la vie complète d'une personne (ou d'une personne entière) masque notre besoin d'une explication de la formation autonome des désirs particuliers (ou « locaux »). L'autonomie à un niveau plus « global » n'équivaudrait éventuelle- ment qu'à un agrégat de ces désirs autonomes. La propriété d'auto- nomie *tout court* court-circuite donc la propriété d'autonomie des préférences et des valeurs isolées[2]. Tout ceci suggère que l'auto- nomie – au niveau des préférences – est une composante qui vient s'ajouter à une théorie de la liberté de l'action, c'est-à-dire aux

---

1. Dworkin (1988), p. 16.
2. Voir Neely (1974) : « La liberté n'est pas simplement une question d'agir selon ses désirs, mais requiert, en outre, que nous ayons quelque chose à dire à propos de ce que nous désirons » (p. 37). Ceci met la théorie de l'autonomie dans la lignée du débat, en philosophie des sciences sociales, autour du problème de « l'endogénéité des préférences ». Voir par exemple, J. Elster, *Sour Grapes*, Cambridge, Cambridge UP, 1983. Voir aussi, pour une théorie de l'autonomie qui s'oppose à ce qu'on réduise sa portée aux seules préférences, R. Young (1980a).

termes posés par la théorie triadique* standard[1]. De plus, comme je le montrerai, une analyse de l'autonomie doit avant tout considérer celle-ci comme une propriété spécifique de la *formation* des préférences ou des croyances[2], et pas simplement comme une caractéristique de la vie entière d'une personne.

LE MODÈLE REÇU ET SES PROBLÈMES

Je commencerai, dans mon travail d'élaboration d'une théorie de l'autonomie, par examiner un modèle avancé pour la première fois par Gerald Dworkin. Son approche du problème consistant à savoir quand une personne est autonome utilise les notions de désirs de niveaux supérieur et inférieur, c'est-à-dire la conception du moi dite « à deux niveaux ». Les désirs de niveau inférieur (DNI) ont pour objet les actions effectives de l'agent : ce sont des désirs de *faire* X ou Y ; les désirs de niveau supérieur (DNS) ont en revanche pour objet d'autres désirs de niveau inférieur : ce sont des désirs de *désirer* faire X ou Y. À ce méta-niveau d'évaluation, une personne

1. Aucune thèse concernant le rapport contingent entre l'autonomie et la liberté n'est par là exclue, à savoir que c'est de manière contingente que la liberté est nécessaire au *développement* approfondi de l'autonomie d'une personne : voir R. Young, *Personal Autonomy : Beyond Negative and Positive Liberty*, New York, St. Martin's Press, 1986, chap. 2. De manière analogue, cela n'empêche pas que l'emploi du terme « autonomie » fasse référence à un *droit* à ces conditions, ou au droit de l'agent d'être traité avec *respect* pour ses capacités à agir dans de telles conditions (au contraire, les deux significations sont en fait complémentaires).

2. Je dis ici « croyance », mais mon exposé concerne pour sa plus grande part les *préférences* autonomes. Que ce modèle puisse ou non être appliqué à la formation des croyances est une question que je laisse ouverte (voir cependant ma discussion de cette question section 4 ci-dessous). J'emploie également les termes « désir » et « préférence » de manière large pour signifier « motif », « valeur », ou toute attitude « à valence positive » qu'une personne peut avoir vis-à-vis d'un état de chose.

*Lorsque la liberté est avant tout interprétée comme une propriété de l'action humaine, la théorie de la liberté qui en découle comporte typiquement trois termes explicatifs : l'agent, les actions désirées, et un ensemble de contraintes.

« s'identifie » à un ensemble de désirs, de buts et de préférences. La « formule complète de l'autonomie » de Dworkin peut donc être détaillée comme suit :

> Une personne est autonome si elle s'identifie à ses désirs, buts et valeurs, et si une telle identification n'est pas soumise à des influences qui rendent, d'une manière ou d'une autre, le processus d'identification étranger à l'individu. Expliciter les conditions de l'indépendance procédurale implique de distinguer les modes d'influence qui subvertissent les facultés réflexives et critiques des êtres humains de ceux qui les promeuvent et les améliorent [1].

Les deux composantes du modèle se focalisent respectivement sur la relation spécifique qu'une personne a avec ses désirs « authentiques », à savoir une relation d'identification, et sur la nécessité que cette identification ne soit pas elle-même manipulée ou contrainte [2].

Je vais maintenant me concentrer sur les défauts principaux de la théorie de Dworkin, que je pense éviter avec la théorie de substitution proposée dans la section suivante. Ces difficultés tournent autour de la condition d'identification, du problème de la formation des préférences, et de ce que j'appelle le problème d'« incomplétude ».

L'identification a lieu quand un agent réfléchit de manière critique sur un désir et, au niveau supérieur, approuve le fait d'avoir ce désir. Mais il y a deux lectures possibles de la condition d'identification : soit l'on comprend l'identification comme une simple

---

1. G. Dworkin, « The Concept of Autonomy », dans R. Haller (ed.), *Sciences and Ethics*, Amsterdam, Rodopi, 1981, p. 212. Dworkin a depuis publié une version actualisée de cet essai, où il corrige certains aspects de cette conception : voir Dworkin (1988), chap. 1. J'examine ces modifications ci-dessous.

2. Frankfurt (1971) met en avant une théorie analogue dans son travail bien connu à propos de la liberté de la volonté. Bien qu'il introduise la notion de « volitions » pour rendre compte des désirs dont l'agent désire qu'ils soient efficients (qu'ils constituent sa volonté), les composantes de la théorie sont essentiellement les mêmes que celles de Dworkin. Et, comme nous le verrons, les problèmes sont aussi les mêmes.

reconnaissance des désirs que j'ai à un moment donné, soit l'on incorpore dans cette notion une *évaluation* de ces mêmes désirs. La première conception consiste simplement à déterminer la nature de mes désirs à un moment donné, et non à évaluer ces mêmes désirs. C'est ce que, dans un contexte différent, Galen Strawson a appelé « intégration ». Si l'on suit sa conception, un agent s'identifie à un désir lorsque, de son propre point de vue, « l'implication de [ce désir] dans la détermination de [son] action (une implication que l'on peut mettre en avant dans des explications rationnelles et valides de cette action) *n'est rien d'autre que* l'implication de l'agent lui-même »[1].

L'agent peut donc, selon cette conception, *reconnaître* qu'un désir est véritablement le sien quelle que soit *la manière* dont il en est venu à avoir ce désir. Même les désirs qui sont le résultat de processus manifestement hétéronomes de formation peuvent être conçus comme étant une partie (regrettable) de soi-même, qu'il est peut-être impossible de modifier et avec laquelle on est pour un temps simplement « coincé ». En ce sens je peux m'« identifier » tout aussi facilement à des aspects de moi-même *non* autonomes qu'à des parties plus « authentiques ». L'identification peut donc ici s'avérer opposée à (un sens intuitif de) l'autonomie.

Selon la seconde lecture de la condition d'identification, je reconnais non seulement avoir un désir, mais j'approuve le fait de l'avoir. Cependant, pour être autonome de cette façon, je devrais en un sens être *parfait* (à mes propres yeux), puisqu'il serait logiquement impossible d'avoir un désir autonome que je n'approuverais pas. De plus, cette explication suppose de soutenir qu'il existe une spécificité de nos désirs supérieurs, en vertu de laquelle nous approuvons nos autres désirs. En effet une simple désapprobation de niveau supérieur ne revient à rien de plus qu'à un conflit des désirs, l'un étant de premier et l'autre de second niveau[2].

---

1. G. Strawson, *Freedom and Belief*, Oxford, Oxford UP, 1986, p. 245.
2. Il s'agit là d'un problème que G. Watson (1975) et d'autres ont soulevé à propos de modèles de ce genre : nous ne nous identifions pas à certains de nos

Reconnaissant que la condition d'authenticité (d'identification) pose des problèmes, Dworkin a récemment révisé sa théorie et a laissé entièrement tomber cette exigence [1]. Il affirme désormais que, nonobstant l'identification de l'agent aux désirs en question, l'autonomie exige « une capacité à la fois de changer ses préférences et de les réaliser dans ses actions » (p. 17). L'identification *per se* n'est donc plus nécessaire. Ce pas, qui prend selon moi la bonne direction, se heurte encore à des problèmes. Il est vrai qu'en un sens je n'ai pas la possibilité de changer ou de rejeter nombre des préférences qui m'importent le plus profondément, ceci parce que les processus de développement de mon identité auxquels j'ai participé et que j'ai approuvés les ont trop retranchées derrière ma personnalité. Mais, par exemple, je ne dirais pas que mon désir d'étudier les problèmes philosophiques, désir qui pour moi a précisément cette caractéristique, n'est pas autonome [2]. On ne pourrait contester mon autonomie dans ce domaine que si le processus par lequel ce désir s'est développé s'était déroulé, pour ainsi dire, contre mon gré.

Je me tourne maintenant vers la difficulté la plus sérieuse, l'idée générale de l'objection étant la suivante : on peut imaginer une personne dont la vie est complètement asservie et qui s'identifie également aux désirs de premier niveau constitutifs d'une telle vie. Une socialisation et un conditionnement féroces ont conduit cette personne à adopter, disons, une vie de soumission complète comme

---

désirs simplement parce que nous les désirons, mais parce que nous les concevons comme désirables, objectivement. *Cf.* aussi I. Thalberg (1978) [*infra*, p. 221 *sq.*] et M. Friedman, « Autonomy and the Split-Level Self », *Southern Journal of Philosophy*, vol. 24, 1986, p. 19-35. Pour une autre réponse (quoique infructueuse selon moi) à l'objection selon laquelle la condition d'identification est invraisemblablement vague, voir Young, *Personal Autonomy, op. cit.*, p. 43-47.

1. Dworkin (1988), chap. 1. Mais les problèmes que Dworkin soulève à propos de la condition d'identification diffèrent de ceux qui sont ici discutés.

2. Dworkin commente des incapacités de ce genre et affirme qu'elles sont compatibles avec l'autonomie (p. 17). Mais si c'est le cas, on ne comprend pas ce que la capacité en question exige réellement.

sa vraie vocation. Selon l'analyse hiérarchique, elle réussit donc le test de l'autonomie puisque ses DNS sont cohérents avec ses DNI, qu'elle approuve et auxquels elle s'identifie. Cependant, il s'agit (par hypothèse) de quelqu'un qu'on a manipulé et dont les choix de styles de vie et de valeurs ne sont pas les siens au sens propre : ses valeurs, même au second niveau, sont le produit aveugle de son éducation et de son conditionnement.

De plus, comme Irving Thalberg l'a montré, la condition d'Indépendance Procédurale inclue dans le modèle dworkinien introduit purement et simplement une régression à l'infini. Puisque les actes d'identification doivent eux-mêmes être autonomes, la théorie requiert qu'une autre identification ait lieu à un niveau supérieur. Et puisque cet acte doit aussi être effectué d'une manière qui traduit l'Indépendance Procédurale, alors on doit postuler un quatrième niveau, etc. D'où la régression [1].

On peut être tenté d'éviter cette objection en renonçant à l'exigence d'indépendance, c'est-à-dire en disant qu'aussi longtemps que l'approbation de second niveau a lieu, la personne est autonome. De fait, ceci implique qu'une personne puisse avoir des désirs de premier niveau autonomes tout en ayant des désirs de niveau supérieur non autonomes, ce qui introduit ce que l'on peut appeler le problème « *ab initio* », consistant à prétendre que les désirs peuvent être autonomes sans fondement. Mais puisqu'une personne ne peut certainement pas être autonome au niveau inférieur de ses désirs quand ces mêmes désirs sont le résultat d'une manipulation plus en amont dans la hiérarchie des préférences, cette réponse s'avère visiblement incohérente. En ce sens, une théorie de l'autonomie ne devrait pas réduire cette propriété à un « choix radical ».

---

1. Pour une discussion de cette objection, voir Thalberg, 1978 [*infra*, p. 234-235], et Friedman, *op. cit.*, p. 22-23. Pour un développement de la réponse donnée dans ce texte, voir J. Christman, « Autonomy : a Defense of the Split-Level Self », *Southern Journal of Philosophy*, vol. 25, 1987, p. 282-293.

Les actes de réflexion critique qui confèrent l'authenticité aux désirs de la personne sont donc soit autonomes, soit non autonomes. S'ils le sont, alors la théorie de l'autonomie ne fait que reculer d'un pas et la même question se pose à ce niveau (supérieur). Dans le cas contraire on se trouve face au problème *ab initio*, à savoir qu'un désir ne peut pas être autonome s'il a été évalué par un désir qui n'était pas lui-même autonome. Or si l'on exige que les actes de réflexion critique qui confèrent l'autonomie soient eux-mêmes autonomes, soit ils le sont au *même sens* que les DNI, ce qui donne naissance au problème de la régression; soit il s'agit d'un sens différent, auquel cas nous sommes redevables d'une explication de ce nouveau sens. Cette dernière hypothèse soulève ce que l'on pourrait appeler le « problème d'incomplétude ».

Il est important de remarquer à quel point les problèmes de la régression, *ab initio* et d'incomplétude sont des problèmes généraux. *Toute* théorie de l'action rationnelle qui présuppose que les désirs qui motivent un agent sont « acceptés » par sa volonté est vouée à une régression à l'infini des désirs dans l'explication de cette acceptation. En effet, soit un désir s'est emparé de l'agent sans qu'il en soit conscient ou sans qu'il l'approuve (ce qui constitue, semble-t-il, un point de départ ennuyeux pour la rationalité de l'action), soit l'agent était capable de juger de l'acceptabilité de ce désir, auquel cas (comme les modèles hiérarchiques de « l'approbation » le requièrent) ce jugement devra être fondé sur des désirs (autres) de l'agent. Le problème se pose alors au sujet de ces nouveaux désirs et de leur approbation éventuelle par l'agent, problème dont découle une régression à l'infini des désirs[1]. (Remarquez qu'aucun de ces arguments ne dépend de la vérité ou de la fausseté du déterminisme.)

Pour une ultime tentative de sauvetage du modèle, considérons la récente réponse de Harry Frankfurt au problème de la régression

---

1. G. Strawson (*op. cit.*) suit cette ligne d'argumentation au chap. 2. Cependant il en conclut que cela montre que l'action libre est logiquement impossible. Si mes arguments ci-dessous sont fructueux, il sera clair que ce n'est pas le cas.

à l'infini (qui s'applique à son propre modèle de la personne, analogue à la théorie de l'autonomie de Dworkin). La réplique de Frankfurt emprunte la seconde branche de l'alternative précédente, selon laquelle l'approbation, à un niveau supérieur, d'un acte d'identification à un désir n'est pas nécessaire pour que l'identification traduise la liberté (en ce qui nous concerne, l'autonomie) de l'agent. Pour suffire à l'autonomie de la personne, l'approbation de second niveau qui caractérise cette identification doit cependant être *décisive*. D'après Frankfurt, un acte d'identification est « décisif », « si et seulement s'il est fait sans réserve [...] [c'est-à-dire] avec la conviction qu'aucune autre enquête précise n'exigerait que [la personne] ne change d'avis » [1].

Frankfurt continue d'expliquer et de défendre cette conception, mais sa solution ne semble pas prometteuse pour autant. En effet si par « approbation décisive » Frankfurt veut dire qu'une personne approuve un désir sur la base de son propre point de vue ainsi que de ses informations et préférences du moment, alors il est de fait possible qu'un individu entièrement manipulé soit déclaré autonome. Imaginons un individu qu'on a secrètement hypnotisé pour désirer des fraises, l'hypnotiseur ayant inclut l'ordre d'ignorer toute information concernant l'hypnose elle-même. Un tel individu approuverait « de manière décisive » son désir de fraises et aucune information nouvelle qu'il pourrait éventuellement recueillir ne le dissuaderait d'adopter sa préférence. Il n'est pourtant certainement pas autonome par rapport à son désir de fraises. D'un autre côté, si Frankfurt admettait que cet individu manque d'autonomie malgré son identification décisive au désir en question, cela signifierait que l'identification est insuffisante pour l'autonomie, et nous n'aurions plus qu'à nous demander quelle est la condition manquante (dont est privée la victime d'une hypnose). C'est là une autre illustration du problème d'incomplétude [2].

---

1. Frankfurt (1987), p. 168-169.

2. On peut cependant interpréter autrement le terme « décisif » : à la lumière d'une analyse « objective » de toutes les informations pertinentes liées à son désir,

Selon les modèles de l'autonomie que nous venons de voir, seule une analyse *structurale* est à même de statuer sur l'autonomie de l'agent, c'est-à-dire que l'on peut trancher la question de l'autonomie des désirs en faisant une « coupe » dans la vie de la personne et en demandant quelle serait alors son attitude envers ses désirs du moment (ou s'ils forment un ensemble cohérent)[1]. Si elle s'identifie à eux (ou s'ils sont cohérents), alors ils réussissent le test; sinon, elle n'est pas autonome. Cependant, nous avons vu que l'identification, dans un tel contexte, est ambiguë et qu'elle ne donne pas de résultats probants permettant de juger de l'autonomie de la personne. Je pense que le problème tient précisément dans

l'agent n'a pas besoin de poursuivre plus avant l'investigation et l'évaluation de son désir. C'est-à-dire que, quoi que l'agent *lui-même* sache ou désire, il existe objectivement de bonnes raisons pour qu'il s'identifie au désir en question, ce qui revient à rajouter une condition de rationalité « externe » comme exigence de l'autonomie. Mais cette démarche sépare en réalité la propriété d'autonomie des décisions et des évaluations effectives des personnes réelles; elle échouerait donc à restituer l'idée de gouvernement de *soi* pourtant sous-jacente à celle d'autonomie. Je développe cet argument dans la section 4 ci-dessous. Dworkin (1988) discute également ces critiques et y répond p. 18-20. Cependant cette réponse ne parvient pas, selon moi, à protéger sa théorie du problème d'incomplétude.

   1. Les conceptions en termes d'intégration sont celles où, par exemple, « l'autonomie est atteinte en vertu d'un [...] processus d'intégration au sein de la hiérarchie des motifs, des normes intermédiaires et des principes les plus élevés d'une personne » (Friedman, *op. cit.*, p. 34). C'est seulement quand une telle intégration a lieu – sans qu'aucun niveau ne bénéficie d'un statut spécifique pour conférer l'autonomie – que l'on peut dire qu'une personne est autonome. Il n'en reste pas moins que les conceptions intégratives de l'autonomie souffrent d'un défaut majeur : on peut en effet manipuler et conditionner une personne à un point tel qu'elle finit par avoir un ensemble certes cohérent et intégré de désirs, mais qui n'en résulte pas moins totalement d'une manipulation externe. Et étendre les conditions d'intégration à la vie entière d'une personne, en disant qu'une personne est autonome (sous l'aspect de sa vie entière) uniquement si chacun de ses désirs se conforme à un projet de vie globalement cohérent, ou est relatif à tout son caractère, ne marchera pas. Encore une fois, on peut avoir si sévèrement conditionné une personne à désirer obéir aux ordres de ses laveurs de cerveau qu'elle continuera, si rien d'autre ne s'y oppose, à orienter sa vie conformément à *ces mêmes directives*. Une vie entière peut être manipulée « de manière cohérente » exactement comme un seul ensemble de désirs peut l'être.

cette approche par « coupe ». En effet, les objections que nous avons discutées suggèrent que ce qui est fondamental dans la détermination de l'autonomie d'un désir ce sont les modalités de sa *formation*, à savoir les conditions et les facteurs qui ont joué un rôle au cours du processus (éventuellement long) menant à l'acquisition de la valeur ou du désir en question. Et il se peut que ces conditions n'aient pas grand chose à voir avec la manière dont l'agent évalue le désir lui-même (en tant que désir).

UN NOUVEAU MODÈLE

Pour justifier le profil du nouveau modèle, il nous faut imaginer une personne paraissant (intuitivement et d'un point de vue non théorique) manifestement dénuée d'autonomie. Disons qu'un ami ou un parent vient de passer deux semaines intensives sur les terres d'un culte religieux et fredonne désormais sans y penser le credo de la secte, tout en affichant peu de signes de son ancien moi. Supposons que nous réagissions intuitivement à cette nouvelle attitude en jugeant qu'il n'est pas autonome. Si on nous demandait de justifier ce jugement, quelles raisons devrions-nous alléguer ? De manière générale, il nous faudrait spéculer sur les conditions dans lesquelles son « changement de caractère » a eu lieu et sur ce qui les rend incohérentes avec son autonomie. Nous devrions en outre supposer qu'il ne s'est pas soumis à un régime de « programmation » en connaissant parfaitement sa nature et ses effets, c'est-à-dire que ce changement de caractère ne faisait pas partie d'une stratégie de changement de soi qui aurait pu inclure la décision de mener un nouveau style de vie. Ceci suggère qu'une théorie de l'autonomie exige pour élément central une référence spécifique aux processus de formation des préférences, et en particulier à ce qui fait d'eux des processus « manipulateurs » fondamentalement différents des processus « normaux » de développement de soi.

Je souhaiterais donc déplacer le cœur de l'investigation à propos de l'autonomie sur les conditions de formation du désir, ce qui réduira à néant le besoin d'une condition d'identification (comme telle). En effet déterminer comment l'agent évalue son *désir* à un moment donné ne sera plus fondamental. Ce qui importe c'est ce que l'agent pense du *processus* qui l'a conduit à avoir ce désir, et si oui ou non il s'y oppose quand (ou si) il en a l'opportunité. Les conditions de l'autonomie doivent donc mettre au jour les conditions qui déterminent la « participation » de l'agent à ce processus de formation des préférences ; nous devons nous demander si la personne se serait ou s'est opposée à l'adoption d'une valeur ou d'un désir et pour quelles raisons. En outre, il importe de savoir si ces évaluations (éventuellement hypothétiques) ont lieu sous l'influence de facteurs qui sapent de fait la capacité de la personne à évaluer son passé de cette manière. Les conditions du nouveau modèle de l'autonomie doivent donc tenter de restituer cette exigence, à savoir : que l'agent était en mesure de s'opposer au développement d'un désir et que cependant il ne l'a pas fait. Il en ressort les conditions suivantes :

> 1) Une personne P est autonome par rapport à un désir D s'il est vrai que P ne s'est pas opposée au développement de D lorsqu'elle a participé à ce processus de développement, ou que P *ne se serait pas* opposée à ce développement si P avait participé au processus ;
> 2) L'absence d'opposition au développement de D n'a pas eu lieu (ou n'aurait pas eu lieu) sous l'influence de facteurs inhibant l'auto-réflexion ;

Et :

> 3) L'auto-réflexion impliquée dans la condition (1) est (de manière minimale) rationnelle et n'implique pas de duperie de soi.

Je vais expliquer et justifier ces conditions. La théorie repose sur l'idée que l'agent est autonome lorsqu'il est en mesure d'avoir connaissance des changements et du développement de son caractère, ainsi que des raisons pour lesquelles ces changements sont intervenus. Sous réserve qu'il n'est alors ni dupe de lui-même ni irrationnel (au sens faible), c'est-à-dire qu'il ne subit pas l'influence de facteurs sapant ses capacités cognitives, cette prise de conscience de soi rend l'agent capable d'encourager ou de s'opposer à de tels changements.

Bien sûr ces conditions demandent encore de nombreuses explications. Premièrement, comme la seconde clause de (1) l'indique, il est possible que le test doive être hypothétique, c'est-à-dire que certains individus ne s'opposent pas au développement d'un désir au moment où il a lieu, alors qu'ils *l'auraient* fait dans des conditions favorables. Une personne « participe » au développement d'un désir quand elle est en mesure de mettre en évidence les processus et les conditions qui l'ont conduite à adopter ce désir. Ceci signifie qu'elle a à sa disposition, pour un possible examen, une description complète et utilisable des étapes du raisonnement ou des processus causaux qui l'ont conduite à avoir ce désir. Cette réflexivité part du principe qu'un agent peut prendre conscience des croyances et des désirs qui motivent son action. Appelons ceci la « transparence » des raisons qui le motivent, par quoi j'entends la capacité d'un agent à prendre conscience d'une croyance ou d'un désir (sous forme soit d'une représentation mentale soit d'une proposition) et à examiner consciencieusement sa signification [1]. Je m'étendrai plus longuement sur cette transparence ci-dessous.

Il faut maintenant en dire davantage sur la nature de ces « processus » et sur la manière dont un agent peut les évaluer. Les processus qui donnent lieu à un changement du désir (ou au déve-

---

1. H. Fingarette, *Self Deception* (London, Routledge and Kegan Paul, 1969) décrit l'acte de « s'expliciter » à soi-même ses croyances d'une manière analogue à celle que j'ai ici à l'esprit. Pour une discussion critique de Fingarette, voir M.R. Haight, *A Study of Self Deception*, Atlantic Highlands, Humanities Press, 1980, chap. 7. Il est possible que ceux que Freud influence, et qui sont convaincus qu'une grande partie de notre structure motivationnelle ne nous est pas immédiatement transparente (sans thérapie, interprétation des rêves et autres), s'opposent à cette notion de transparence. Je ne souhaite pas en débattre. J'affirme seulement ici que *pour autant* que les motifs d'une personne sont sujets, dans des conditions normales, à son examen réflexif, alors elle est autonome. Si une thérapie est nécessaire pour que cela soit possible, alors une thérapie est nécessaire pour que l'autonomie soit possible.

loppement d'un nouveau désir) sont multiples et on peut les décrire à toute une série de niveaux. Dans tous les cas, les évènements en jeu dans le processus et aboutissant à un changement de préférence ou à une nouvelle préférence seront spatio-temporellement contigus avec la personne concernée. D'une part, il est possible que le processus entraîne un changement de croyance (l'agent tombe sur une nouvelle information), situation où la personne peut en principe examiner les raisons de sa nouvelle croyance ainsi que sa relation à ce qu'elle désire déjà par ailleurs. Il est par exemple possible que j'apprenne qu'un magasin solde un article que je désire acheter, ce qui crée en moi un nouveau désir d'aller dans ce magasin. Dans ce cas, le processus (un processus de raisonnement) doit être tel qu'il oriente l'agent sans que celui-ci soit irrationnel ou dupe de lui-même[1]. Les changements de préférence doivent être le résultat de délibérations (éventuellement des délibérations hypothétiques, que l'agent ferait s'il considérait la question) n'incluant pas d'incohérences et, par implication, d'erreurs dans la déduction logique, auquel cas on ne pourrait pas dire que le désir qui en résulte est une véritable excroissance de la personne comme telle, c'est-à-dire de l'ensemble de ses croyances, désirs et valeurs à un moment donné. En effet, le désir n'aurait alors qu'un rapport *trompeur* ou *factice* à ces croyances et désirs antérieurs.

Dans les autres types de processus, aucune modification des croyances de l'agent n'a lieu : les explications de tels changements de préférence seront purement causales. La raison pour laquelle je désire par exemple manger de suite est (outre divers faits physiques me concernant) que je n'ai pas mangé depuis ce matin. Aucun élément épistémique n'entre en ligne de compte dans l'explication de ce nouveau désir. Il est difficile, dans ces cas, de spécifier le niveau de description que l'agent doit prendre en considération, puisqu'il n'existe pas de consensus théorique sur l'explication

---

1. J. Elster, *Sour Grapes*, *op. cit.*, fournit une typologie des changements dans la croyance et le désir qui intéresse mon propos. Il qualifie certains changements d'« autonomes » et d'autres non.

causale exacte de ces transitions. Cependant je ne pense pas que notre propos exige que ces problèmes soient résolus. La seule chose qui compte c'est que l'agent ne s'opposerait pas au processus (c'est-à-dire n'entreprendrait pas de l'enrayer) même s'il le comprenait. N'importe quel niveau de description que l'agent est capable de prendre en considération et qui n'est pas manifestement incohérent avec une description vérifiée comme vraie à un autre niveau (plus profond), peut donc être valable. Reste que, pour la plupart d'entre eux, les processus causaux n'incluant pas d'étapes épistémiques dans le développement du désir ne sont pas des processus auxquels l'agent peut s'opposer, même s'il en prend conscience. J'aurais beau accumuler toutes les informations possibles à propos de mes mécanismes gastro-intestinaux, je ne cesserais pas pour autant d'avoir faim. Il ne s'agit donc pas d'un désir autonome puisque je préfèrerais continuer à travailler plus longtemps sans cette harcelante envie de manger.

Pour résumer, les processus qui débouchent sur un changement dans le désir de l'agent incluent ou n'incluent pas de changements dans ses croyances. Dans le premier cas, l'agent autonome est celui dont le raisonnement procède de manière logiquement cohérente (en un sens faible), c'est-à-dire ne contient pas de contradictions manifestes. Si le processus est purement causal, au sens où il n'inclut pas d'étapes strictement épistémiques, alors l'autonomie de l'agent requiert que ce processus n'exclue pas que l'agent, lorsqu'il le prend en considération, puisse s'y opposer. Mais dans les deux types de cas la réflexion requise par l'autonomie doit solliciter certaines facultés cognitives, caractéristiques d'une personne qui a une conception stable et fidèle de sa propre identité.

Dans tous ces cas de jugement et de réflexion, certaines conditions du fonctionnement cognitif normal doivent être satisfaites pour que l'autonomie soit attestée. Je vais maintenant donner plus de détails sur les deux conditions nécessaires à une auto-réflexion adéquate.

Rationalité

De nombreux débats à propos de la nature et de la portée de l'autonomie sont principalement axés sur le problème de savoir si (et en quel sens) un agent doit être rationnel pour être autonome, problème compliqué par la diversité des exigences de rationalité qui sont proposées et défendues. Certaines conceptions, comme celles qui affirment que les individus sont rationnels s'ils ont des croyances et des désirs cohérents[1], ou que l'agent rationnel choisit les meilleurs moyens de maximiser la satisfaction escomptée (étant donné un désir premier de maximiser son bonheur), sont « internalistes ». D'autres exigences peuvent être considérées comme « externalistes »[2] et sont donc plus sévères : par exemple, l'exigence que les croyances sur lesquelles reposent les désirs conditionnels d'un agent soient basées sur un degré d'évidence adéquat (objectivement parlant).

Bien que je ne puisse pas ici la justifier en détails, ma thèse est que seules des conditions « internalistes » minimales de rationalité (comme la cohérence des croyances et des désirs) sont acceptables pour l'autonomie. Car exiger davantage – par exemple, que les croyances de l'agent (sur lesquelles reposent ses désirs conditionnels) soient confirmées par une évidence objectivement valide – rendrait la propriété d'autonomie incompatible avec l'idée de

---

1. L'expression « croyances et désirs cohérents » est à plusieurs égards ambiguë. Par « cohérence des croyances », je veux dire que l'ensemble des croyances pourrait être entièrement vrai dans un seul monde possible (bien que comme je l'explique, j'adopte une exigence de cohérence selon laquelle il ne doit y avoir aucune incohérence manifeste dans l'ensemble des croyances). Dans le cas de la cohérence des préférences, il est commun d'exiger qu'elles soient transitives, complètes, et continues. Il s'agit pourtant d'exigences très sévères, puisque la plupart des gens n'a pas dressé de classement complet de tous les objets qu'ils peuvent préférer. Par conséquent, j'entendrai par « cohérence des désirs » la simple transitivité de ces désirs *plus* la cohérence des croyances sur lesquelles ils reposent (s'il y en a).

2. La distinction que je suis en train de décrire est étroitement parallèle à celle que fait Richard Brandt entre rationalité « subjective » et rationalité « objective ». Voir Brandt, *A Theory of the Good and the Right* (Oxford, Oxford UP, 1979), p. 72 *sq.*

gouvernement de *soi*, qui en constitue la base intuitive*. L'adoption d'une condition « externaliste » de rationalité signifie que, même si les gens agissent conformément à des raisons d'agir bien-formées, réfléchies et cohérentes, on ne les considérera pas nécessairement comme autonomes (et donc comme libres)[1]. Isaiah Berlin présente l'argument de manière plus percutante : « Sitôt que je me place dans cette perspective [selon laquelle l'autonomie requiert une rationalité "externaliste"], je peux me permettre d'ignorer les désirs concrets des hommes et des sociétés, les intimider, les opprimer, les torturer au nom de leur "vrai" moi, convaincu que quelle que soit la fin qu'ils poursuivent (le bonheur, le devoir…), celle-ci n'est pas différente de leur liberté, c'est-à-dire du libre choix de leur "vrai" moi, même si ce dernier reste souvent enfoui et inexprimé »[2].

L'exigence que les agents autonomes aient des croyances et des désirs transitifs cohérents est elle-même, sous certains aspects, trop rigoureuse : peu parmi nous ont examiné toutes leurs croyances et préférences et les ont mises à l'épreuve de ce critère. Et même si nous le faisions, nous ne serions pas nombreux à réussir le test. Reste que cette exigence doit restituer la condition suivante : pour être autonome, il est nécessaire que la personne ne soit pas guidée par des désirs ou des croyances *manifestement incohérent(e)s*, c'est-à-dire par des préférences ou des croyances visiblement conflictuelles, dont elle pourrait facilement prendre conscience et reconnaître l'incompatibilité. On retrouvera cette idée ci-dessous dans l'exigence que pour être autonome, l'agent ne doit pas être dupe de lui-même.

1. Pour une étude de cette question, voir R. Young, *Personal Autonomy*, *op. cit.*, chap. 2, Lindley (1986) et Haworth (1986), Partie I.

2. Berlin (1988), p. 133.

* Christman (1991b) présente cette même objection sous le nom d'« Argument de la Tyrannie », en ce que concevoir la liberté comme une maîtrise rationnelle de soi fondée sur des déterminations objectives revient à l'opposer directement aux autres libertés négatives que les libéraux considèrent comme canoniques parmi les principes d'une société juste (p. 354-355). Une conception internaliste de la liberté évite cette objection.

Cela posé, cette condition de cohérence signifie que l'agent autonome n'agit pas sur la base de déductions erronées ou en violation des lois logiques. Si je crois que « p » et que « si p alors q », mais que mon désir de X est basé sur la croyance que « non-q », alors mon désir de X n'est pas autonome. On aurait tort de penser que cette condition est moins rigoureuse que, par exemple, les axiomes standards de la théorie de la décision, où l'agent est rationnel s'il choisit l'action qui maximisera l'utilité qu'il escompte. Pour autant que la maximisation de l'utilité soit désir le plus élevé qui puisse être attribué à l'agent, la cohérence que je décris ne sera atteinte que si l'agent se conforme à cet ensemble d'exigences.

Il ne faudrait pas non plus croire que l'autonomie n'exige la cohérence des désirs et des croyances qu'à propos des « moyens » et qu'elle est muette sur les fins qu'un agent peut avoir. Les fins et les objectifs ultimes d'un agent doivent également être cohérents avec le reste des jugements, valeurs et croyances auxquels il s'est engagé, et à ce niveau bien des conflits peuvent se produire [1].

Sont exclues les conditions qui vont au-delà de la cohérence interne et qui font de la propriété d'autonomie une caractéristique vague et indéterminée. Si je pouvais devenir toujours plus autonome en rassemblant toujours plus de preuves, alors on aimerait connaître les conditions dans lesquelles je deviens « suffisamment autonome » pour justifier les diverses propositions normatives me concernant et qui sont fonction de mon autonomie. C'est parce que je souhaite élaborer et défendre ce seuil d'autonomie normale que je rejette la condition de rationalité externaliste. De plus, je pense que la propriété d'autonomie ne doit pas s'effacer sous celle de

---

1. Par exemple, L. Haworth (1986, chap. 2) affirme que la « rationalité complète » est une condition nécessaire de ce qu'il appelle « l'autonomie normale ». La rationalité complète suppose d'analyser de manière critique ses propres fins conformément à ses autres croyances, à ses principes et valeurs supérieurs, aux préférences futures que l'on s'attend à avoir, et aux préférences présentes que l'on a à propos du futur. Éviter en gros une incohérence manifeste analogue à celle que je défends garantirait que ce type de condition est aussi satisfait.

« personne raisonnable », où l'on ne peut distinguer les idées de gouvernement de soi et de simple intelligence.

Cette exigence de rationalité minimale est également mieux à même de rendre compte de ce qui est « hétéronome » dans les désirs dits « compulsifs ». Ce n'est pas simplement parce qu'ils sont compulsifs – incontrôlables au moment du passage à l'acte – que ces désirs sont problématiques, mais plutôt parce qu'ils sont souvent en conflit manifeste avec les autres désirs de l'agent. Pour comprendre que le caractère compulsif à lui seul ne fait pas obstacle à l'autonomie, considérons un sprinter se préparant pour le coup de feu de départ dans une course. Juste après le coup de feu, le désir de courir est à tous égards compulsif et incontrôlable. On ne dirait pourtant pas d'un tel agent qu'il est dénué d'autonomie, car (comme on peut l'imaginer) cette compulsion fait partie d'une stratégie cohérente, entreprise dans des conditions qui satisfont le test historique exposé ci-dessus. Nous *pourrions* juger qu'un tel individu n'est pas autonome s'il s'avérait qu'immédiatement après le coup de feu, il a un autre désir de *ne pas* courir (disons qu'il entend quelqu'un lui crier d'arrêter). Cette incohérence rendrait son désir irrésistible de courir non autonome. C'est donc seulement s'il y a un conflit manifeste parmi l'ensemble des désirs qui amènent un agent à agir que les désirs compulsifs posent problème.

Dans la mesure où je rejette l'exigence externaliste de rationalité, on pourrait croire que j'ignore les manières dont une personne peut perdre son autonomie suite à la manipulation ou à la suppression délibérée par autrui de son accès à de vraies informations (sans que ses croyances perdent par-là leur cohérence interne)[1]. Il est vrai également que l'ensemble des désirs d'un agent est partiellement relié à ses croyances à propos de ce qui est accessible, possible ou doté de valeur. Sans épuiser ici la question, je pense que ma théorie générale de l'autonomie peut s'appliquer à la formation des

---

1. Voir J. Elster, *Sour Grapes*, *op. cit.*, pour une discussion de cette question. Je suis reconnaissant à R. Campbell pour avoir attiré mon attention sur la nécessité d'une telle précision.

croyances sans modification majeure. Un agent est autonome s'il en vient à avoir ses désirs *et* ses croyances selon des modalités qu'il accepte. Si un agent désire un état de chose en vertu d'une croyance qui non seulement est fausse, mais résulte d'une information déformée fournie par un manipulateur malveillant, c'est seulement s'il tient de telles conditions de formation de ses croyances pour inacceptables (sujettes aux autres conditions que j'étudie), qu'il n'est pas autonome. La seule chose que je rejetterais, dans le même ordre d'idées, est l'idée qu'un agent est dénué d'autonomie *simplement* parce que ses croyances sont fausses.

Conscience de soi

La seconde condition cognitive de l'autonomie est que les jugements (éventuellement hypothétiques) portant sur les processus de formation des préférences n'impliquent pas de duperie de soi. Je fonde cette affirmation sur l'idée généralement admise qu'une personne ne choisit ou ne juge « pour elle-même » que lorsqu'elle est en prise avec les aspects stables de son identité qui s'appliquent au jugement concerné. Ceci signifie que les désirs et les croyances qui la motivent à un moment donné doivent lui être « transparents », qu'elle doit relativement facilement pouvoir en prendre conscience et en faire l'objet de sa réflexion. La duperie de soi, ou l'exposition à des facteurs qui rendent la prise de conscience impossible, est donc incompatible avec l'autonomie puisqu'elle exclut la possibilité d'un gouvernement de *soi* efficace. Si le « moi » qui « gouverne » est dissocié, fragmenté ou insuffisamment transparent à lui-même, alors le processus d'autodétermination requis par un concept d'autonomie est absent ou incomplet.

La duperie de soi, d'après l'analyse pénétrante qu'en a donné M.R. Haight, implique entre autres le refus stratégique, de la part de l'agent, de prendre clairement conscience d'une proposition dont il sait, pour des raisons qu'il accepte par ailleurs, qu'elle est vraie. L'agent s'engage dans un processus actif de suppression des faits qui sont incompatibles avec les propositions qu'il désire plus que tout conserver (par exemple, croire que je n'ai pas le cancer en dépit du diagnostic d'un médecin compétent) [1]. L'exigence de conscience de soi ressemble donc assez étroitement à celle de rationalité minimale, puisque pour les deux conditions l'agent n'est pas autonome si les croyances que l'on peut de manière vraisemblable lui attribuer sont manifestement incohérentes. Dans le cas de la duperie de soi, cette incohérence est « enterrée » par les tactiques de l'agent pour ne pas diriger sa conscience sur la croyance supprimée. S'il la regardait honnêtement en face, il se rendrait compte qu'il existe une contradiction directe entre elle (ainsi que dans la proposition supprimée elle-même) et « l'histoire de façade » qu'il se raconte à lui-même.

Cette condition vise également à exclure les individus atteints de névroses sévères, de (la plupart des cas de) faiblesse de la volonté, et de simple anomie. Lorsque ces situations entraînent une fragmentation du moi, lorsque les mécanismes cognitifs par lesquels nous sommes normalement capables de rendre transparents les désirs et les croyances qui nous motivent sont défectueux, nous ne sommes pas autonomes. L'hallucination, la paranoïa et autres psychopathologies sont incompatibles avec l'autonomie en raison de l'incapacité de l'agent malade à porter des jugements cohérents et réfléchis sur l'ensemble des désirs qui l'amènent à agir. Par exemple, d'après ma théorie, les individus dont l'action est paralysée par le refoulement de certains de leurs désirs et croyances, et ce alors qu'ils sont conscients des autres raisons qu'ils ont d'agir, ne sont pas autonomes. Je tiens ceci pour être une description, bien que superficielle, de plusieurs cas d'anomie et de faiblesse de la volonté [2].

L'agent satisfait donc le test d'autonomie lorsqu'il ne s'opposerait pas aux processus de formation de son désir et lorsque son absence d'opposition n'est pas le produit de l'irrationalité (au sens faible) ou de la duperie de soi.

---

1. Voir Haight, *A Study of Self-Deception*, *op. cit.*, chap. 6.

2. Pour une analyse plus détaillée de ces conditions et de leurs relations à l'autonomie, voir Young (1980a).

ÉVITER LA RÉGRESSION

Il faut signaler que, bien que la condition de « non-opposition à la formation d'un désir » permette d'éviter les ambiguïtés de l'« identification », l'absence d'opposition peut sous certains aspects être tout simplement l'inverse de l'identification. Il existe cependant une différence capitale entre les deux : tandis que l'« identification » est une relation entre la personne qui juge et son *désir*, « ne pas s'opposer » est une relation entre la personne et le *processus* qui conduit à avoir le désir. Et tandis qu'il est possible qu'une personne ne s'oppose pas au processus de formation du désir *parce qu'*elle désire avoir le désir en question, ce qui compte pour l'autonomie c'est qu'elle ne soit pas déterminée à agir par des désirs dont la genèse est hors de son contrôle. J'ai montré que ce n'est pas l'approbation du désir qui est essentielle, mais que l'on m'ait donné, conformément aux conditions sus-dites, l'opportunité d'approuver les *modalités* d'acquisition de ce désir.

Il faut maintenant insister sur la manière dont le modèle historique est à même d'éviter le problème de la régression auquel se trouvent confrontées, comme je l'ai montré, toutes les autres conceptions de l'autonomie incluant des conditions d'auto-évaluation. Il semble à première vue ne pas pouvoir y échapper. En effet, qu'une personne choisisse de s'opposer au développement d'un désir ou de l'encourager constitue bien sûr un *choix*, et les choix sont le résultat de désirs (et de croyances). La régression menace donc à nouveau puisqu'on peut se demander si le désir qui motive le choix est autonome ou non. Cependant, affirmer que la régression touche toutes les théories de l'autonomie qui comprennent une condition d'auto-évaluation suppose d'accepter la prémisse selon laquelle la seule manière d'expliquer l'authenticité des actes d'évaluation constitutifs de l'autonomie est de faire référence aux autres préférences de l'agent[1]. Mais comme le modèle ici mis en avant le

---

1. D. Zimmerman reconnaît la nécessité de cette prémisse tout en la rejetant (bien que pour des raisons différentes des miennes). Voir « Hierarchical

montre clairement, ce n'est pas la seule possibilité. Selon ce modèle en effet, la régression est coupée au premier niveau. Si l'agent évalue les processus de développement de son désir de manière suffisamment consciente et rationnelle (et ne s'y oppose pas), ce désir est autonome. On évite la menace de régression puisqu'on ne postule pas un autre niveau de désir afin d'évaluer si oui ou non une personne s'oppose au développement du désir en question.

La condition (2) vise donc à exclure la possibilité qu'une personne échoue à s'opposer au développement d'un désir lorsque cet échec a *lui-même* été manipulé. Prenons par exemple le nouveau membre du culte dont nous avons parlé plus haut. Une des raisons pour lesquelles nous tendons à dire qu'il manque d'autonomie est que, quoiqu'il puisse bien (rétrospectivement) *ne pas* désapprouver le développement de ses désirs, nous supposons plutôt que cette acceptation de second niveau est également le résultat de son conditionnement. Or, pour qu'une personne soit autonome, il doit être avéré qu'au moment où elle aurait pu s'opposer au développement de ses désirs, elle n'était pas également sous l'influence d'éléments manipulateurs inhibant sa capacité à réfléchir sur ses désirs et sur les processus qui ont contribué à leur formation. La présence de tels éléments sape la rationalité et la conscience de soi d'un agent, en vertu desquelles il pourrait évaluer de manière critique le développement de ses désirs et de ses valeurs.

Ce qu'il faut observer dans ce type d'influences, c'est donc si elles affectent ou non de manière décisive les *pouvoirs réflexifs* d'une personne, à savoir les capacités cognitives que nous venons d'étudier : rationalité minimale et conscience de soi (absence de duperie de soi). Ces capacités permettent à l'agent d'évaluer et de réviser certains aspects de son identité ainsi que les facteurs qui affectent ses désirs et ses croyances. Des choses telles que l'hypnose, certaines drogues, certaines techniques d'éducation et autres influences du même genre, ont pour effet de diminuer la

Motivation and Freedom of the Will », *Pacific Philosophical Quaterly*, vol. 62, 1981, p. 354-368.

capacité de l'agent à évaluer, de son propre point de vue, les processus par lesquels il en est venu à développer tel désir ou telle valeur. Sa vision est pour ainsi dire voilée. Nous pourrions appeler ces types de facteurs des « facteurs-limitant-la-réflexion » (FLR), en raison de leur tendance à réduire la capacité de l'agent à réfléchir sur ses propres désirs.

De tels facteurs vicient les processus cognitifs normaux qui font intervenir la réflexion et l'évaluation de ses propres états par l'agent (ce que certains ont appelé « méta-cognition »), ils troublent les capacités de rationalité et de conscience de soi nécessaires à l'autonomie. La seconde de ces capacités est compromise lorsque l'agent ne peut pas prendre clairement conscience du ou des désirs qui motivent de fait son action, peut-être en raison d'un déni volontaire de son identité ou simplement d'une incapacité à se concentrer. Par exemple : la harangue acharnée d'un chef de culte, provoquant chez ses auditeurs une peur et une angoisse telles que ceux-ci sont incapables de prendre du recul et de réfléchir sur les changements qu'ils sont en train de subir. Les désirs qu'ils adoptent s'expliquent davantage par une réduction des dissonances * (causées par la peur de froisser le gourou) que par des raisons qu'ils accepteraient dans d'autres circonstances. Leur niveau d'angoisse

---

* Christman fait ici référence à la théorie de la « dissonance cognitive », d'après laquelle un individu en présence de cognitions psychologiquement incompatibles entre elles ressent un état de tension entraînant l'adoption de stratégies de restauration de l'harmonie (ou « consonance ») entre ses différentes attitudes propositionnelles (par modification, suppression ou ajout d'éléments cognitifs). Élaboré par L. Festinger dans les années 1950 (voir *A Theory of Cognitive Dissonance*, Stanford, Stanford UP, 1957), le concept de dissonance cognitive fait écho, dans le domaine psychique, au concept biologique d'homéostasie, désignant la faculté qu'ont les êtres vivants de maintenir ou de rétablir, par auto-régulation, certaines constantes physiologiques internes quelles que soient les variations du milieu extérieur. Pour une présentation de la théorie initiale de Festinger ainsi que de ses développements en psychologie sociale, voir E. Harmon-Jones et J. Mills, *Cognitive Dissonance : A Pivotal Theory in Social Psychology*, Washington, D.C., American Psychological Association, 1999 (chap. 1 en ligne sur http : //www.apa.org/books/4318830s.html). Voir également, pour un exposé plus daté mais en français, J.-P. Poitou, *La dissonance cognitive*, Paris, Armand Colin, 1974.

rend les sujets incapables de réfléchir calmement au processus de changement de leurs préférences (ou à leurs désirs eux-mêmes), si bien qu'il leur est impossible d'en prendre conscience. De manière analogue, il existe des différences essentielles entre les techniques pédagogiques portant sur la capacité des étudiants à réfléchir et évaluer de manière critique les méthodes éducatives et les principes auxquels ils sont soumis. Plus nous (observateurs) sommes sûrs que l'on a empêché l'étudiant de réfléchir de la sorte, moins nous pouvons lui attribuer d'autonomie vis-à-vis des désirs et des valeurs qui en résultent, même s'il ne s'est pas opposé à leur développement.

Bien que l'on ne puisse souvent pas savoir directement si une personne est ou non en mesure de réfléchir clairement, on peut énumérer les indices infaillibles de la présence des FLR et/ou de la déficience des capacités nécessaires à l'autonomie : incapacité de l'agent à prendre (normalement) conscience des aspects saillants d'une représentation ou d'un désir qui le motive[1] ; manque de concentration inhibant la capacité à reconnaître (dans l'ensemble) les relations saillantes entre les aspects des objets ou entre leurs représentations mentales ; incapacité à discerner les connexions causales (habituelles) et logiques entre les objets ou les propositions. Ces indices sont des symptômes de la faillite générale de la conscience de soi et de la rationalité requises par l'autonomie.

Cela dit, on peut se poser la question suivante : si l'on peut spécifier la nature des facteurs qui inhibent la capacité d'une personne à réfléchir sur ses désirs et sur leur genèse, alors pourquoi ne pas en faire purement et simplement la seule condition de l'autonomie ? Autrement dit, pourquoi ne pas demander que l'autonomie de la personne soit uniquement fonction de son influence par de tels éléments ? Tout simplement parce que les gens se soumettent souvent eux-mêmes, selon des modalités et sous des conditions qui

1. Pour une discussion de ce phénomène dans le cadre d'une théorie générale de la duperie de soi, voir R. Audi, « Self Deception and Rationality », dans M. Martin (ed.), *Self Deception and Self Understanding*, Lawrence, Kansas UP, 1985, p. 169-194.

manifestent leur autonomie, à des facteurs et à des influences qui sapent sévèrement leurs capacités réflexives. Et ils le font afin d'obtenir des choses (ou des états d'esprits) qu'ils ne pourraient pas obtenir par d'autres moyens. Les gens se soumettent par exemple à l'hypnose pour arrêter de fumer, situation où il est possible qu'une partie de la thérapie consiste en une diminution de la capacité de l'agent à ré-évaluer l'hypnose elle-même une fois qu'elle a pris effet (disons pour prévenir la récidive). Une telle hypnose est donc un FLR au sens spécifié ci-dessus, mais on aurait tort d'en conclure que l'absence chez l'agent d'un désir de fumer n'est pas autonome. Nombreux sont ceux qui déclareraient être *plus* libres au final, libres des contraintes de la dépendance, et l'utilisation de méthodes « auto-manipulatrices » pour changer leurs préférences n'altère pas nécessairement cette appréciation. Ce que l'on *ne* doit cependant *pas* accepter, c'est que le jugement de la personne et l'évaluation de ses états soient *tous* le produit de ces influences. Pour que son autonomie soit maintenue, la personne a dû, à un moment donné, entreprendre de s'exposer à de tels facteurs tout en n'étant pas sous leur influence.

Tandis que les descriptions des divers processus par lesquels nous en venons à avoir un désir sont donc en un sens « objectives » (des chercheurs en sciences cognitives pourraient par exemple être à même de nous dire comment ils opèrent), le jugement portant sur l'acceptation de ou l'opposition à ces processus est *subjectif*. La manière dont j'ai acquis mes désirs et mes valeurs ne dépend en grande partie pas de moi, mais que je continue ou non à agir conformément à eux et parvienne ou non à les changer – à les rendre autonomes –, cela en revanche *dépend* de moi [1].

---

1. Une défense complète de mon approche de l'autonomie demanderait une explication et une critique exhaustives des conceptions alternatives « non-subjectives » que la mienne vise à remplacer. Je ne peux fournir ici une telle argumentation, bien que l'on puisse présenter comme suit une réponse simple au non-subjectiviste : imaginons un processus quelconque qui, par hypothèse, aboutit à la subversion de l'autonomie, ainsi qu'une personne qui (dans des circonstances suffisamment

Il sera instructif de revenir encore une fois sur le cas de l'ami ayant subi un « lavage de cerveau », cas qui a contribué à justifier nos intuitions concernant l'autonomie. Le présent modèle donne corps au jugement pré-théorique selon lequel on a besoin, pour appuyer l'intuition que la personne en question n'est pas autonome, d'une critique du processus qui a conduit au changement de ses valeurs. L'élément clé qui distingue les processus habituels de promotion de l'autonomie des processus hétéronomes est l'inhibition, dans ces derniers, de la capacité de l'agent à réfléchir sur ses propres états mentaux et sur les forces qui les affectent. Si on l'avait informé (avant les faits) des manières dont les membres du culte induisent des changements chez les néophytes (en contrôlant leur sommeil et leur alimentation, en leur refusant tout contact avec leurs amis et proches, en exploitant leurs vulnérabilités émotionnelles et en jouant sur leurs peurs, etc.), aurait-il refusé de se soumettre à ces techniques et à leurs effets ? Et si, une fois les changements opérés, il ne conteste pas ces processus, est-il manifeste que les pratiques en question ont détruit sa capacité de réflexion ? Ou, en allant plus loin, est-ce que son acceptation de ces pratiques repose sur des croyances incohérentes, un raisonnement faux ou de la duperie de soi ? Si la réponse à l'une quelconque de ces questions est affirmative, nous sommes fondés à le considérer comme non autonome. Ce qui rend ces processus incompatibles avec l'autonomie (outre le fait qu'ils sont pernicieux) n'est pas simplement que l'agent change ses valeurs, ou qu'il s'expose à devoir sans cesse se justifier, mais qu'on l'a physiquement et psychologiquement empêché de réfléchir sur lui-même et sur son environnement.

Il me faut souligner à quel point le modèle ici défendu diverge de l'approche initiale de Dworkin. Premièrement, il se focalise

---

fantasques) désirerait que ses choix soient formés de cette manière, ce désir étant lui-même un désir autonome. Puisque pour cette personne, la procédure d'engendrement du choix *est* une expression du « gouvernement de soi » de type décisif, ce n'est pas parce qu'elle choisit des moyens non conventionnels d'obtenir ce qu'elle désire que l'on est autorisé à la désigner comme non autonome.

fondamentalement sur la *formation* des préférences qui est, comme je l'ai montré, le siège véritable de la propriété d'autonomie. Deuxièmement, la condition d'identification en tant que telle n'est plus requise. Troisièmement, afin d'éviter les problèmes de régression à l'infini et d'« incomplétude » auxquels le modèle de Dworkin est confronté, la nouvelle théorie décrit précisément les facteurs illégitimes (FLR) qui doivent être absents pour que l'autonomie soit établie [1].

CONCLUSION

L'idée centrale de la nouvelle théorie peut être énoncée en une seule phrase (plutôt baroque) : un agent est autonome à l'égard d'un désir donné si les influences et les conditions qui ont donné naissance à ce désir sont telles que l'agent les a approuvées ou ne s'y est pas opposé, ou ne s'y serait pas opposé s'il y avait pris part, et s'il a ou aurait porté ce jugement de manière rationnelle (au sens faible) et sans duperie de soi. Cette théorie implique entre autres choses que les gens désirant des choses et des styles de vie subversifs, avilissants voire malsains pourraient néanmoins s'avérer auto-

---

1. Une comparaison de cette affirmation avec une conception analogue avancée par R. Young (1980b) permettra peut-être de l'éclairer. Young affirme que nous manifestons notre autonomie si, « une fois que nous avons pris conscience des processus de notre socialisation [...] nous avons la possibilité soit de nous affranchir de désirs que nous préférerions ne pas avoir, soit de nous identifier à des motifs auparavant non reconnus » (p. 573-574). En d'autres termes, si l'identification de la personne à ses désirs survit à une prise de conscience des processus qui les ont provoqués, elle est autonome par rapport à ces désirs. Cette théorie a de nombreux points en commun avec ma conception, bien que je fasse l'économie de la notion d'identification et que j'ajoute des conditions qui répondent au problème de la « régression » et au problème d'« incomplétude ». La conception de Young aura toujours des ennuis avec le genre de contre-exemples que nous avons discutés, si le conditionnement a été féroce au point de manipuler l'identification aux désirs même *une fois* que la personne a pris connaissance des sources de sa préférence.

nomes. Selon moi, cela montre non pas que ce modèle de l'autonomie est défectueux, mais uniquement qu'il est « neutre à l'égard
du contenu »[1]. Il y a de bonnes raisons théoriques en faveur d'une
telle conception, puisque quoi que l'agent puisse désirer (aussi
malsain, auto-destructeur ou servile que son désir puisse être), nous
pouvons envisager des cas où il aurait *de bonnes raisons* de le
désirer. Par conséquent, nous pouvons aussi envisager qu'en élaborant ce désir la personne était guidée, de manière autonome, par ces
mêmes bonnes raisons, et que ce désir a donc été formé de manière
autonome. Puisque, si nous supposons un monde suffisamment
fantasque, nous pouvons envisager que *n'importe quelle* préférence soit formée de manière autonome, ce ne peut être le contenu
de la préférence *lui-même* qui détermine son caractère autonome.
C'est toujours l'*origine* des désirs qui compte dans les évaluations
de l'autonomie[*].

Il convient également de noter à quel point la théorie que j'ai
développée est liée aux postulats de la théorie politique libérale
traditionnelle, en particulier à son « atomisme ». Certains critiques
radicaux du libéralisme soutiennent résolument que, puisque nos
caractères sont complètement façonnés par notre milieu social

---

1. Voir la conception actualisée de Dworkin (1988, chap. 2), où il défend
également une théorie « neutre à l'égard du contenu ».

[*] Mele 1993 critique sur ce point l'exclusivisme de Christman : l'histoire
personnelle de l'agent ne saurait être le seul critère pertinent pour l'attribution de
la propriété d'autonomie. Les deux conditions du modèle historique ici défendu
seraient ainsi insuffisantes, car elles ne saisissent qu'un seul aspect de l'autonomie
des désirs alors que l'on peut, toujours selon Mele, en distinguer au moins trois : une
personne peut être autonome sous l'aspect a) du développement en elle de son désir,
b) de la possession de ce désir à un moment donné, et c) de l'influence de ce désir sur
son comportement (p. 273). La portée de la propriété d'autonomie, dans cette perspective, n'est donc pas seulement locale au sens où elle concerne les préférences et
désirs isolés des agents et non leur vie tout entière. Elle est aussi différentielle sous
l'aspect du désir lui-même, selon que l'on considère sa genèse, son actualité mentale,
ou son efficience.

et politique, l'autonomie au sens atomiste libéral du terme est une dangereuse illusion : elle est illusoire parce qu'elle présuppose que nous pouvons nous affranchir de nos histoires et nous évaluer nous-mêmes, et dangereuse en ce qu'elle est présentée comme un idéal qui, puisqu'il est impossible à atteindre, sert purement et simplement à maintenir le *statu quo* (inacceptable). J'ai beaucoup de sympathie pour la seconde revendication, surtout quand les théories libérales reposent effectivement sur des présuppositions fausses ou illusoires à propos de l'indépendance des êtres humains (j'en donnerais pour exemples certaines conceptions en micro-économie ou certaines versions du contractualisme politique qui tiennent simplement pour réglé le problème de la nature et de la genèse des préférences). En revanche la première revendication – selon laquelle les gens ne peuvent pas se définir indépendamment de leur environnement culturel et donc ne peuvent s'évaluer eux-mêmes – demande, pour qu'on y adhère, une théorie psychosociale complètement dépassée. Dans mon propre cas, par exemple, le milieu social et politique d'où je viens et auquel j'appartiens est celui des États-Unis. Mais étant données les valeurs et les politiques qui sont aujourd'hui et depuis un passé récent en vigueur dans ce pays, il s'agit d'une culture à laquelle je ne pourrais guère être plus profondément étranger, et vis-à-vis de laquelle je pourrais difficilement être plus critique. Quelle part de cette culture est donc si profondément entremêlée à mon caractère pour que je sois incapable de juger cet aspect de mon identité ? Nous sommes redevables d'une réponse plutôt solide à de telles questions avant qu'une bonne part de cette critique radicale de l'autonomie ne soit tirée d'affaire*. En

---

* Christman 2004 présente une critique moins sommaire et plus nuancée de la première revendication communautariste : la critique communautariste de l'autonomie, de même que celle issue de certaines conceptions féministes, ne vaut que si l'on reconduit l'idéal de gouvernement de soi à celui d'une indépendance radicale au sens métaphysique du terme, idéal à la fois impossible à atteindre et de toute façon non désirable. La condition d'authenticité procédurale requise, selon Christman, par l'autonomie, ne saurait donc impliquer le détachement de l'individu vis-à-vis de tout

attendant, pouvoir rendre compte de l'authenticité des désirs et des valeurs des individus constitue toujours une partie essentielle de toute théorie politique normative.

D'un autre côté, l'approche « historique » de la notion d'autonomie que je défends ici est dans la lignée de ces orientations contraires au libéralisme. Mon affirmation selon laquelle l'authenticité des désirs tient de manière cruciale dans leur formation est analogue à la thèse selon laquelle, puisque l'histoire culturelle et sociale d'un individu est le facteur déterminant de sa perspective sur le monde, on ne peut s'évaluer soi-même qu'à la lumière de cette histoire et de ses effets sur son propre développement en tant que personne. Cependant, ma conception demeure « atomiste » en ce que le pivot de la détermination de l'autonomie demeure le point de vue de l'agent lui-même. J'ai rejeté les tentatives de fournir une théorie entièrement externaliste ou objective de l'autonomie individuelle pour les raisons que j'ai développées. Après tout, il s'agit de rendre compte de l'autonomie *individuelle* (non de l'autonomie « idéale » ou de l'autonomie réalisée en « conscience vraie » ou autre semblable). Je n'étudie certes pas le problème de savoir si le contexte d'un état moderne, patriarcal et capitaliste est tel que les conditions de l'autonomie que je décris sont systématiquement

lien social ou affectif, ni que l'environnement social des individus, s'il ne doit pas être inclu dans la définition de l'autonomie, n'est pas une condition de la jouissance de l'autonomie *de facto*. On peut soupçonner que cette réponse ne suffira pas à déjouer les critiques communautariennes du concept d'autonomie : certaines conditions sociales semblent de droit être incompatibles avec le gouvernement de soi, même si l'on inclut dans cette propriété une condition historique. M. Oshana 2001 soutient ainsi qu'une conception de l'autonomie neutre à l'égard du contenu ne saurait fournir d'alternative tenable à la conception individualiste ou libérale (au sens fort) de l'autonomie : « Les institutions et relations sociales qui façonnent le milieu de vie d'une personne ne contribuent pas seulement à l'autonomie, mais la constituent largement. [...] En ce sens, la condition de gouvernement de soi dépend de manière substantielle de facteurs externes, objectifs. L'autonomie n'est pas simplement une condition ou une capacité psychologique exercée dans le cadre de fonctions et de conditions sociales » (p. 219). Voir également Benson 1994, *infra*, p. 319 *sq.*

déniées à de larges groupes de gens. Mais ce modèle demanderait, au nom de l'autonomie, des politiques gouvernementales dont l'effet est de laisser intactes, ou de promouvoir, les capacités des individus à réfléchir sur la manière dont ils se développent en tant que personnes et sur les conditions qui façonnent ce développement.

LE NON-COGNITIVISME

LE CŒUR ET LA RAISON

Le non-cognitivisme, en philosophie morale, consiste à dénier à la raison la capacité à juger du bien et du mal, ou du moins à refuser de faire de ses jugements, en tant que soustraits à tout conditionnement empirique, l'unique ressort de la moralité. Une position non-cognitiviste est donc par principe non-kantienne, ce qui ne signifie pas, à rebours, qu'une théorie relevant de la psychologie morale – donc engagée à certain degré d'empirisme – sera systématiquement non-cognitiviste. Il ne faut pas voir là d'emblée un paradoxe : son héritage humien laisse de fait à la psychologie morale contemporaine une grande latitude dans la description et l'explication des états et processus mentaux impliqués dans l'évaluation et la motivation de l'action[1].

Partons donc de Hume. Le rapport de la raison et des passions est présenté, au livre II du *Traité de la nature humaine*, comme un rapport de pure indifférence : en tant qu'outil de connaissance uniquement, la raison n'a aucun intérêt pratique et ne saurait donc à elle seule motiver une action, nous conduire à faire ceci plutôt que cela. De cette indifférence se déduit l'impuissance de la raison à contre-carrer ou à suspendre les effets des passions qui constituent, en lui procurant ses fins, les ressorts originels de l'action. D'où la célèbre formule de Hume : « *La raison est et ne doit être que*

---

1. On trouvera des discussions du non-cognitivisme en philosophie et psychologie morale dans Flanagan 1996a, Frankfurt 2000, Foot 2001, Laugier 2006, Murdoch 1994 et Ogien 1999.

l'esclave des passions, elle ne peut jamais prétendre remplir un autre office que celui de les servir et de leur obéir »[1]. L'éthique n'étant pas une affaire de croyances mais de pratiques, ce rapport ne change en rien lorsqu'on restreint l'analyse à l'action morale. À partir de là, on peut effectivement soutenir que la psychologie morale appréhende les conditions de l'action dans une perspective globalement humienne : les désirs de l'agent constituent une part essentielle de ses motivations, au point que ses états cognitifs et épistémiques sont incapables de générer à eux seuls des raisons d'agir efficientes. Les états non-cognitifs en jeu dans la motivation ne sont cependant pas épuisés par les désirs au sens familier du terme – où l'on entend par « désir » un appétit ou une envie, dirigé sur un objet particulier ou une possibilité d'action – mais constituent plutôt des pro-attitudes au sens le plus large possible. Toute attitude motivationnelle à valence positive pouvant figurer, à côté des croyances de l'agent, dans l'explication d'une action intentionnelle pourra donc être nommée « désir »[2]. Puisque cette terminologie plurivoque peut de fait être compatible avec une infidélité plus ou moins importante à l'égard des prémisses humiennes, le partage cognitivisme/non-cognitivisme se retrouve au cœur du débat contemporain.

Que le modèle de Frankfurt ait pu se prêter à des interprétations relevant des deux branches de l'alternative est à cet égard paradigmatique : autant un défenseur de l'autonomie kantienne ou du substantialisme mettra en avant les déficiences du modèle en termes de normativité, autant un non-cognitiviste orthodoxe critiquera son rationalisme latent. La première voie est déjà, dans une moindre mesure, le fait des auteurs de la section précédente représentatifs de l'internalisme faible, et la seconde est empruntée par ceux qui critiquent les présupposés intellectualistes du modèle structural, hiérarchique ou non. Dans cette dernière perspective, que les pro-attitudes de l'agent soient conceptualisées en termes

---

1. Hume 1991, partie III, section 3, p. 271.
2. Voir Neely 1974 et Wallace 2005, ainsi que nos notes sur la traduction.

de désirs de second niveau ou d'évaluations, de préférences ou de lignes de conduites, la réflexivité qui occupe le centre du dispositif motivationnel engagerait l'internalisme envers des formes plus ou moins poussées de cognitivisme. Autrement dit, ses partisans sous-estiment non seulement la complexité du fonctionnement psychique des individus, mais également celle de leurs relations aux circonstances particulières de l'action et au contexte général de leur vie pratique.

Irving Thalberg (1978, ici traduit) est le premier à objecter aux conceptions structurales de l'autonomie leur assimilation plus ou moins explicite de la condition d'authenticité à celle de rationalité, du moi réel au moi de la délibération et du jugement réfléchi. La « structure » en question est déjà superflue, d'après Thalberg, pour analyser les cas d'action contrainte par contraste avec les cas où l'on agit selon ses désirs ; mais elle n'est pas davantage nécessaire pour distinguer, parmi ces derniers, ceux où le désir en question est vraiment « mien » de ceux où il n'est que le produit d'une manipulation, d'une dépendance, ou d'une compulsion psychopathologique. En dernière instance, les procédures élues par l'internaliste pour rendre compte de l'identification au sens subjectif du terme s'appuieraient sur une conception non justifiée de ce à quoi la personne devrait objectivement être identifiée, à savoir – pour reprendre la distinction platonicienne utilisée plus haut par Watson (1975) et ici par Arpaly et Schroeder (1999) – la Raison plutôt que l'Appétit. C'est sans tenir compte, entre autres, des acquis de la psychanalyse, d'après laquelle « *ce n'est pas seulement le plus profond, mais aussi le plus élevé dans le moi qui peut être inconscient* »[1] : autant, d'un point de vue objectif, le « vrai » moi de l'individu est pour une part essentielle constitué de l'activité des « basses passions » ; autant ce à quoi l'individu s'identifie « rationnellement » en première personne peut être le produit de cette même activité.

_____

1. « Le moi et le ça », dans Freud 2001, p. 265. Voir à ce sujet Rorty 1991.

Dans une perspective analogue, Rahel Jaeggi (2005) nous propose l'exemple suivant : Hélène, une féministe éclairée, se surprend régulièrement, tout en discutant avec son compagnon, à pouffer de rire comme une jeune adolescente. Elle réprouve ce genre de coquetteries typiques de l'épouse non émancipée : il y a longtemps qu'elle voit dans la représentation des femmes comme de petits êtres adorables mais vulnérables, toujours dans la séduction, la projection d'un monde dominé par les hommes. Elle ne cesse pourtant, malgré elle, de reproduire ces manières d'agir. Aussi éprouve-t-elle son propre comportement, si contraire à ses convictions et à l'image qu'elle a d'elle-même, comme « étranger » : quelqu'un d'autre qu'elle-même semble ici trouver à s'exprimer. Supposons maintenant qu'Hélène découvre, après une introspection douloureuse, que ses « coquetteries » font en réalité écho à des désirs profonds qu'elle n'a jusqu'ici pas voulu admettre, notamment le besoin de protection et de sécurité, qui ne saurait être conciliable avec une relation amoureuse strictement égalitaire. La part d'elle-même et de son comportement qu'elle ressent comme étrangère se tient au centre de sa personnalité et non en périphérie, elle est de toutes les manières significatives liée à la personne qu'elle est, tandis que ses valeurs féministes ne sont pas aussi profondes qu'elle le croyait.

L'autonomie comprise comme contrôle ou maîtrise de soi sort en mauvaise posture de ce type de situation, et plus largement de la critique anti-cognitiviste : si la partie de moi-même par laquelle je suis censé me gouverner n'est pas « authentique », si le *nomos* n'est pas une expression du vrai moi mais sa dénaturation, les conditions de mon autonomie ne deviennent-elles pas, paradoxalement, celles de mon hétéronomie ? En suggérant d'échanger les attributs du « vrai » et du « faux » moi, une telle hypothèse nous fait pourtant simplement tomber de Charybde en Scylla. C'est la position ici défendue par Arpaly et Schroeder (1999) : rendre justice à l'acrasie inversée, telle qu'illustrée par Huckleberry Finn ou Oscar Schindler, ne doit pas nous conduire à des conclusions théoriques qui contrediraient nos intuitions morales concernant l'acrasie ordinaire. Il ne s'agit donc pas, en substituant le cœur ou l'appétit à la raison, de reconduire l'écueil essentialiste de l'internalisme, mais de concevoir leurs voix respectives comme autant d'expressions de soi, éventuellement en conflit mais sans que la langue de l'une soit *a priori* plus fidèle au moi que celle de l'autre. Sont ainsi écartés deux postulats sur lesquels bute le cognitivisme : l'unité du moi autonome d'une part, la transparence à soi d'autre part. En résorbant la polarité du vrai et du faux moi dans la complexité du « caractère » de l'agent[1], constitué de croyances et de désirs plus ou moins profonds et compatibles[2], la théorie du « Moi Intégral » rejoint alors certaines versions féministes du compétentialisme (Meyers 2005) ainsi que les revendications des éthiques du *care*. En prenant acte de l'écart entre nos raisons d'agir *de re* et nos raisons d'agir *de dicto*, ainsi que du caractère nécessairement lacunaire de notre accès à une identité « épaisse », elle évite également de promouvoir une conception héroïque de l'autonomie[3].

Comme on l'a vu, les divers parti-pris cognitivistes à l'œuvre dans les conceptions contemporaines de l'autonomie, de l'internalisme faible au substantialisme fort, peuvent être compris comme des réponses au problème du fondement de notre autonomie, menacé par la régression à l'infini des niveaux de désirs. Le modèle historique se distingue en exigeant de l'agent autonome qu'il authentifie, directement ou non, tous les évènements de son

1. Pour une analyse de l'identité personnelle en termes de « traits de caractères », également dans une perspective anti-cognitiviste, voir Rorty et Wong 1990.

2. Qualifier cette position de non-cognitivisme *tout court* peut en ce sens prêter à confusion, puisqu'ici les croyances de l'agent participent de son caractère et de la production de l'action au même titre que ses désirs, et tiennent donc une place également importante dans le jugement moral que nous portons sur lui. Voir Arpaly et Schroeder 1999, p. 172 (*infra*, p. 267).

3. Une conception non-cognitiviste de l'autonomie personnelle sape également à sa base « l'objection de la tyrannie » adressée par Berlin 1988 au concept de liberté positive, objection d'après laquelle la distinction d'un vrai et d'un faux moi, requise par l'idéal de la maîtrise de soi, conduit par implication à légitimer les entreprises politiques de « dépersonnalisation » (p. 180-181).

histoire psychique et les circonstances dans lesquelles ils se sont produits. Le modèle substantialiste soutient de son côté que leurs contenus privent intrinsèquement certaines raisons d'agir d'une autorité légitime. La barre, pour le non-cognitiviste, est placée non seulement beaucoup trop haut mais au mauvais endroit (Arpaly 2003) : à considérer que tous les changements de personnalité sans justification rationnelle excluent notre autonomie, ou que toutes nos raisons d'agir *de dicto* doivent satisfaire certaines normes épistémiques et morales, on risque en effet de restreindre considérablement la classe des agents autonomes. Si, en outre, on fait de l'autonomie en ce sens une condition de la responsabilité, on s'interdit de comprendre nos pratiques courantes d'éloge et de blâme, qui sont loin de reposer sur de telles exigences. Or, lorsque l'on prête à ces pratiques l'attention qu'elles méritent en psychologie morale, on s'aperçoit que le fameux problème de la manipulation – sous l'emprise d'un hypnotiseur ou d'un chirurgien diabolique – et des autres déterminations externes de la volonté – dépendances et compulsions – ne devrait pas susciter les inquiétudes qu'il suscite : si l'on ne veut pas exempter trop de meurtriers, il va en fait s'avérer très difficile de produire ici un critère suffisant permettant de distinguer, d'un point de vue qui soit également valide en première personne, les processus « pervers » des processus plus ou moins « normaux » quoique non rationnels de développement et de transformation du caractère[1]. En supprimant ainsi le problème même qui constitue la matrice d'élaboration de nombreuses théories de l'autonomie, le non-cognitivisme jette certes un doute sur l'utilité même d'un tel concept. Mais en séparant dans le même temps la réflexion sur la responsabilité des problèmes liés à l'histoire de nos motivations, et en particulier à leur histoire causale, il libère également le terrain théorique pour un concept d'autonomie suffisamment affranchi de toute collusion avec les interrogations métaphysiques sur la liberté de la volonté.

1. Voir Arpaly 2003, p. 165, Buss 2005b et H. Frankfurt, « Reply to John Martin Fisher », dans Buss et Overton 2002, p. 27-28.

IRVING THALBERG

LES ANALYSES HIÉRARCHIQUES
DE L'ACTION NON-LIBRE [*][1]

Les métaphysiciens, les théoriciens de l'éthique et les philosophes du droit se querellent sans fin sur la question suivante : qu'est-ce, pour une personne, qu'agir – ou peut-être même « vouloir » – plus ou moins librement ? Un problème capital dans cette controverse est de savoir comment nous devrions analyser deux distinctions évidentes mais étonnamment problématiques. Nous avons, dans la première antithèse, d'un côté les choses que nous faisons parce que nous y sommes forcés, et de l'autre les actes que nous effectuons parce que nous le désirons – parfois après avoir découvert des raisons prépondérantes en leur faveur. La seconde antithèse est plus générale. Dans la plupart des cas, si j'agis selon mon désir, j'agis plus librement que si je n'avais pas eu le désir en question. Mais qu'en est-il si mon attitude est le produit d'un

[*] I. Thalberg, « Hierarchical Analysis of Unfree Action », *Canadian Journal of Philosophy*, vol. 8, n° 2, 1978, p. 211-225. Nos remerciements vont à l'éditeur pour son aimable autorisation.

1. Cet essai s'appuie jusqu'à un certain point sur un travail antérieur visant à comprendre la manière dont ce qu'on appelle la maladie mentale peut diminuer le contrôle d'une personne sur son comportement : « Motivational Disturbance and Free Will », dans H.T. Engelhardt Jr. et S. Spicker (ed.), *Mental Health : Philosophical Perspectives*, Dordrecht, Holland, Reidel, 1978. Je remercie les éditeurs de ce volume de m'avoir autorisé à utiliser une partie de ce matériau ici.

conditionnement subi pendant l'enfance – ou, à l'âge adulte, d'un lavage de cerveau, d'une opération neurochirurgicale, d'une hypnose, d'une modification du comportement, de l'alcoolisme, d'une dépendance aux narcotiques, d'une névrose, d'une psychose ou pire ? Mon autonomie n'est-elle pas alors restreinte ? Qu'est-ce qui, dans ces désirs ou dans leur origine, les différencie de leurs congénères non menaçants ?

J'expliquerai succinctement pourquoi les formulations standards de ces deux antithèses, qui se recouvrent d'ailleurs partiellement, échouent. Je considérerai ensuite quelques variantes d'une analyse des deux dichotomies qui ne s'est clairement affirmée que dans les écrits philosophiques des années 1970. Ce modèle d'analyse se caractérise par le fait que ses promoteurs délimitent, au sein de l'individu contraint et de la personne affectée par des pulsions étrangères, au moins deux « ordres », ou niveaux *, de désir ou de « volition ».

Il faudrait tout d'abord être plus clair à propos de la contrainte. En voici deux descriptions typiques, bien connues des philosophes :

> Si un ouragan vous envoie sur une vingtaine de mètres de l'autre côté de la rue, on ne peut pas dire que vous avez traversé la rue volontairement, puisque vous étiez obligé de le faire et que vous n'aviez pas le choix [1].
>
> Nous agissons sous la contrainte au sens littéral du terme [...] *quand la réalisation des désirs que nous avons en réaction à la totalité de la situation-stimulus de notre environnement est, littéralement, physiquement entravée de l'extérieur, et quand nous sommes physiquement forcés d'effectuer à la place une autre action* [2].

1. J. Feinberg, *Doing and Deserving*, Princeton, Princeton UP, 1970, p. 274.
2. A. Grünbaum, « Free Will and Laws of Human Behavior », *American Philosophical Quarterly*, vol. 8, 1971, p. 303, italiques originales.

* Dans un souci de simplicité et d'harmonisation du vocabulaire employé dans les textes traduits, nous avons traduit par « niveau » tous les termes, plus ou moins métaphoriques et non dépourvus d'ironie, que Thalberg emploie pour désigner les différents stades du modèle hiérarchique (tels que *floor*, *stage*, *deck*, *plane*...).

L'exemple de l'« ouragan » est également adapté à la seconde formulation. Si je comprends bien, le coup de vent est supposé vous faire décoller, et vous déposer de l'autre côté de la route. Vos « *désirs* », cependant, étaient de rester de ce côté, et de continuer votre balade sans être interrompu.

Il y a visiblement deux choses qui clochent dans ces caractérisations de l'action forcée. D'une part, si vous êtes « *physiquement entravé* » de cette manière, quelque chose vous arrive : vous êtes emporté sur une vingtaine de mètres. Être ainsi balayé ce n'est pas accomplir quelque action que ce soit. Dans ces circonstances on a donc tort d'affirmer que vous êtes « obligé d'effectuer » une action quelconque, que vous êtes « *forcé d'effectuer* [...] *une autre action* » que celle que vous désiriez. Quelle action, au juste ? Aucune action n'a été décrite. Ces explications ne semblent donc pas tant élucider l'action contrainte que l'exclure purement et simplement.

Pour ce qui concerne les analyses hiérarchiques, l'autre problème est plus important. À tort, ces caractérisations de l'action forcée omettent le « choix ». Notre dichotomie de sens commun, « agir sous la compulsion *versus* agir selon ses désirs », est philosophiquement déconcertante parce qu'il nous faut finalement contester l'idée qu'un individu forcé « n'a pas le choix ». En effet en un sens étrange vous choisissez, vous désirez faire ce que vous êtes forcé de faire. Dans les cas standards ceci semble irréfutable. Considérons les otages d'un terroriste, leurs proches angoissés, et les autorités embarrassées. Il est possible qu'ils soient tout simplement paniqués, qu'ils tremblent plus ou moins, bégaient ou pleurent sans pouvoir se contrôler. Ce ne sont pas là des formes d'action, pas plus qu'être propulsé par un ouragan n'est une forme d'action. Les otages et les autres personnes concernées ne voudraient en aucune façon obtempérer aux exigences du terroriste. Cependant dans la mesure où ils agissent, et coopèrent – bien qu'à contrecœur ou par peur – ils font ce qu'ils désirent, ce qu'ils ont choisi de faire : à savoir minimiser la mort et la souffrance. On peut présumer que, dans leur état légitimement troublé, l'obéissance leur semble le moindre des maux.

Le second auteur cité ci-dessus paraît d'ailleurs quelque peu conscient du décalage entre ce type familier d'exemples d'action forcée et sa définition « littérale ». Mais il adopte la voie héroïque qui consiste à rejeter ces paradigmes, en expliquant que « quand un guichetier de banque, lors d'un hold-up, livre l'argent une fois le revolver pressé sur sa tempe, il n'est *pas en train d'agir sous la contrainte* au sens littéral où je l'entends. […] [Il] fait ce qu'il désire sincèrement faire *étant données les circonstances* »[1]. Je suis tenté de demander : si le comportement de ce banquier et ces circonstances n'illustrent pas la contrainte, alors quoi d'autre ? Un jusqu'au-boutiste invoquera éventuellement à nouveau la définition citée, et répliquera que nous serions en présence d'un cas « littéral » si l'argent était « physiquement » arraché des mains du banquier résistant. Mais nous sommes alors encore une fois confrontés au premier problème : se faire arracher la monnaie des mains c'est subir une action et non pas agir – et par conséquent ce n'est pas être « obligé de faire » quoi que ce soit.

En plus d'élucider le sens auquel un individu contraint à la fois agit et choisit d'agir comme il le fait, il nous faut poursuivre notre antithèse de départ et mettre au jour la manière dont il agit également contre son gré. Notre tâche semble paradoxale : exposer comment à la fois il désire et, de manière plus « intense », *ne* désire *pas* faire ce qu'il est forcé de faire.

La première étude explicitement hiérarchique que j'ai vue publiée pour résoudre ces difficultés à propos de la contrainte est celle de Gerald Dworkin. Son exemple principal se qualifie sans conteste d'action : la victime d'un bandit de grand chemin remet timidement son portefeuille. Cette victime exerce aussi un choix : elle cède l'argent parce qu'elle désire, ce faisant, sauver sa peau. Qu'en est-il de sa réticence ? Elle entre en ligne de compte lorsque Dworkin postule un second niveau de choix et de désir, en déclarant que « ce que [la victime] ne désire pas faire lorsqu'elle fait face

---

1. Grünbaum, « Free Will and Law of Human Behavior », *op. cit.*, p. 304, premières italiques ajoutées.

au voleur de grand chemin, c'est livrer l'argent dans ces circonstances, pour ces raisons » [1]. L'agencement hiérarchique des attitudes cognitives est ici sémantique ou logique. L'aversion de notre protagoniste est dirigée sur le motif de prudence selon lequel il agit, motif qui concerne évidemment son comportement et ses résultats probables ; et elle en constitue dans le même temps une évaluation négative. De manière générale, Dworkin affirme que les gens…

> … n'aiment pas agir pour certaines raisons ; ils ne choisiraient pas certains types de motivation. Cela les dérange d'agir simplement afin … d'éviter des conséquences désagréables …
>
> [U]ne partie de la personnalité humaine … adopte une « attitude » à propos des raisons, des désirs et des motifs qui déterminent … la conduite …
>
> [Nous] nous considérons nous-mêmes obligés parce que nous trouvons pénible d'agir pour ces raisons [2].

Dworkin poursuit hardiment en définissant en des termes similaires ce que signifie « agir librement » : « [La personne] A fait X librement si A fait X pour des raisons dont elle veut bien qu'elles motivent son action » [3]. Bien que mon but présent soit loin d'être si ambitieux, je remarque en passant que la solution de Dworkin semble inadéquate. Que dire de l'esclave, de l'épouse servile, qui peuvent « bien vouloir agir » selon des motifs de servilité et d'effacement de soi ? Seul un moraliste stoïcien déduirait de ce « bon vouloir » que de telles personnes agissent toujours librement [4]. La définition de Dworkin exclut-elle même l'individu qui obéit sagement au voleur de grand chemin ? C'est la question que je poserai dans quelques instants.

Arrêtons-nous d'abord sur certains raffinements qu'Harry Frankfurt a apportés à l'analyse de la contrainte à deux niveaux, la

1. Dworkin (1970), p. 372.

2. *Ibid.*, p. 377 ; voir aussi Dworkin, « Autonomy and Behaviour Control », *Hastings Center Report*, vol. 6, 1976, p. 23-28, particulièrement p. 25.

3. Dworkin (1970), p. 381, et « Autonomy and Behavior Control », p. 24 *sq.*

4. Dworkin (1970), p. 380 *sq.*, et « Autonomy and Behavior Control », p. 24-28.

plupart d'entre eux ayant été ultérieurement adoptée par Dworkin[1]. Frankfurt accorde une importante portée ontologique aux niveaux de volonté internes à l'agent. D'après sa conception, « une différence essentielle entre les personnes et les autres créatures » est que les personnes « peuvent former ce que j'appellerai des "désirs de second niveau" »[2]. Frankfurt poursuit effectivement en distinguant entre notre désir de second niveau de simplement *avoir*, ou éprouver, un certain désir d'agir de premier niveau, et notre désir de second niveau que le désir de premier niveau « soit le désir qui [nous] amène à passer à l'acte » (p. 85). Frankfurt appelle cette dernière sorte d'envie stratosphérique une « volition de second niveau ». Il affirme ensuite que « c'est la possession de volitions de second niveau, et non pas la possession de désirs de second niveau en général, qui est essentielle au fait d'être une personne » (p. 87). Les individus qu'il qualifie d'« irréflexifs » sont, selon ce critère, en deçà de la personnalité : ces « individus … ne sont pas des personnes parce que, qu'ils aient ou non des désirs de second niveau, ils n'ont pas de volitions de second niveau… Un irréflexif… ne se demande pas quelle devrait être sa volonté … [Il ne se soucie pas] de savoir laquelle de ses inclinations [de premier niveau] est la plus forte ».

Parlons maintenant de la contrainte. Frankfurt soutient que les propositions aussi bien que les menaces sont parfois coercitives, ce qui, dans les termes de son explication à plusieurs niveaux, se traduit comme suit :

> Une proposition est coercitive … quand la personne est poussée à coopérer par un désir … qu'elle surmonterait si elle le pouvait…, un désir dont elle ne désire pas qu'il motive sa conduite…
> [L']autonomie d'une personne peut être violée de la même manière par une menace […].

---

1. Dworkin, « Autonomy and Behavior Control », p. 24 *sq.*

2. Voir Frankfurt (1971), p. 6 [*supra*, p. 81 ; les références des citations suivantes dans le corps du texte sont celles de ce volume].

En s'inclinant devant une menace, une personne fait immanquablement quelque chose qu'elle ne désire pas vraiment faire [1].

Ici, la volition de second niveau de l'individu contraint n'est pas en accord avec son désir efficient. Mais dans son dernier essai à ce sujet, Frankfurt reconnaît semble-t-il deux autres possibilités. À la première correspondrait le cas où la personne était confrontée à un « ensemble » d'options peu attrayantes « entre lesquelles elle ne désirait pas avoir à choisir », tout en « préférant sans réserve celle qu'elle poursuivait » – cas où son motif de premier niveau aussi bien que son action sont donc « en accord avec une volition de second niveau » [2]. Ce volitionniste de niveau supérieur semble violer la clause frankfurtienne consistant à être « poussé à coopérer par un désir [...] dont il ne désire pas qu'il motive sa conduite ». De même dans l'autre cas que Frankfurt reconnaît désormais, où l'individu contraint « est poussé à agir *sans* l'accord d'une volition de second niveau » [3].

Nous pouvons maintenant reprendre l'allusion que j'ai laissée de côté quatre paragraphes plus haut. Sommes-nous certains que *n'importe quel* exemple du type Dworkin ou Frankfurt satisfait leur condition selon laquelle un conflit entre niveaux de désirs doit avoir lieu ? Le seul cas que je puisse imaginer est celui où nous sommes excessivement et lâchement prudents, où nous nous trouvons incapables de faire face à des risques raisonnables – particulièrement quand nous mettons les autres en danger pour nous protéger d'un moindre mal. Mais nous ne nous effondrons pas toujours de cette manière dans les situations de contrainte. Reprenons l'histoire dworkinienne du hold-up. La plupart des victimes, sur le moment et ultérieurement, donneraient leur approbation de second niveau à leurs motifs de prudence. Il est peu probable que,

1. « Coercion and Moral Responsibility », dans T. Hondrich (ed.), *Essays on Freedom of Action*, London, Routledge, 1972, p. 8 *sq.*

2. « Three Concepts of Free Action II », dans J.M. Fischer (ed.), *Moral Responsibility*, Ithaca, Cornell UP, 1986, p. 114.

3. *Ibid.*, p. 116, nous soulignons.

du haut de leur tribune, elles soupirent après des envies de premier niveau plus téméraires.

Tout bien réfléchi, je me demande si nous avons bien fait d'accepter docilement tout cet appareil conatif de premier et de second niveau. Avons-nous besoin d'une telle machinerie pour interpréter même les cas sélectionnés par Dworkin et Frankfurt ? Pour rester avec la victime du hold-up : qu'est-ce qui constitue probablement le principal objet de son aversion – que son argent ait disparu, ou que ce soit « pour ces raisons » qu'elle a renoncé à son argent ? Elle « s'inquiète » quand même davantage de son action, et particulièrement de ses conséquences financières, que de son propre état motivationnel ! La première est quand même plus « pénible » ! Pourquoi, *cher* Frankfurt, la victime devrait-elle désirer « surmonter » son désir efficient ? Un dilemme apparaît : soit, au niveau stratosphérique, elle déteste purement et simplement avoir ce désir, soit elle y résiste parce qu'il « l'amène à passer à l'acte ». Probablement la seconde hypothèse. Mais est-elle peinée simplement parce que l'inclination est bien là lorsqu'elle agit – ou à cause de ce qui résulte de sa présence, à savoir son action et ses conséquences ? Apparemment nos gambades volitionnelles présumées de second niveau concernent davantage notre comportement, et ses effets, que les désirs de premier niveau qui les ont engendrés. Dworkin et Frankfurt ont tort, ou sont en tout cas coupables d'exagération, quand ils supposent que ce qu'une personne contrainte « ne désire pas », c'est que tel ou tel désir la pousse à agir.

Nous pouvons étayer cette objection si nous considérons le cas alternatif proposé, avec des détails assez similaires, par Dworkin et Frankfurt pour illustrer la manière dont se coordonnent les attitudes de premier et de second niveau d'un agent non contraint. À la place de la victime du voleur, qui « ne désire pas … céder l'argent … pour ces raisons », Dworkin évoque un individu qui « pourrait désirer céder de l'agent … parce qu'un proche le lui demande, ou parce qu'il se sent charitable, ou parce qu'il désire se débarrasser de ses biens terrestres »[1]. Or je reformulerais mon objection en demandant : est-ce que cette personne désire seulement, ou de manière primordiale, soit 1) l'impulsion d'aider ses parents, 2) l'envie d'aider tous les infortunés, 3) l'inclination à renoncer au lucre et à la propriété ? Un diagnostic plus vraisemblable serait qu'elle transfère à l'un de ces désirs (1), (2) ou (3) son approbation de certains actes. Si nous soulignons sa volonté d'être amenée « à passer à l'acte » par (1), (2) ou (3), alors le dilemme que j'ai présenté ci-dessus devrait montrer que le prétendu donneur d'argent non-contraint désire en fait exécuter un acte généreux.

J'éprouve un sentiment analogue à propos d'une fiction plus élaborée de Frankfurt :

> [U]n homme … décide de … donner l'argent qu'il a dans sa poche à la première personne qu'il rencontre... La première personne qu'il rencontre pointe un pistolet sur sa tête et menace de le tuer à moins qu'il ne lui cède son argent. L'homme est terrifié, il perd contact avec son intention de départ … et … remet son argent afin d'échapper à la mort.
>
> [Maintenant, s'il avait] cédé l'argent avec son intention bienveillante de départ … il n'aurait pas été contraint d'agir ainsi. Le motif de son action aurait précisément été le motif selon lequel il désirait agir[2].

Nous avons déjà remarqué que l'on peut dire la même chose du donneur d'argent contraint : « le motif de son action … [était] précisément le motif selon lequel il désirait agir », à savoir conserver la vie. Je soupçonne présentement que nous n'avons besoin d'équiper de volitions de niveau supérieur ni les donneurs contraints ni les donneurs non contraints. Imaginons que le philanthrope en herbe de Frankfurt ait accompli son « intention bienveillante de départ ». Si nous voulons faire valoir les divergences entre cette situation et la situation alternative où il remet l'argent sous la menace, nous pouvons le faire avec les seuls désirs de premier niveau, en disant

---

1. Dworkin (1970), p. 371.
2. « Coercion and Moral Responsibility », *op. cit.*, p. 82.

qu'il désirait pratiquer le don-sans-intimidation, et non le don-sous-la-pression. Si nous souhaitons effacer les traits d'union, nous pouvons supposer qu'il a deux désirs de base : donner, et ne pas se trouver dans une situation menaçante.

Notre objectif, jusqu'à présent, était d'élucider l'antithèse fondamentale entre agir sous la contrainte et agir selon ses désirs. Les théories hiérarchiques nous aident à comprendre en quel sens un individu contraint désire obtempérer. Mais elles échouent quand elles assimilent sa réticence à une aversion de second niveau pour le désir qui le « pousse à coopérer ». À cela j'ai objecté que, si jamais ils s'occupaient de plaisanteries de second niveau, les individus contraints approuveraient, pour la plupart, leurs motifs de prudence. J'ai ensuite essayé de démontrer pourquoi aucun des cas standards de comportement contraint et non contraint, y compris ceux sélectionnés par Dworkin et Frankfurt, ne requiert d'analyse à deux niveaux. Je suis loin d'essayer de prouver que personne, ou aucune personne contrainte, ne peut jamais connaître les attitudes de niveau supérieur que Dworkin et Frankfurt décrivent. Je trouve simplement leurs propres exemples contestables, et je doute que des allées et venues de second niveau puissent accomplir les tâches qui leur sont assignées dans ce système d'analyse.

J'ai présenté une analyse à un seul niveau des attitudes du philanthrope consentant. Puis-je faire de même avec sa contrepartie contrainte ? En particulier, comment vais-je traduire l'idée fondamentale que cette dernière, comme Frankfurt le formule, « fait immanquablement quelque chose qu'elle ne désire pas vraiment faire » ? Pour le dire sommairement, ma première réponse non hiérarchique est qu'elle « ne veut pas vraiment » *être* dans la situation coercitive. Cependant, ceci embrouille les choses. La raison même pour laquelle nous disons que cet individu est contraint est qu'il n'a aucun moyen d'échapper à la situation. Toute tentative de fuite serait un geste de défi, qu'il a rejeté en faveur de la soumission. Il n'y a pas d'action alternative, à part obtempérer, action dont on peut dire qu'il « veut vraiment » l'accomplir. Mais nous pouvons légitimement requalifier son attitude comme une aversion pour la situation dans laquelle il se trouve. Ma solution est de dire que sa préférence première irait pour une situation dans laquelle il n'est pas confronté à des menaces ou à des propositions irrésistibles. Traduit en termes pragmatiques, ceci pourrait signifier : si on l'avait prévenu qu'une telle situation allait se produire, et averti d'une situation moins coercitive et par ailleurs pas plus désavantageuse, il aurait sans détour choisi la seconde. Cependant, maintenant qu'il est pris dans cette situation, si on lui demandait de classer par ordre de préférence la coopération, la résistance, le retour magique au *statu quo* antérieur et l'évasion magique pure et simple, il opterait pour l'un ou l'autre miracle[1]. Mon propos n'est pas d'introduire quoi que ce soit d'occulte, mais de suggérer que c'est sa situation coercitive, plutôt que son action ou son désir de premier niveau, qui fait l'objet de son aversion. Cette conception non hiérarchique recoupe même notre « vraiment » pré-analytique : bien que, étant données les circonstances, il n'y ait aucune action que l'individu contraint désire vraiment accomplir, son attitude vraiment importante est sa préférence pour une situation différente. Pourquoi « vraiment importante » ? Parce que s'il avait été, ou était maintenant, en mesure de choisir, il ne désirerait plus se plier à ses bourreaux ; il sélectionnerait un autre décor.

Cette ébauche non hiérarchique ne se veut pas une analyse exhaustive de la contrainte – de ce qui est impliqué lorsque des gens ou des « forces naturelles » obligent un individu à agir. J'ai seulement examiné les désirs et autres attitudes conatives d'un individu contraint. Mon objectif a été de restaurer la parité entre ces attitudes et celles des gens qui font simplement ce qu'ils désirent. La différence entre les deux cas est donc la suivante : tandis que l'individu contraint préférerait toujours se trouver dans une situation différente, les individus non contraints sont, de manière générale, satisfaits de la situation présente. Bien que cela ne corresponde guère à

---

1. Voir R. Nozick, « Coercion », dans S. Morgenbesser *et alii* (ed.), *Philosophy, Science and Method*, New York, St. Martin's Press, 1969, p. 440-472, particulièrement p. 461 *sq.*

une spécification des conditions logiquement nécessaires ou suffisantes autorisant à dire qu'un agent est contraint, c'est tout ce dont nous avons besoin. Cela porte également ses fruits, en rendant justice aux affirmations de Dworkin et de Frankfurt selon lesquelles leurs protagonistes contraints « ne désiraient pas … remettre l'argent dans ces circonstances », et « ne désiraient pas avoir à choisir » entre des actions alternatives désagréables.

Peut-être qu'une démarche similaire nous aidera à élucider notre seconde opposition énigmatique entre d'un côté les cas normaux et non contraints où l'agent agit selon ses désirs, et de l'autre ceux où la nature ou l'origine inhabituelle du désir efficient nous conduit à soupçonner que ce désir domine l'agent d'une manière ou d'une autre, et diminue son contrôle sur son comportement. Un échantillon aléatoire de cas hétérogènes mais typiques indiquera quel type d'opposition nous pourrions élucider. Comme je l'ai noté plus haut, les philosophes s'inquiètent de ce qu'une personne agit moins librement si les motifs de son action sont principalement issus d'une éducation brutale et défavorisée, ou de diverses formes de conditionnement – d'un endoctrinement, d'une modification du comportement, de l'hypnose, d'une opération du cerveau, de l'abus d'alcool et de drogues, ou de compulsions névrotiques ou psychotiques. Manifestement, aucune contrainte n'est présente au moment où un individu agit selon ces motifs, puisque aucune force naturelle ni aucun bourreau humain n'est sur la scène pour l'exercer.

À ce stade, il se peut que l'on soit séduit par les théories hiérarchiques, précisément parce qu'elles mettent à notre disposition les équivalents d'un système contraignant. Les motifs capricieux que j'ai énumérés opèreront alors comme des individus menaçants et tentateurs, ou comme des vents et des mers violents. La victime sera la personne de second niveau, dont les volitions éthérées essuient une défaite. Attention : je n'ai pas l'intention ici de me dépenser en pure perte, une nouvelle bataille est à mener. Quand un individu est littéralement contraint, par autrui ou par des choses inanimées, supposer qu'il a une aversion de second niveau envers ses désirs (de premier niveau) de coopérer peut sembler invraisemblable et gratuit. Mais si nous supprimons les contraintes externes, et imaginons qu'un désir de premier niveau de voler ou autre le mène par le bout du nez, le doter d'une attitude conative supérieure contre ce désir de premier niveau pourrait s'avérer tout à fait approprié.

Pourtant, ne s'agit-il pas de son propre désir? Frankfurt discute deux cas intéressants. Le cas simple est celui où un diabolique chirurgien du cerveau « manipule son sujet de manière permanente, comme une marionnette, de sorte que chacun de ses états mentaux et physiques est le résultat d'[une] intervention spécifique »[1]. Frankfurt n'a pas besoin d'invoquer sa théorie à double niveau pour conclure que « le sujet n'est pas du tout une personne », et que les désirs qui l'affectent ne sont pas « les siens » (*ibid.*). De fait, ceci demeure vrai même si les états mentaux du malheureux « incluent des désirs et des volitions de second niveau » (*ibid.*).

Frankfurt déploie en revanche son analyse à deux niveaux lorsqu'il se confronte au cas plus complexe d'un toxicomane « malgré lui ». Frankfurt suppose que le toxicomane, tout en étant en manque, a une aversion de premier niveau envers la prise de drogue. Mais du haut de son balcon de second niveau, le pauvre homme « s'identifie … à l'un … de ses désirs opposés de premier niveau … [il] s'approprie … l'un d'eux plus intimement et … prend ses distances par rapport à l'autre »; par conséquent la « force qui le pousse à se droguer » doit « lui être étrangère »[2]. Dworkin analyse de manière similaire un individu désirant arrêter de fumer :

> Nous avons besoin de définir en quoi consiste le fait que les motifs d'une personne soient *les siens*, et le fait qu'ils soient les siens *propres*...
>
> [I]l se peut qu'une personne ne désire pas seulement fumer, mais désire également désirer fumer... Elle peut aussi désirer que ses motifs soient autres...

---

1. « Three Concepts », p. 120.
2. Frankfurt (1971), p. 13 [*supra*, p. 90].

Il est possible… qu'elle préfère qu'on introduise en elle une structure causale qui l'amène à être écœurée par le goût ou l'odeur du tabac. Même si son comportement n'est alors pas sous son contrôle volontaire, elle peut fort bien souhaiter être motivée de cette manière afin d'arrêter de fumer. Si c'est le cas, elle considère les influences causales comme « les siennes ». La partie d'elle-même qui souhaite arrêter de fumer est reconnue comme son vrai moi, celui dont elle veut voir les souhaits satisfaits [1].

Dworkin parle aussi d'identification :

L'attitude qu'une personne adopte envers les influences qui la motivent… détermine si oui ou non elles doivent être considérées comme « siennes ». Est-ce qu'elle s'identifie à elles, se les approprie, se considère comme le type de personne qui souhaite être motivée selon ces modalités spécifiques ? Dans le cas contraire, … on ne tiendra pas ces influences pour « siennes », et ce bien qu'elles puissent être avoir une efficience causale [2].

Pourquoi l'envie du toxicomane, ou celle du fumeur, n'est-elle pas vraiment « sienne » ? Frankfurt et Dworkin semblent nous dire qu'il ne désire pas vraiment se droguer, ou fumer, parce que du haut de son piédestal de second niveau, il – son « vrai moi » – abhorre ces ardents désirs de premier niveau. Cette représentation est séduisante, mais est-elle valable ?

Frankfurt et Dworkin présument tous deux que lorsqu'on monte au second niveau, on découvre la personne réelle et ce qu'elle désire vraiment. Je rassemblerai mes doutes en deux objections : pourquoi ne pas monter au troisième étage ou jusqu'à des désirs et des volitions encore supérieurs ? Et si c'est d'une façon ou d'une autre impossible, pourquoi tenir pour acquis que l'attitude de second niveau de l'agent doive toujours être plus fondamentalement la sienne, plus représentative de ce qu'il désire fondamentalement, que celle qu'il adopte au premier niveau ? Peut-être son attitude de niveau supérieur n'est-elle qu'un vague état d'âme qui le ronge.

1. « Autonomy and Behavior Control », p. 24.
2. *Ibid.*, p. 25.

Frankfurt anticipe le défi de la « régression » et dispose de plusieurs répliques. La plus précise commence avec une personne formant une certaine volition « décisive » de second niveau. Selon Frankfurt :

> [E]lle a décidé qu'il n'y avait plus de question à poser au sujet de sa volition de second niveau, à quelque niveau supérieur que ce soit. Il importe peu qu'on explique cela en disant que son engagement génère implicitement une série infinie de désirs corroborants de niveaux supérieurs, ou en disant que l'engagement est équivalent à une dissolution du sens même des questions à propos de niveaux supérieurs du désir [1].

J'ai l'impression que Frankfurt n'a pas tant répondu au défi de la « régression » qu'il ne nous a interdit de poser de telles « questions à propos de niveaux supérieurs ». Mais je n'en suis pas certain, car je ne parviens pas à comprendre ceci ni les passages apparentés.

Mon autre défi consiste à tenter d'obtenir davantage de détails sur l'identification, à quelque niveau qu'elle ait lieu. Frankfurt anticipe ce défi en posant la question suivante : pourquoi une personne ne peut-elle pas manquer de s'identifier à un phénomène de second niveau se produisant en elle, et demeurer « un témoin passif » de ce phénomène ? Frankfurt répond alors :

> Quant [aux] volitions de second niveau d'une personne…, il est impossible qu'elle en soit un témoin passif. Elles *constituent* son activité – c'est-à-dire son être actif plutôt que passif – et la question de savoir si elle s'identifie ou non à elles ne peut pas se poser. Demander si un individu s'identifie ou non à l'identification de son identité n'a pas de sens, … [sauf à demander] si cette identification est pleine et entière [*]… [2].

---

1. Frankfurt (1971), p. 16 [*supra*, p. 96].
2. « Three Concepts », p. 121.

[*] « … pleine et entière » : nous traduisons ici l'expression *to be wholehearted* qui, pas plus que le substantif correspondant *wholeheartedness*, ne peut recevoir d'équivalent français parfaitement approprié dans le contexte théorique qui est ici le sien. Comprenons qu'une identification « wholehearted » est une identification « qui

Dworkin ne parle pas de ces problèmes. Au moins ne déclare-t-il pas simplement qu'ils « ne peuvent pas se poser » *. Pour sa part, Frankfurt ajoute que sa « notion [cardinale] d'identification est de l'aveu général un peu mystifiante ». Je pense donc qu'il ne sera pas injuste de conclure que, en dépit de l'attrait initial de l'approche hiérarchique des cas de motivation étrangère, ses partisans ne l'ont pas encore suffisamment clarifiée.

Peut-être qu'ils ne devraient pas s'en inquiéter, puisqu'il existe des explications non hiérarchiques et particulièrement simples des cas problématiques que Frankfurt et Dworkin examinent. J'ai déjà remarqué que dans son étude du cas de la « marionnette » vivante d'un chirurgien malicieux du cerveau, Frankfurt lui-même ne fait intervenir aucun niveau. Il laisse en effet entendre qu'aucun des « désirs et volitions de second niveau » aussi bien que de premier

---

vient du cœur », dépourvue de toute ambivalence comme de toute incohérence entre les désirs en jeu. La *wholeheartedness* ne fait donc pas référence à une quelconque « force » de la volonté (en conflit avec des désirs extérieurs et étrangers), mais à son unité ou à son intégrité, en un sens à la fois dynamique (temporel) et statique (structural). Voir à ce sujet Frankfurt 1987, p. 164-167. *Cf.* Bratman 1996, *supra*, p. 146, n. 1.

* Velleman 1992 propose une interprétation intéressante de la réponse de Frankfurt, en tentant de montrer en quoi elle n'est pas une simple pétition de principe. Selon lui, cette réponse est satisfaisante si l'on reconnaît que Frankfurt emploie le terme « identification » en un sens spécifique, puisque d'ordinaire l'identification dénote un événement ou un état mental auquel le sujet peut de fait être étranger, et qui a donc lieu sans sa participation. Je peux par exemple m'identifier en quelque sorte « malgré moi » à un personnage de roman que je trouve par ailleurs repoussant, situation où je suis tout à fait à même de prendre mes distances vis-à-vis de l'identification en question. Or « quand Frankfurt refuse de se demander si un agent s'identifie ou non à sa propre identification, il veut dire que l'identification à un motif est différente de l'identification à un personnage de roman, précisément en ce qu'elle ne peut avoir lieu sans la participation de l'agent. S'identifier à une autre personne est, au plus, une question de s'imaginer dans sa peau, tandis que s'identifier à un motif implique de se l'approprier réellement et pas seulement en imagination. [...] s'identifier à un motif est un phénomène mental qui ne peut tout simplement pas avoir lieu à moins que l'on y participe, bien que l'on puisse y participer sans enthousiasme ou incomplètement » (p. 473-474).

niveau qui gagnent la victime n'est « le sien », parce que le docteur fou les lui a infligés. Ne sont-ils pas ceux du docteur ? Dans tous les cas, on peut transférer cette analyse à un niveau à un autre cas dont les philosophes sont depuis longtemps épris, celui des désirs implantés sous hypnose. On peut en effet présumer que, n'étaient les intrusions du chirurgien et de l'hypnotiseur, qu'elles n'ont ni sollicitées ni remarquées, leurs victimes ne désireraient pas irrésistiblement agir comme elles le font. Je ne m'occupe pas du cas où un fumeur dworkinesque a supplié un hypnotiseur ou un chirurgien de lui donner un dégoût irrésistible pour le tabac, cas où nous ne trouverions rien de spécialement étranger dans la nouvelle motivation du fumeur.

Pour ce qui est des fumeurs « accros » et des alcooliques ou des toxicomanes, j'avancerais à titre d'essai deux explications complémentaires des raisons pour lesquelles les désirs de tels individus ne reflètent pas toujours ce qu'ils désirent vraiment. Comme celles de Frankfurt et Dworkin, ma théorie ne concerne que les fumeurs, alcooliques, et toxicomanes apparemment « malgré eux », qui expriment sincèrement leur aversion à l'égard de leur dépendance. Ma première et très simpliste manière de résoudre le problème serait d'assimiler ces cas à celui de la victime du chirurgien fou ou de l'hypnotiseur. Dans certains cas au moins, le consommateur de tabac, d'alcool ou de drogue ne pensait peut-être pas du tout qu'il développerait une dépendance. Il est possible qu'on lui ait administré des drogues ou de la liqueur pendant son enfance ou, de manière générale, sans qu'il sache de quoi il s'agissait. C'est donc comme si sa dépendance avait été subrepticement implantée en lui.

Cette analyse couvrira certes peu de cas. Mais il est possible que, aussi bien que ce sous-ensemble, les autres cas tombent sous le critère que j'ai utilisé pour distinguer les personnes qui agissent sous la contrainte de celles qui font simplement ce qu'elles désirent. Imaginons qu'un toxicomane, un alcoolique ou un fumeur « malgré lui » se trouve nez à nez avec un *deus ex machina*, qui lui offre le choix entre continuer à s'adonner à sa dépendance, essayer de lui résister, remonter le temps jusqu'à une période de sa vie libre de toute dépendance, ou d'une manière ou d'une autre sortir de son actuel dilemme « céder ou résister ». Évidemment nous ne devons pas tenir compte du vœu de rajeunissement. Cela posé, il choisirait selon mon critère une forme d'évasion hors de sa situation psychologique. Un toxicomane « consentant », ou quiconque dont les désirs efficients semblent être « les siens » et non étrangers, préfèrerait l'état actuel des choses à de tels changements radicaux. Si mon explication de la différence entre les deux types de toxicomanes devait sembler au lecteur vaguement hiérarchique, j'expliquerais que le toxicomane « malgré lui » ne choisit pas purement et simplement de se débarrasser de son désir de narcotiques. En quoi se soucie-t-il de l'envie *per se* ? Il est possible qu'il n'aime pas les douleurs corporelles qu'il subit quand le manque le gagne, mais je pense que c'est un problème distinct. Ce que je veux dire c'est qu'il est avant tout opposé aux actions qu'il commet lorsqu'il succombe à sa dépendance, ainsi qu'à leurs effets à long terme. Les toxicomanes consentants, et les autres personnes qui agissent « d'elles-mêmes » d'après des motifs qui leur sont propres, préfèrent continuer à faire ce qu'elles font.

En ce qui concerne les autres cas de motivation « étrangère » qui sont sur ma liste, je ne sais pas avec certitude comment construire le contraste nécessaire. Le lavage de cerveau ressemble quelque peu à la situation de la « marionnette » humaine du chirurgien diabolique – sauf que l'individu qui a subi un lavage de cerveau mène par la suite une vie relativement libre de manipulation, presque « sa propre » vie. La personne qui a été psychologiquement traumatisée ou brutalement endoctrinée au cours de son enfance se distingue sur deux autres points des adultes ayant subi un lavage de cerveau. Nous sommes raisonnablement sûrs de ce à quoi ressemblaient les désirs d'un individu avant qu'ils ne soient modifiés, sans son consentement, par un lavage de cerveau ; mais nous pouvons seulement deviner comment un enfant aurait pu se développer s'il n'avait pas été conditionné pour avoir ces désirs. Les notions de consentement et de refus ne sont pas non plus applicables lorsque nous parlons de l'endoctrinement de personnes relativement jeunes.

Une ultime complication, avec les adultes et les enfants sévèrement conditionnés, est qu'ils ne montrent aucune réticence à faire ce qu'ils désirent faire, réticence que nous trouvons chez les toxicomanes, les alcooliques et les fumeurs « malgré eux ».

Qu'en est-il des « compulsions » névrotiques et psychotiques ? Je compléterai cette investigation par l'examen de deux analyses qui sont hiérarchiques en un sens plus large que celui de Dworkin et de Frankfurt, et qui semblent idéalement appropriées pour distinguer ces désirs incontrôlables des véritables désirs d'une personne. La première conception, récemment replacée par Wright Neely dans le débat sur la liberté de la volonté, assimile ce que je désire vraiment avec ce que je désire quand je pense rationnellement. L'autre conception, celle de Gary Watson, assimile les « valeurs » d'une personne à « ce qu'[elle] désire le plus »[1]. Les deux analyses visent à expliquer de manière générale la différence entre l'action libre et l'action non libre. Cependant, je suis curieux de voir si elles nous aident ou non à articuler le contraste plus étroit entre agir selon un désir névrotique ou psychotique, et faire ce que l'on désire véritablement faire. Aucune des deux théories n'est hiérarchique d'une manière qui consiste à placer nos vrais désirs sur un plan logique ou sémantique supérieur à celui d'une pulsion étrangère, et à les diriger, en l'approuvant ou en le désapprouvant, sur le désir intrus. Selon l'analyse de Neely et de Watson, nos désirs authentiques, tout comme les inclinations étrangères qui nous dominent, sont des désirs d'agir. La hiérarchie semble donc franchement ontologique : certaines de nos attitudes conatives sont vraiment les nôtres, d'autres non.

Je commencerai par demander si la doctrine de la « rationalité » de Neely élucide et justifie ce genre d'affirmation. Alisdair MacIntyre a en fait avancé cette thèse il y a une vingtaine d'années, soutenant que nous agissons librement lorsque notre comportement est rationnel. Nous pouvons mettre de côté le contre-exemple évident d'une personne contrainte, et donc non libre, qui décide tout

1. Neely (1974), Watson (1975), p. 206 [*supra*, p. 157].

à fait rationnellement de mettre les pouces. Peut-être cette théorie
maintiendra-t-elle la distinction entre les actions commises de
« nous-mêmes » et les désirs étrangers. MacIntyre écrit comme suit :

> Un comportement est rationnel – en ce sens arbitrairement défini –
> si, et seulement si, il peut [en principe] être influencé ou inhibé par
> l'ajout d'une quelconque considération logiquement pertinente. …
> Ce qui est logiquement pertinent variera nécessairement au cas par
> cas. Si Dupont est sur le point de faire un don généreux à quelqu'un
> qui se trouve apparemment dans le besoin, l'information selon
> laquelle cet homme … en a en fait largement les moyens sera perti-
> nente … [U]ne action impulsive peut en ce sens être rationnelle …
> [et] le comportement peut être réfléchi sans être … rationnel. Car il
> est possible qu'un homme passe un sacré bout de temps à réfléchir
> à ce qu'il devrait faire, et refuse néanmoins d'envisager un grand
> nombre de considérations logiquement pertinentes [1].

Cette explication nous aiderait à distinguer entre agir selon nos
propres désirs et céder à des pulsions étrangères s'il s'avérait que
nous tendons à être rationnels dans le premier cas mais pas dans le
second. Malheureusement MacIntyre a omis de spécifier la source
des normes qui s'appliquent aux « considérations logiquement
pertinentes ». Devons-nous nous reposer sur des tests communément acceptés ? Sur le jugement de la majorité ? Sur le verdict de
logiciens et autres experts ? Neely a une réponse : il opte pour un
critère de pertinence logique propre à la personne. C'est lorsqu'un
désir nous rend imperméables à des considérations que par ailleurs
nous prenons au sérieux qu'il est « irrépressible », pas vraiment
nôtre ; dans les autres cas il est « plus intimement relié au moi » [2].
Neely illustre cette distinction par une référence au désir de Socrate
de rester en prison et de boire la ciguë, plutôt que de laisser Criton
arranger son évasion. Neely admet que…

---

1. A. MacIntyre, « Determinism », dans B. Berofsky (ed.), *Freedom and Determinism*, New York, Harper and Row, 1957, p. 240-254, citation p. 248.
2. Neely (1974), p. 43.

...il est possible que nous ayons l'impression que Criton a présenté à Socrate de bonnes et suffisantes raisons de s'évader. Cependant ... la décision de Socrate de rester ... [n'est pas] un cas évident de décision non libre. Ceci nous conduit ... [à suggérer qu'] un désir est irrépressible si et seulement s'il est vrai que si l'on avait présenté à l'agent ce qu'il tient pour être de bonnes et suffisantes raisons de ne pas agir selon ce désir, il l'aurait néanmoins fait [1].

Le subjectivisme de Neely crée une petite difficulté. Qu'en est-il si, lorsqu'il évalue les raisons de ne pas agir selon son désir, l'agent maintient de manière cohérente son attachement à une norme absurdement élevée de pertinence et d'évidence ? Dans la phraséologie de MacIntyre, cet agent refuse de considérer un tant soit peu attentivement un vaste éventail de raisons que les gens acceptent généralement comme des raisons de modifier le comportement qu'ils avaient prévu. Dans ce cas, quelques bizarres et auto-destructeurs que soient certains de ses désirs, aucun ne sera « irrépressible ».

Cela dit, une objection plus profonde serait celle que j'ai recommandée contre la manière dont Frankfurt conçoit « l'identification » d'un individu à ses « volitions de second niveau », et par-là à tout « désir de premier niveau » qu'il approuve. De même que Frankfurt et Dworkin tiennent pour acquis que le moi de second niveau correspond au « vrai moi », et que mes volitions de second niveau représentent ce que je désire vraiment, Neely paraît supposer que le moi rationnel correspond au moi réel. Mais pourquoi ne pourrais-je pas être, de mon propre aveu dans mes rares moments de rationalité, une personne généralement irrationnelle ? Pourquoi serait-il nécessairement faux que, lorsque je ne suis pas sensible au raisonnement, mes désirs expriment néanmoins ce que je désire vraiment ? Identifier, comme le fait Neely, la rationalité et l'authenticité semble exclure cette possibilité *a priori*.

Pourquoi pas ? Dans les termes du sens commun, je ne pense pas qu'un individu ne puisse pas être fondamentalement irrationnel

1. *Ibid.*, p. 47.

tout en désirant, dans l'une de ses explosions de colère, vraiment telle ou telle chose. Dans le jargon psychanalytique, je crois que l'erreur de Neely est d'avoir assimilé le noyau de la personne, c'est-à-dire son « moi », aux aspects de la personnalité humaine que Freud essaie de restituer avec des termes divers : « conscience », « le système conscient des idées », « le principe de réalité », « l'ego ». Peut-être induit en erreur par certains énoncés légers de Freud et de ses disciples, Neely a éludé l'hypothèse fondamentale de Freud selon laquelle les autres aspects plus sombres, sauvages et non rationnels de la personnalité sont aussi – sinon plus – importants : ce que Freud appelle « l'inconscient », « le système inconscient des idées et des pulsions », « libido », « le principe de plaisir », « surmoi », « éros », « la pulsion d'autodestruction ». La tendance générale de Freud est de souligner les côtés non rationnels d'un être humain : il reconnaît que le « contenu refoulé » de mes rêves vient d'« un "ça" sur lequel est posé mon moi » ; et que cependant « ce moi… développé hors du ça… forme avec lui une unité biologique …, [et] obéit aux incitations qui proviennent du ça » [1]. Freud écrit même que le « noyau de notre être … est constitué par le ténébreux ça … » [2]. Loin d'être exégétique, mon intérêt est ici de suggérer que le postulat de Neely exclut, sans argument, notre acceptation de la conception freudienne de l'individu comme un mélange latent et en tension d'éléments rationnels et non rationnels. Neely a à démontrer pourquoi, à chaque fois que les éléments non rationnels dominent, je ne pourrais pas agir selon mes propres désirs, et librement par-dessus le marché [*].

1. « Quelques suppléments à l'ensemble de l'interpétation du rêve », trad. fr. A. Bourguignon et P. Cotet (dir.) dans, *Œuvres complètes*, XIII, Paris, PUF, 1992, p. 183.

2. *Abrégé de psychanalyse*, trad. fr. A. Berman, Paris, PUF, 1949, p. 72.

[*] Cette objection de Thalberg ne rend pas complètement justice à la thèse de Neely, où l'équivalence entre la rationalité et l'authenticité de nos désirs n'est pas posée *a priori* mais seulement *a posteriori*, en ce qu'elle relève d'un constat empirique ou socio-psychologique. Cherchant à résoudre le problème de savoir comment

Je réagirais de manière similaire à l'équivalence de Watson entre désirs authentiques et valeurs morales. Watson soutient la thèse générale selon laquelle …

> [dans] le cas des actions non libres, l'agent est incapable d'accomplir de qu'il désire le plus, ou *estime*, cette incapacité étant due à son propre « système motivationnel ».
>
> I[l] est possible que l'intensité du désir ne reflète pas adéquatement le degré auquel on estime son objet […].
>
> [I]l est possible que [l'on] soit parfois motivé à accomplir des actes que [l'on] estime dénués de valeur. Cette possibilité est à la base du principal problème de l'action libre : une personne peut être entravée dans ses actions par sa propre volonté [1].

Pourquoi devrions-nous admettre, de fait, que notre conscience est notre moi réel, et que nos principes moraux spécifient ce que

1. Watson (1975), p. 206, 210, 213 [*supra*, respectivement p. 157, 162, 167].

l'on peut être asservi par tel ou tel désir, Neely part de ce qu'il tient pour être un point commun à Platon et Freud, à savoir que l'élément qui est promu dans chaque conception comme source de la liberté correspond plus authentiquement au moi de l'individu que les autres éléments avec lesquels il est en conflit. S'il est certes légitime de rejeter la représentation platonicienne de l'homoncule, ce n'est pas en nous reportant ni sur l'existentialisme, qui construit le moi réel comme quelque chose qui est au-dessus de tous ses désirs et sans désir de décider lesquels satisfaire parmi eux, ni sur une forme de naturalisme, qui identifie le moi avec la totalité de ses désirs, que nous conserverons l'intuition fondamentale selon laquelle certains désirs sont plus intimement liés à notre moi, tandis que d'autres nous asservissent et ne correspondent pas à ce que nous sommes vraiment. Pourquoi alors isoler les premiers à l'aune d'un critère de rationalité morale ? C'est ici qu'intervient la critique du libertarisme moral, qui tient précisément pour acquis que les désirs conformément auxquels nous agissons quand nous résistons à l'attraction d'autres désirs, et qui nous rendent donc libres, sont *ipso facto* des convictions morales. Or, selon Neely, « ce qui est vrai c'est [uniquement] qu'ils doivent être des désirs incompatibles avec ceux auxquels nous résistons, et des désirs auxquels nous attribuons une priorité plus élevée qu'à ces derniers ». Le fait est que nous considérons habituellement nos convictions morales comme ayant autorité sur nos autres désirs, ce qui signifie que nous pensons que nous devrions leur permettre de dominer les autres (Neely 1974, p. 42-45). Freud ne nierait probablement pas cela, mais soutiendrait que la forme de liberté qui est ainsi reconnue est, dans certains cas au moins, illusoire et profondément aliénante.

nous désirons vraiment ou « le plus » ? Watson lui-même semble
la cible toute prête d'une objection freudienne évidente : a-t-il
démontré la fausseté de l'hypothèse psychanalytique selon laquelle
nos normes morales nous sont sournoisement imposées par nos
aînés et autres gardiens de notre groupe social ? Il admet certes que
« l'on peut être dissocié des demandes du surmoi aussi bien que de
celles du ça » [1], mais le seul problème auquel il se confronte est celui
de savoir si la perspective morale d'une personne a « son seul fondement dans la socialisation … indépendamment de [son] jugement ».
Il procède donc à une comparaison entre les valeurs qui dérivent de
la socialisation et celles, plus authentiques, que nous déduisons

> à tête reposée et sans duperie de soi… Que la plupart des gens ait des
> « des conceptions du bien » articulées, des projets de vie cohérents,
> des *systèmes* de fins, … est évidemment de l'ordre de la fiction.
> Pourtant nous avons tous des objectifs à plus ou moins long terme
> et des principes normatifs que nous sommes prêts à défendre …
> [Ceux-ci] … [constituent] … nos valeurs [2].

Même sur ce point, la plupart des freudiens et de nombreux
non-freudiens rejetteraient comme illusoire la distinction que fait
Watson entre socialisation et raisonnement. Mais l'objection fondamentale est tout à fait indépendante de cela. En étroite analogie
avec la manière dont Neely nous assimile à notre côté rationnel,
Watson nous restreint arbitrairement à un moi rationnellement
évaluateur. Comme Dworkin, Frankfurt et Neely, il élude les
théories de Freud et les théories de la personnalité du même type,
qui nous dépeignent comme des systèmes exposés au conflit de
« principes », de « forces » et de micro-« instances » libidinales,
destructives, morbides, auto-conservatrices, sociables, rongées par
la mauvaise conscience, la culpabilité et autres. Peut-être que nous
estimons notre disposition à la réflexion morale « à tête reposée
et sans duperie de soi » plus que nous n'estimons nos envies et

---

1. *Ibid.*, p. 214 [*supra*, p. 168].
2. *Ibid.*, p. 215 [*supra*, p. 169].

fantasmes primitifs. Mais il est trop circulaire de prouver que le moi réel correspond au moi évaluateur, que ce sont les choses que nous estimons que nous désirons « le plus ». Même si notre moi évaluateur était notre privilège le plus inestimable, on ne pourrait rien en déduire à propos de sa supériorité ontologique, ni à propos du degré de réalité de nos valeurs comparé à celui de nos désirs de tous les jours.

J'en conclus que les quatre théories hiérarchiques que j'ai examinées ont échoué, en dépit de l'ingéniosité de leurs partisans, à rendre intelligibles les oppositions qui nous embarrassaient. En revanche, nous sommes parvenus à élaborer des explications non hiérarchiques, malheureusement sommaires mais néanmoins valables, de l'antithèse entre agir sous la contrainte et agir selon ses désirs. Nous avons également pu départager de nombreux cas intéressants tombant sous la seconde antithèse, entre agir selon un désir « étranger » irrépressible et faire ce que l'on désire vraiment. À mon avis, les cas récalcitrants de désirs résultant d'un endoctrinement précoce, d'un lavage de cerveau ultérieur, et de névroses et de psychoses qui ne sont imputables ni à un gène ni à un accident, vont préoccuper les acteurs du débat sur la « liberté de la volonté » pendant un moment encore. Je les aurai peut-être au moins convaincus de ne pas essayer les solutions hiérarchiques.

NOMY ARPALY et TIMOTHY SCHROEDER

ÉLOGE, BLÂME ET MOI INTÉGRAL *

De toutes les choses que l'on fait dans le monde, certaines sont dignes d'éloge et d'autres méritent le blâme. D'un côté les gens élèvent bien leurs enfants, contribuent à la lutte contre la famine, rejettent le racisme subtil de leurs pairs; de l'autre ils collaborent également avec des gouvernements totalitaires, battent leur épouse, tourmentent leurs camarades de classe. Qu'est-ce qui, cependant, fait de tel ou tel acte l'objet soit de l'éloge soit du blâme? À quelles conditions un agent est-il responsable, en ce sens, de ce qu'il a fait? On a souvent considéré que la réponse à ces questions reposait entièrement sur le débat concernant la liberté de la volonté, puisqu'il est largement admis que l'acte d'un agent est sujet à l'éloge ou au blâme seulement s'il a été librement voulu. Pourtant, la théorie morale, la théorie de l'action et la psychologie morale sont au moins aussi pertinentes pour y répondre.

Au cours du dernier quart de siècle, dans le sillage de l'article fondateur d'Harry Frankfurt « La liberté de la volonté et le concept de personne » (1971), de nombreux auteurs ont mis en avant le caractère interdisciplinaire de la question. Dépassant les frontières du traditionnel débat sur la liberté de la volonté, ils ont tenté de décrire les conditions de la responsabilité individuelle en faisant

* N. Arpaly et T. Schroeder, « Praise, Blame and the Whole Self », *Philosophical Studies*, vol. 93, n° 2, 1999, p. 161-188. Nos remerciements vont à l'éditeur et aux auteurs pour leurs aimables autorisations.

appel aux théories de la personnalité, de l'agentivité rationnelle, et du choix éthique. En faisant intervenir de nouvelles considérations et en donnant naissance à de nouvelles lignes d'arguments, cette approche a insufflé une bouffée d'air frais dans le débat souvent stagnant sur la liberté de la volonté. C'est celle que nous adopterons dans cet article, où nous espérons montrer que la prise en compte d'un phénomène de psychologie morale sous-estimé, l'acrasie inversée, peut améliorer notre compréhension de l'agentivité et de la responsabilité. Une fois le phénomène présenté dans la section I, nous passerons rapidement en revue dans la section II une famille de conceptions inspirées de Frankfurt avant de les critiquer dans les sections III et IV, à l'aune du phénomène de l'acrasie inversée. Nous proposerons dans la section V une nouvelle théorie, et répondrons dans la dernière section aux objections potentielles qui peuvent lui être adressées.

L'ACRASIE INVERSÉE

Agir de manière acratique c'est penser qu'une action est, tout bien considéré, la bonne action, et néanmoins agir autrement. Les exemples d'acrasie les plus souvent discutés tournent autour d'une action répréhensible quelconque, où les désirs de l'agent l'emportent sur son jugement : un tel est au régime, mais ne peut pourtant s'empêcher de manger la part de gâteau ; un autre est résolu à dire une vérité délicate, et laisse pourtant échapper un mensonge. Dans les cas qui nous intéressent, cependant, l'acrasie débouche sur ce que, à défaut d'un meilleur terme, nous pourrions appeler une *bonne* action*, à savoir que l'action acratique est meilleure que celle recommandée à l'agent par son jugement réfléchi. Parce que ces cas renversent ce à quoi nous nous attendons habituellement lorsqu'on parle d'action acratique, nous les qualifions d'acrasie inversée.

---

* Le français ne peut rendre le parallèle entre « *wrong*doing », l'action *répréhensible*, et « *right*doing », qu'à défaut de mieux nous traduisons par *bonne* action.

Comme Jonathan Bennett l'a remarqué[1], *Les Aventures de Huckleberry Finn*, de Mark Twain, mettent précisément en scène ce type d'acrasie. Lorsque Huckleberry se prend d'amitié pour Jim, un esclave en fuite, ses convictions morales typiquement sudistes lui conseillent clairement de renvoyer l'esclave à son propriétaire légal. Il sait, croit-il, ce qu'il devrait faire. À son grand embarras cependant, Huckleberry se trouve psychologiquement incapable de commettre ce qu'il croit être la bonne action. Lorsque l'opportunité de livrer Jim se présente, il se sent le cœur trop serré, et fait preuve de ce qu'il juge être de la faiblesse de la volonté. Il ne peut tout simplement pas le faire. Il finit par abandonner complètement l'idée de livrer Jim, et se considère par conséquent comme un type faible, un mauvais gars, pour qui être moral est une tâche beaucoup trop difficile et ingrate.

Un autre exemple d'acrasie inversée, peut-être le premier répertorié, est mentionné par Aristote dans *Éthique à Nicomaque* (1146a10). Il s'agit de Néoptolème, un personnage de la pièce de Sophocle *Philoctète*. Son maître Ulysse l'envoie tromper Philoctète, et Néoptolème est déterminé à accomplir son devoir. Pourtant, face à Philoctète, il se trouve incapable d'agir et révèle au contraire la vraie nature de sa mission. À nouveau, on a affaire à un individu qui agit bien, mais contre ce qu'il juge être le meilleur. Néoptolème se sent lié par le devoir de tromper Philoctète, pense que son devoir devrait primer sur son désir d'être honnête, et pourtant cède à son désir. Le personnage d'Oscar Schindler, tel qu'il est dépeint dans le film de Steven Spielberg, nous offre un exemple plus contemporain d'acrasie inversée. D'après *La Liste de Schindler*, celui-ci a lancé son entreprise – en employant les Juifs d'un ghetto polonais sous autorité nazie – comme un égoïste avéré, dont l'objectif était de tirer de la guerre autant de profit que possible. Jusqu'à un moment assez avancé dans l'intrigue, les convictions conscientes de Schindler restent celles d'un cynique capitaliste.

---

1. Voir « The Conscience of Huckleberry Finn », *Philosophy* 49 (1974), p. 123-134.

Même lorsqu'il se trouve agir de manière tout à fait anti-économique afin de sauver les vies de gens dont il est supposé ne pas se soucier, il considère ses actes comme témoignant d'une faiblesse de la volonté, ou les rationalise rétrospectivement comme pourrait le faire quelqu'un ayant fait une entorse à son régime.

Comme l'acrasie ordinaire, l'acrasie inversée ne concerne pas toujours des questions morales. On peut avoir pris une mauvaise décision pragmatique (par exemple, s'être engagé dans une profession inadaptée ou s'être résolu à atteindre les objectifs d'une anorexique), et être acratique à cet égard. Cependant, pour le propos présent c'est l'acrasie inversée morale qui nous intéresse. Comment l'intuition morale commune considère-t-elle ce phénomène ? Dans certains cas au moins, l'acratique inversé est clairement digne d'éloge. Cela vaut pour Huckleberry, Néoptolème et Schindler, quoi que l'on puisse ressentir par ailleurs à leur égard. Huckleberry est louable pour l'aide qu'il apporte à Jim, Néoptolème parce qu'il dit la vérité, et si *La liste de Schindler* se terminait sans que le protagoniste ne « s'approprie » jamais son désir d'aider autrui, il n'en serait pas moins digne d'éloge pour ses actions héroïques.

Ce n'est pas simplement l'action de l'agent qui est louable dans ces exemples, mais aussi son caractère. Nous ne pensons pas seulement qu'aider Jim est une chose qu'Huckleberry a eu raison de faire, mais nous considérons aussi que cette action révèle quelque chose d'important à son sujet. Le lecteur du roman de Twain tend à considérer l'action de Huckleberry non pas comme une chose accidentellement bonne commise par un mauvais gars, mais comme un indice que Huckleberry est, en un sens important, un bon garçon, un garçon qui a bon cœur. De même, l'incapacité de Néoptolème à tromper Philoctète invite le lecteur à le considérer comme une personne meilleure, une personne chez qui la compassion et l'honnêteté sont plus fortes que la peur de désobéir à un ordre. Quant à Schindler, le spectateur est amené à ne pas croire aux motivations égoïstes qu'il professe et à considérer son désir de sauver des gens, aussi décrié soit-il, comme une composante de sa personnalité plus essentielle que son âpreté au gain.

Que de tels agents, et pas seulement leurs actions, soient dignes d'éloge, est encore plus évident lorsqu'on considère que la manière dont on juge leurs actes change selon les différentes explications que l'on peut donner de leurs motivations. Par exemple, si l'on savait que l'incapacité acratique de Huckleberry à livrer Jim était due à son désir de se rebeller, d'agir d'une manière non acceptable pour la société dans laquelle il vit, on ne le louerait pas pour son action comme on le fait pour le héros du roman de Twain. De même, si l'incapacité acratique de Néoptolème à tromper Philoctète résultait d'un désir de se venger d'Ulysse parce que celui-ci l'avait insulté la veille, son acte ne semblerait pas digne d'éloge. Et si Schindler avait été motivé par un désir obsessionnel de prendre des risques, il ne serait pas célébré comme une figure moralement vivifiante.

Puisqu'il est d'usage de considérer l'action délibérée et dictée par des principes comme l'objet principal de la moralité, certains pourraient être tentés de dire que l'éloge de l'acratique inversé n'est pas véritablement moral. On pourrait ainsi soutenir qu'Huckleberry agit à partir d'une compassion « aveugle » – une inclination qui peut être heureuse et nous le rendre sympathique, mais qui n'est pas plus significative, d'un point de vue moral, que la tendance d'un animal à ne pas faire de mal aux petites créatures dotées de grands yeux. Une telle interprétation n'est pourtant pas justifiée. On aurait tort de penser en effet que Huckleberry est de nature délicate, qu'il ne supporte pas de voir un homme enchaîné, ou qu'il éprouve un attachement aveugle pour chaque adulte qui se montre aimable envers lui. Huckleberry est digne d'éloge parce qu'il lui répugne de livrer Jim pour des raisons moralement significatives : il ne peut pas se résoudre à le faire parce qu'il croit en la loyauté entre amis ; et alors qu'il « sait » que Jim, parce qu'il est noir, devrait être traité différemment des autres, il ne peut pas s'empêcher de le reconnaître comme être humain, en tant que tel pas si différent des blancs. Comme nombre d'enfants et d'adultes, Huckleberry n'est pas un assez bon délibérateur pour rejeter, sur la base de son expérience, les convictions profondes de sa société, mais le motif de son action n'en est pas moins digne d'éloge du point de vue moral. De manière similaire, Aristote fait l'éloge de Néoptolème car sa répugnance à mentir est une réaction vertueuse aux particularités de la situation de Philoctète. Si Néoptolème avait simplement été conditionné par ses parents pour se sentir honteux et « à découvert » chaque fois qu'il prononce un mensonge, il n'aurait pas été aussi digne d'éloge ; Schindler n'aurait pas non plus reçu d'éloge s'il s'était avéré qu'une mystérieuse faiblesse pour les gens aux yeux bruns était tout ce qui l'avait guidé. Ces exemples montrent qu'il est possible, et pas exceptionnel, de faire un authentique éloge moral des acratiques inversés – un éloge qui leur est adressé à eux, et non à un quelconque heureux mécanisme dans leur esprit.

LE MOI RÉEL

Les jugements que nous portons dans les exemples de la section précédente – lorsque nous reconnaissons à Huckleberry et aux autres acratiques inversés le mérite de leurs actions et que nous en tirons des conclusions positives concernant leur caractère – présentent un problème pour les théories de l'agentivité et de la responsabilité inspirées de Harry Frankfurt (judicieusement nommées les « théories du Vrai Moi » par Susan Wolf[1]). Pour bien le comprendre, cependant, un détour par le détail de ces théories est nécessaire.

D'après les théories du Vrai Moi, on peut considérer que les actions de l'agent sont issues de l'une ou l'autre des deux parties différentes qui composent son moi. L'une d'elles – le Vrai Moi – lui appartient plus profondément que l'autre, et a donc un statut privilégié dans sa vie métaphysique et morale. Les actes émanant du Vrai Moi – et ceux-ci sont, pour la plupart, le fait de gens ordinaires et sains d'esprit – sont libres, et sont donc sujets à l'éloge ou au blâme. L'autre partie du moi, qui pourrait être appelée le Faux Moi,

---

1. Voir « The Real Self View », dans J. Fischer and M. Ravizza (ed.), *Perspectives on Moral Responsibility*, Ithaca, Cornel UP, 1993, p. 151-170.

est privée de cette prérogative. La prise d'héroïne chez un toxicomane involontaire, ou les vols à l'étalage d'un kleptomane, sont tenus pour des actes émanant, de manière caractéristique, de l'extérieur du Vrai Moi.

Il existe deux versions principales des théories du Vrai Moi : la version hiérarchique et la version non hiérarchique[1]. Dans les conceptions hiérarchiques, le vrai moi de l'agent réside dans ses états motivationnels de niveau supérieur. Harry Frankfurt (1971), Gerald Dworkin (1970), Wright Neely (1974), Eleonore Stump (1988), et Keith Lehrer (1990)[2] ont tous élaboré des théories hiérarchiques du Vrai Moi, celle de Frankfurt étant la plus influente. Dans cette dernière, le Vrai Moi de l'agent est son système cohérent de désirs de niveau supérieur. L'acte d'un agent est digne d'éloge ou de blâme seulement si ses désirs univoques de niveau supérieur concernant sa volonté[3], désirs qui constituent son Vrai Moi, sont satisfaits. Imaginons par exemple un kleptomane qui réprouve sa compulsion. Il désire à la fois voler et ne pas voler : au premier niveau, il est déchiré entre des désirs conflictuels. Mais ce qui est crucial c'est qu'il désire ne pas agir selon son désir de voler, et que ce désir de niveau supérieur n'est confronté à aucun désir opposé de niveau identique ou encore supérieur, de sorte qu'il constitue une partie de son Vrai Moi. Si jamais il devait violer ce désir de niveau supérieur, c'est-à-dire s'il devait agir selon son désir de voler, alors son action ne viendrait pas de son Vrai Moi, et il ne mériterait donc pas d'être blâmé pour ce qu'il fait. Stump cherche à modifier la théorie de Frankfurt en ne parlant pas simplement de volitions de

1. Dans « Sanity and the Metaphysics of Responsibility » [1987, *infra*, p. 293 *sq.*], S. Wolf présente une théorie du Vrai Moi sans pour autant vouloir entrer dans cette alternative. Elle a cependant ultérieurement abandonné cette approche en terme de Vrai Moi, voir « The Real Self View » (*op. cit.*).

2. Voir K. Lehrer, *Metamind*, New York, Harper and Row, 1990.

3. Nous disons « désirs univoques de niveau supérieur » car si Frankfurt reconnaît qu'il peut y avoir des conflits entre des désirs de n'importe quel niveau, il affirme que le Vrai Moi de l'agent est à identifier avec ses désirs du plus bas niveau entre lesquels il n'y a plus aucun conflit.

second niveau, mais de volitions de second niveau dont la formation implique la faculté de raisonnement de l'agent. Lehrer propose une conception quelque peu différente, en termes de préférences plutôt que de désirs. Les analyses de Neely et Dworkin sont comparables à celles de Frankfurt pour le présent propos, bien qu'elles présentent également entre elles certaines divergences intéressantes.

Les conceptions non-hiérarchiques rejettent la pertinence du niveau des désirs mais conservent l'idée qu'il existe une distinction importante entre les pro-attitudes de l'agent. Gary Watson par exemple, dans « L'agentivité libre » (1975), tente de faire la différence entre ce que l'on peut appeler les simples désirs et les valeurs. En première approximation, les valeurs de l'agent sont ses jugements réfléchis à propos de ce qu'il serait bon de faire, tandis que ses simples désirs ne sont que des envies ressenties, des pulsions vers telle ou telle chose, qui le tentent par la promesse du plaisir de la satisfaction. Selon l'analyse de Watson, le Vrai Moi de l'agent se trouve dans son système évaluatif, et le kleptomane n'est pas blâmable pour ses vols car le désir qui l'a fait agir n'est pas un désir pour quelque chose qu'il estime. D'autres conceptions non hiérarchiques distinguent le Vrai Moi du Faux Moi en en appelant d'une manière ou d'une autre à la rationalité. David Velleman (1989)[1], par exemple, situe le Vrai Moi de l'agent dans son désir d'agir rationnellement – c'est-à-dire d'accomplir les actes en faveur desquels il pense avoir des raisons incontestables; et suggère que l'agent n'est pas responsable des actes contraires à ce désir.

Tous ces théoriciens du Vrai Moi partagent le désir de différencier les actions sujettes à l'éloge et au blâme de celles qui ne le sont pas, et de faire cette différence à partir de la manière dont l'acte a pris sa source dans l'agent*. Si une telle distinction pouvait

---

1. Voir « Epistemic Freedom », *Pacific Philosophical Quarterly*, vol. 70, p. 73.

* Comme nous l'avons vu dans l'introduction générale, ces théoriciens partagent plutôt le désir de différencier les actions autonomes des actions hétéronomes, différenciation théoriquement indépendante de celle qui préoccupe ici N. Arpaly et T. Schroeder : elle peut lui servir de fondement, au contraire s'appuyer sur elle, ou

être tracée, on disposerait semble-t-il d'une manière satisfaisante de rendre compte des différences, du point de vue de leur responsabilité morale, qui paraissent exister entre d'un côté les actions des gens ordinaires et de l'autre celles des kleptomanes, sans pour autant se perdre dans les difficultés posées par la causalité agentive [1] ou les possibilités alternatives [2]. L'espoir de pouvoir effectivement apporter une réponse fructueuse aux questions de l'éloge et du blâme moraux tout en évitant le marasme du traditionnel débat sur la liberté de la volonté rend les théories du Vrai Moi très séduisantes. Malheureusement, ces théories ne parviennent pas à rendre compte des cas d'acrasie inversée.

LES THÉORIES DU VRAI MOI ET HUCKLEBERRY FINN

Concentrons-nous à nouveau sur l'exemple de Huckleberry Finn. Nous voudrions montrer que d'après les théories du Vrai Moi que nous venons de passer en revue, celui-ci ne mérite pas l'estime que nous sommes enclins à lui accorder.

Dans les termes de Frankfurt, Huckleberry semble posséder deux désirs de premier niveau : un désir de livrer Jim et un désir de l'aider à s'échapper. En outre, Huckleberry a un désir de second niveau : il pense que son désir de livrer Jim est louable, et désire donc qu'il devienne sa volonté. Il le considère comme sa conscience, qui lui dit qu'aider un esclave est immoral, particulièrement lorsque lui-même n'a rien à reprocher à son propriétaire. En revanche, il considère son désir d'aider Jim comme une faiblesse. Huckleberry

1. Voir par exemple les objections soulevées par D. Davidson, « L'agir » [1980], dans *Actions et évènements*, trad. fr. P. Engel, Paris, PUF, 1993.

2. Frankfurt fût le premier, dans « Alternate Possibilities and Moral Responsibility » (1969) à opposer aux approches en termes de Possibilités Contraires un type d'objection maintenant célèbre [voir également *supra*, p. 99-101].

être tout à fait neutre à cette égard. Maintenir les deux problèmes séparés pourrait affecter la pertinence des objections adressées aux théories du Vrai Moi, ou du moins aux moins cognitivistes d'entre elles.

désire être un bon garçon, et donc agir selon sa conscience. Ce n'est pourtant pas ce qu'il fait; et c'est le désir qui lui est étranger, plutôt que celui auquel il s'« identifie », qui l'amène finalement à passer à l'acte. L'action de Huckleberry ne satisfait donc pas ses désirs de second niveau, et il est difficile de comprendre comment il pourrait mériter notre estime ou notre éloge moral[1]. Il est facile de voir que des arguments similaires s'appliquent aux autres théories hiérarchiques du Vrai Moi : on ne peut pas améliorer la situation de Huckleberry en invoquant des préférences plutôt que des désirs, ou en autorisant seulement certains types de désirs de second niveau à constituer son Vrai Moi.

Huckleberry ne s'en sort pas mieux dans les termes des théories non-hiérarchiques du Vrai Moi. Dans la conception de Watson, Huckleberry souffre d'un conflit entre son système évaluatif – un système qui inclut nombre de valeurs marquées par les préjugés de son temps – et un désir, le désir d'aider Jim. Huckleberry croit qu'aider Jim serait immoral, mais désire malgré tout l'aider. Quand vient le moment de vérité, il suit son désir et le fait en opposition avec ses valeurs. Encore une fois, il est difficile de comprendre comment il pourrait mériter d'être loué pour ses actes. Tout comme Watson, Velleman ne peut faire l'éloge de Huckleberry, car que l'action de celui-ci soit ou non rationnelle, il n'est pas motivé par un désir d'être rationnel. S'il avait eu un désir d'être rationnel et avait formé un jugement explicite et raisonné quant à ce qu'il devait faire, son désir d'être rationnel ne l'aurait pas motivé à aider Jim – il aurait formé le jugement raisonné de ne pas aider Jim. Ainsi, à nouveau, l'aide que Huckleberry apporte à Jim ne prend pas naissance dans son Vrai Moi, et il n'est donc pas digne d'éloge.

---

1. Depuis « La liberté de la volonté et le concept de personne » [*supra*, p. 79 *sq.*], Frankfurt a présenté des versions quelque peu révisées de sa conception générale – voir par exemple « Identification and Externality » (1976) et « The Faintest Passion » (1992). Nous ne nous y sommes pas intéressés car la manière dont il conçoit les actions motivées par des désirs de premier niveau opposés aux volitions de second niveau de l'agent n'a pas changé.

Watson et Velleman pourraient ici soulever une objection. Watson (1977)[1] soutient que tandis que les acratiques, d'après sa théorie de l'agentivité, ne sont pas libres, il existe une différence entre les cas d'acrasie et les cas de kleptomanie, d'addiction et autres compulsions. La différence est que le toxicomane et le kleptomane sont confrontés à des désirs auxquels une personne dotée d'un contrôle de soi ordinaire n'est pas supposée résister, tandis que l'acratique est confronté à des désirs que, au contraire, ce type de personne est censé pouvoir surmonter. Aussi, affirme Watson, l'acratique demeure-t-il sujet au blâme pour ses actions parce que, n'ayant pas développé une maîtrise de soi appropriée, il est coupable de quelque chose comme de la négligence ou d'une indulgence injustifiée[*]. De manière analogue, Velleman (1992) suggère dans une note que certains agents agissant contrairement à leur désir d'agir rationnellement n'en sont pas moins responsables de leurs actions, parce qu'ils auraient dû se maîtriser davantage.

Watson et Velleman, cependant, parlent ici de cas d'acrasie standard et non inversée, où l'action acratique est une action blâmable. En tant qu'acratique inversé, Huckleberry mérite pourtant l'éloge plutôt que le blâme, et si l'on essaie d'extrapoler pour ce cas le traitement que Watson et Velleman réservent à l'acratique ordinaire, l'asymétrie est évidente. Watson explicite clairement ce pour quoi l'acratique est à blâmer : son échec à développer un degré de maîtrise de soi que l'on est en droit d'attendre d'une personne

---

1. Voir «Skepticism About Weakness of Will», *Philosophical Review* 86 (1977), p. 316-339.

* Arpaly 2003 développe l'argument de Watson pour souligner l'invraisemblance de la thèse qui fait dépendre la responsabilité de l'autonomie comprise uniquement en terme de contrôle de soi. Soutenir cette thèse nous obligerait en effet à montrer, dans une perspective aristotélicienne, que le délinquant non autonome mais blâmable est blâmable parce qu'il n'a pas, par le passé, accompli les actions qui lui auraient permis de développer un certain type de caractère caractérisé par la maîtrise de soi ou l'autonomie. Or accomplir intentionnellement et avec succès ce type d'actions est « encore plus rare que tenir ses résolutions du Nouvel An » : l'auto-formation substantielle du caractère est l'exception et non pas la règle (p. 140-142).

dans sa situation. Mais pour quoi exactement Huckleberry, l'acratique inversé, mérite-t-il notre éloge? Certainement pas pour sa
maîtrise de lui-même, puisqu'il manifeste au contraire la même
déficience que l'acratique ordinaire. Alors pour quoi d'autre? On
pourrait essayer de louer Huckleberry pour le soin particulier qu'il
a mis à développer une intuition morale puissante, mais c'est dans
son cas tout à fait invraisemblable; le roman de Twain n'a pas vocation à exercer son lecteur à la « formation du caractère ». Nous avons
plutôt l'intuition qu'un acratique inversé comme Huckleberry est
loué pour son « cœur », c'est-à-dire pour les désirs mêmes qui ont
motivé son action acratique. Or, Watson maintient que de tels
désirs – des désirs qui sont en conflit avec les valeurs de l'agent,
et donc avec son Vrai Moi – ne constituent pas en eux-mêmes
des motifs de louange ou de blâme, que l'agent soit compulsif ou
simplement acratique. Encore une fois, nous devons conclure que
Huckleberry ne mérite pas l'éloge que nous voulons lui octroyer.
La proposition de Velleman, bien que moins détaillée, semble
donner prise aux mêmes arguments.

Watson dispose d'une autre réponse qui mérite d'être prise en
considération. Il pourrait objecter que la conviction de Huckleberry
qu'aider un esclave à s'enfuir est immoral ne compte pas réellement comme une valeur. Ainsi, dans l'article « L'agentivité libre »,
Watson tente de montrer que certaines choses ont l'air d'être des
valeurs alors qu'en fait il s'agit plutôt de désirs formés par acculturation. Ces pseudo-valeurs, affirme-t-il, peuvent se dissocier tout
autant du Vrai Moi que les désirs appétitifs ou passionnés – elles ne
font pas, à proprement parler, partie du Vrai Moi de l'agent. En
guise d'exemples, Watson (1975, p. 105) mentionne « les inhibitions acquises au cours d'une éducation puritaine », qui peuvent
être une source de culpabilité même chez une personne qui juge « le
plaisir sexuel digne d'être recherché », et l'« aversion » que l'on
peut avoir été accoutumé à ressentir à l'égard du divorce, aversion
qui persiste « même si l'on ne voit aucune raison de sauver son
mariage ».

Le concept d'«attitudes acculturées» ainsi décrit pourrait-il s'appliquer aux convictions de Huckleberry concernant l'esclavage? Si c'était le cas, s'il s'avérait que les croyances morales de Huckleberry concernant l'esclavage étaient des «attitudes acculturées» plutôt que des jugements de valeur, alors Huckleberry n'agirait pas contre ses valeurs, et la théorie de Watson pourrait éviter la conclusion qu'il n'est pas digne d'éloge. Ce n'est malheureusement pas le cas. Qu'est-ce qui distingue en effet les attitudes acculturées des valeurs? Ce n'est pas simplement le fait que les premières aient leur source dans la culture et l'éducation de l'agent, puisque c'est là l'origine de la plupart des valeurs. Les attitudes acculturées décrites par Watson se distinguent des valeurs de deux manières. Premièrement, alors qu'elles peuvent s'exprimer sous forme de convictions, elles ne prennent pas la forme de jugements de valeur explicites mais celle d'une «aversion» ou d'une «inhibition». Ensuite, un conflit est possible – à savoir qu'une attitude acculturée contre le sexe peut facilement coexister avec un jugement de valeur statuant que le sexe n'a rien d'intrinsèquement mauvais. Les croyances morales de Huckleberry n'ont aucune de ces deux caractéristiques. D'une part, Huckleberry n'éprouve pas simplement du remords ou de l'aversion à l'idée d'aider Jim : il pense que ce serait immoral. Cette idée n'est pas une «inhibition» dont il essaie de se débarrasser, mais une croyance qu'il formulerait explicitement si on l'interrogeait sur le caractère moral de cette action. D'autre part, alors qu'une personne peut facilement dire «J'ai des inhibitions sexuelles mais je n'ai rien contre le sexe», Huckleberry ne pourrait pas dire «Je crois qu'aider Jim est immoral mais je n'ai rien contre le fait de l'aider». La conviction de Huckleberry est un jugement de valeur aussi réel que n'importe quel jugement de valeur prononcé par une personne ordinaire. Selon la théorie de Watson, il n'est donc pas, en agissant contre cette conviction, son Vrai Moi. Par conséquent, il ne peut toujours pas être l'objet d'un éloge moral.

Un dilemme pour les théoriciens du vrai moi

Il semble qu'aucune théorie du Vrai Moi ne puisse rendre compte de l'éloge dû à Huckleberry Fin, pas plus qu'à Néoptolème ou à Schindler. Comment se fait-il que les théoriciens du Vrai Moi butent sur les cas d'acrasie inversée? Outre le fait d'invoquer l'idée de Vrai Moi, ces théories partagent l'hypothèse d'une division nette dans la structure du moi, division qui suit *grosso modo* la distinction platonicienne entre la raison et les appétits, et elles assimilent toutes le Vrai Moi de l'agent à cette partie de son moi qui constitue l'équivalent de la raison dans le modèle platonicien[1]. S'il y a un conflit entre ce qu'une personne désire ou préfère faire et ce qu'elle croit résolument devoir désirer ou préférer, ces théoriciens identifient son Vrai Moi à sa conviction concernant ce qu'elle devrait désirer plutôt qu'au désir opposé. Qu'ils interprètent la situation comme un conflit entre un désir et une volition de second niveau, un désir et une valeur, un désir et une volition raisonnée de second niveau, ou un désir et le désir d'être rationnel, ils assimilent tous l'agent à la conviction ou au jugement plutôt qu'au désir opposé, à l'équivalent de la raison platonicienne (que l'on nommera par la suite « Raison ») plutôt qu'à l'équivalent de l'appétit (nommé par la suite « Appétit »).

Il est clair qu'aucune théorie du Vrai Moi identifiant le Vrai Moi de l'agent à sa Raison plutôt qu'à son Appétit, sans tenir compte ici des détails techniques, ne rendra justice aux cas du type Huckleberry Finn. La Raison de Huckleberry juge qu'il ne devrait pas aider Jim, mais le livrer. Si on doit l'identifier à son Vrai Moi, alors son désir d'aider Jim lui est opposé, et par conséquent, d'après la théorie du Vrai Moi, l'aide qu'il apporte à Jim ne mérite pas notre éloge. Si une théorie du Vrai Moi qui situe celui-ci dans la Raison de l'agent ne peut rendre justice à Huckleberry Finn, ne pourrions-nous pas chercher le Vrai Moi de l'agent ailleurs? Élaborer une

---

1. Watson met cette distinction au cœur de son article « L'agentivité libre » (1975).

théorie du Vrai Moi qui ne l'identifie pas avec la Raison de l'agent nous permettra peut-être de rendre justice à Huckleberry et à ses acolytes, de manière à conserver la conception de la responsabilité défendue par la théorie du Vrai Moi.

Que peut être le Vrai Moi de l'agent si ce n'est pas sa Raison ? L'Appétit se présente comme un candidat naturel. Les romanciers, poètes, réalisateurs de films, psychologues des profondeurs et psychologues de magazines, ont souvent pressenti que le Vrai Moi était à trouver dans les désirs du cœur, dont certains sont cachés, tandis que les convictions conscientes constituent pour ce Vrai Moi des contraintes acculturées, qui lui sont souvent étrangères. Quand une personne se comporte de manière inhabituelle sous l'effet de l'alcool, on peut certes penser qu'elle n'est pas elle-même, mais on peut également soutenir que la chute de ses inhibitions révèle son vrai moi – car « *in vino veritas* » [1]. Si l'on devait accepter l'Appétit comme le Vrai Moi, l'évaluation morale du comportement de l'acratique inversé ne poserait pas de problème. On pourrait alors dire que Huckleberry, en aidant Jim, actualise son Vrai Moi réprimé, et fait ce que, dans le fond, il désire vraiment faire. Aussi est-il digne d'éloge. Néanmoins, l'identification du moi à l'Appétit s'expose de son côté à des problèmes sérieux. Il devrait suffire de remarquer que, très souvent, on loue ou blâme autrui pour des actions qui résultent de la maîtrise de soi – de la maîtrise de l'Appétit par la Raison. Une personne qui commet un acte moral courageux malgré un désir permanent de fuir est considérée comme digne d'éloge. Si l'on acceptait sérieusement une théorie du Vrai Moi fondée sur l'Appétit, on devrait pourtant la considérer comme indigne de recevoir notre éloge, ce qui contredirait nos intuitions encore plus sévèrement que ne le fait la théorie du Vrai Moi.

On ne peut considérer ni la Raison ni l'Appétit comme le Vrai Moi de l'agent sans priver tel ou tel de l'éloge ou du blâme qu'il

---

1. E. Stump discute cette possibilité, ainsi que les théories où elle est mentionnée en opposition à Frankfurt, dans « Sanctification, Hardening of the Heart, and Frankfurt's Concept of Free Will » (1988).

mérite. Toute théorie du Vrai Moi qui s'appuie sur une forte distinction entre le rôle de la Raison et de l'Appétit sera donc confrontée,
semble-t-il, au dilemme suivant : si l'on tient la Raison et seulement la Raison pour le Vrai Moi de l'agent, on prive Huckleberry
du mérite qui lui est dû ; si l'on considère l'Appétit et seulement
l'Appétit comme le Vrai Moi de l'agent, on prive de tout éloge
la personne courageuse que l'on vient d'évoquer, et l'on impute
une responsabilité entière aux kleptomanes et aux toxicomanes
malgré eux.

LE MOI INTÉGRAL

Nous avons besoin d'une théorie qui conserve l'idée que
l'éloge et le blâme dépendent largement de la mesure dans laquelle
le moi de l'agent s'exprime dans son action, mais qui ne fasse pas
dépendre le degré de cette expression d'une partie particulière de la
structure interne de l'agent dont elle est issue. Les pages suivantes
seront consacrées à l'esquisse et à la défense d'une telle théorie, la
théorie du Moi Intégral.

La théorie du Moi Intégral soutient que, toutes choses égales
par ailleurs, plus les éléments psychologiques moralement pertinents sous-jacents à l'action de l'agent sont intégrés à l'ensemble
de sa personnalité, plus il est digne d'éloge pour une bonne action,
ou blâmable pour une mauvaise action. En disant cela, la théorie
reconnaît que, parce qu'ils sont plus représentatifs du moi de
l'agent, certains motifs sont plus privilégiés que d'autres dans les
affaires d'éloge et de blâme, tout en rejetant l'affirmation des
théories du Vrai Moi d'après laquelle la ligne de partage entre les
motifs privilégiés et les autres correspond à la ligne de partage entre
la Raison et l'Appétit. Il y a plutôt un continuum de motifs, certains
s'accordant bien avec le caractère de l'agent – qui inclut et sa
Raison et son Appétit – et d'autres s'accordant plus faiblement ; un
continuum de motifs plus ou moins bien intégrés. Nous essaierons
de clarifier ci-dessous ce que nous entendons par « intégration » ;
après quoi nous utiliserons cette notion pour démontrer le bien-
fondé de la théorie du Moi Intégral. Il convient de noter d'emblée

que cette théorie, bien que globalement humienne par le poids qu'elle donne au caractère à l'arrière-plan des actions, n'entend pas défendre ou développer la théorie de la responsabilité effectivement articulée par Hume dans le *Traité sur la nature humaine*[1]. Les différences entre notre théorie et celle de Hume deviendront manifestes au fur et à mesure de l'exposé.

Pour commencer, peut-être naïvement, nous supposerons que les croyances et les désirs constituent les entités psychologiques de base produisant l'action. Certains feront peut-être valoir que les intentions, les plans d'action, les scénarios, les émotions, les humeurs, le flux de la conscience, ou autres entités similaires, sont distincts à la fois des croyances et des désirs et constituent également une part importante de la psychologie de l'agir. Il se peut que ce soit le cas – les deux hypothèses nous sont fort sympathiques – mais nous laisserons ces questions de côté dans un souci de commodité et de clarté dans la présentation de la théorie. D'autres questions, comme celle de l'efficacité causale des croyances et des désirs ou de leur existence même, ne seront pas du tout abordées. Il faut bien commencer quelque part, après tout, et nous commencerons l'élaboration d'une théorie du Moi Intégral avec des croyances et des désirs. Commencer ainsi, plutôt qu'avec des traits de caractère comme le fait Hume, nous permet d'éviter d'affirmer que les acteurs sont totalement dépourvus de responsabilité pour les actions qui ne leur ressemblent aucunement (voir section VI ci-dessous), d'éluder certaines questions épineuses quant à la nature précise des traits de caractère, et de manière générale de faire des distinctions plus fines que nous ne pourrions le faire si nous nous restreignons à ce langage.

Les croyances et les désirs produisent donc l'action. Nous dirons que les croyances et les désirs sont bien intégrés au sein

---

1. Voir Hume 1991, partie II, sec. II, p. 195-196; partie III, sec. II, p. 267-268; et Hume 1993, partie II, sec. I, p. 75-76; partie II, sec. I, p. 196. Pour une analyse perspicace de la manière dont Hume conçoit le rapport entre caractère et responsabilité, voir L. Fields, « Hume on Responsibility », *Hume Studies* 14 (1988), p. 161-175.

d'une personne dans la mesure où 1) ils sont *profonds*; et 2) ils ne *s'opposent* pas à d'autres croyances ou d'autres désirs. Un bref développement aidera à éclaircir ces termes. Une croyance ou un désir est *profond* dans la mesure où il s'agit d'une force puissante dans la détermination du comportement de l'agent, à laquelle il est profondément attaché, qui est profondément enracinée. Les croyances profondes tendent à résister à la révision (la croyance que l'on parle une langue est ainsi très profonde; celle selon laquelle la bouteille de lait est encore à moitié pleine est beaucoup plus superficielle) et les désirs profonds, dans des contextes où il faut choisir, tendent à être satisfaits de préférence à d'autres désirs plus superficiels (le désir d'apporter un soutien émotionnel à la personne qu'on aime est plus profond que le désir de manger un repas sain chaque jour, même s'il se peut que ces désirs n'entrent que rarement voire jamais en conflit)[1]. Des croyances et des désirs *s'opposent* l'un à l'autre lorsqu'ils ne peuvent pas tous être vrais (les croyances) ou satisfaits (les désirs)[2]. Des croyances opposées peuvent naître de sources banales, telles une réflexion négligée ou des failles de la mémoire, ou bien de sources psychologiquement plus intéressantes comme un conflit émotionnel ou la duperie de soi. Les désirs opposés, plus fréquents encore que les croyances opposées, soit s'opposent directement (on peut à la fois désirer lire ce roman intellectuel et redouter de le faire), soit sont des désirs dont la satisfaction est mutuellement impossible (comme lorsque quelqu'un désire deux desserts mais est résolu à n'en manger qu'un seul), soit enfin s'opposent comme le général (un régime d'exercice hebdomadaire) et le particulier (un concert spécial à l'heure

---

1. Une meilleure formulation pourrait éventuellement faire de la profondeur une propriété des ensembles de croyances et de désirs plutôt que des croyances et des désirs isolés. Nous laisserons ici cette complication de côté.

2. Il vaudrait mieux dire que des désirs s'opposent lorsque, si les croyances de l'agent étaient vraies, ils ne pourraient pas être satisfaits en même temps. Cette formulation serait certes toujours imparfaite car elle ne lève pas l'ambiguïté sur les cas où l'agent a des croyances incohérentes, mais elle suffit pour le propos présent.

habituelle de l'exercice)[1]. Pour récapituler : les croyances et les désirs sont bien intégrés dans la mesure où ils sont profonds et ne se heurtent pas à d'autres croyances et désirs opposés ; une action est bien intégrée dans la mesure où elle résulte de ce type de croyances et de désirs.

Il pourrait être naturel de penser que les actes les mieux intégrés sont les plus dignes d'éloge ou de blâme, mais ce ne serait pas tout à fait exact, et ce pour deux raisons. D'abord, ce sont seulement les croyances et les désirs de l'agent moralement pertinents qui importent dans l'assignation de l'éloge ou du blâme moral[2]. L'intégration, chez un homme misogyne, de la croyance que « la place des femmes est à la maison » légitime le blâme qu'il mérite pour refuser d'employer des femmes, mais l'intégration de celle selon laquelle la meilleure manière d'éviter d'employer des femmes est de rejeter leur candidature n'est pas en elle-même moralement pertinente. Ensuite, il est important de se rappeler que le niveau d'intégration des éléments moralement pertinents détermine uniquement l'éloge ou le blâme mérité pour l'action *ceteri paribus*. D'autres facteurs que l'intégration affectent évidemment nos jugements moraux. Par exemple, nous pensons tous que certaines actions sont pires que d'autres. On peut également estimer que certains motifs (le devoir

---

1. On ne fait guère ici qu'effleurer la surface de ce qu'il y aurait à dire concernant l'intégration des croyances et des désirs. Certaines typologies des croyances et des désirs n'ont pas été explorées, de même que la question de savoir si les croyances et les désirs de l'agent devraient être suffisamment profonds pour qu'il soit rationnel, sain d'esprit, moral, etc., ainsi que le problème des désirs impossibles à satisfaire et des croyances incompatibles, et d'autres encore. Une exploration plus approfondie de ces questions ne modifierait pas substantiellement, selon nous, la théorie du Moi Intégral.

2. Cet article est consacré à l'éloge et au blâme moraux, mais la théorie du Moi Intégral est applicable à n'importe quel type d'évaluation normative du comportement de la personne – esthétique, pratique, etc. Par exemple, lorsque nous louons un agent pour une action prudente, la mesure de notre éloge dépend, toutes choses égales par ailleurs, de l'intégration de ses motifs pertinents d'un point de vue prudentiel. Nous nous soucions de l'intégration de ces derniers lorsque nous nous demandons, par exemple, si le désir d'une personne d'économiser de l'argent est « sérieux » ou si elle économise seulement parce qu'elle a été harcelée par ses amis pour le faire.

peut-être, ou l'amitié) sont moralement supérieurs à d'autres, encore une fois indépendamment du niveau d'intégration. Tout ce que nous voulons dire c'est que, toutes choses égales par ailleurs, l'intégration fait une différence.

Un autre point demande à être éclairci : il s'agit du rapport entre l'intégration et la responsabilité morale. L'intégration est une question de degré, alors qu'il est plutôt naturel de penser que la responsabilité morale de l'agent pour ses actions est une affaire de tout ou rien[1]. En outre, il faut d'abord être responsable d'un acte pour que l'éloge ou le blâme qui, comme l'intégration, sont des questions de degré, puissent être mérités. On pourrait penser que tout acte, quel que soit son degré d'intégration, est un acte dont l'agent est responsable, et est donc sujet à des considérations en termes d'éloge et de blâme, mais ce serait trop précipité. En sus de conditions telles que l'ignorance non coupable et une contrainte extrême, le théoricien du Moi Intégral est susceptible de considérer qu'une intégration faible, en deçà d'un certain seuil[2], est une condition qui exempte l'agent[3] de sa responsabilité morale. En fait, nous pensons qu'il est tout à fait plausible d'emprunter cette voie, comme

1. Certains usages du terme « responsabilité », illustrés dans des expressions telles que « responsabilité réduite », suggèrent l'existence d'une notion de responsabilité admettant des degrés. Même alors, une autre notion de responsabilité existe clairement, qui elle n'admet pas de degrés, et c'est cette dernière qui intéresse au premier chef Frankfurt et Cie. Cependant, ceux qui s'intéressent à une notion scalaire de responsabilité ne manqueront pas d'y voir un lien direct avec les degrés d'intégration – un argument que nous ne pouvons pas développer ici.

2. Naturellement, la question de savoir où placer ce seuil sera difficile à résoudre, et nous ne nous y attèlerons pas ici en détail. Remarquons, cependant, que selon nous les toxicomanes malgré eux ou compulsifs ne tombent pas automatiquement sous ce seuil minimal (voir les cas d'Anne, de Philippe et d'Alexandre discutés ci-dessous). Smith (1991, *op. cit.*, n. 9) envisage une hypothèse similaire, où les désirs doivent être pourvus d'une certaine force minimale pour que les actions conséquentes soient sujettes à l'éloge, mais ne prend pas en compte la manière dont de telles considérations peuvent également affecter la susceptibilité au blâme, ou comment elles pourraient être appliquées aux cas de kleptomanie, de dépendance et autres semblables.

3. Nous empruntons ce langage en terme de conditions d'exemption à P. Strawson (1962).

nous le montrerons dans plusieurs exemples ci-après. Un acte extrêmement peu intégré peut être un acte que, comme on dit, il vaut mieux attribuer aux circonstances, à l'effet de la drogue ou à un neurochirurgien malfaisant plutôt qu'à l'agent lui-même, et pour lequel l'agent n'est donc pas responsable. L'unique chose sur laquelle le théoricien du Moi Intégral doit insister c'est que seul le degré d'intégration, et non la nature des éléments particuliers en jeu et qui poussent l'agent à agir (le fait que l'agent était mu par l'Appétit par exemple), est pertinent pour déterminer si oui ou non l'agent satisfait cette condition particulière d'exemption.

En formulant ainsi la théorie du Moi Intégral, nous nous opposons, sur un point important, à un autre auteur néo-humien, Holly Smith[1]. Dans son article « Varieties of Moral Worth and Moral Credit »[2], Smith soutient que les désirs selon lesquels un agent agit, et leurs forces respectives, sont des déterminants importants de sa responsabilité morale et du degré d'éloge ou de blâme qu'il mérite. Bien que nous soyons ici pour l'essentiel d'accord avec Smith, nous nous en écartons dans la mesure où nous tenons les croyances de l'agent pour tout aussi importantes, dans son évaluation morale, que ses désirs. Agir pour aider les gens méritants peut être louable, mais si l'on croit profondément que les Juifs et les noirs ne sont pas des gens de mérite et que cette croyance joue un rôle important dans l'action, l'affaire devient beaucoup plus douteuse, et ce même s'il n'y a rien à redire à l'action accomplie (faire un don à la banque alimentaire locale, qui sert uniquement une communauté blanche). Bien que l'action soit bonne, elle est viciée par le racisme qui la sous-tend (imaginez que l'agent a d'abord vérifié qu'aucun Juif ni aucun noir ne vivait sur le territoire couvert par la banque alimentaire), et l'agent est par conséquent moins digne de notre éloge pour cette action. En adoptant une telle

1. Voir H. Smith, « Culpable Ignorance », *Philosophical Review* 92 (1983), p. 543-571, et « Varieties of Moral Worth and Moral Credit », *Ethics* 101 (1991), p. 279-303.

2. *Op. cit.*

position, nous nous trouvons légèrement plus proches de Hume que Smith, car quoi que puisse signifier la possession d'un trait de caractère, elle n'est certainement pas sans rapport avec nos croyances.

En résumé, la théorie du Moi Intégral affirme que, toutes choses égales par ailleurs, les agents sont dignes d'éloge (ou blâmables) pour le bien (ou le tort) qu'ils font dans la mesure où les croyances et les désirs moralement pertinents qui les ont conduits à agir étaient bien intégrés (en supposant que l'acte satisfait un seuil très minimal d'intégration). Il est maintenant temps de voir comment cette théorie traite les exemples habituels proposés par les théoriciens du Vrai Moi, ainsi que les cas d'acrasie inversée. Nous commencerons en discutant celui de la kleptomanie, et montrerons que, en reconnaissant une responsabilité là où les théories du Vrai Moi l'annulent, la théorie du Moi Intégral donne un traitement plus nuancé du phénomène. Nous reviendrons ensuite sur l'exemple d'Huckleberry Finn, et terminerons avec un exemple qui fera ressortir d'autres nuances dans la manière dont la théorie du Moi Intégral traite l'acrasie inversée.

Considérons donc un cas de kleptomanie [1]. Anne, une personne globalement morale et qui ne court pas particulièrement après les situations à risques, éprouve une envie irrésistible et récurrente de voler à laquelle elle succombe occasionnellement. L'envie la prend de manière soudaine dès qu'elle entre dans un centre commercial, concerne des objets bon marché, qu'elle n'a ni désirés avant de les voir ni ne désire après les avoir volés. L'envie de voler disparaît dès qu'elle a quitté le centre commercial, et si elle a volé quelque chose, elle se sent coupable et la restitue discrètement. Elle se sent plus à l'aise lorsqu'elle est loin de tout centre commercial, mais sa vie est telle qu'il lui est difficile de les éviter. Désespérée et embarrassée, elle considère son envie comme un problème et consulte un thérapeute. Anne, on nous l'accordera, n'est pas blâmable pour ses actes

---

1. Du moins le type idéalisé de kleptomanie qui fait l'objet d'exemples philosophiques.

comme le serait un petit voleur, et ce en raison d'une singularité dans la structure de son moi.

Du point de vue de la théorie du Moi Intégral, c'est le fait que les délits d'Anne impliquent des croyances et des désirs (pertinents) si faiblement intégrés qui justifie ce jugement. Son désir de voler semble profond, car elle le ressent intensément, et il l'amène parfois à passer à l'acte. Néanmoins, ce désir s'oppose à un désir tout aussi profond de ne pas voler – comme le montrent le fait qu'elle s'abstient plus souvent de voler que l'inverse, ainsi que son vif désir de trouver une thérapie et d'éviter les centres commerciaux. En outre, son désir de voler s'oppose à nombre d'autres croyances et désirs profonds – par exemple sa croyance qu'agir ainsi est mal et son désir de ne pas faire ce qui est mal (sa culpabilité et ses efforts pour rendre la marchandise volée en attestent). Même s'il est possible que ses larcins aient leur source dans une angoisse psychologique sous-jacente impliquant des doutes dans son estime de soi ou des problèmes analogues, et qu'ils soient donc plus intégrés qu'il ne le semble au premier abord, le désaccord entre son envie et ses autres croyances et désirs reste suffisamment prégnant pour réduire de manière substantielle cette intégration. On pourrait penser que cette faible intégration constitue pour Anne une condition d'exemption et qu'elle n'est donc pas du tout blâmable pour ses actes, ou qu'au contraire elle porte une responsabilité certes faible mais non négligeable. La théorie du Moi Intégral aboutit dans ce cas à une conclusion similaire à celle qu'une théorie du Vrai Moi pourrait tirer – conclusion d'après laquelle, en un sens, les actions d'Anne ne sont pas vraiment les siennes. Cependant, la raison de cette conclusion n'est pas simplement que ses actions sont causées par un désir en conflit avec ses convictions, mais le fait qu'étant donnée sa personnalité d'ensemble, incluant ses désirs aussi bien que ses convictions, l'action apparaît faiblement intégrée.

Comparons cet exemple à celui de Philippe. Philippe a lui aussi des envies de voler, auxquelles il cède parfois, mais pas toujours. Il a aussi l'impression que quand il vole, il le fait « malgré lui ». Comme ceux d'Anne, ses délits sont insignifiants et ne sont pas motivés par le besoin. Philippe ne doute pas un instant que voler soit mal. Ses délits l'embarrassent bel et bien, et il a plusieurs fois pris la résolution de ne pas recommencer, ce qui marche pour un temps. En outre, il a peur d'être pris sur le fait et redoute les conséquences qui en résulteraient. « Je ne devrais pas continuer à faire cela », se dit-il sincèrement, « c'est immoral ». Il essaie de changer. Mais lorsqu'il se rappelle la dernière fois qu'il a réussi à voler un article de mode dans un magasin de luxe, il ne peut s'empêcher de sourire, comme un père ou une mère peut secrètement sourire de la malice de son enfant même lorsqu'il ou elle la punit. Philippe sourit au souvenir du ridicule affiché par des clients à l'air respectable alors qu'il opérait derrière leur dos – les gens respectables lui ont toujours quelque peu déplu, et qu'il en fasse aujourd'hui partie le met plutôt mal à l'aise. Aussi a-t-il toujours été attiré, malgré lui, par les aventures, les risques, les défis, et les actions un tant soit peu interdites. Il a derrière lui une longue histoire d'entreprises aventureuses. Ses amis, qui ne savent rien de ses vols, se plaignent de son irresponsabilité et le pressent de cesser de considérer la vie comme un simple jeu. Il en convient, mais trouve difficile de résister aux tentations, y compris à celle de voler. Le vol à l'étalage, pour une raison ou une autre, lui donne un frisson qu'aucun jeu légal ne peut lui offrir. « Qu'est-ce qui ne va pas chez moi », se demande-t-il parfois, « pour que je prenne plaisir à quelque chose de si mal ? ».

S'il fallait accepter la théorie du Vrai Moi, il faudrait traiter le cas de Philippe exactement comme celui d'Anne – tous deux, après tout, agissent contre leur Raison[1]. Pourtant, les gens n'auront probablement pas tendance à excuser Philippe autant qu'Anne. La théorie du Moi Intégral rend compte de cette différence de jugement en soulignant que les vols à l'étalage de Philippe semblent considérablement plus intégrés que ceux d'Anne. Le désir qu'a

---

1. La théorie de Watson, dont nous avons discuté plus haut les clauses spécifiques de culpabilité pour la faiblesse de la volonté, pourrait faire exception à cette règle.

Philippe de voler est profond, puisqu'il triomphe souvent de ses résolutions. Il s'enracine dans une logique profonde d'attirance pour des actions interdites et risquées, aussi bien que dans un désir de se jouer de la respectabilité. Il rencontre une certaine opposition dans sa personnalité, mais considérablement moindre que dans le cas d'Anne : sa croyance en l'importance morale de ses actions est tout à fait superficielle, comme ses amis le suggèrent lorsqu'ils lui disent de prendre la vie au sérieux. Tandis qu'Anne est une personne honnête avec une impulsion criminelle occasionnelle, Philippe est une personne irresponsable avec des soubresauts de conscience récurrents. Parce qu'il a cette conscience, parce que ses actions ne sont pas complètement intégrées, Philippe n'est pas aussi blâmable qu'un voleur ordinaire. Cependant, il ne fait pas de doute que ses vols sont suffisamment bien intégrés pour qu'il en soit clairement responsable. Même si ses actions divergent de ses convictions, il s'avère qu'elles reflètent une partie importante de son caractère. Aussi est-il bien plus blâmable qu'Anne.

Cela étant dit, revenons encore une fois sur le cas de Huckleberry Finn. L'aide qu'il apporte à Jim semble être bien intégrée, au sens où les motifs de son action – la compassion, la loyauté, un sens de l'amitié – jouent un rôle important dans sa vie. Huckleberry est souvent motivé par un fort sens de l'amitié, et bien qu'espiègle, il nous apparaît comme un garçon compatissant qui ne participe pas à ces formes de cruauté propres à d'autres « mauvais garçons ». En comparaison, ses convictions concernant l'esclavage sont loin d'être bien intégrées – elles nous frappent comme le simple résultat accidentel d'une éducation précoce non interrogée. Alors qu'Huckleberry n'est pas suffisamment introspectif pour mettre ouvertement en question les « vérités » auxquelles toutes les figures d'autorité qu'il connaît adhèrent, ni pour examiner leur cohérence avec ses autres croyances, il est clair que le racisme n'est pas « profondément ancré » dans son cœur et ne motive que rarement, sinon jamais, ses actions. Dans ce cas, c'est ainsi le désir efficient de l'agent plutôt que ses convictions non efficientes qui semble être davantage sien, et puisque son action et ses motifs sont louables et relativement bien intégrés, il est digne d'éloge. Naturellement, il le serait davantage encore s'il n'avait pas de croyances racistes du tout – s'il était bon de manière plus entière – mais il n'en mérite pas moins un éloge certain.

Comparons enfin le cas de Huckleberry avec un autre exemple d'acrasie inversée, où l'agent a des motifs similaires mais considérablement moins bien intégrés. Joseph Göbbels, comme il ressort de son journal et de certains de ses discours publics, souffrait d'accès étonnamment fréquents de ce qu'il qualifiait de faiblesse de la volonté, accès qu'il attribuait à la fatigue et au stress[1]. Il éprouvait alors un sentiment de compassion pour les victimes du régime nazi, un sentiment qu'il considérait comme inadéquat et immoral, et qu'il réprimait consciencieusement. Supposons maintenant que Göbbels, fatigué à la fin d'une longue journée, peut-être après avoir bu un verre, se trouve momentanément incapable de résister au sentiment de compassion qu'il éprouve. Contre son meilleur jugement, il fait quelque chose qu'il regrettera le lendemain – signer un ordre qui permettra à une connaissance juive de quitter l'Allemagne par exemple, et qu'il compensera par un nouveau durcissement de sa politique. Tandis que Göbbels, comme Huckleberry, agit par compassion, ses motifs sont beaucoup moins intégrés à sa personnalité. Sa compassion n'est pas suffisamment profonde pour le faire souvent passer à l'acte, alors que sa croyance enthousiaste dans la cause nazie, de même que son désir de jouer un rôle majeur dans l'évolution du Troisième Reich, dominent sa vie, colorent la plus grande partie de son caractère et le font agir en d'innombrables occasions. Aussi, à considérer la signature de l'ordre, on peut certes souhaiter qu'il perde le contrôle de lui-même plus souvent, mais on ne peut pas considérer cette action comme « vraiment sienne », et il est bien moins digne d'éloge pour l'avoir accomplie que ne pourrait l'être une autre personne.

---

1. L'exemple de Göbbels est mentionné par E. Stump (1988); un exemple similaire apparaît chez Bennett (1974, *op. cit.*).

OBJECTIONS

En conclusion, nous voudrions répondre à trois objections auxquelles la théorie du Moi Intégral a souvent été confrontée, et d'après lesquelles 1) elle blâme trop sévèrement les individus semblables au toxicomane malgré lui de Frankfurt; 2) elle ne fait pas suffisamment l'éloge de ceux qui ressemblent au philanthrope attristé de Kant; et 3) elle ne répartit pas correctement l'éloge et le blâme chez les agents dont les actions ne concordent pas avec leur caractère.

Commençons par le toxicomane malgré lui[1]. Les théories du Vrai Moi et celles du Moi Intégral sont pour l'essentiel d'accord sur le cas du toxicomane consentant, qu'elles tiennent (*ceteris paribus* bien sûr) pour pleinement responsable de ses actes, mais divergent sur le cas du toxicomane malgré lui. Selon les Théories du Vrai Moi, le toxicomane involontaire n'est en aucun cas responsable du fait qu'il se drogue. « Ce n'était pas vraiment lui, mais l'héroïne qui l'a fait agir ainsi », dit, en l'excusant, le théoricien du Vrai Moi. La théorie du Moi Intégral, au contraire, lui impute une responsabilité à proportion du degré d'intégration des éléments psychologiques pertinents, en supposant qu'il est supérieur au seuil minimal. Étant données la profondeur du désir d'héroïne chez un toxicomane involontaire, et la profondeur probable de ses autres croyances et désirs associés, il semble que ces éléments seront intégrés à un degré certes faible mais non négligeable. D'après la théorie du Moi Intégral, la prise acratique de drogue chez un toxicomane malgré lui méritera donc parfois d'être blâmée – peut-être très peu, peut-être davantage. Est-ce légitime ?

---

1. Par « toxicomane consentant » nous entendons une personne qui se satisfait de sa condition de toxicomane, qui ne souhaite pas ne pas être dépendant, etc., et par « toxicomane malgré soi » le type parfaitement opposé de toxicomane – celui que sa dépendance révulse, qui y résiste, souhaiterait s'en débarrasser, etc. Cette terminologie est minutieusement introduite par Frankfurt (1971).

Considérons le cas d'Alexandre. Alexandre est dépendant à l'héroïne, mais a décidé de mettre fin à son habitude illégale et pénible, et de changer en mieux le cours de sa vie. Sa résolution est toujours fraîche dans son esprit, mais sa dernière injection remonte à douze heures et il se sent mal. Il a terriblement envie d'une dose, et pourtant sa Raison s'y oppose. Il décide de faire une promenade, marche (sans l'avoir prévu) jusqu'à un quartier qu'il sait être un repère de dealers d'héroïne, tombe sur l'un d'eux, se dit à lui-même « Il ne faut pas » mais approche néanmoins le dealer, achète un peu d'héroïne et la consomme. Il est d'abord envahi par le soulagement et des sensations agréables, mais est plus tard saisi de remords pour la faiblesse de sa volonté et décide de ne pas laisser une telle chose se reproduire. Néanmoins, en dépit de nombreuses admonitions et résolutions, ce scénario se répète plusieurs fois.

Ce portrait d'Alexandre est, à ce stade, incomplet. À quel point est-il en contradiction avec lui-même ? Ressemble-t-il plutôt à Anne, dont les désirs non désirés sont isolés sur un large arrière-plan de désirs et de croyances opposés, ou ressemble-t-il plutôt à Philippe, dont les désirs non désirés font simplement partie d'un large réseau de croyances et de désirs moralement douteux, qui composent une bonne partie de son identité ? La réponse à cette question décidera du blâme que la théorie du Moi Intégral infligera à Alexandre pour ses actes. Après tout, rien dans ce portrait ne distingue tellement Alexandre de Philippe ou d'Anne. Ces derniers agissent d'après leurs impulsions au vol, Alexandre selon son désir d'héroïne. Les impulsions de ceux-là, de même que l'ardent désir d'Alexandre, sont toutes contraires à leur Raison, et pourtant les font agir. Enfin, ces impulsions comme ce désir ne sont suscep-tibles que des formes les plus limitées de modification par le biais d'une délibération rationnelle. De ce qui a été dit jusqu'ici, il se pourrait bien que le toxicomane malgré lui mérite un blâme substantiel pour ses actions.

On pourrait objecter à cette explication qu'elle passe complè-tement à côté de la toxicomanie, du fait que la dépendance est une compulsion irrésistible, un désir trop puissant pour qu'aucune volonté n'y résiste[1]. Il semble pourtant que cette compulsion ne vienne pas du désir de drogue lui-même mais de l'angoisse du manque[2], ainsi décrite par l'un de ceux qui en ont souffert :

> Je sentais une brûlure dans tout mon corps, comme si ma peau renfermait une ruche. J'avais l'impression que des fourmis se baladaient sous ma peau.
> Il est possible de résister à la plupart des douleurs [...] qui sont ressenties comme une sorte d'excitation imprécise. Mais quand on souffre du manque de drogue, il semble n'y avoir plus d'issue. [...]
> J'étais trop faible pour pouvoir me lever. Je ne pouvais pas non plus rester allongé. Pendant le sevrage, tout paraît intolérable. Un type peut mourir simplement parce qu'il ne supporte plus de rester dans sa peau[3].

À la lumière de ce récit, on pourrait conclure que ce n'est pas son désir d'héroïne qui contraint le toxicomane, mais son désir d'échapper à un supplice physique. En état de manque, il est dans la situation d'un homme que l'on torture : c'est son désir d'éviter cette souffrance intolérable (désir que nous partageons tous, mais qui,

1. L'idée que la dépendance à l'héroïne est à analyser comme une compulsion nous semble signifier qu'elle agirait comme une cause limitant les choix de l'agent (et donc réduisant le blâme) : l'addiction rend fausse la proposition selon laquelle si Alexandre avait choisit d'agir autrement, il aurait agi autrement, et il n'est donc pas à blâmer pour ses actes. L'objection s'applique aussi bien aux théories du Vrai Moi qu'à celle du Moi Intégral, pour qui les considérations ayant trait à l'agentivité, plutôt qu'aux possibilités contraires, sont primordiales pour déterminer la liberté et la responsabilité de l'agent. Elle témoigne donc d'une légère digression dans notre argument, guidé avant tout par une approche en terme d'agentivité. Néanmoins, l'objection est naturelle et mérite qu'on y réponde.

2. Des manuels de traitement de l'addiction s'avèrent, sous certaines réserves, aller dans le même sens. Voir par exemple H. Doweiko, *Concepts of Chemical Dependency*, New York, Brooks-Cole Publicain Co., 3ᵉ éd. 1996, chap. 11, particulièrement p. 142-143; ainsi que, dans une perspective similaire, R. Carson et J. Butcher, *Abnormal Psychology and Modern Life*, New York, Harper Collins, 9ᵉ éd. 1992; et D. Rosenhan et M. Seligman, *Abnormal Psychology*, New York, W.W. Norton and Co., 3ᵉ éd. 1995.

3. W. Burroughs, *Junkie*, trad. fr. C. Cullaz et J.-R. Major, Paris, Belfond, 1972, p. 129-130.

pour la plupart d'entre nous, n'est que rarement impliqué dans l'action) qui le fait passer à l'acte, et non son désir d'héroïne – en effet, le toxicomane malgré lui prendrait volontiers une pilule pour se débarrasser de sa dépendance, même si on lui proposait et la pilule et l'héroïne. Considérer le désir d'héroïne comme une force directement compulsive n'a pas vraiment de sens : si quelque chose joue bien ce rôle, c'est plutôt la douleur. Si c'est là la bonne manière de comprendre la toxicomanie, nous avons une bonne raison d'excuser tout particulièrement le toxicomane, une raison qui ne s'applique pas à celui que ses vols à l'étalage excitent. Pourtant ce n'est pas un trait quelconque de l'agentivité d'Alexandre qui pourrait le rendre moins blâmable ; c'est plutôt la souffrance qu'il endure. Comme pourrait le faire un homme torturé, il se peut qu'Alexandre, pour échapper à la douleur, fasse des choses qui ne seraient moralement pas permises dans d'autres circonstances, mais qui sont excusées en raison de sa situation. Naturellement, la situation en question est complexe – Alexandre mérite sans aucun doute d'être blâmé pour être avoir contracté sa dépendance, se mettant lui-même dans sa situation lamentable, et il mérite proba-blement d'être loué pour « tenir le coup » autant qu'il peut, plutôt que de céder immédiatement. Mais il ne s'agit là que de considé-rations morales ordinaires, et non de considérations en termes d'agentivité. En tant qu'agent, Alexandre est dans une position comparable à celle d'Anne et de Philippe, mais en tant qu'acteur moral certaines considérations spécifiques peuvent demander l'application, en sa faveur, d'excuses particulières [1].

1. Et que dire d'une drogue dont le manque cause peu de douleur physique mais la consommation un grand plaisir (certains penseront ici éventuellement à la cocaïne) ? Que faudrait-il penser du consommateur acratique de ce type de drogue ? Il n'est pas dans la situation particulière d'Alexandre puisque le manque de la drogue en question le prive seulement d'un certain plaisir et ne le fait pas vraiment souffrir. D'après la théorie du Moi Intégral, sa responsabilité est donc exactement du même type que celle de Philippe et d'Anne. C'est selon nous la seule conclusion correcte : si un agent est « irrésistiblement » attiré par un plaisir contraire aux exigences de la moralité, il est davantage à blâmer que si la pression pour éviter la douleur est

Passons à la seconde objection, mettant en scène l'un des célèbres exemples étudiés par Kant, celui du philanthrope triste. Imaginons une personne qui, de nature, est toujours secourable, et qui prend plaisir à cette activité de bienfaisance. Elle est un jour gagnée par un chagrin personnel qui étouffe son intérêt naturel à aider les autres, mais s'oblige néanmoins à le faire, dans la dépression et l'indifférence [1]. Que l'on accepte ou non l'éthique kantienne, on ne peut que partager son intuition que dans ce cas, le fait que l'agent continue d'agir moralement alors que sa situation le porte fortement à l'indifférence et au repli sur soi parle en sa faveur plus que son comportement dans les jours heureux ne l'a jamais fait. Mais est-ce qu'un comportement qu'une personne se force à adopter n'est pas faiblement intégré ?

Pas nécessairement. Et, à notre avis, sûrement pas dans ce cas. Le fait que l'action d'un agent semble en conflit avec ses inclinations immédiates n'est pas toujours le signe d'une intégration faible. Présupposer le contraire constitue, d'après la théorie du Moi Intégral, une erreur aussi grave que celle qui consiste à tenir pour acquis qu'une action opposée au meilleur jugement de l'agent est nécessairement non intégrée. L'agent qui, contrairement à ses inclinations immédiates, refuse un appétissant plat de viande parce qu'il est temporairement, et d'une manière qui ne lui correspond pas du tout, influencé par un discours végétarien, peut sembler « ne pas être lui-même », et ses motifs privés d'intégration. D'un autre côté, le désir dévoué d'un professeur de venir en classe même lorsqu'une forte douleur physique l'incline à rester à la maison peut être très bien intégré ; que sa dévotion se manifeste même dans des conditions difficiles peut prouver mieux que toute autre chose à quel point il tient profondément à ses croyances et désirs pertinents. De manière similaire, le philanthrope est plus impressionnant

« irrésistible ». On peut faire des choses pour éviter la torture que l'on ne ferait pas même pour gagner cent millions de dollars.

1. L'exemple est tiré de Kant (*Fondements de la Métaphysique des Mœurs*, trad. fr. V. Delbos revue par A. Philonenko, Paris, Vrin, 2004, p. 89-90).

lorsqu'il aide les autres tout en étant déprimé, car c'est seulement alors qu'il nous révèle combien sa moralité est profonde. Si, dans un plus grand état de douleur encore, il devait négliger une occasion d'apporter son aide, son comportement serait cette fois-ci faiblement intégré [1].

Ceci nous amène à la troisième objection – celle visant les actes qui ne correspondent pas à leurs auteurs. Tandis que le philanthrope triste de Kant, ou notre professeur dévoué, manifestent dans leurs actions la force d'un trait de caractère durable, il arrive parfois qu'un agent accomplisse une action qui ne lui ressemble pas du tout, et qu'il mérite pourtant un éloge généreux ou un blâme considérable. Qu'est-ce que la théorie du Moi Intégral a ici à dire ? En répondant à cette question, nous devons signaler que lorsqu'on parle d'un agent qui commet une action qui ne lui ressemble pas, on peut penser à plus d'un scénario possible, chacun méritant d'être

---

1. Les lecteurs familiers des *Fondements de la Métaphysique des Mœurs* se rappelleront que Kant développe une autre version de ce scénario, version où la personne a toujours été dénuée de la sympathie humaine ordinaire et a toujours dû se forcer à se comporter moralement. Les intuitions dans ce cas tendent à être fortement partagées. Kant est du côté de ceux qui pensent qu'une personne dénuée de sympathie naturelle et qui s'oblige à aider autrui mérite davantage d'éloge que le protagoniste du scénario initial, mais certains de ses lecteurs tendent à penser qu'au contraire, la personne qui n'a pas à se forcer elle-même est plus digne d'éloge. Du point de vue de la théorie du Moi Intégral, nous pensons que cette divergence peut s'expliquer de la manière suivante : il y a eu moins deux manières d'interpréter le comportement des deux agents moraux en question. L'une consiste à supposer qu'ils agissent tous deux d'après le même motif – un désir d'aider autrui – et qu'ils se distinguent seulement par la profondeur relative de ce désir. Dans l'autre interprétation, on suppose que les agents agissent d'après des motifs complètement différents – par exemple, que celui qui aime aider autrui le fait par inclination, tandis que celui qui est doté d'un « froid tempérament » agit par devoir. Ceux d'entre nous qui adhèrent à la première interprétation jugeront le premier agent plus digne d'éloge que celui qui se force à aider autrui, car son comportement est mieux intégré. Kant, qui soutient la seconde interprétation, juge au contraire que le motif du devoir est absolument supérieur à celui de l'inclination. La personne qui agit d'après le meilleur motif est par conséquent plus digne d'éloge de son point de vue, jugement dans lequel l'intégration du motif ne prend aucune part.

traité avec une attention particulière. Nous allons maintenant discuter les différents cas où un agent est digne d'éloge ou de blâme pour une action qui ne lui ressemble apparemment pas, et montrer qu'aucun ne constitue un contre-exemple pour la théorie du Moi Intégral.

Pour commencer, nous devrions exclure les cas où le degré d'éloge ou de blâme que l'agent reçoit n'est pas proportionné à l'éloge ou au blâme qu'il mérite véritablement. Par exemple, il peut arriver qu'une personne qui évite régulièrement les corvées domestiques reçoive un éloge considérable pour chaque assiette qu'elle lave spontanément. Une personne qui s'acquitte régulièrement de ces tâches peut seulement rêver d'être louée de la sorte. Ceci, cependant, ne signifie pas que la première est plus digne d'éloge que la seconde. Très souvent, l'asymétrie dans l'éloge est due à des facteurs autres que le jugement moral : on tient pour acquis le fait de laver consciencieusement la vaisselle, tandis qu'une exception chez un réfractaire suscite le désir de l'encourager à changer ses façons de faire. Les habitudes d'éloge et de blâme ne coïncident pas toujours avec nos intuitions concernant l'éloge et le blâme mérités.

Considérons maintenant un autre type d'exemples. Les gens contredisent parfois nos attentes de manière spectaculaire. Une personne qui semble honnête quoique ennuyeuse est reconnue coupable d'assassinat ; une autre, longtemps perçue comme un notable ordinaire voire quelque peu agaçant, reçoit une médaille pour avoir caché des Juifs sous l'occupation Nazie. Dans ce type de cas, la nature surprenante ou dramatique des actions est perçue comme une raison non pas de considérer les agents comme méritant moins d'éloge ou de blâme, mais de réviser nos jugements passés sur leur caractère. Lorsqu'on considère qu'une personne mérite pleinement d'être louée ou blâmée pour une telle action, le jugement en question montre que l'on reconnaît que l'acte lui-même prouve soit que notre ancien jugement était erroné, soit que la personne a profondément changé. Lorsqu'une personne en apparence honnête commet un meurtre, on cesse généralement de penser qu'elle est honnête, et on conclut au contraire qu'on ne la connaissait pas vraiment, ou que l'on n'avait pas remarqué le changement qui s'est produit en elle. Indépendamment de ce que l'on pensait d'elle par le passé, le fait de savoir qu'elle a commis un meurtre est une raison d'inférer une personnalité ou un caractère auquel l'acte de tuer est relativement bien intégré. Aussi se voit-elle infliger un blâme entier. De même, on juge habituellement qu'une personne qui a sauvé un Juif des nazis est plus complexe qu'il ne le semble au premier abord, et qu'elle mérite un éloge complet. On n'attribue pas un tel éloge ni n'inflige un tel blâme quand on a des raisons particulières de penser la personne *est* ce qu'elle a toujours semblé être et que son acte *était*, tout compte fait, peu intégré. Par exemple, si la personne ayant commis l'assassinat se trouvait sous l'influence d'un culte sinistre, son action serait considérée comme faiblement intégrée et ne serait pas autant blâmée. S'il s'avérait que celle qui a sauvé un Juif ressemblait à Göbbels tel qu'on l'a décrit dans la section précédente, son action serait également considérée comme faiblement intégrée et un éloge complet lui serait refusé.

Il existe d'autres cas similaires, où nous révisons partiellement notre jugement concernant le caractère de l'agent. Imaginons une personne qui semble d'ordinaire l'immaturité incarnée mais qui, en cas de problème, s'avère être quelqu'un sur qui l'on peut compter en toute confiance. Ou encore, imaginons qu'une personne a prouvé son courage en combattant pour une noble cause, mais qu'elle est paralysée par la peur dès qu'elle se trouve confrontée au devoir moral de dire à un ami une vérité pénible. Si notre jugement moral est ici sans réserve, c'est parce qu'on ne pense pas réellement que les actes de l'agent « ne lui ressemblent pas », mais qu'au contraire on a vu une nouvelle face de son caractère. S'il se trouvait quelqu'un pour penser que la conduite d'un individu en période de trouble est moralement plus significative que sa conduite en temps ordinaire, ou que le courage physique est moralement moins significatif que le courage dans les relations intimes, il pourrait même être tenté de pensé que c'est la « vraie » face de l'agent qui s'est révélée.

Il existe un dernier type de cas où l'on porte un sévère jugement moral pour des actes non caractéristiques : lorsque l'acte en question manifeste un effort de changement personnel. Une personne qui combat de vieilles habitudes moralement indésirables et qui parvient finalement à les vaincre occasionnellement mérite un authentique éloge moral. Un homme qui s'efforce de traiter les femmes avec équité pour la première fois dans sa vie nous semble ainsi mériter un éloge sans réserve. Nous aimerions soutenir, cependant, que ce ne sont pas ses actes égalitaires en tant que tels qui méritent d'être ainsi loués, mais l'effort de changement qu'ils révèlent. Si l'on peut attribuer son action égalitaire à un état de confusion dû à un manque de sommeil, ou à l'autorité qui émane de telle femme en particulier, alors le même éloge n'est pas justifié. Un effort sérieux pour s'améliorer est en soi moralement digne d'éloge, du moins lorsqu'il ne s'agit pas d'une lubie faiblement intégrée, mais qu'il s'enracine dans des croyances, des désirs, des valeurs et des objectifs profonds.

Découvrir à quel degré un acte est intégré est une chose difficile pour quiconque n'est pas un observateur omniscient. Mais découvrir quand une personne « est elle-même » et quand elle est « davantage elle-même » ne l'est souvent pas moins. Parfois, on ne sait s'il faut considérer que l'héroïne de Jane Austen, lorsqu'elle suit ses principes de bienséance plutôt que son amour profond et sincère, est elle-même ou au contraire aliénée vis-à-vis d'elle-même ; si l'on doit traiter l'acte choquant commis par une personne ivre ou surmenée comme un incident à écarter ou comme révélant ses intentions cachées ; si l'on doit ou non se moquer d'une personne dont le comportement, à la suite d'un traitement au Prozac, manifeste une grande confiance en soi, et qui prétend qu'elle n'est elle-même que sous l'effet du médicament [1].

Essayer de répondre à ces questions en mettant en avant une certaine partie de la structure de l'agent et en lui donnant le statut de Vrai Moi revient à présenter la psychologie morale comme beaucoup plus simple qu'elle ne l'est en réalité. Une telle simplifi-

1. C'est ce qui arrive apparemment à certains individus. Voir les cas de Tess et Julia, dans P. Kramer, *Listening to Prozac*, New York, Viking, 1993, chap. 1 et 2.

cation nous conduit à négliger des phénomènes tels que l'acrasie inversée et produit des théories incapables de saisir les riches complexités de la vie morale. Nous espérons que la théorie du Moi Intégral a fait certains progrès à cet égard, à la fois en satisfaisant nos intuitions et en montrant clairement pourquoi ces intuitions sont si complexes. En tant qu'agents, nous ne sommes pas nos juge-ments, nous ne sommes pas non plus les idéaux que nous forgeons à notre propos, nous ne sommes pas nos valeurs, pas plus que nos souhaits univoques; nous sommes complexes, divisés, des créa-tures imparfaitement rationnelles, et lorsque nous agissons, c'est en tant que créatures complexes, divisées et imparfaitement ration-nelles [1]. Nous sommes fragmentés, peut-être, mais nous ne sommes pas un unique fragment. Nous sommes des touts. [...]

1. Ainsi, lorsqu'elle pose, à propos des exemples mentionnés ci-dessus – l'héroïne de J. Austen, la personne ivre, le patient traité au Prozac – la question de leur identité, la théorie du Moi Intégral laisse ouverte la possibilité que, même si tous les faits de la vie mentale de l'agent étaient connus, on ne puisse pas dire d'une partie de sa personnalité qu'elle est «plus la sienne» que d'autres. Cette possibilité théorique a son pendant dans le fait que l'on peut connaître virtuellement toutes les caractéristiques d'un personnage fictif et pourtant trouver difficile de décider s'il s'agit finalement d'une personne bonne ou mauvaise.

L'EXTERNALISME

COMPÉTENCES ET DÉPENDANCES

Robert Harris, déclaré coupable d'homicide volontaire sur deux jeunes gens le 5 juillet 1978, est condamné à la peine de mort et exécuté quatre ans plus tard. Harris semble être le « candidat archétypal » pour le blâme : premier vol de voiture à 15 ans, deux arrestations pour torture d'animaux, condamnation pour homicide involontaire sur un voisin après une dispute. Les témoignages de la famille, mais aussi de ses co-détenus, le décrivent comme un « tueur », sans souci des autres ni de lui-même, « sans cœur ». Son refus de tout dialogue lors du procès n'a fait que confirmer sa marginalisation morale et sociale. Ce que nous savons de l'enfance de Robert Harris pourrait pourtant, en donnant à ses actes certaines motivations contextuelles, nous le rendre moins monstrueux. Harris est né prématurément, quelques heures après que sa mère ait été frappée à l'estomac par son mari ivre, l'accusant d'infidélité. Le père est d'ailleurs alcoolique, il a été inculpé à plusieurs reprises pour attouchements sexuels sur ses filles ; la mère sombre également dans l'alcoolisme, elle est arrêtée plusieurs fois dont une pour braquage de banque. Leurs neuf enfants ont eu une enfance désastreuse, mais celle de Harris fut pire encore. Sa mère reconnaît qu'elle a été incapable de l'aimer, qu'elle a reporté sur lui toutes ses difficultés et lui a refusé tout contact physique, toute manifestation d'affection. Harris, en plus d'être régulièrement battu, a des problèmes d'apprentissage qui lui valent moqueries et brimades à l'école, mais une thérapie est financièrement inenvisageable. Lors de sa première détention à 15 ans, il est violé plusieurs fois [1].

Les deux formes que prend l'externalisme, dans le débat contemporain sur l'autonomie, correspondent à deux traitements possibles de ce type de cas. Susan Wolf (1987, *infra*, p. 293 *sq.*), qui défend la version forte de l'externalisme, tient Harris, et de manière générale les victimes d'une enfance défavorisée et violente, pour non responsable de leurs actes. Il en va de même pour celui qui, par exemple, a été élevé dans un environnement raciste dont il a profondément intégré les valeurs, sans avoir été encouragé à la réflexion critique et sans avoir jamais avoir été confronté aux raisons qui les invalident (Wolf 2005). Lui non plus n'est pas responsable des actes racistes qu'il commet, pas plus que le personnage fictif qui illustre, dans l'article ici repris, la conception de Wolf. Tous trois possèdent pourtant, dans la description de Wolf, « toute la liberté » que, d'après Frankfurt (1971), « l'on peut souhaiter ou concevoir » : leurs actions sont motivées par des désirs qui sont eux-mêmes contrôlés par leur « vrai » moi, que celui-ci s'exprime en termes de désirs de second niveau, de valeurs (Watson 1975) ou d'évaluations fortes (Taylor 1976). D'après le modèle internaliste, qui ne pose aucune contrainte de contenu – en particulier morale – sur les pro-attitudes des agents autonomes, tous trois sont donc responsables. En revanche, si l'on adopte le point de vue du substantialiste fort, ils ne satisfont du moins qu'une seule des deux conditions de la responsabilité, à savoir la condition de *contrôle*. Selon Wolf, pour qu'une personne soit responsable de ses actes, il faut en effet non seulement qu'elle soit libre de contrôler ses actions conformément

---

1. Nous reprenons ici, en le résumant, le portrait de R. Harris paru le 16 mai 1982 dans le *Los Angeles Times*, pièce à conviction de l'article que Watson 1987 consacre à la théorie strawsonienne de la responsabilité (voir P. Strawson 1962). Pour une critique, convoquant les problématiques du débat sur l'agentivité libre ici explicitées, des insuffisances méthodologiques de la démarche de Watson, voir P.-H. Castel, « Folie et responsabilité (Contrepoint philosophique à *Moi, Pierre Rivière...*) », conférence prononcée au colloque *Autonomie, affectivité et moralité*, Amiens, UPJV, mars 2007.

à ses valeurs, mais qu'elle soit également capable sinon de développer, du moins de corriger ces mêmes valeurs à la lumière de raisons morales et épistémiques objectivement valides. C'est la seconde de ces capacités qui manque dans les trois exemples ci-dessus, où les agents adhèrent à des valeurs mauvaises ou fausses sans être capables de les reconnaître comme telles et de les réviser à l'aune du Bien et du Vrai. Dans les termes mêmes de Wolf, la condition de *santé mentale* nécessaire à la responsabilité n'est ici pas satisfaite.

S. Wolf (1987) n'employant pas explicitement le terme d'autonomie, on pourrait être tenté de penser que l'internaliste et l'externaliste fort conceptualisent après tout deux objets différents, de sorte que pour le second, il est fort possible de satisfaire les conditions de l'autonomie sans satisfaire celles de la responsabilité. Il n'y a pourtant aucune raison de prétendre que, dans un monde déterministe, la volonté d'un agent sain d'esprit est plus libre que celle de Robert Harris, dans la mesure où nous sommes tous le produit de notre éducation et de notre culture, que celles-ci soient «bonnes» ou «mauvaises»[1]. Le dilemme est alors le suivant : soit l'externaliste fort défend un concept incompatibiliste d'autonomie – où celle-ci est incompatible avec le déterminisme – et auquel cas personne n'est ni autonome ni responsable ; soit il défend un concept libertarien d'autonomie, auquel cas, pour maintenir la thèse selon laquelle Robert Harris, à la différence de l'individu «sain d'esprit», est irresponsable, il doit assimiler les conditions de l'autonomie à celles de la responsabilité. L'autonomie, dans cette seconde branche de l'alternative, devient un concept intrinsèquement normatif : je ne suis pas autonome si mes désirs et mes croyances ne relèvent pas d'un espace de rationalité morale et épistémique circonscrit par *le monde* et non par *moi*[2].

---

1. Voir ici, sur le problème de la socialisation, les objections de Bernstein 1983 à Young 1980b.

2. Cette position est également défendue par Benson 1987, Berofsky 1995, Richardson 2001, Stoljar 2000, Wallace 2001.

L'externalisme fort soulève plusieurs difficultés, à la fois conceptuelles et politico-morales. 1) En confondant la capacité à s'approprier ses actions avec la capacité à voir les choses correctement ou à adopter des valeurs « idéales », c'est-à-dire en demandant aux éléments motivationnels de la personne d'exemplifier des propriétés qui n'ont éventuellement rien à voir avec elle, il ne parle plus d'autonomie personnelle mais d'« orthonomie » [1], ou sinon d'une forme d'autonomie personnelle qui ne sera de fait illustrée que par un faible nombre d'individus (Benson 2005, Buss 2005b, Noggle 2005). 2) Il ne rend pas compte des cas de disjonction entre l'autonomie et la responsabilité de l'agent (Arpaly 2003, Benson 1994, Oshana 2002). 3) Même si l'on postule un lien nécessaire entre ces deux propriétés, l'externalisme néglige les situations où nous nous gouvernons nous-mêmes alors que nous ne parvenons pas à apprécier les raisons pour ou contre une action, ou à leur donner le poids qu'elles méritent, et où nous sommes pourtant bel et bien responsables (Buss 2005b). Ainsi, même si l'avare ou l'égoïste sous-estiment au mieux certaines « bonnes » raisons d'agir, ils ne sont pas moins responsables de leurs actes. 4) L'externalisme conduit, dans cette perspective, à ne réserver les attributions d'autonomie qu'à des formes de vie et des recherches de valeurs considérées comme acceptables d'un point de vue qui ne vient pourtant pas de « nulle part » (Christman 1991a et 1991b, Thalberg 1978), et risque ainsi d'entraîner une idéologisation du concept. 5) Enfin, il sous-estime les possibilités d'agentivité autonome, et donc d'émancipation, au sein de cadres normatifs qui soutiennent des relations de domination et d'oppression (Benson 2005, Meyers 1987).

Ces difficultés ont conduit nombre d'auteurs, insatisfaits par le modèle internaliste de l'autonomie, à défendre une version faible du substantialisme, où le contenu des préférences et des valeurs des agents autonomes n'est limité qu'indirectement, à travers les

---

1. Voir *supra*, p. 18 de notre introduction générale, et p. 44 de l'introduction à la première section, p. 44.

valeurs subsumées dans la description des compétences nécessaires à l'autonomie. Revenons à l'exemple de Robert Harris. En élaborant un concept d'autonomie débarrassé de toute inquiétude métaphysique sur la liberté de la volonté, on peut montrer que son autonomie est compromise non pas parce que ses valeurs sont « objectivement » déficientes, mais parce que les conditions intersubjectives de formation d'une identité positive – d'une conception de lui-même comme d'un être pourvu de certaines capacités socialement reconnues – n'ont pas été remplies. Si l'externalisme faible n'est pas neutre à l'égard du contenu, c'est donc parce qu'il incorpore dans l'autonomie une dimension sociale absente des théories structurales et procédurales.

Cette absence conduit Paul Benson (1994, ici traduit) à reprocher aux théories internalistes de l'autonomie de n'être finalement que des théories de l'*action* libre : négligeant les présupposés sociaux des conditions de l'autonomie qu'elles promeuvent, elles ont en fait laissé l'*agent*, un être social par définition, hors de leurs analyses. Oshana (2002), Cuypers (2001) puis Anderson et Honneth (2005) rejoignent Benson dans cette critique de l'*individualisme* des théories de l'autonomie, où la socialisation ainsi que la dépendance de l'individu à l'égard d'autrui et d'un large contexte de relations sociales ont tendance à être considérées au pire comme des menaces pour l'autonomie personnelle, au mieux comme de simples adjuvants[1]. Il en ressort une image atomistique de l'individu autonome, caractérisé par une auto-suffisance et une indépendance fictives qui contredisent d'une part ses vulnérabilités réelles, et d'autre part la participation constitutive des attitudes d'autrui à l'acquisition des compétences requises pour l'autonomie. Cette position critique se trouve radicalisée dans les critiques

1. Dans la lignée des théories libérales de la liberté, le type d'*autonomie* promu par ces conceptions individualistes resterait donc arrimé, en dernière instance, au concept de *liberté négative*. C'est ce que l'on peut effectivement observer au début du texte de Mill (*supra*, p. 103 *sq.*), où autrui apparaît avant tout comme une « limite » au développement de mon individualité.

féministes de l'autonomie, au point d'entraîner une substitution du concept d'« autonomie *relationnelle* » (MacKenzie et Stoljar 2000) à celui d'autonomie personnelle. Si les théories féministes de l'identité et de l'agentivité ne peuvent se passer du concept d'autonomie pour à la fois analyser et dénoncer le caractère spécifique de l'oppression dont les femmes sont victimes, le concept d'autonomie personnelle charrierait trop de présupposés non seulement métaphysiques et symboliques, mais également communautaires et de genre, pour ne pas exiger en premier lieu une reconfiguration sémantique [1].

M. Friedman (2003) rejette cette inclusion logique de la « relationalité » dans le concept d'autonomie lui-même. En effet, que nos relations sociales soient une condition de possibilité de notre autonomie implique aussi qu'elles puissent l'annuler. En outre, la personne autonome doit avoir la possibilité de faire varier le contexte relationnel de ses actions, de ses obligations et de la réalisation de ses projets à la lumière d'une réflexion sur sa propre individualité. Noyer l'être *soi-même* dans l'être *avec l'autre* pourrait finalement desservir l'ambition première des théories féministes, en masquant les barrières sociales à l'autonomie et en n'autorisant qu'une conceptualisation lacunaire et fragile des conditions de l'ipséité nécessaires au gouvernement de soi [2]. Paul Benson et Axel Honneth, dans les articles ici repris, évitent tous deux ces difficultés tout en garantissant à l'autonomie une valeur essentiellement intrinsèque plutôt qu'instrumentale.

Selon Benson (1994), l'endossement réfléchi de ses désirs peut, si on laisse leur contenu complètement indéterminé, avoir des effets pervers sur l'autonomie de l'agent. En effet, lorsque celui-ci s'avère incapable de s'identifier aux capacités réflexives et évalua-tives en jeu dans ce processus – lorsqu'il se considère comme privé

---

1. Voir à ce sujet Baier 1985, Code 1991, Gilligan 1986, Jaggar 1983.

2. Ces objections recoupent en partie celles qui sont adressées à la critique communautarienne de l'autonomie personnelle, voir par exemple Christman 2004. Voir également Barclay 2000, Nedelsky 1989, Rössler 2002.

de l'autorité nécessaire pour mettre en œuvre ou pour se voir légitimement attribuer ces mêmes capacités – la condition de contrôle de soi privilégiée par le modèle internaliste peut être parfaitement satisfaite sans que l'on puisse dire de l'agent qu'il participe proprement à ses actions. S'il y exprime encore son identité, il s'agit d'une identité tronquée, dégradée, vécue en première personne comme celle d'un individu incompétent pour être, précisément, considéré par autrui comme une personne à part entière, et comme un partenaire égal d'interaction. Ces individus sont en fait privés du « sentiment de mérite à agir », autrement dit de l'« estime de soi » nécessaire à leur autonomie réelle. Or, et c'est le nerf de l'argumentation de Benson, un tel sentiment ne se déploie et ne se maintient que dans le rapport à l'autre. Ce n'est que si je me perçois comme capable de répondre aux attentes normatives d'autrui me concernant – et qui sont de mon point de vue légitimes – que je peux me considérer comme suffisamment digne d'être autonome ; inversement, le sentiment d'estime de soi s'effondre à mesure de la non-reconnaissance par autrui, manifeste dans son regard et son comportement, de cette capacité.

En s'appuyant sur le modèle intersubjectiviste de l'identité développé par D.W. Winnicott et G.H. Mead, A. Honneth (1993) élargit l'intuition de Benson. Il s'agit ici d'élaborer un concept d'autonomie personnelle qui intègre, non pas comme ses limites mais comme ses conditions de possibilité, les contraintes qui pèsent, depuis la prime enfance de l'individu, sur le développement et le maintien de relations positives à soi. La prise en compte de ces contraintes, issues à la fois de l'inconscient et du langage, invalide aussi bien les soupçons sceptiques à l'égard de la possibilité et de la valeur de l'autonomie, que les idéalisations théoriques héritées de la philosophie moderne. Dans le même temps, elle permet de faire droit à la fois aux réquisits internalistes et externalistes de l'autonomie proposés en psychologie morale. Dans cette perspective, trois capacités sont retenues comme conditions de l'autonomie au sens plein du terme : 1) La capacité à articuler sans crainte ses pulsions, ce qui suppose d'une part une forme de sécurité affective, d'autre part la disponibilité d'un espace d'expressivité linguistique; 2) La capacité à adopter sur sa propre biographie une méta-perspective d'évaluation éthique, mais dont l'intelligibilité reste à ce niveau neutre à l'égard du contenu des désirs de l'agent[1]; 3) La capacité à se rapporter de manière réflexive aux exigences morales de l'environnement social, de sorte que la saisie rationnelle de principes universels s'accompagne d'une sensibilité pratique et affective au contexte[2]. On comprend avec Honneth (2000) que l'acquisition et l'exercice de ces capacités agentives supposent que l'on soit capable d'entretenir certaines attitudes envers soi-même qui dépendent à leur tour des attitudes d'autrui. L'autonomie se situe alors au carrefour de nos compétences et de nos dépendances : ce n'est que lorsque les relations de «reconnaissance» mutuelle qui structurent nos attentes normatives et nos interactions sociales sont satisfaites que la vulnérabilité de notre autonomie ne signifie pas son échec total[3].

---

1. Voir aussi Anderson 2003.

2. La conception kantienne de l'autonomie morale se trouve ainsi reformulée à l'aune d'un souci de nos attachements affectifs et du particulier tel qu'il est thématisé par les éthiques du *care* (voir Laugier 2005).

3. Les trois formes de reconnaissance dégagées par Honneth 2000 sont : 1) la *confiance en soi*, qui repose sur les relations d'amour et d'affection; 2) le *respect de soi*, dont le vecteur est le droit; 3) l'*estime de soi*, qui dépend de la reconnaissance de la contribution de l'activité de l'individu à la société. Voir également Anderson et Honneth 2005 et, pour une présentation synthétique de la théorie de la reconnaissance, Honneth 1996.

Susan Wolf

SANTÉ MENTALE ET MÉTAPHYSIQUE
DE LA RESPONSABILITÉ *

Les philosophes qui travaillent sur la liberté de la volonté et la responsabilité sont beaucoup moins que d'autres confrontés à la question de la pertinence de leur travail par rapport aux problèmes pratiques et ordinaires. En effet, les problèmes liés aux conditions de la responsabilité se posent de manière patente et très fréquente dans la vie quotidienne. Cependant, à regarder les choses de plus près, on peut se demander si les liens entre les problèmes philosophiques et non-philosophiques sont, dans ce domaine, bien réels.

Dans la vie de tous les jours, quand les avocats, les juges, les parents et d'autres s'occupent de questions de responsabilité, ils savent, ou pensent qu'ils savent, quelles sont en général les conditions de la responsabilité. Les problèmes qu'ils rencontrent sont des problèmes d'application : est-ce que telle ou telle personne particulière satisfait telle ou telle condition particulière ? Est-elle suffisamment mature, suffisamment informée ou suffisamment saine d'esprit pour être responsable ? A-t-elle agi sous suggestion post-hypnotique ou sous l'influence d'une drogue entravant le bon fonctionnement de son esprit ? On suppose, dans ces contextes, que

* S. Wolf, « Sanity and the Metaphysics of Responsability », dans F. Schoeman (ed.), *Responsability, Character and the Emotions : New Essays in Moral Philosophy*, Cambridge, Cambridge UP, 1987, p. 46-62. Nos remerciements vont à l'éditeur pour son aimable autorisation.

des êtres humains adultes, pleinement développés et normaux, sont des êtres responsables ; et la question est de savoir si un individu donné rentre dans la catégorie normale.

En revanche, les philosophes ont tendance à ne pas tenir la question des conditions générales de la responsabilité pour résolue, et ils se soucient moins de départager les agents responsables des agents irresponsables que de déterminer si quiconque parmi nous peut jamais être responsable de quelque chose, et si oui pourquoi.

En cours, nous pouvons montrer à nos étudiants en quoi les problèmes philosophiques naissent de problèmes non-philosophiques, comment les premiers prennent leur essor là où les seconds s'arrêtent. De cette manière, nous pouvons espérer les convaincre que les inquiétudes philosophiques devraient les tourmenter, même si ce n'est pas le cas. S'ils se préoccupent de savoir si une personne est suffisamment mature, suffisamment informée, et suffisamment saine d'esprit pour être responsable, alors ils devraient aussi s'inquiéter de savoir si elle est suffisamment libre du point de vue métaphysique.

L'argumentation que je développerai dans ce texte prend cependant la direction opposée. Mon but n'est pas de convaincre les gens intéressés par les conditions apparemment non-philosophiques de la responsabilité qu'ils devraient en outre se soucier également de ses conditions philosophiques, mais plutôt d'exhorter ceux que les problèmes philosophiques préoccupent déjà à ne pas laisser derrière eux les problèmes plus banals, pré-philosophiques. En particulier, je soutiendrai que la reconnaissance banale de la santé mentale comme condition de la responsabilité a davantage à voir avec les problèmes obscurs et apparemment métaphysiques qui entourent la question de la responsabilité qu'il ne peut sembler au premier abord. Une fois que l'importance de la condition de santé mentale sera appréciée à sa juste valeur, certains au moins des aspects métaphysiques du problème de la responsabilité, apparemment insurmontables, se dissoudront.

Ma stratégie consistera à examiner une orientation récente dans les discussions philosophiques de la responsabilité, dont les promoteurs tentent de nous donner une analyse acceptable des conditions de la responsabilité qui, à mon avis, finit cependant par échouer, et ce en raison de problèmes métaphysiques à première vue profonds et insolubles. C'est ici, soutiendrai-je, que la condition de santé mentale vient à notre secours. Ce qui apparaît au premier abord comme un réquisit impossible de la responsabilité – à savoir le réquisit selon lequel l'agent responsable doit s'être créé lui-même – s'avère correspondre à l'exigence largement plus banale et admise selon laquelle l'agent responsable doit, en un sens tout à fait standard, être sain d'esprit.

FRANKFURT, WATSON ET TAYLOR

Le courant que j'ai à l'esprit est illustré par les travaux de Harry Frankfurt, Gary Watson et Charles Taylor. J'examinerai brièvement leurs thèses respectives, et en proposerai ensuite une conception synthétique qui, tout en manquant la subtilité de chacune des analyses, soulignera certaines intuitions et certains points aveugles importants qu'elles ont en commun.

Dans son article novateur « La liberté de la volonté et le concept de personne »[1], Harry Frankfurt fait état d'une distinction entre la liberté de l'action et la liberté de la volonté. Une personne est libre d'agir, rappelle-t-il, quand elle est libre de faire tout ce qu'elle veut faire – marcher ou s'asseoir, voter libéral ou conservateur, publier un livre ou ouvrir un magasin, en accord avec ses désirs les plus forts. Cependant, même une personne libre d'agir peut ne pas être responsable de ses actions si les volontés et les désirs qu'elle est libre de convertir en actes ne sont pas eux-mêmes sujets à son contrôle. Ainsi, la personne qui agit sous suggestion post-hypnotique, la victime d'un lavage de cerveau, le kleptomane, peuvent tous être libres d'agir. Dans les contextes standards où sont puisés ces exemples, aucun d'eux n'est, par hypothèse, enfermé ou

---

1. H. Frankfurt (1971) [*supra*, p. 79 *sq.*].

enchaîné. Au contraire, Frankfurt suppose que ces individus agissent selon ce qu'on doit appeler, à un certain niveau d'analyse du moins, *leurs propres désirs*. Leur exemption de responsabilité vient du fait que leurs propres désirs (ou du moins ceux gouvernant leurs actions) ne dépendent pas d'eux. On peut décrire ces individus, dans les termes de Frankfurt, comme des personnes libres d'agir mais qui, parce qu'il leur manque la liberté de la volonté, ne sont pas des agents responsables.

Les problèmes philosophiques au sujet des conditions de la responsabilité se concentrent naturellement sur le second type de liberté : qu'est-ce que la liberté de la volonté, et à quelles conditions peut-on raisonnablement penser que nous la possédons ? Frankfurt nous propose de comprendre la liberté de la volonté par analogie avec la liberté d'action. De même que la liberté d'action consiste en la liberté de faire ce que l'on veut faire, la liberté de la volonté est la liberté de vouloir ce que l'on désire vouloir. Pour éclaircir cette thèse, Frankfurt introduit une distinction entre désirs de premier et de second niveau. Les désirs de premier niveau sont des désirs de faire ou d'avoir telle ou telle chose, les désirs de second niveau sont des désirs d'avoir tel ou tel désir ou de rendre tel ou tel désir efficient. Afin de posséder à la fois la liberté d'action et la liberté de la volonté, un agent doit être capable de gouverner ses actions par ses désirs de premier niveau *et* de gouverner ses désirs de premier niveau par ses désirs de second niveau.

Gary Watson conçoit l'agentivité libre [1] – c'est-à-dire l'agentivité libre et responsable – de manière similaire en ce qu'il considère qu'un agent est responsable de son action seulement si les désirs exprimés par cette action sont d'un type particulier. Alors que Frankfurt assimile les désirs légitimes aux désirs appuyés par des désirs de second niveau, Watson établit une distinction entre, pour ainsi dire, les désirs « simples » et les désirs qui sont aussi des *valeurs*. Selon Watson, on ne peut pas analyser la différence entre l'action libre et l'action non-libre en se référant à la forme logique

---

1. G. Watson (1975) [*supra*, p. 155 *sq.*].

des désirs d'où proviennent ces diverses actions : il faut plutôt rapporter cette différence à une différence dans la qualité de leur source. Tandis que certains de mes désirs sont de simples appétits ou des réponses conditionnées avec lesquelles je me retrouve « coincé », d'autres sont l'expression de jugements d'après lesquels les objets désirés sont bons. Dans la mesure où mes actions sont gouvernées par le second type de désirs – c'est-à-dire gouvernées par mes valeurs ou mon système évaluatif – je les accomplis librement et j'en suis responsable.

Les deux théories de Frankfurt et Watson permettent d'exploiter l'intuition selon laquelle, pour être responsable de ses actions, l'agent doit être responsable du moi qui les accomplit. Charles Taylor, dans un article intitulé « Responsibility for Self » [1], développe la même intuition. Bien qu'il ne présente pas sa conception en termes de différents niveaux ou types de désir, elle est proche des deux premières, puisque Taylor affirme que notre liberté et notre responsabilité dépendent de notre capacité à réfléchir sur nous-mêmes, à nous auto-critiquer, et à nous transformer. Comme Frankfurt et Watson, Taylor semble penser que si les caractères dont découlent nos actions nous étaient simplement et définitivement *donnés*, implantés par l'hérédité, par l'environnement ou par Dieu, nous serions de simples véhicules par lesquels transiteraient les forces causales du monde – pas davantage responsables de nos actes que ne le sont de simples animaux, de jeunes enfants ou des machines. Et toujours comme Frankfurt et Watson, il fait cependant valoir que, pour la plupart d'entre nous, nos caractères et nos désirs ne sont pas implantés en nous de manière brute – ou, s'ils le sont, qu'ils sont de toute façon sujets à transformation par les réflexions, les évaluations ou les désirs de second niveau de notre propre moi. Nous, êtres humains, – et, à ma connaissance, seulement nous, êtres humains – avons la capacité de prendre du recul sur nous-mêmes et de décider si oui ou non nous sommes le moi que nous voulons être. D'après ces philosophes, c'est pour cette raison

1. C. Taylor (1976).

que nous sommes responsables de nous-mêmes et des actions que nous accomplissons.

Bien qu'il y ait entre les théories de Frankfurt, Watson et Taylor des différences subtiles et intéressantes, ce sont leurs caractéristiques communes qui m'intéressent ici. Tous trois partagent l'idée que l'agentivité responsable implique davantage que l'agentivité intentionnelle. Tous trois conviennent également que si nous sommes des agents responsables, ce n'est pas seulement parce que nos actions sont sous le contrôle de nos volontés, mais parce que, en outre, nos volontés ne sont pas de simples états psychologiques *en* nous, mais les expressions de caractères qui viennent *de* nous, ou qui dans tous les cas sont reconnus et affirmés *par* nous. Pour Frankfurt, cela signifie que nos volontés doivent être dirigées par nos désirs de second niveau ; pour Watson, qu'elles doivent pouvoir être gouvernées par notre système de valeurs ; pour Taylor, qu'elles doivent être issues du moi sujet à une auto-évaluation et à une redéfinition en termes de valeur. D'une manière ou d'une autre, tous ces philosophes semblent dire que la clé de la responsabilité se trouve dans le fait que les agents responsables sont non seulement des agents dont les actions sont sous le contrôle de leur volonté, mais aussi des agents dont les volontés sont sous le contrôle de leur *moi* en un sens plus profond. Puisque, à un certain niveau, on peut comprendre les différences entre ces théories comme des différences dans l'analyse ou l'interprétation de ce que c'est pour une action qu'être sous le contrôle de ce moi plus profond, nous pouvons parler de leurs positions respectives comme autant de variations sur une théorie élémentaire de la responsabilité, la Théorie du Moi Profond.

LA THÉORIE DU MOI PROFOND

Il reste encore beaucoup à dire sur la notion de moi profond avant de pouvoir donner un exposé pleinement satisfaisant de cette théorie. En fournir une analyse soigneuse et détaillée constitue une tâche en soi intéressante, importante et difficile. Ce que nous avons pu en comprendre, par abstraction, à partir des conceptions de Frankfurt, Watson et Taylor, devrait cependant suffire pour nous permettre de reconnaître, dans la Théorie du Moi Profond, certaines vertus significatives aussi bien que certaines insuffisances majeures.

L'une des vertus de cette théorie consiste en ce qu'elle explique une bonne partie de nos intuitions pré-théoriques sur la responsabilité. Elle montre ainsi pourquoi les kleptomanes, les victimes d'un lavage de cerveau, et les individus agissant sous suggestion post-hypnotique peuvent ne pas être responsables de leurs actions, bien que la plupart d'entre nous, en règle générale, le soit. Dans les cas tombant sous ces catégories spéciales, la connexion entre le moi profond des agents et leur volonté est dramatiquement rompue – leur volonté est gouvernée non par leur moi profond, mais par des forces extérieures à eux et indépendantes d'eux. Une autre intuition expliquée par cette théorie est que nous, êtres humains adultes, pouvons être responsables de nos actions en un sens où les simples animaux, les très jeunes enfants et les machines ne le peuvent pas. Ici l'explication ne se fait pas dans les termes d'une division entre le moi profond des seconds et leur volonté – l'argument est plutôt qu'ils *manquent* tout simplement d'un moi profond. Les kleptomanes et les victimes d'hypnose instancient des individus dont le moi est *étranger à* leurs actions; les animaux inférieurs et les machines, en revanche, n'ont pas le type de moi qui *peut* être étranger à ses actions, et dont, dans des circonstances plus favorables, les actions peuvent découler de manière responsable.

À un niveau plus théorique, la Théorie du Moi Profond a une autre vertu: elle répond à au moins l'une des manières dont se présente la crainte du déterminisme.

On peut naïvement réagir à l'idée que tout ce que nous faisons est complètement déterminé, par une chaîne causale remontant au-delà du moment de notre naissance, en pensant que si c'était le cas, nous n'aurions aucun contrôle sur notre comportement. Si tout est déterminé, pense-t-on, alors ce qui arrive arrive, que nous le voulions ou non. On répond habituellement, et de manière judi-

cieuse, à cette inquiétude en faisant observer que le déterminisme
ne nie pas l'efficacité causale que les désirs de l'agent peuvent
avoir sur son comportement. Au contraire, les formes les plus
plausibles du déterminisme tendent à affirmer ce lien, en ajoutant
simplement que, de même que notre comportement est déterminé
par nos désirs, nos désirs sont déterminés par autre chose[1].

Cependant, les craintes de ceux que tourmentait au départ le
fatalisme impliqué par le déterminisme risquent de s'en trouver
simplement modifiées plutôt que réellement effacées. Si nos désirs
sont gouvernés par quelque chose d'autre, pourraient-ils rétorquer,
ils ne sont après tout pas vraiment *les nôtres* – ou, en tout cas, ne
sont les nôtres qu'en un sens superficiel.

La Théorie du Moi Profond apporte une réponse à cette peur
renouvelée du déterminisme, car elle nous permet de distinguer les
cas où les désirs sont déterminés par des forces étrangères à soi-
même et ceux où les désirs sont déterminés par le moi de l'agent
– c'est-à-dire son moi « réel », ou « doté de désirs de second
niveau », ou bien évaluateur, ou encore profond. Il est vrai qu'il y a
des cas, comme ceux du kleptomane ou de la victime d'hypnose, où
l'agent agit selon des désirs qui ne lui « appartiennent » qu'en un
sens superficiel. Mais les partisans de la Théorie du Moi Profond
feront valoir que même si le déterminisme est vrai, ces cas peuvent
être distingués des actions commises par des êtres humains adultes
ordinaires. Le déterminisme implique que les désirs qui gouvernent
nos actions sont à leur tour gouvernés par autre chose, mais cette
autre chose sera, dans les circonstances favorables, notre propre
moi profond.

Cette théorie de la responsabilité offre ainsi une réponse à notre
crainte du déterminisme. Mais c'est une réponse qui en laissera
beaucoup insatisfaits. En effet, même si mes actions sont gouvernées par mes désirs et mes désirs par mon propre moi plus profond,
demeure la question de savoir qui, ou quoi, est responsable de ce

---

1. Voir par exemple Hume 1991, partie III, sec. II, p. 263-264, et R.E. Hobart,
« Free Will as Involving Determination and Inconceivable Without it », *Mind* (1934).

moi plus profond. La réponse ci-dessus semble n'avoir fait que repousser le problème.

Certes, certaines versions de la Théorie du Moi Profond – celles de Frankfurt et de Taylor – semblent anticiper ce problème en faisant une place à l'idéal d'un moi profond potentiellement gouverné par un moi encore plus profond. Ainsi pour Frankfurt, les désirs de second niveau peuvent eux-mêmes être gouvernés par des désirs de troisième niveau, les désirs de troisième niveau par des désirs de quatrième niveau, et ainsi de suite. Et Taylor souligne que, de même que nous pouvons examiner et évaluer notre moi pré-réflexif, nous pouvons examiner et réfléchir sur le moi qui effectue le premier examen et la première évaluation, et ainsi de suite. Mais au bout du compte, cette capacité à créer de manière récursive des niveaux infinis de profondeur ne répond pas à l'objection.

Pour commencer, même s'il n'y a pas de limite *logique* au nombre de niveaux de réflexion ou de profondeur qu'une personne peut atteindre, il en existe certainement une limite psychologique – il est virtuellement impossible d'imaginer un quatrième, et encore moins un huitième, niveau de désir. Plus important : quel que soit le nombre de désirs que nous postulons, il y aura toujours, pour tout individu, un dernier niveau, un ultime moi profond à propos duquel la question « Qu'est-ce qui le gouverne ? » se posera de manière tout aussi problématique qu'auparavant. Si le déterminisme est vrai, il implique que même si mes actions sont gouvernées par mes désirs, et mes désirs gouvernés par mon moi le plus profond, ce dernier sera encore gouverné par quelque chose qui doit, logique-ment, m'être tout à fait extérieur. Bien que je puisse prendre du recul par rapport aux valeurs que mes parents et mes professeurs m'ont inculquées et me demander si ce sont les valeurs que je veux vraiment, le « Je » qui prend du recul sera lui-même un produit des parents et des professeurs que je mets en question.

Le problème est semble-t-il encore plus sérieux quand on s'aperçoit que l'on ne s'en sort pas mieux si le déterminisme est faux. Car si mon moi le plus profond n'est pas déterminé par quelque chose d'extérieur à moi, il n'est pas pour autant déterminé par *moi*. Que je sois le produit de forces soigneusement contrôlées ou le résultat de mutations aléatoires, qu'il y ait une explication complète à mon origine ou qu'il n'y en ait aucune, *je* ne suis pas, dans aucun cas, responsable de mon existence. Je ne contrôle pas mon moi le plus profond.

Ainsi, bien que la thèse selon laquelle un agent est responsable des seules actions qui sont sous le contrôle de son moi profond identifie correctement une condition nécessaire de la responsabilité – une condition qui nous distingue de ceux qui ont par exemple subi une hypnose ou un lavage de cerveau, des êtres immatures et des animaux inférieurs – elle ne parvient pas à fournir une condition suffisante de la responsabilité à même de dissiper toutes les craintes du déterminisme. L'une d'elles semble en effet liée au fait, impliqué par le déterminisme, que nous ne sommes rien d'autre que des maillons intermédiaires dans une chaîne causale, plutôt que des sources ultimes à l'initiative du mouvement et du changement. Du point de vue de celui qui éprouve une telle crainte, la responsabilité semble exiger que l'on soit un premier moteur immobile non-mu, dont le moi profond n'est lui-même ni aléatoire *ni* déterminé de l'extérieur, mais l'est au contraire *par* lui-même – en d'autres termes, est auto-créé.

Ici, cependant, il est possible que les partisans de la Théorie du Moi Profond se demandent si cette crainte est bien légitime*. Car bien que l'on puisse manifestement amener les gens jusqu'au point où ils ont l'impression que l'agentivité responsable exige que l'agent soit la source ultime de pouvoir, et où il semble que rien ne fera l'affaire si ce n'est l'auto-création, il devient difficile de comprendre, dès que l'on revient au point de vue interne de l'agent dont la responsabilité est en question, quel bien ce statut métaphysique est censé fournir ou quel mal son absence est censée infliger.

---

* Voir, dans une perspective kantienne et en sus des objections ici discutées par Wolf, Korsgaard 1996, p. 94-97.

D'un point de vue extérieur, point de vue que les débats sur le déterminisme et l'indéterminisme nous encouragent à adopter, un statut métaphysique spécial peut sembler requis afin de nous distinguer de manière significative des autres membres du monde naturel. Mais les partisans de la Théorie du Moi Profond feront valoir qu'il s'agit là d'une illusion, qu'un retour au point de vue interne devrait dissiper. Cette distinction, diront-ils, ne réclame rien de plus que la possession d'un moi profond efficace dans le gouvernement des actions de l'agent. Car, à la différence des autres membres du monde naturel et en tant que possesseurs d'un moi profond efficient, nous sommes maîtres du moi qui nous constitue. Nous pouvons réfléchir au type d'être que nous sommes et au type d'empreinte que nous laissons sur le monde. Nous pouvons changer ce que nous n'aimons pas en nous et conserver ce que nous aimons. Certes, nous ne nous créons pas à partir de rien. Mais tant que nous pouvons nous changer nous-mêmes, avanceront-ils, il est difficile de trouver des raisons de se plaindre. Selon Harry Frankfurt, une personne libre de faire ce qu'elle désire faire et également libre de désirer ce qu'elle désire désirer a « toute la liberté qu'il est possible de désirer et de concevoir »[1]. Ceci suggère une question rhétorique : si vous êtes libres de contrôler vos actions par vos désirs, libres de contrôler vos désirs par vos désirs plus profonds, et libres de contrôler ces désirs par des désirs encore plus profonds, quelle autre forme supplémentaire de liberté pouvez-vous encore désirer ?

LA CONDITION DE SANTÉ MENTALE

Malheureusement, nous pourrions désirer une autre forme de liberté, qu'il est raisonnable de tenir pour nécessaire à l'agentivité responsable. La Théorie du Moi Profond ne parvient pas à être convaincante quand elle se présente comme une théorie complète des conditions de la responsabilité. Pour comprendre pourquoi,

---

1. Frankfurt (1971) [*supra*, p. 97].

il sera utile d'envisager un autre exemple d'agent dont la responsabilité est mise en question.

Jojo est le fils favori de Jo Iᵉʳ, le dictateur malveillant et sadique d'un petit pays sous-développé. En raison des sentiments privilégiés de son père pour le jeune garçon, Jojo reçoit une éducation spéciale et est souvent autorisé à accompagner son père et à observer son train-train quotidien. À la lumière de ce traitement, on ne sera pas surpris que Jojo prenne son père pour modèle, et qu'il développe des valeurs très proches des siennes. Devenu adulte, il fait en grande partie les mêmes choses que son père, y compris envoyer, sur la base du moindre de ses caprices, des gens en prison, à la mort ou en salles de torture. On ne le *force* pas à agir ainsi, il agit selon ses propres désirs. Quand il prend du recul et se pose la question suivante : « Est-ce que je veux vraiment être ce type de personne ? », sa réponse est résolument positive, car ce mode de vie exprime une forme démente de pouvoir qui fait partie de son idéal le plus profond.

À la lumière de l'héritage et de l'éducation de Jojo – qu'il était impuissant à contrôler – on peut pour le moins douter qu'il doive être considéré comme responsable de ses actes. Car il n'est pas facile de déterminer si quiconque ayant vécu une enfance telle que la sienne aurait pu se développer en quelque chose d'autre que le type de personne tordue et perverse qu'il est devenu. Signalons cependant que Jojo est quelqu'un dont les désirs contrôlent ses actions et sont les désirs qu'il désire avoir. Autrement dit, ses actions sont gouvernées par des désirs qui sont gouvernés par son moi le plus profond, et qui l'expriment.

La stratégie Frankfurt-Watson-Taylor, qui nous a permis de différencier nos moi normaux de ceux des victimes de l'hypnose et d'un lavage de cerveau, ne nous permettra pas de nous distinguer du fils de Jo Iᵉʳ. Dans le cas des premières victimes, nous avions les moyens de dire que bien que les actions de ces individus fussent, à un certain niveau d'analyse, sous leur propre contrôle, ces individus eux-mêmes, en tant qu'agents, n'étaient pas les moi qu'ils voulaient plus profondément être. À cet égard, ces individus ne ressemblaient pas à nos moi heureusement plus intégrés. Mais on ne peut pas dire de Jojo que son moi, en tant qu'agent, n'est pas le moi qu'il veut être. Il *est* le moi qu'il veut être. De l'intérieur, il se sent aussi intégré, libre et responsable que nous.

Juger que Jojo n'est pas un agent responsable n'est possible que de l'extérieur – une fois que l'on réfléchit sur le fait que son moi le plus profond ne dépend, semble-t-il, pas de lui. Cependant, vue de l'extérieur, notre situation ne semble pas différente de la sienne. Car en dernière analyse, il ne dépend d'aucun d'entre nous d'avoir le moi profond que nous avons. Une fois encore, le problème semble métaphysique – et pas seulement métaphysique, mais insurmontable. Car, comme je l'ai mentionné auparavant, le problème ne dépend pas de la vérité du déterminisme. Que nous soyons déterminés ou non, nous ne pouvons pas avoir créé notre moi le plus profond. L'auto-création littérale n'est pas simplement impossible empiriquement, mais logiquement.

Si Jojo n'est pas responsable parce que son moi le plus profond ne dépend pas de lui, alors nous ne sommes pas non plus responsables. En effet, dans ce cas, personne ne pourra jamais accéder à la responsabilité. Mais je crois que l'idée apparente selon laquelle la liberté et la responsabilité requièrent l'auto-création littérale est elle-même erronée.

La Théorie du Moi Profond avait raison de souligner que la liberté et la responsabilité exigent que nous jouissions de certaines formes particulières de contrôle sur notre comportement et sur nous-mêmes. Précisément, il est nécessaire que nos actions soient sous le contrôle de notre moi et que notre moi (superficiel) soit sous le contrôle de notre moi profond. Ayant vu que ces formes de contrôle ne suffisent pas à nous garantir le statut d'agents responsables, nous sommes tentés de supposer, pour nous assurer que même notre moi le plus profond dépend de nous d'une manière ou d'une autre, qu'un autre type de contrôle est encore nécessaire. Mais les réquisits de la liberté et la responsabilité ne sont pas nécessairement ni uniquement des types de pouvoir et de contrôle. Il est possible que nous devions simplement *être* d'une certaine manière, même s'il n'est pas en notre pouvoir de déterminer si nous le sommes ou non.

De fait, il saute aux yeux qu'au moins l'une des conditions de la responsabilité est de ce type dès que nous nous souvenons de ce que nous avons toujours su dans la vie de tous les jours – à savoir qu'afin d'être responsable, un agent doit être *sain d'esprit*. D'ordinaire, il n'est pas en notre pouvoir de déterminer si nous sommes ou non sains d'esprit. La plupart d'entre nous, apparemment, ont de la chance, mais d'autres non. Par ailleurs, être sain d'esprit ne signifie pas nécessairement que l'on ait tous les types de pouvoir et de contrôle dont manque une personne aliénée. Pour notre plus grand embarras, certains individus aliénés, comme Jojo et d'autres chefs politiques actuels qui lui ressemblent, peuvent contrôler complètement leurs actions, et même leur moi agissant. Le désir d'être sain d'esprit n'équivaut donc pas au désir d'une forme supplémentaire de contrôle. Il s'agit plutôt d'un désir que le moi de l'agent entretienne un certain rapport au monde – nous pourrions même dire qu'il s'agit d'un désir que le monde *contrôle* d'une certaine façon particulière le moi de l'agent.

Ceci devient évident lorsque l'on s'arrête sur les critères de santé mentale qui ont historiquement dominé les considérations juridiques concernant la responsabilité. Selon la règle M'Naughten, une personne est saine d'esprit si 1) elle sait ce qu'elle fait et 2) elle sait que ce qu'elle fait est, selon le cas, bien ou mal [*]. Dans la mesure

---

[*] La formulation exacte de la règle M'Naughten est la suivante : « […] pour établir une défense sur les bases de la folie, il doit être clairement prouvé que, au moment où l'acte [criminel] a été commis, l'accusé agissait sous l'influence d'une déficience telle de la raison, due à une maladie mentale, qu'il ne pouvait connaître la nature et la portée de ses actes ; ou, s'il les connaissait, qu'il ne savait pas que ce qu'il faisait était mal » (*Daniel M'Naghten's Case* [1843], UKHL J16, 19 juin 1843, voir http : //www.bailii.org/uk/cases/UKHL/1843/J16.html). Cette règle, qualifiant les cas d'insanité légale afin de trancher le problème de l'imputation de responsabilité des criminels concernés, tire son nom du procès de l'assassin, en 1843, du secrétaire du 1er ministre britannique Sir R. Peel, M'Naughten se croyant victime d'un complot dont l'architecte aurait été le 1er ministre lui-même. Jusqu'au milieu du XXe siècle,

où le désir d'être sain d'esprit implique un désir de savoir ce que l'on fait – ou plus généralement, un désir de vivre dans le Monde Réel – il s'agit d'un désir d'être contrôlé – dans ce cas, un désir que nos *croyances* soient contrôlées – par des perceptions et un raisonnement justes produisant une idée fidèle du monde plutôt que par des formes aveugles ou déformées de réaction au monde. La même chose vaut pour la seconde composante de la santé mentale – seulement, dans ce cas, nous espérons que nos *valeurs* soient contrôlées par des processus fournissant une idée fidèle du monde [1]. En regroupant ces deux conditions, nous pouvons donc comprendre la santé

1. À strictement parler, il est possible que la perception et un raisonnement justes ne suffisent pas à garantir la capacité à accéder à une idée correcte de ce que l'on fait et surtout à une évaluation normative raisonnable de sa propre situation. Pour atteindre ces objectifs, il se peut que la sensibilité à certains domaines de l'expérience, et leur fréquentation, soient également nécessaires. Pour les besoins de cet article, j'entendrai par « santé mentale » tout ce qui est requis pour rendre quelqu'un capable de développer une conception adéquate du monde dans lequel il vit. Dans d'autres contextes cependant, cette interprétation du terme serait exagérément large.

elle a été adoptée par la plupart des cours de justice américaines, avant de connaître plusieurs amendements allant de pair avec les progrès de la psychiatrie. Certains états américains ont ainsi ajouté à la règle M'Naughten une clause de « pulsion irrésistible » permettant d'absoudre un accusé capable de distinguer le bien du mal mais néanmoins incapable de s'empêcher de commettre un acte qu'il sait être mauvais ou illégal. En 1954, un acte de jurisprudence s'écarte de manière significative de la règle M'Naughten en y substituant la règle Durham, selon laquelle on ne peut juger un accusé responsable si son acte criminel était le « produit d'une maladie ou d'une déficience mentale » : des déterminations scientifiques se substituent ainsi à des considérations morales dans la définition de l'insanité légale. En 1962, les critères retenus par l'American Law Institute suivent la même direction, remplaçant l'absence complète de compréhension de la nature de ses actes ou de différenciation du bien et du mal par l'absence d'une « capacité substantielle » à distinguer le bien du mal. En 1984, suite au procès et à l'acquittement de l'assassin de J. Kennedy, le Congrès américain revient à la règle M'Naughten, et il est suivi par plus de trente États. Le verdict « coupable mais malade mental » devient alors progressivement (aujourd'hui dans une vingtaine d'États) une alternative à l'acquittement pour raison d'insanité : l'accusé est autorisé à recevoir un traitement en institut psychiatrique et doit, en cas de guérison, poursuivre le reste de sa peine dans un établissement correctionnel, contrairement à un accusé acquitté qui est alors libéré.

mentale comme la capacité minimale et suffisante de reconnaître et de juger, sur un plan cognitif et normatif, le monde comme ce qu'il est.

Cette définition de la santé mentale soulève plusieurs problèmes dont certains au moins deviendront évidents dans ce qui va suivre. Ce sont des problèmes qui la rendent en fin de compte inacceptable, que l'on cherche à dissimuler ou au contraire à préciser la signification du terme dans nombre des contextes où il est employé. Cependant, la définition proposée met semble-t-il en évidence l'intérêt que la santé mentale présente pour les questions de responsabilité, et nous atteindrons certains objectifs aussi bien pédagogiques que stylistiques si nous employons ci-après le terme de santé mentale en ce sens, il est vrai, spécialisé.

La théorie du moi profond sain

J'ai jusqu'ici montré que les conditions de l'agentivité responsable proposées par la Théorie du Moi Profond étaient nécessaires mais insuffisantes. Qui plus est, la brèche qu'elle laisse ouverte ne semble pas pouvoir être comblée par l'ajout d'un élément métaphysique et, précisément, métaphysiquement intenable. Toutefois, j'aimerais maintenant montrer que la condition de santé mentale, avec les caractéristiques précédentes, suffit à combler cette brèche. En d'autres termes, la Théorie du Moi Profond, complétée par la condition de santé mentale, fournit une conception satisfaisante de la responsabilité. La conception de la responsabilité que je propose concorde avec la Théorie du Moi Profond en ce qu'elle exige qu'un agent responsable soit capable de gouverner ses actions par ses désirs et de gouverner ses désirs par son moi profond. En sus, ma conception requiert que le moi profond de l'agent soit sain et affirme que c'est là *tout* ce qui est nécessaire à l'agentivité responsable. Par contraste avec la simple Théorie du Moi Profond, appelons cette nouvelle proposition la Théorie du Moi Profond Sain.

Il convient de noter, pour commencer, que cette nouvelle conception traite du cas de Jojo et des cas analogues de victimes d'une enfance défavorisée d'une façon qui épouse davantage nos intuitions pré-théoriques que la simple Théorie du Moi Profond. Contrairement à cette dernière, la Théorie du Moi Profond Sain permet d'expliquer, sans mettre en doute notre propre responsabilité, pourquoi Jojo n'est pas responsable de ses actions. Car, bien que ses actions découlent, comme les nôtres, de désirs qui découlent eux-mêmes de son moi profond, ce dernier, contrairement au nôtre, est lui-même aliéné. La santé mentale, souvenons-nous, implique la capacité de reconnaître la différence entre le bien et le mal, et une personne qui, même à la réflexion, ne voit pas qu'il est mal de torturer quelqu'un parce qu'il ne vous a pas salué est évidemment dépourvue de cette capacité.

De manière moins évidente mais tout à fait analogue, cette nouvelle conception explique pourquoi nous ne pouvons pas attribuer une responsabilité complète aux personnes qui, bien qu'agissant mal, agissent d'une manière fortement encouragée par la société dans laquelle elles vivent – les propriétaires d'esclaves des années 1850, les Nazis allemands des années 1930, et de nombreux machistes de la génération de nos pères, par exemple. Nous pensons que ces gens considéraient à tort que leur façon de se comporter était moralement acceptable et nous pouvons par conséquent supposer que leur comportement exprimait leur moi profond, ou du moins était en accord avec lui. Mais il est possible que leur fausse croyance dans le caractère moralement autorisé de leurs actions, ainsi que les fausses valeurs dont ces croyances dérivaient, aient été inévitables étant données les circonstances spéciales dans lesquelles elles se sont développées. Si nous pensons que les agents en question n'avaient d'autre possibilité que de se méprendre sur leurs valeurs, nous ne les blâmons pas pour les actions que ces mêmes valeurs ont inspirées [1].

---

1. La question de savoir si ces individus étaient effectivement dans l'impossibilité d'avoir d'autres valeurs que des valeurs erronées, et si, en conséquence,

Qualifier d'aliénés, même de manière partielle ou locale, le propriétaire d'esclaves, le Nazi ou le machiste, déformerait indûment notre pratique linguistique ordinaire. Reste que les raisons que nous avons de ne pas les blâmer sont au fond les mêmes que dans l'exemple de Jojo. Comme lui, ils sont, au niveau le plus profond, incapables de reconnaître et de juger, sur un plan cognitif et normatif, le monde comme ce qu'il est. Au sens du terme qui est le nôtre, leur moi profond n'est pas pleinement sain.

La Théorie du Moi Profond Sain nous explique ainsi pourquoi les victimes d'une enfance défavorisée, tout comme celles de sociétés mal gouvernées, peuvent ne pas être responsables de leurs actions, sans nous dédouaner pour autant de notre responsabilité envers nos propres actions. Les actions des victimes en question sont gouvernées par des valeurs mal fondées que ces agents ne pouvaient pas ne pas avoir. Puisque, pour autant que nous le sachions, nos valeurs ne sont pas, comme les leurs, inévitablement erronées, le fait qu'ils ne soient pas responsables de leurs actions ne nous oblige pas à conclure que nous ne sommes pas responsables des nôtres.

Cela dit, les raisons pour lesquelles la santé mentale, en ce sens spécifique, devrait faire une telle différence, ne sont peut-être pas encore très claires : pourquoi, en particulier, la question de savoir si les valeurs d'un individu sont inévitablement *fausses* devrait-elle avoir une quelconque portée sur son statut d'agent responsable ? Le fait que la Théorie du Moi Profond Sain implique des jugements qui correspondent à nos intuitions sur la différence de statut entre des personnes telles que Jojo et nous-mêmes ne lui donne qu'un

reconnaître les erreurs de la société dans laquelle ils vivaient aurait requis une force ou une indépendance d'esprit exceptionnelle, est certes une question ouverte. Il s'agit probablement d'une question empirique, dont il extrêmement difficile de déterminer la réponse. Je veux simplement dire ici que *si* nous pensons qu'ils ne peuvent pas reconnaître le caractère erroné de leurs valeurs, nous ne les tenons pas pour responsables des actions qui en découlent, et que *si* nous pensons que leur capacité à reconnaître leurs erreurs normatives est compromise, nous ne les tenons pour aucunement responsables des actions afférentes.

faible avantage si elle ne peut pas également défendre ces intuitions. Nous devons donc nous pencher sur une objection soulevée à partir du point de vue, déjà examiné, qui rejette l'intuition selon laquelle il y a ici une différence digne d'être prise en considération.

Plus haut, il nous a semblé que la raison pour laquelle Jojo n'était pas responsable de ses actions était que, bien que ses actions fussent gouvernées par son moi profond, son moi profond ne dépendait lui-même pas de lui. Mais ceci n'avait rien à voir avec le fait que son moi profond fût ou non dans l'erreur, bon ou mauvais, sain ou aliéné. Si les valeurs de Jojo sont inévitablement erronées, nos valeurs, même si elles ne sont pas fausses, apparaissent tout aussi inévitables. Quand il s'agit de liberté et de responsabilité, n'est-ce pas la notion d'inévitabilité qui importe, plutôt que celle d'erreur ?

Avant de répondre à cette question, il convient de relever l'une de ses ambiguïtés : on ne saurait en effet distinguer de manière non équivoque les concepts d'inévitabilité et de fausseté. On peut, bien sûr, construire la notion d'inévitabilité de manière purement métaphysique. Selon cette interprétation, qu'un événement ou un état de chose soit inévitable dépend, pour ainsi dire, de la force du lien causal qui se rapporte à la production de l'événement ou de l'état de chose en question. En ce sens, notre moi profond semble aussi inévitable pour nous que celui de Jojo et des autres ne l'est pour eux. Car nous sommes probablement aussi influencés par nos parents, notre culture ou notre formation scolaire qu'ils ne le sont par les leurs. En un autre sens, pourtant, nos caractères ne sont pas inévitables de la même manière.

En particulier, il y a, dans le cas de Jojo et des autres, certains traits de leur caractère qu'ils ne peuvent éviter *même si ces traits de caractère sont sérieusement erronés, malencontreux ou mauvais* ; et ceci parce que, en notre sens spécifique du terme, ces individus sont tout sauf parfaitement sains d'esprits. Puisqu'ils sont incapables de distinguer le bien du mal, ils sont incapables de modifier leur caractère à l'aune de ces valeurs, et leur moi profond manque donc des ressources et des raisons qui auraient pu servir de base à cette autocorrection. Puisque le moi profond que *nous* avons de manière inévitable est en revanche un moi profond sain – c'est-à-dire un moi profond qui *renferme* inévitablement la capacité de distinguer le bien du mal, nous avons inévitablement les ressources et les raisons sur lesquelles asseoir notre autocorrection. Cela signifie que bien qu'en un sens nous ne soyons pas davantage maîtres de notre moi profond que Jojo et les autres ne le sont, il ne s'ensuit pas, dans notre cas et contrairement au leur, que nous serions tels que nous sommes même s'il s'agissait d'une manière d'être mauvaise ou erronée. Une telle implication faisant défaut, il me semble que notre absence de contrôle au niveau le plus profond ne devrait pas nous perturber.

Examinons ce à quoi revient pour nous l'absence de ce type de maîtrise : tandis que Jojo ne saurait contrôler le fait que, au niveau le plus profond, il n'est pas parfaitement sain d'esprit, nous ne sommes pas responsables du fait d'être, au niveau le plus profond, précisément sains d'esprit. Il ne dépend pas de nous d'*avoir* les capacités minimales suffisantes pour reconnaître et juger, sur un plan cognitif et normatif, le monde comme ce qu'il est. De même, il ne dépend vraisemblablement pas de nous d'avoir nombre d'autres propriétés, du moins au début – une passion pour la couleur pourpre, peut-être, ou une antipathie envers les betteraves. Comme les partisans de la Théorie simple du Moi Profond se sont employés à le rappeler, nous disposons cependant, si nous avons de la chance, de la capacité de nous changer nous-mêmes à l'aune des valeurs respectées par notre moi profond ou qui en sont constitutives. Si nous avons suffisamment de chance à la fois d'avoir cette capacité et d'être sains d'esprit, il s'ensuit, même si nous n'avons pas, pour une grande part, choisi notre caractère, qu'il n'y a en lui rien d'irrationnel ou de contestable que nous soyons obligés de conserver.

Étant sains d'esprits, nous sommes capables de comprendre et d'évaluer nos caractères de manière raisonnable, de discerner ce à quoi il y a des raisons de tenir, ce qu'il y a des raisons d'éliminer, et ce que, d'un point de vue rationnel et raisonnable, nous pouvons conserver ou rejeter à notre guise. Étant également capables de gouverner notre moi superficiel par notre moi profond, nous sommes donc capables de changer les choses quand nous trouvons qu'il y a de bonnes raisons de le faire. Par conséquent, il semble que bien que nous ne soyons pas *métaphysiquement* responsables de nous-mêmes – car, après tout, nous ne nous sommes pas créés à partir de rien – nous restons *moralement* responsables de nous-mêmes, car nous sommes capables de comprendre et d'apprécier le bien et le mal, et de modifier nos caractères et nos actions en conséquence.

AUTO-CRÉATION, AUTO-TRANSFORMATION ET AUTOCORRECTION

Au début de ce texte, j'ai soutenu que, à condition de se souvenir que la santé mentale est une condition de la responsabilité, l'idée apparente selon laquelle la responsabilité est métaphysiquement impossible se dissoudrait en partie. Pour voir comment cela est possible, et pour mieux comprendre la Théorie du Moi Profond Sain, il pourrait s'avérer utile de la mettre en perspective en la comparant aux autres conceptions discutées jusqu'ici.

Comme Frankfurt, Watson et Taylor nous l'ont montré, nous devons, afin d'être libres et responsables, être capables non seulement de contrôler nos actions en accord avec nos désirs, mais aussi de contrôler nos désirs en accord avec notre moi profond. Nous devons, en d'autres termes, être capables de nous *transformer* – de nous débarrasser de certains désirs et traits de caractère, et peut-être de les remplacer par d'autres à l'aune de nos désirs, valeurs ou réflexions plus profonds. Tenant compte du fait que le moi qui effectue la transformation peut lui-même être soit le produit brut de forces extérieures, soit le résultat arbitraire d'une génération aléatoire, nous nous sommes cependant demandés si la capacité d'auto-transformation suffisait à assurer notre responsabilité, et l'exemple de Jojo a renforcé le soupçon contraire. Reste que si la capacité à nous transformer n'est pas suffisante, la capacité à nous créer nous-mêmes ne semble pas non plus nécessaire. En effet, à bien y réfléchir, les raisons pour lesquelles on devrait désirer s'être auto-créés ne vont pas de soi. Pourquoi devrait-on être déçu d'avoir à accepter l'idée qu'il faille bien commencer quelque part? C'est une idée avec laquelle la plupart d'entre nous ont, depuis toujours, vécu de manière parfaitement heureuse. Ce qu'il y a lieu de désirer, par conséquent, c'est plus que la capacité à nous transformer mais moins que la capacité à nous créer nous-mêmes. Implicite dans la Théorie du Moi Profond Sain est l'idée que nous avons en réalité besoin de la capacité à nous *corriger* (ou à nous approuver).

En reconnaissant qu'afin d'être responsables de nos actions, nous devons être responsables de nous-mêmes, la Théorie du Moi Profond Sain analyse les réquisits de notre responsabilité envers notre moi en deux éléments : 1) la capacité à s'évaluer soi-même judicieusement et correctement et 2) la capacité à se *transformer* soi-même dans la mesure où notre évaluation l'exige. Nous pouvons comprendre l'exercice de ces capacités comme un processus par lequel nous *endossons* la responsabilité du moi que nous sommes mais que nous n'avons en dernier ressort pas créé. La condition de santé mentale est intrinsèquement liée à la première capacité ; la condition demandant que nous soyons capables de déterminer notre moi superficiel par notre moi profond est intrinsèquement liée à la seconde.

Ce qui distingue la simple Théorie du Moi Profond de la Théorie du Moi Profond Sain correspond donc à ce qui distingue les deux conditions suivantes : la capacité d'auto-transformation et la capacité d'autocorrection. Quiconque pourvu de la première capacité peut *essayer* de devenir responsable de lui-même. En revanche, seul un individu doué d'un moi profond sain, d'un moi profond capable de voir et d'apprécier le monde comme ce qu'il est, peut s'évaluer judicieusement et correctement. Et c'est pourquoi, bien qu'un moi aliéné puisse tenter de devenir responsable de lui-même, seul un moi sain pourra à bon droit être reconnu comme responsable.

DEUX OBJECTIONS

La Théorie du Moi Profond Sain soulève aux moins deux problèmes si flagrants qu'ils ont certainement frappé mes lecteurs et, en conclusion, je vais rapidement les aborder. Tout d'abord, certains se demanderont comment, à la lumière de mon emploi spécial du terme de santé mentale, je peux être sûre que « nous » sommes plus sains d'esprits que les individus non responsables que j'ai évoqués. Qu'est-ce qui justifie mon assurance que, contrairement aux propriétaires d'esclaves, aux Nazis, aux machistes, pour ne rien dire de Jojo lui-même, nous sommes capables de comprendre et d'apprécier le monde pour ce qu'il est ? Je réponds que rien ne le justifie si ce n'est un large accord intersubjectif et le succès considérable que nous obtenons en circulant dans le monde et en satisfaisant nos besoins. L'hypothèse présomptueuse selon laquelle nous sommes en mesure de saisir la vérité concernant *tous* les aspects de la vie éthique et sociale n'est pas suffisamment fondée. Au contraire, il semble plus raisonnable de supposer que le temps révèlera les points aveugles de notre perspective cognitive et normative, tout autant qu'il a révélé des erreurs dans les perspectives de ceux qui nous ont précédés. Mais nous ne pouvons porter nos jugements de responsabilité que de l'intérieur de notre perspective, à la lumière des accords et des valeurs que nous pouvons développer en exerçant aussi bien et autant que possible les capacités que nous possédons.

Si certains se sont inquiétés de ce que ma conception exprime implicitement une confiance exagérée dans l'hypothèse que nous sommes sains d'esprits et donc détenons la vérité sur le monde, d'autres s'inquiéteront de ce qu'elle lie trop étroitement la santé mentale au fait de détenir la vérité sur le monde, et craindront que ma conception n'implique que quiconque agit de manière erronée ou a de fausses croyances sur le monde est par-là aliéné et donc non responsable de ses actes. Il s'agit là, me semble-t-il, d'une préoccupation plus sérieuse, à laquelle je ne suis pas sûre de pouvoir répondre en satisfaisant tout le monde.

Tout d'abord, il faut reconnaître que la Théorie du Moi Profond Sain adopte une conception explicitement normative de la santé mentale. Mais il me semble qu'il s'agit là d'un point fort plutôt que d'un défaut. La santé mentale *est* un concept normatif, en son sens ordinaire aussi bien que technique, et un comportement gravement déviant, tel celui d'un tueur en série ou d'un dictateur sadique, apporte la preuve d'une déficience psychologique chez l'agent en question. L'idée que les crimes les plus horribles et écœurants puissent seulement être commis par une personne aliénée – l'inverse de Catch-22*, pour ainsi dire – doit être considérée comme une possibilité sérieuse, en dépit des problèmes pratiques qui accompagneraient l'acception générale de cette conclusion.

Mais, objectera-t-on, il n'y a aucune raison, si l'on suit la Théorie du Moi Profond Sain, de ne considérer comme preuve d'aliénation mentale en ce sens spécialisé que les crimes horribles et écœurants. Si la santé mentale consiste en la capacité à comprendre et à juger, sur un plan cognitif et normatif, le monde comme ce qu'il est, alors *toute* action erronée ou toute fausse croyance pourra prouver que cette capacité est absente. Je veux bien accorder cet argument également, mais nous devons être prudents quant aux conclusions qu'il faut en tirer. Certes, lorsque quelqu'un agit d'une manière non conforme aux critères acceptables de rationalité et de raisonnabilité, il est toujours bon de chercher à expliquer pourquoi il a agi ainsi. L'hypothèse qu'il était alors incapable

---

* « A Catch-22 situation » désigne aujourd'hui, dans l'anglais courant, un cercle vicieux ou une situation perdant-perdant. À l'origine, *Catch-22* est le titre d'un roman culte de J. Heller, paru en 1961 aux États-Unis et en 1964 en France, dont le héros, un bombardier de l'Armée de l'Air américaine, tente de se faire exempter des combats en plaidant la folie. Malheureusement, l'article 22 du règlement intérieur de sa base stipule que « Quiconque veut se faire dispenser d'aller au feu n'est pas vraiment un fou » : le bombardier, par sa requête, démontre donc qu'il est sain d'esprit et apte à voler. Inversement, tout combattant souhaitant délibérément aller au feu démontre implicitement qu'il est fou et qu'il devrait donc être dispensé, n'ayant pour cela qu'à en formuler la demande. Le piège se referme alors puisque cette seule formulation montrerait qu'il n'est pas fou.

de comprendre et de se rendre compte que son action tombait hors des limites acceptables sera toujours une explication possible. Une mauvaise performance à un contrôle de mathématiques tend toujours à indiquer la stupidité éventuelle de celui qui passe le test. En général, cependant, d'autres explications sont également possibles – par exemple, que l'agent était trop paresseux pour s'interroger sur le caractère acceptable de son action, trop cupide pour s'en soucier ou, dans le cas du contrôle de mathématiques, trop absorbé par d'autres intérêts pour assister aux cours ou étudier. D'autres informations sur l'histoire de l'agent nous aideront à choisir parmi ces hypothèses.

Il est nécessaire, comme ces objections le révèlent, de rappeler que la santé mentale, au sens technique du terme qui est le nôtre, est définie comme la *capacité* à comprendre et à juger, sur un plan cognitif et normatif, le monde comme ce qu'il est. Selon notre façon commune et ordinaire de voir les choses, avoir cette capacité est une chose et l'exercer en est une autre – et une partie des agents responsables et agissant mal se situe vraisemblablement entre les deux. Reste que la notion de « capacité » est notoirement problématique, et il existe une longue tradition de controverses pour savoir si la vérité du déterminisme montrerait que nos manières ordinaires de penser sont, dans ce domaine, tout simplement confuses. Ici, il est donc possible que des craintes métaphysiques s'expriment à nouveau – mais elles auront du moins été repoussées dans une impasse plus étroite, et peut-être plus manœuvrable.

La Théorie du Moi Profond Sain ne résout donc pas tous les problèmes philosophiques liés aux questions de liberté de la volonté et de responsabilité, et elle met en fait davantage en évidence certains problèmes pratiques et empiriques qu'elle ne les résout. Cela dit, il se peut qu'elle apporte une solution à une partie de ces problèmes philosophiques, en particulier les problèmes métaphysiques, et qu'elle révèle combien sont étroits les liens entre les problèmes philosophiques encore non-résolus et les problèmes pratiques.

PAUL BENSON

L'AGENTIVITÉ LIBRE ET L'ESTIME DE SOI [*][1]

On serait plus fidèle à la plupart des études contemporaines de l'agentivité libre si on les décrivait comme des études de la liberté d'action. Elles œuvrent en effet davantage à expliquer ce qu'est agir librement qu'à élucider ce qu'est un agent libre, et cherchent généralement à construire une théorie de la liberté d'action en relevant les différents types d'obstacles ou de contraintes qui la suppriment. Les pouvoirs qui permettent à un agent d'agir librement sont ainsi caractérisés comme ceux qui garantiraient l'absence de ces obstacles.

Je lance dans cet article un défi à la plupart des théories courantes de l'agentivité libre, en montrant qu'elles négligent systématiquement une forme d'absence de liberté n'impliquant pas les types d'obstacles qu'elles ont cherché à caractériser. Je suggère en particulier que les agents libres doivent avoir un certain sentiment de leur propre mérite à agir, ou de leur statut d'agent, sentiment qui n'est pas garanti par leurs capacités à agir librement en endossant de manière réfléchie leurs volontés et leurs actions.

[*] P. Benson, «Free Agency and Self-Worth», *The Journal of Philosophy*, vol. 91, n° 12, 1994, p. 650-668. Nos remerciements vont à l'éditeur et à l'auteur pour leurs aimables autorisations.

[1] Je remercie John Christman pour ses commentaires utiles à propos d'une version antérieure de cet article. J'ai également bénéficié des réactions du groupe de discussion du Département de Philosophie à l'Université de Dayton.

Cette dimension de l'agentivité libre, négligée jusqu'ici, est surtout instructive à deux égards pour les théories récentes. D'une part, elle révèle les difficultés de l'approche « neutre à l'égard du contenu »[1] qui a longtemps dominé la littérature, et elle clarifie la manière dont les conditions de l'agentivité libre peuvent inclure des composantes normatives sans pour autant être sujettes aux difficultés auxquelles une telle position est habituellement confrontée[2]. D'autre part, l'analyse met au jour une dimension sociale de l'autonomie qui peut contribuer à expliquer pourquoi elle possède, pour des agents qui sont aussi des personnes humaines, une valeur profonde et non instrumentale.

CAS STANDARDS D'ACTION NON LIBRE ET CONDITIONS PROCÉDURALES DE LA LIBERTÉ

Les philosophes contemporains ont habituellement développé leurs théories de l'autonomie sur l'arrière-plan d'un éventail standard de cas qui sont clairement, d'un point de vue pré-théorique, des cas de non-liberté[3]. Cet éventail inclut les actions ou les

---

1. J'emprunte ce terme à J. Christman (1991a), p. 22 [*supra*, p. 209].

2. C'est S. Wolf qui a la première (dans la littérature contemporaine) suggéré l'existence d'éléments normatifs et non métaphysiques de l'autonomie, dans « Assymetrical Freedom », *The Journal of Philosophy*, vol. 72, mars 1980, p. 151-166, et qui l'a avec le plus d'éclat défendue dans son ouvrage *Freedom within Reason*, New York, Oxford UP, 1990. J'ai aussi avancé cette idée dans « Freedom and Value » (1987); « Feminist Second Thought about Free Agency », *Hypathia*, vol. 5, n°3, 1990, p. 47-64; et « Autonomy and Oppressive Socialization » (1991). On trouve des arguments similaires à propos des composantes normatives de la responsabilité dans J.M. Fischer, « Responsiveness and Moral Responsibility », dans Schoeman (1987); Fischer et M. Ravizza, « Responsibility and Inevitability », *Ethics*, vol. 101, n°2, 1991, p. 258-278; G. Watson, « Responsibility and Normative Competence », *Pacific Division Meetings* de l'APA, mars 1992; et S. Wolf (1987).

3. Alors que l'éventail de cas que je m'apprête à décrire est désormais tout à fait familier des philosophes, il convient de noter que les non philosophes s'étonnent souvent de l'obsession philosophique qu'ils suscitent. C'est en réfléchissant à cette

comportements provoqués par l'hypnose ou dus à des désordres psychologiques, tels que la kleptomanie ou les toxicomanies à base physiologique ; les actions accomplies sous la menace ou en vertu d'un conditionnement social du genre que décrit Orwell dans *1984* ; les actions ou les comportements générés par une manipulation chirurgicale ou électrochimique directe du cerveau ; et les actions motivées par des désirs induits de manière subliminale ou inconscients à un autre titre. À l'exception possible de la contrainte (et en supposant que les agents affectés ne souhaitent être motivés d'aucune de ces manières), ces cas suppriment si nettement la liberté que l'on s'en sert comme des tests décisifs de la validité des théories proposées de la liberté, et leur prise sur l'imagination philosophique récente est si forte qu'ils finissent par dicter l'interprétation par laquelle la plupart des théoriciens caractérisent positivement l'action libre [1].

L'éventail standard de cas se divise naturellement en deux classes. La première comprend les cas où les agents sont incapables de maîtriser ou de réguler leur comportement au moyen de leur volonté, et où ils sont donc empêchés de faire ce qu'ils désirent (ou de le faire parce qu'ils le désirent). Un exemple est en le comportement produit par une intrusion chirurgicale dans le cerveau. Cependant, cette forme de non-liberté n'est pas vraiment intéressante pour les théories de la liberté, puisqu'elle semble exclure complètement l'action et pas seulement l'action libre.

La seconde classe distinguée par l'éventail standard de cas comprend les situations où les agents agissent délibérément mais

situation que j'ai au départ été amené à interroger cette obsession dans les passages indiqués des sections II et III ci-dessous.

1. Wolf fait ici clairement exception. Sa réflexion sur la liberté a par ailleurs été orientée par la prise en considération des capacités normatives déficientes des personnes souffrant de formes sévères de maladie mentale, ou qui dans leur enfance avaient été gravement défavorisées ou traumatisées (voir surtout « Assymetrical Freedom » et *Freedom within Reason* ; voir aussi mon article « Freedom and Value » pour l'étude de tels exemples). J'examine brièvement la dernière théorie wolfienne de la liberté dans la section IV ci-dessous.

sont incapables de maîtriser le contenu de leur volonté. Dans ce cas, les agents sont empêchés de réguler ou d'endosser leurs motifs efficients sur la base de ce qui leur importe le plus, de ce qui les intéresse ou de ce qu'ils estiment le plus. Ainsi, même si les actions motivées par la suggestion hypnotique, la kleptomanie, la toxicomanie ou les désirs induits de manière subliminale, sont habituellement le produit des désirs des agents, ces actions ne sont pas libres parce que les agents sont empêchés de réguler le processus par lequel ces motifs en sont venus à constituer leur volonté (si l'on suppose, comme précédemment, que les agents n'ont pas indépendamment approuvé l'influence de l'hypnose, etc., sur leur volonté). On peut aussi expliquer de cette manière le caractère non libre des actions motivées par des désirs inconscients ou influencées par des programmes de conditionnement social massif[1].

On a ainsi considéré que les cas inclus dans l'éventail standard témoignaient des deux formes fondamentales de non-liberté, circonscrites par les deux principaux types d'obstacles : les obstacles au contrôle délibéré du comportement, et les obstacles à la régulation de la volonté à la lumière de ce qui importe à l'agent. Se focalisant sur ces types d'obstacles, les théoriciens ont positivement défini l'autonomie comme consistant dans les capacités à gouverner délibérément sa conduite et à réguler de manière réfléchie sa volonté, précisément ces capacités que les deux types d'obstacles mettent en échec. À quelques exceptions près (j'en examinerai certaines ci-après), toutes les théories contemporaines et dominantes de l'autonomie, y compris celles de Gerald Dworkin, Harry

---

1. Une explication alternative du caractère non-libre des actions provoquées par des systèmes Orwelliens de contrôle social est que ceux-ci peuvent laisser intact le contrôle de leurs volontés par les agents, entravant uniquement leurs capacités à les réguler intelligemment. S. Wolf emprunte cette voie, en soutenant qu'un conditionnement social de ce genre attaque la liberté principalement en détruisant la compétence normative des agents, et non en obstruant leur capacité à faire ce qui leur importe le plus (voir *Freedom and Reason*, p. 37, 121-122, 141-142).

Frankfurt, Wright Neely, Gary Watson, et Daniel Dennett, se conforment à ce modèle général [1].

Bien que les actions motivées par des menaces coercitives fassent partie de l'éventail standard des cas de non-liberté, elles ne se prêtent pas si facilement au modèle général d'explication que j'ai esquissé. Alors qu'au premier abord on n'a pas nécessairement tort d'essayer de comprendre la contrainte comme impliquant le second type d'obstacle, on ne peut pourtant pas l'intégrer purement et simplement à la seconde classe de cas puisque, de manière générale, elle n'obstrue pas la capacité de l'agent à faire ce qu'il pense être le mieux ou ce qui lui importe le plus [2]. Le problème de la nature de la contrainte et de sa relation à la liberté mérite un traitement à part, aussi le laisserai-je de côté dans mon présent propos.

Les conceptions positives de l'autonomie nées de cette focalisation sur l'éventail standard des cas de non-liberté partagent un trait particulièrement intéressant : elles soutiennent toutes que la liberté n'impose pas de limites au contenu des objectifs, des valeurs, des croyances ou des motifs des agents libres. Selon ces conceptions, aussi longtemps que l'agent est à même de maîtriser efficacement sa volonté et de la traduire en action sans entrave,

1. Dworkin (1970) et (1988); Frankfurt (1971) et (1987); Neely (1974); Watson (1975); et Denett, *Elbow Room*, Cambridge, MIT Press, 1984. J'ai déjà signalé que la théorie de Wolf faisait exception. Évidemment, les théories qui soutiennent que l'autonomie est une notion incohérente ne rentrent pas dans ce modèle. Voir, par exemple, R. Double, *The Non-Reality of Free Will*, New York, Oxford, 1991; noter cependant la provisoire « théorie variable de l'autonomie » de Double, chap. 2. Je pense que les théories incompatibilistes se conforment également au modèle. Mais parce qu'elles mettent en général l'accent sur l'établissement d'une version quelconque de l'incompatibilisme, et non sur la définition des capacités anti-causales précises qui constituent l'autonomie, il est difficile de leur accorder un quelconque crédit sur ce point (c'est précisément l'une des raisons pour lesquelles les compatibilistes trouvent les conceptions incompatibilistes de la liberté si mystérieuses : ces dernières n'essaient pas d'étoffer les descriptions des capacités réflexives ou évaluatives des agents libres).

2. Voir la critique, par I. Thalberg (1978), de la manière dont Dworkin et Frankfurt analysent la contrainte [*supra*, p. 213 *sq.*], et également *Freedom within Reason*, p. 150, n. 5.

n'importe quel désir, projet, valeur, croyance, etc., peut être impliqué dans la motivation de l'action libre [1]. Les philosophes ont ainsi considéré que l'éventail standard prouvait implicitement que des conditions neutres à l'égard du contenu, ou définies de manière procédurale (et non pas substantiellement), permettaient de fournir une explication complète de l'autonomie [2].

On peut partiellement expliciter la conception procédurale de la liberté à la lumière des deux principales méthodes qui ont été employées pour analyser les capacités des agents libres à réguler ou endosser leur conduite. L'approche *structurale* soutient que les agents libres ne sont capables de réguler leurs volontés que lorsque les motifs qui les conduisent à agir sont liés d'une manière spécifique à d'autres états actuels de l'agent. Frankfurt affirme par exemple que pour un agent libre, s'identifier aux motifs de son action consiste à agir d'après ces motifs (en partie) parce qu'ils sont endossés par ses motifs de niveau supérieur concernant la situation. Selon Frankfurt, cette relation entre des motifs de niveau supérieur et une volonté de premier niveau constitue, indépendamment du contenu de ces motifs, l'endossement de la volonté qui garantit la liberté de l'action [3]. De manière analogue, Watson affirme que pour un agent libre, le pouvoir de réguler sa volonté consiste en une relation spécifique entre les motifs de son action et son système évaluatif, à savoir que, indépendamment de leur contenu, ce sont

1. Certaines théories ajoutent que les états qui contribuent à la motivation des actions libres doivent satisfaire une certaine norme de rationalité, tout en l'interprétant comme une norme minimale. L'exigence de cohérence interne de Christman (1991a) est typique cet égard, voir p. 13-15 [*supra*, p. 196-200].

2. Les partisans des théories neutres à l'égard du contenu se sont surtout intéressés à la neutralité quant au contenu normatif, quoique la neutralité de ces théories n'ait jamais été explicitement restreinte aux questions normatives.

3. La conception de Frankfurt requiert également que l'engagement de l'agent libre envers sa volonté de premier niveau soit décisif, qu'il « résonne » tout au long des niveaux supérieurs de sa volonté. Voir « Identification and Wholeheartedness » (1987) pour une étude de cette exigence supplémentaire.

les évaluations d'après lesquelles l'agent juge ce qu'il est tout compte fait préférable de faire qui déterminent sa volonté.

Tandis que les approches structurales ne recherchent les conditions de l'autonomie de l'agent qu'à l'instant *t*, en faisant une « coupe »[1] dans son état cognitif et motivationnel total, c'est en se focalisant au contraire sur le processus à travers lequel l'agent a acquis ses motifs efficients que les approches *historiques* recherchent des conditions neutres à l'égard du contenu. John Christman (1991a) a par exemple développé une théorie selon laquelle la capacité qu'ont les agents à réguler leurs volontés dépend de leur absence de résistance, factuelle ou contre-factuelle, aux processus par lesquels ils ont acquis leurs volontés, et ce dans des conditions qui n'entravent pas la réflexion (en particulier par la duperie de soi ou la formation de croyances et de désirs manifestement incohérents). Cette théorie est neutre à l'égard du contenu puisque, aussi longtemps que l'agent a acquis sa volonté à travers un processus qui pourrait être admis au terme d'une réflexion, elle est indifférente au contenu de ses attitudes[2].

Dans cette section, j'ai suggéré que suite à leur focalisation sur l'éventail standard des cas de non-liberté, les philosophes ont cru que l'absence de liberté avait pour seule source l'incapacité des agents à contrôler leur comportement ou à réguler leurs volontés. Ils ont de plus soutenu que des conditions neutres à l'égard du contenu suffisaient pour analyser les capacités à réguler sa volonté et à se conduire de manière réfléchie, capacités qui, maintiennent-ils, suffisent également à l'action libre. Remarquez que les théories

1. Voir J.M. Fischer, « Responsiveness and Moral Responsibility », *op. cit.*, p. 105, n. 30.

2. Bien que les exemples d'approches structurales et historiques que j'ai donnés visent des explications neutres à l'égard du contenu, la distinction structurale/historique dépasse la distinction entre théories procédurales et théories substantielles de la liberté. Des positions hybrides incluant des composantes à la fois structurales et historiques sont également possibles; voir par exemple Dworkin, « The Concept of Autonomy », dans R. Haller (ed.), *Science and Ethics* (Amsterdam, Rodopi, 1981; réimp. dans J. Christman (1989), p. 54-62).

que j'ai relevées présupposent toutes que, nécessairement, les agents s'identifient à ou se trouvent dans certains états ou complexes d'états volitionnels privilégiés [1]. Les approches structurales et historiques fournissent certes des explications très différentes de ce qui caractérise ces états. Mais elles soutiennent toutes qu'ils peuvent être isolés indépendamment du contenu des attitudes de l'agent, et que la régulation sans entrave, par la région appropriée de sa volonté, des motifs et du comportement efficients de l'agent, garantit son autonomie.

Dans les sections suivantes, je montre que l'absence des types standards d'obstacles ne garantit pas la liberté. En effet, à moins qu'une certaine condition, qui n'est pas neutre à l'égard du contenu, ne soit satisfaite, l'autonomie ne découle pas nécessairement de l'identification des agents à une quelconque région de leur volonté.

MANIPULATION

L'examen d'un cas de manipulation va déjà nous indiquer comment il est possible que les agents satisfassent les conditions neutres à l'égard du contenu tout en ne parvenant pas à être libres. Dans le film *Gaslight* de 1944, Ingrid Bergman joue le rôle d'épouse d'un homme maléfique, incarné à l'écran par Charles Boyer. Boyer a assassiné la tante de Bergman et épousé celle-ci dans le seul but de voler les bijoux précieux que la tante cachait avant sa mort. Bergman, qui ignore tout ceci, croit que son mari l'aime vraiment. La stratégie de Boyer consiste à réduire Bergman à un état de confusion et de désorientation manifestes telles qu'il est peu

---

1. Watson (1975) reconnaît cette présupposition dans le passage suivant : « On peut dire que le système évaluatif d'un agent constitue son point de vue, le point de vue d'où il juge le monde. Ce qui le caractérise c'est qu'on ne peut s'en dissocier *entièrement* de manière cohérente. […] On ne peut […] se dissocier d'un certain ensemble de fins et de principes que du point de vue d'un autre ensemble que l'on ne désavoue pas. En bref, il est impossible à un agent de se dissocier de tous ses jugements normatifs sans perdre tous les points de vue et avec eux son identité en tant qu'agent » (p. 106 [*supra*, p. 170]).

probable qu'elle réalise ce qu'il trame. Il l'isole d'autrui, non par la force mais au moyens de suggestions que Bergman perçoit comme relativement innocentes, et lui fait croire qu'elle égare certains objets, qu'elle est incapable de se souvenir de choses qu'elle a faites récemment, qu'elle est sujette à des hallucinations *.

La chute de Bergman dans un mystérieux désarroi révèle que Boyer a considérablement diminué sa liberté d'agent. Parmi les nombreuses interprétations possibles du dommage psychologique que subit Bergman, l'une est importante pour ma thèse. Il est possible que Bergman ait conservé toutes les capacités procédurales que l'on a considérées comme suffisantes pour la liberté. Elle peut agir intentionnellement, elle n'est pas paralysée, et ses mouvements corporels ne se réduisent pas non plus à un « simple comportement ». Sa volonté n'est pas nécessairement affectée par aucun motif inconscient, compulsif ou autre motif incontrôlable ; et il est possible que les états mentaux volitionnels privilégiés qui, selon toutes les théories disponibles, traduisent soi-disant sa présence ou sa participation d'agent dont la volonté est libre, soient intacts et fonctionnels, convenablement associés à son comportement.

Il se peut par exemple que Bergman soit capable de prendre parti sur ses désirs efficients en les endossant à un niveau supérieur. Elle se sent cruellement désorientée, mais elle n'est pas nécessairement impulsive, non-réfléchie, ni profondément ambivalente.

---

* Le titre *Gaslight* renvoie d'abord simplement à l'extinction et au vacillement de la lumière dans le film de G. Cukor : chaque fois que Boyer quitte la maison de Bergman, les lumières s'éteignent et Bergman entend des pas à l'étage supérieur (en fait, Boyer pénètre à nouveau dans la maison par une porte dérobée, éteint la lumière et arpente le plancher, sans que ni Bergman ni le spectateur ne le remarquent). L'expression « *to gaslight someone* », qui désigne la manipulation délibérée de l'environnement d'une personne dans le but de la rendre folle, est elle-même dérivée du film. À partir du même exemple, R. Allen (1997) défend une conception de la liberté opposée à celle de Benson et favorable aux théories neutres à l'égard du contenu, thèse qui implique une dissociation des concepts de liberté (d'où toute composante sociale est absente) et d'autonomie (en tant qu'opposée non pas à la simple absence de liberté mais à l'aliénation). Dans cette dernière perspective, on peut donc être libre sans être autonome.

De même, il est possible que son système évaluatif ait survécu sous la forme d'un ensemble cohérent, et qu'elle demeure capable de réaliser ses intérêts les plus importants. Elle craint peut-être que certains de ses jugements de valeur ne soient fondés sur de fausses croyances, mais ses actions peuvent néanmoins leur être conformes. Bergman n'est pas non plus nécessairement sous l'emprise de la duperie de soi ou de croyances et de désirs manifestement irrationnels, puisque Boyer lui a de fait donné de bonnes raisons de réviser de manière drastique la conception qu'elle avait d'elle-même. Cependant, bien que Bergman puisse réguler ou endosser son comportement de manière réfléchie, elle n'est pas un agent libre. Elle est en effet totalement détachée de ses actions.

Il est vrai qu'une théorie neutre à l'égard du contenu mais qui s'en remet aux processus par lesquels les motifs d'un agent se sont développés, comme celle de Christman, expliquera facilement l'absence de liberté de Bergman. En effet si celle-ci devait diriger son attention sur le processus par lequel Boyer l'a manipulée et y réfléchir sans contrainte, elle s'opposerait certainement aux croyances et aux désirs qui en ont découlé. Ce cas de manipulation ne parle donc pas contre les versions historiques (par opposition aux versions structurales) d'une théorie procédurale de la liberté. Mais il n'est pas difficile de modifier l'exemple de manière à rendre cette réponse caduque.

Imaginons un remake féministe de *Gaslight* dans lequel, comme dans l'original, le personnage principal tombe, par suite d'une transformation radicale de son image d'elle-même, dans un état d'impuissance et d'égarement. Au début de cette version cependant, le mari est un brave homme qui, semble-t-il, est soucieux des intérêts de son épouse. Le problème est qu'il est médecin et que, bien qu'il soit en contact avec la meilleure science médicale de son époque (c'est-à-dire les dernières décennies du dix-neuvième siècle), cette science ne comprend pas très bien la santé des femmes. Il considère que les femmes émotives, à l'imagination vive, susceptibles de passions fortes et portées à des accès émotionnels en public, souffrent d'une maladie psychologique sérieuse, une maladie dont les symptômes sont précisément ceux que manifeste Bergman dans le film original. La protagoniste présente en l'occurrence les caractéristiques suspectes, son mari fait le diagnostic standard, et l'« épouse hystérique » finit isolée, se sentant passablement folle[1]. Dans cette version, la femme concernée, si elle les étudiait de manière réfléchie, ne s'opposerait probablement pas aux processus par lesquels, à la suite de son diagnostic, ses croyances et ses désirs ont été altérés. Car elle arrive à son sentiment d'incompétence et d'étrangeté à l'égard de sa conduite sur la base de raisons qui sont acceptées par un établissement scientifique socialement validé et dans lequel elle a confiance. Cet exemple nous met donc en présence d'un agent dont la liberté a été sérieusement diminuée, même s'il peut satisfaire n'importe laquelle des conditions de la liberté que l'on a proposées.

Comment est-ce possible ? Je suggère que c'est parce qu'elle a perdu le sentiment de son propre statut d'agent digne d'estime que cette femme « médicalement manipulée » peut perdre sa liberté sans qu'aucune de ses capacités à réguler ou à endosser ses actions intentionnelles ne soit entravée. Elle a cessé de se faire confiance pour gouverner sa conduite de manière compétente. Il est possible non seulement qu'elle possède toujours et exerce parfois ses capacités à gouverner ses actions de manière réfléchie, mais qu'elle soit en outre parfaitement consciente de ce pouvoir. Cependant, puisqu'elle ne se croit plus capable de l'utiliser sereinement, il se peut qu'elle redoute d'autant plus sa (soi-disant) maladie psychologique[2]. Ainsi interprété, l'exemple modifié de manipulation est

---

1. Je laisse les autres développements de l'intrigue – le meurtre de la tante, etc. – au soin du lecteur. J'examine avec plus de détails un cas similaire dans un autre texte non-publié, « Responsibility and Self-Worth », qui discute, pour la question de la responsabilité morale, la condition de sensibilité aux raisons défendue par Fischer et Ravizza. Je remercie Christman pour ses commentaires utiles sur le cas *Gaslight*.

2. Un élément analogue chez le personnage original de Bergman est précisément ce qui prête à *Gaslight* un caractère si dramatique. Si Bergman est capable de se rendre compte de ce que trame Boyer, il est d'autant plus terrible qu'elle échoue à

significatif : il montre en effet que les agents peuvent se dissocier de toutes les régions de leur volonté (qu'il s'agisse d'engagements envers des volitions de niveau supérieur, de considérations évaluatives ou de l'acceptation réfléchie de processus motivationnels) auxquelles les théories neutres à l'égard du contenu donnent le privilège de fonder l'implication authentique des agents dans leur conduite. Aussi ne s'agit-il pas simplement d'un exemple supplémentaire d'entrave à la régulation réfléchie de sa conduite par l'agent. Dans cette situation, c'est l'identification même de l'agent à la possession et à l'exercice de ce pouvoir qui se trouve menacée par le nouveau point de vue qu'il adopte sur sa propre compétence.

L'examen d'un tel cas de manipulation permet de rappeler que, de manière analogue, de nombreuses situations sociales peuvent compromettre l'autonomie. Considérons l'expérience de la honte. Un individu n'éprouve de la honte que si, lorsque le point de vue qu'il a sur lui-même change, l'opinion qu'il a de sa propre dignité ou de sa propre valeur est sérieusement entamée. Habituellement, un tel changement a lieu lorsque l'agent réalise que les autres pourraient le regarder sous un angle avilissant ou déshonorant. L'individu honteux se sent alors mis à nu. Cette fragilisation du sentiment d'estime de soi de l'agent entraîne un désir de se cacher, voire de disparaître, afin de dissimuler aux regards d'autrui sa faiblesse ou son infériorité. Phénoménologiquement, la honte tend à désorienter, à désorganiser le comportement et à introduire la confusion dans les pensées ; elle laisse souvent le sujet dans un sentiment d'impuissance [1].

---

se faire suffisamment confiance pour mettre en œuvre ses capacités cognitives et déjouer le complot de Boyer.

1. Je n'entends pas, par ces observations, produire une analyse de la honte. On en trouvera de particulièrement utiles dans J. Deigh, « Shame and Self-Esteem : A Critique », *Ethics*, vol. 93, n°2, p. 225-245, réimp. dans Deigh (1992), p. 133-153 ; G. Taylor, *Pride, Shame and Guilt : Emotions of Self-Assessment*, New York, Oxford UP, 1985 ; B. Williams, *La honte et la nécessité*, trad. fr. J. Lelaidier, Paris, PUF, 1997, chap. 4 ; S. Bartky, « Shame and Gender », dans *Feminity and Domination*, New

Bien que l'on n'ait jamais, à ma connaissance, étudié ses implications sur la liberté, la honte peut sans aucun doute restreindre l'autonomie des agents *. Lorsqu'elle empêche une réflexion appropriée ou qu'elle entrave les capacités des agents à réguler leurs motifs et leur comportement, les explications fournies par les conditions procédurales standards de la liberté sont bien adaptées. Dans ce cas, la honte fonctionne en effet comme l'un des deux (ou comme les deux) types d'obstacles à l'action libre que l'on reconnaît d'ordinaire. Cependant, la honte peut aussi diminuer la liberté lorsqu'elle fait s'effondrer chez la personne le sentiment de son mérite à agir. Comme la femme manipulée, l'individu honteux peut se dissocier de ses capacités réflexives et évaluatives parce que sa disgrâce ou son déshonneur apparent sape la conception qu'il a de lui-même comme agent libre. Comme précédemment, cette forme de désorientation n'entrave pas nécessairement les capacités de l'individu à endosser sa volonté comme la sienne propre [1].

Les effets de la honte sur la liberté sont habituellement de courte durée. Cependant, comme Sandra Bartky l'a fait remarquer, les gens soumis à une oppression sociale et psychologique peuvent endurer une grande partie de leur vie dans un état de honte (« Shame

York, Routledge, 1990; et M. Lewis, *Shame : The Exposed Self*, New York, Free Press, 1992.

1. La honte n'entrave cependant pas toujours la liberté : il est possible que la diminution du sentiment d'estime de soi essentiel à la honte n'affecte pas le sentiment du mérite à agir requis selon moi par l'agentivité libre. Cette remarque demanderait, pour être approfondie, une analyse détaillée de la honte.

* On mentionnera, à l'appui de l'hypothèse de Benson, les études suivantes : A. Honneth 2000, en particulier le chap. 6 (le sentiment négatif de la honte pouvant ici être le vecteur d'une lutte pour la reconnaissance, et donc d'une reconquête de l'estime de soi de la personne affectée par ce que Honneth appelle une forme sociale de « mépris »); et E. Renault 2004, en particulier le chap. 7 (la honte, voire son intériorisation, étant ici l'une des formes prise par la « souffrance psychique » en tant que souffrance d'origine sociale entraînant une fragilisation, une inversion voire une perte du rapport positif à soi). Voir également V. de Gaulejac, *Les Sources de la honte*, Paris, Desclée de Brouwer, 1996; et S. Tisseron, *La Honte : Psychanalyse d'un lien social*, Paris, Dunod, 1992.

and Gender », p. 96-97). Dans ce cas, il pourrait s'avérer important, en vue de reconnaître les dommages que l'oppression inflige à ses victimes, de comprendre les effets de la honte sur l'agentivité libre.

L'esclavage fournit une autre illustration de la manière dont les institutions sociales peuvent réduire la liberté sans violer les conditions procédurales. Aux États-Unis, et par presque tous les moyens imaginables, l'asservissement institutionnalisé des Africains les empêchait systématiquement de satisfaire les conditions procédurales de la liberté. Sans sous-estimer le caractère en lui-même parfaitement abominable de cette entreprise, il faut noter que les récits des fardeaux psychologiques imposés par l'esclavage révèlent que la perte d'autonomie de ses victimes allait au-delà du fait d'être empêchées de faire ce qu'elles désiraient le plus. Les mécanismes sociaux qui appuyaient l'esclavage travaillaient, entre autre, à détruire chez les esclaves le sentiment de leur compétence à prendre leurs propres décisions et à diriger leurs propres vies.

Priver les esclaves de toute reconnaissance sociale de leur statut d'agent était aux États-Unis un élément central de l'esclavage. Du point de vue social dominant, les esclaves étaient considérés comme des non-personnes, totalement dénuées d'honneur, de dignité personnelle, et de responsabilité[1]. L'inexistence de tout statut social, sinon celui que leur conféraient leurs maîtres, était communément intériorisée par les esclaves, si bien qu'ils étaient souvent dénués de tout sentiment de leur mérite à être les auteurs de leur propre conduite. C'est pourquoi l'explication que donne Frederick Douglass[2] du sentiment d'estime de soi qu'il a gagné en résistant avec succès à un dresseur d'esclave qui tentait de le fouetter est si révélatrice des profondeurs du dommage infligé par l'esclavage. Si c'est en partie leur aliénation vis-à-vis de tout

1. Dans son étude massive et transculturelle de l'esclavage, *Slavery and Social Death* (Cambridge, Harvard UP, 1982), O. Patterson constate que l'absence d'existence sociale est commune à toutes les formes d'esclavage.

2. Frederick Douglass, *Mémoires d'un esclave* [1845], trad. fr. N. Baillargeon et C. Santerre, Montréal, Lux Éditeur, 2004 (2ᵉ éd. revue et corrigée, 2007).

pouvoir d'agir par eux-mêmes qui restreignait l'autonomie de nombreux esclaves, alors on ne peut se contenter, pour expliquer la véritable incidence de l'esclavage sur l'autonomie, de conditions procédurales qui sont uniquement faites pour détecter des obstacles du type de ceux illustrés par l'éventail standard des cas de non-liberté.

LE SENTIMENT DE MÉRITE À AGIR DES AGENTS LIBRES

Les trois exemples de liberté réduite que j'ai utilisés pour mettre en cause les limites de l'éventail standard fournissent d'autres indices à propos du sentiment du mérite requis par l'agentivité libre. Avant de relever quelques points communs entre ces exemples, je ferai cependant ressortir certaines de leurs différences. Les esclaves psychologiquement avilis ont perdu (ou ne sont par parvenus à gagner) le respect de leur propre dignité morale en tant que personnes. Les victimes d'une manipulation et de la honte ne sont généralement pas complètement dénuées du respect moral de soi. Et tandis que la femme manipulée tend à douter de sa compétence à s'évaluer raisonnablement elle-même, la personne honteuse n'est ordinairement pas sujette à ce manque de confiance en soi. Ces agents diffèrent ainsi considérablement quant à l'estime de soi dont ils sont privés. Quel est alors l'élément commun qui rend compte de la diminution de leur liberté ?

Que dans chaque cas le sentiment d'estime requis soit sensible aux attitudes d'autrui envers l'agent peut nous mettre sur la voie. La dimension interpersonnelle de ce sentiment est soulignée par le fait que chaque exemple concerne les difficultés de l'agent à participer à certaines relations ou interactions avec autrui : la femme médicalement manipulée croit qu'en raison de sa soi-disant instabilité mentale, elle est incapable de communiquer judicieusement ou intelligemment avec les autres ; la personne honteuse perd le sentiment qu'elle est suffisamment respectable ou honorable pour participer désormais à certaines relations ; les esclaves qui intériorisaient les images publiques dégradantes d'eux-mêmes, les représentant comme des non-personnes, sentaient que l'accès aux relations ou aux pratiques uniquement faites pour les personnes leur était interdit.

De plus, dans chaque exemple, l'agent se sent insuffisamment digne de communiquer avec les autres en raison des attentes normatives qu'il juge applicables à de telles relations. La femme manipulée doute de sa compétence mentale à satisfaire les attentes qu'autrui pourrait avoir à son égard. Et, comme nous l'avons vu, l'individu honteux et l'esclave psychologiquement avili sentent qu'ils ne satisfont pas les normes de respectabilité ou de dignité gouvernant l'accès à différentes formes de relations avec les autres. Naturellement, il n'est pas nécessaire que la personne souffrant du type de non-liberté ici décrit pense spécifiquement à ses relations potentielles aux autres. L'opinion qu'elle a d'elle-même a été si altérée qu'elle ne se considère plus comme étant en mesure de satisfaire les divers principes normatifs qui, selon elle, gouvernent ses interactions interpersonnelles.

Il ressort de ces exemples que le sentiment de mérite à agir nécessaire à l'autonomie implique de se considérer comme compétent pour répondre de sa conduite à la lumière d'exigences normatives qui, du point de vue de l'agent lui-même, peuvent légitimement s'appliquer à ses actions. Chacun des exemples que nous avons étudiés illustre un aspect différent de cette compétence normative, ce qui explique les disparités que nous avons précédemment signalées.

Certains travaux récents sur l'identité personnelle fournissent un appui supplémentaire à cette interprétation du sentiment de mérite à agir des agents libres. Charles Taylor [1] a montré qu'avoir une identité en tant que moi est une question de capacité à assumer ses responsabilités en réponse aux attentes d'autrui, ce qui suppose de pouvoir à participer à une communauté de conversations inter-

---

1. C. Taylor (1998), chap. 2.

personnelles : «un moi n'existe qu'à l'intérieur de [...] "réseaux d'interlocution"» (Taylor 1998, p. 57). Or, même si l'identité implique beaucoup plus qu'une simple compétence à répondre de son comportement au sein de relations avec autrui gouvernées par des normes, il est légitime d'affirmer que, à moins de se considérer soi-même comme ayant une telle compétence, on ne peut avoir un *sentiment* de sa propre identité[1]. Ce sentiment est en rapport direct avec l'autonomie. Afin, comme c'est le cas pour les agents libres, d'être présents ou de participer à leurs actions, les agents doivent avoir un sentiment de qui ils sont, et ce sentiment d'identité doit pouvoir se révéler dans leur conduite. Par conséquent, si avoir un sentiment de son identité requiert d'avoir un sentiment de sa propre compétence à répondre de sa conduite, l'autonomie devra également requérir une telle attitude.

Avant d'expliciter davantage le type de compétence normative propre au sentiment d'estime de soi des agents libres, remarquons que l'explication esquissée jusqu'ici renforce l'affirmation clé avancée dans la section II à propos de cette composante de la liberté. Manquer du sentiment requis de sa compétence à répondre de ses actions peut restreindre la liberté de l'agent, sans pour autant que cette restriction corresponde à l'un ou l'autre des types standards d'obstacles. Un individu qui se sent incapable de répondre convenablement à de potentielles exigences normatives à l'égard de sa conduite peut en effet conserver le pouvoir de traduire sa volonté en actes, ce qui montre que la condition que je propose n'est pas seulement une condition anodine de l'action intentionnelle. Un tel individu n'est pas non plus nécessairement incapable

---

1. Une autre différence importante entre ma conception de l'identité et celle de C. Taylor est qu'il considère que l'identité de l'agent exige de sa part des évaluations d'un type spécial, à savoir des « distinctions qualitatives déterminantes » à propos du mérite ultime de ses objectifs et de ses attitudes (voir par exemple Taylor 1998, p. 36). Je ne pense pas qu'une telle condition soit à retenir pour le sentiment que les agents libres ont de leur identité. Pour une critique approfondie de la position de Taylor, voir Flanagan (1990).

de réguler sa volonté de manière réfléchie : tout en se méfiant de sa compétence à rendre compte de sa conduite aux autres, il peut agir selon des motifs qui expriment ce qui lui importe, et approuver les processus à travers lesquels il les a acquis. Le sentiment de mérite à agir nécessaire à l'agentivité libre inclut une dimension sociale qui est absente des conditions procédurales standards de la liberté.

Il est maintenant nécessaire d'apporter deux éclaircissements à la condition de la liberté que je viens de proposer. Premièrement, il peut sembler qu'interpréter en terme de compétence normative le sentiment d'estime de soi des agents libres exclut un bon nombre d'agents dont la liberté est pourtant manifeste, à savoir d'une part ceux qui ne sont pas conscients des normes sociales convention- nelles à l'aune desquelles les autres sont susceptibles d'évaluer leur conduite, ou qui ne les acceptent pas, et d'autre part ceux qui ont tenté de se détacher de la plupart des formes ordinaires de commu- nauté humaine et de pratique sociale. Pourtant le non-conformiste radical, l'ermite, l'ascète intégral et l'amoraliste ne sont pas, semble-t-il, *dénués de liberté* simplement en vertu de leur position atypique à l'égard des normes sociales dominantes. N'ayant pas connaissance de ces normes, n'y adhérant pas ou bien étant dépour- vus des liens sociaux qui constituent les pré-requis de leur capacité à justifier leurs actions aux yeux des autres, ces individus ne sont peut-être pas les cibles appropriées de certaines attitudes réactives (comme la louange ou le blâme), mais en aucun cas ceci ne menace nécessairement leur liberté. Même les actions qui trahissent leur manque de compétence dans les domaines normatifs pertinents peuvent parfaitement être les leurs [1].

On évite cette difficulté si le sentiment qu'ont les agents de leur compétence à répondre de leur conduite n'est rien de plus qu'un sentiment subjectif de compétence normative, qui ne garantit ni que l'agent est effectivement suffisamment compétent pour être

---

1. J'examine plus avant la distinction entre liberté et responsabilité dans la section IV.

tenu de se justifier, ni même qu'il accepte les normes à l'aune desquelles les autres l'évaluent en fait. La condition que je propose exige que les agents libres se considèrent eux-mêmes, à tort ou à raison, comme étant en mesure de répondre aux diverses attentes que, selon eux, autrui pourrait éventuellement avoir à leur égard. C'est à l'aune de leur propre point de vue, tout idiosyncrasique ou détaché de la réalité sociale qu'il puisse être, que les actions des agents libres sont spécifiquement les leurs. Aussi longtemps qu'on parle de liberté et qu'ils se considèrent eux-mêmes comme dignes d'agir, le niveau réel de leur reconnaissance ou de leur appréciation des normes et des pratiques qui s'appliquent à eux ne compte pas [1]. Ceci est parfaitement compatible avec l'affirmation précédente selon laquelle la condition d'estime de soi inclut une dimension sociale, ou interpersonnelle, qui est absente des théories standards neutres à l'égard du contenu.

Cette condition réclame un second éclaircissement : il est en effet possible que le sentiment de compétence normative des agents varie en fonction des domaines normatifs à l'aune desquels ils évaluent cette compétence. Les trois exemples étudiés illustrent plutôt des menaces générales pesant sur le sentiment d'estime des agents, des menaces qui ne sont pas liées à des domaines normatifs particuliers. Il est par exemple probable que la femme manipulée, croyant qu'elle est en train de perdre une partie de sa santé mentale, se méfie de sa compétence à répondre de sa conduite à l'égard de n'importe quel domaine normatif. Mais un agent peut sentir qu'il est en mesure de répondre à des attentes normatives se présentant au sein d'un domaine ou d'un contexte social particulier, sans conserver ce sentiment à l'égard d'autres ensembles de normes.

---

1. Cependant, ceci ne signifie pas que tous les moyens par lesquels les agents peuvent parvenir à une conception déformée ou abusive de leur propre compétence normative sont compatibles avec la liberté. Cette remarque demanderait, pour être développée, un examen des rapports entre la condition d'estime de soi et une analyse adéquate des pouvoirs qu'ont les agents libres de réguler leurs volontés, examen qui ne peut être poursuivi ici.

Qui plus est, le type et le degré de compétence que les personnes escomptent peuvent varier à l'intérieur de différents domaines normatifs. Selon ma conception, c'est donc seulement au regard de points de vue normatifs déterminés que l'on peut donner une explication complète des composantes de la liberté d'un agent en situation [1]. Cependant, ceci n'implique pas qu'il faille relativiser toutes les évaluations de la liberté à des domaines particuliers de principes normatifs, car certaines composantes de la liberté ne sont pas relationnelles de cette manière [2].

Dans cette section, j'ai formulé une condition nécessaire de l'agentivité libre qui n'est ni admise ni impliquée par les explications neutres à l'égard du contenu. On pourrait en dire davantage à propos du type d'estime soi que cette condition retient et de sa relation à d'autres formes d'estime de soi, à propos également de l'influence de cette condition sur notre interprétation de la compétence des agents libres, et enfin à propos d'autres éléments qui, dans l'opinion que les agents ont d'eux-mêmes, pourraient être nécessaires à la liberté. Cependant j'en ai dit suffisamment pour montrer que cette condition met au jour d'importantes dimensions sociales et normatives de la liberté, ce qui va me permettre, dans la section suivante, d'expliquer précisément ce qui ne va pas dans les théories purement neutres à l'égard du contenu, et pourquoi une catégorie importante de théorie explicite à l'égard du contenu est également dans l'erreur.

---

1. Dans « Freedom and Value » (1987), j'ai proposé un argument différent menant à la conclusion que la liberté est relationnelle.

2. Christman a argumenté contre la relativisation des conditions de la liberté à des ensembles particuliers de normes, parce qu'elle rendrait la liberté indéterminée dans les situations d'incertitude quant aux normes qui s'appliquent effectivement à l'agent ou lorsque l'application d'attentes normatives particulières ne peut être vérifiée. Voir « Liberalism and Positive Freedom » (1991b), particulièrement p. 358. L'objection de Christman n'affecte cependant pas le type de condition relationnelle ici proposée, puisque l'objection s'adresse uniquement aux conceptions qui exigent que les agents libres aient la capacité de reconnaître et d'apprécier les normes qui s'appliquent *effectivement* à eux.

ABANDONNER LA NEUTRALITÉ À L'ÉGARD DU CONTENU

La neutralité à l'égard du contenu caractérise, comme je l'ai signalé dans la section I, les théories qui se concentrent exclusivement sur les formes standards de non-liberté. On pense généralement, et même avec raison, qu'une telle neutralité est appropriée, puisqu'on ne saurait dire que les agents qui ne sont pas libres de s'engager envers les motifs qu'ils désirent, quels qu'ils soient, ou d'accepter à la réflexion les processus de formation de préférences qui leur agréent, sont parfaitement libres. Mais la condition d'estime soi montre que cela ne nous autorise pas à poser en principe une neutralité totale à l'égard du contenu : tout en garantissant la liberté des agents libres à déterminer ce qui leur importe, cette condition n'est pas, dans une dimension significative, neutre à l'égard du contenu.

Exiger que les agents libres aient un sentiment de leur compétence à répondre de leur conduite n'implique pas d'exiger également qu'ils acceptent certaines propositions : ce sentiment peut se concrétiser à travers différentes croyances. Cette condition ne limite pas non plus le contenu des désirs, des valeurs ou des projets des agents, car elle ne s'adresse qu'à leur sentiment de mérite à répondre de leur conduite, et ce indépendamment de ce qui leur importe le plus. Néanmoins, puisque la possession de certaines attitudes exclurait (psychologiquement, sinon logiquement) le sentiment d'estime requis, cette condition n'est pas véritablement neutre à l'égard du contenu. Par exemple, si un agent croit que seules les personnes ayant certaines capacités sont en mesure de répondre de leurs actions, et que lui-même en est pour une part privé, il ne saurait se considérer comme digne d'agir (du moins par rapport au domaine normatif en jeu). La condition d'estime de soi limite donc le contenu des attitudes que les agents libres peuvent avoir envers eux-mêmes.

Tout en étant minimale à de nombreux égards, cette contrainte n'est en aucun sens triviale : les théories procédurales standards ne sauraient la tolérer. D'après ma conception, les agents qui par exemple ne conçoivent pas que les autres puissent raisonnablement attendre d'eux certaines choses ou, sous certaines conditions, légitimement exiger qu'ils justifient leur conduite, ne sauraient être des agents totalement libres, puisqu'ils sont dénués du sentiment d'estime requis. Cependant, comme je l'ai expliqué, cela ne limite pas le contenu des normes que les agents jugent être appropriées.

Une comparaison de la condition d'estime de soi avec la position non neutre avancée par Susan Wolf dans l'article « Reason View » devrait montrer que la première ne justifie pas les soupçons légitimes que les conceptions de la liberté explicites quant au contenu provoquent habituellement[1]. Susan Wolf soutient que les agents libres doivent avoir « la capacité de bien agir pour de bonnes raisons »; qu'ils doivent avoir « la capacité d'agir conformément au et sur la base du Vrai et du Bien »[2]. Ceci ne signifie pas que les agents libres doivent de fait épouser les valeurs que sont « le vrai et le bien » et s'en soucier. Wolf exige uniquement que les agents soient *capables* de gouverner leurs volontés sur la base des ces principes évaluatifs (*ibid.*, p. 92). Elle explique que cette condition implique un engagement méta-éthique à un certain degré d'objectivisme : si tant est que la capacité à reconnaître et à agir selon les principes institués par « le vrai et le bien » doit contribuer à la liberté de l'agent, ces principes doivent être non arbitraires et fixés indépendamment de ses croyances, préférences, choix, etc., individuels. Cependant, comme Wolf en convient, cette contrainte méta-

---

1. Dworkin (1988) exprime avec justesse certains de ces soupçons, lorsqu'il remarque qu'« il y a une tension entre l'autonomie comme notion purement formelle (où ce que l'on décide pour soi-même peut avoir n'importe quel contenu particulier), et l'autonomie comme notion substantielle (où l'on considère que seules certaines décisions conservent l'autonomie, tandis que d'autres entraînent sa perte). Ainsi, selon la deuxième conception on ne peut pas considérer comme autonome la personne qui décide de faire ce que sa communauté, son gourou ou ses camarades lui disent de faire. L'autonomie s'oppose alors, semble-t-il, aux liens émotionnels avec autrui, au dévouement à des causes, à l'autorité, à la tradition, au savoir-faire, au pouvoir politique, etc. » (p. 12).

2. *Freedom within Reason*, p. 71.

éthique est compatible avec certaines formes de relativisme et n'interdit pas que de nombreux problèmes normatifs puissent recevoir plusieurs solutions rationnelles (rationnelles au sens fort) (*ibid.*, p. 124-126).

La théorie de Wolf n'est pas neutre à l'égard du contenu. Bien qu'elle permette aux agents libres d'adopter à leur guise n'importe quels projets et valeurs, elle exige qu'ils possèdent une capacité que l'on ne peut caractériser sans faire référence à certains principes normatifs imposant des contraintes rationnelles indépendantes des intérêts, des jugements et des décisions des agents individuels [*]. Même si cette conception impose une exigence de contenu qui est considérablement plus permissive que n'importe quelle conception exigeant l'adoption d'objectifs particuliers ou de valeurs parti-culiers, elle semble tout aussi contestable. En effet, de même qu'il est paradoxal d'affirmer que la liberté exclut intrinsèquement l'adhésion à certaines valeurs, de même il est paradoxal de soutenir que les agents dont les capacités normatives sont, dans l'esprit de Wolf, insuffisamment objectivistes, sont nécessairement privés d'autonomie. De l'aveu général, un individu qui est incapable de saisir la force rationnelle des normes qui, indépendamment de ses attitudes, s'appliquent à lui, ne saurait être responsable de son action si celle-ci est évaluée à l'aune de ces mêmes normes (à moins qu'il ne soit au premier chef responsable de son incapacité). Cependant, s'il participe pleinement à son action, il est parfaitement libre bien qu'il n'en soit pas responsable [1].

On comprend à partir de là à quel point la condition non-neutre que je propose est permissive : elle fait éclater la différence entre

---

1. J'admets maintenant que cette critique de la position de Wolf touche également la condition de compétence normative que j'avançais dans « Freedom and Value » (même si cette dernière est plus faible que celle de Wolf, étant donné qu'elle ne place aucune contrainte méta-éthique sur les capacités des agents libres). L'impor-tance d'une distinction soigneuse entre responsabilité et liberté, lorsqu'on évalue la compétence normative des agents libres, a aussi été remarquée par Berofsky (1992), p. 206 ; et par Watson dans « Responsibility and Normative Competence », p. 3, n. 3.

[*] Voir « Sanity and the Metaphysics of Responsibility », *supra*, p. 293 *sq.*

d'un côté les conceptions purement procédurales et de l'autre l'influente conception explicite à l'égard du contenu soutenue par Wolf. Comme dans cette dernière, la condition d'estime de soi repose sur le rejet de l'idée que les conditions procédurales suffisent par elles-mêmes à rendre les actions d'un agent pleinement siennes. D'un autre côté, comme dans les conceptions neutres à l'égard du contenu, elle traduit un refus de limiter substantiellement, au nom de la liberté, les désirs, les valeurs, les projets de vie, ou les capacités normatives des personnes.

L'ESTIME DE SOI ET LA VALEUR DE LA LIBERTÉ

Comme je l'ai montré, les théories récentes de la liberté se sont tellement focalisées sur l'éventail standard des cas de non-liberté qu'elles ont négligé le rôle des attitudes des agents libres envers leur propre mérite à agir. Cette carence leur a facilement permis de défendre – à tort – la neutralité des conditions de l'agentivité libre à l'égard du contenu. Le sentiment chez les agents libres de leur mérite à gouverner leurs propres actions implique une dimension sociale qui place certaines contraintes substantielles, normatives, sur les conceptions qu'ils ont d'eux-mêmes. En conclusion, je voudrais souligner la portée de cette dimension sociale de la liberté, en faisant ressortir la manière dont elle peut contribuer à notre compréhension de la valeur de la liberté.

D'après les explications procédurales standards, le sentiment de notre compétence élémentaire à communiquer avec autrui ne concerne pas notre liberté de plein droit, mais uniquement dans la mesure où il préserve, augmente ou sape nos capacités à endosser nos volontés (ou les processus par lesquels nous en sommes venus à les avoir) de manière réfléchie. Comme je l'ai montré, il est possible d'exercer ces capacités sans interférence tout en sentant que l'on est dépourvu de cette compétence. Cet argument identifie une caractéristique générale de ces conceptions de la liberté : elles impliquent que la nature de notre situation interpersonnelle ou sociale, ou de notre conception de celle-ci, ne peut affecter qu'accidentellement notre autonomie, en vertu de son influence poten-tielle sur nos capacités à exprimer dans nos actions ce qui nous importe le plus.

Il en résulte tout naturellement que lorsque les théories procé-durales cherchent à expliquer pourquoi les personnes tiennent habituellement l'autonomie, de manière profonde et non instru-mentale, pour quelque chose de précieux, leurs explications sont fondamentalement individualistes. Elles renvoient la question de la contribution de la liberté à celle de la qualité des volontés propres des agents : l'autonomie nous permet d'atteindre une forme d'inté-grité ; avoir le pouvoir d'endosser ses motifs et ses actions de manière réfléchie c'est aussi avoir celui d'harmoniser ses volontés, d'unifier ses motifs et ses valeurs concurrentiels dans le cadre de projets, d'engagements ou de principes plus larges. Il est légitime de penser que, de fait, la capacité d'atteindre une harmonie voli-tionnelle est quelque chose qui importe profondément à la plupart des gens, et que tout le monde a raison de s'en soucier. Nous n'aurions probablement pas lieu de nous préoccuper autant d'éviter d'être soumis à une suggestion hypnotique, à la publicité subli-minale ou à un conditionnement social massif si ces techniques propres à influencer nos motifs n'étaient pas susceptibles de saper notre capacité à harmoniser nos désirs. À la limite, une créature entièrement dénuée de ces capacités ne serait pas du tout un *moi*, et les êtres humains ont sans aucun doute des raisons non instrumentales de désirer être, ou demeurer, des moi.

En réalité, s'il est si intéressant d'interpréter la valeur de la liberté dans les termes de ce type d'intégrité, c'est en partie parce que cette interprétation est sous-jacente à la conception procé-durale elle-même. Ceci permettrait d'expliquer pourquoi on étudie si rarement le problème de la valeur de la liberté de manière réellement approfondie [1].

---

1. Parmi les explications de la valeur de la liberté qui ont été proposées, les plus intéressantes comprennent celles de J. Feinberg, « The Interest in Liberty on the Scales », dans *Rights, Justice and the Bounds of Liberty* (Princeton, Princeton UP,

Il y a au moins deux fortes raisons, cependant, pour douter que l'explication en terme d'intégrité soit en elle-même entièrement adéquate. D'une part, l'autonomie tolère beaucoup plus d'ambivalence et de conflit motivationnel sans solution possible que cette description de la valeur de la liberté ne peut le reconnaître[1]. Notre liberté nous préoccupe même lorsque nous sommes incapables de dépasser des oppositions fortes entre nos motifs ou nos valeurs. De plus, nous valorisons parfois la liberté précisément parce qu'elle nous interdit d'atteindre une harmonie systématique de nos volontés. Lorsqu'on est sincèrement déchiré entre des intérêts concurrents de telle sorte que les réconcilier reviendrait à refouler ce à quoi l'on tient et ce que l'on est, la liberté que l'on désire est une liberté qui permet de préserver une certaine disharmonie motivationnelle. Quand la liberté est en jeu, l'authenticité des volontés a plus d'importance que leur harmonie[*].

D'autre part, en supposant que la liberté a une importance caractéristique pour les *personnes*, l'explication en terme d'intégrité est au mieux incomplète : alors que n'importe quel agent simplement intentionnel aurait intérêt à réaliser l'harmonie de ses volontés, la liberté réclame davantage que l'agentivité intentionnelle. Il est possible que ce problème résulte de la conception étroite que les théories procédurales ont du rôle que joue la situation sociale dans la liberté des agents. À la différence des autres types d'agents intentionnels, les personnes ont conscience d'être sociales. Comme telles, elles ont lieu de se soucier de maintenir leur statut de membres à part entière des interactions et des pratiques sociales. Cela signifie en partie que les personnes ont tout intérêt à se consi-

---

1980); S. Wolf, « The Importance of Free Will », *Mind*, vol. 90, n°359 (1981), p. 386-405 ; Dworkin (1988), chap. 5 ; et Th. Hurka, « Why Value Autonomy ? », *Social Theory and Practice*, vol. 13, n°3 (1987), p. 361-382.

1. Thalberg (1978), dans sa critique des conceptions structurales de la liberté, fait des remarques utiles sur la nécessité, pour les théories de la liberté, d'autoriser une disharmonie motivationnelle considérable (p. 224-225 [*supra*, p. 242-245]).

* Voir également Meyers 2005 et Oshana 2005b.

dérer comme suffisamment compétentes pour être tenues responsables de leurs actions et pour être en mesure d'en répondre. Puisque, comme je l'ai soutenu, cette conception de soi fait partie de leur liberté, ceci pourrait expliquer pourquoi les personnes ont un intérêt pour la liberté qui va au-delà de l'intérêt qu'elles ont à unifier leurs volontés. On pourrait montrer, grâce à la condition d'estime de soi, que la liberté a de la valeur parce qu'elle est un élément du respect de soi des personnes en tant qu'êtres sociaux.

Ceci ne ferait pas de l'autonomie quelque chose de précieux pour les personnes en un sens uniquement instrumental. Si les personnes sont essentiellement sociales, et si leur sentiment d'être en mesure de répondre de leur conduite est partiellement constitutif de leur être social, alors cet aspect de la liberté pourrait avoir pour elles une valeur profonde. Cette conception de la valeur de la liberté est intuitivement confirmée par les cas étudiés dans la section II, où les attitudes (réelles ou possibles) d'autrui à l'égard du mérite à agir d'un agent jouent un rôle dans la restriction de sa liberté. Ce n'est par exemple pas seulement parce qu'elle désire être à même de rendre des jugements et de prendre des décisions fiables que, lorsqu'elle en vient à douter de sa propre santé mentale, la femme médicalement manipulée perd quelque chose de très précieux. En tant qu'être humain adulte normal, elle a aussi intérêt à conserver un sentiment de son statut d'agent social engagé, digne d'agir dans des situations socialement constituées, et compétente pour répondre de ses propres actions. Ce sentiment de son identité sociale est compromis quand on la conduit à douter de sa santé mentale.

Ces observations ne fournissent pas encore la matière d'une explication complète de la valeur non instrumentale que la liberté a pour les personnes. Je n'ai ainsi rien dit des conditions suffisantes de l'agentivité libre, et je n'ai pas non plus examiné comment la prise en compte de la condition d'estime de soi pourrait modifier l'analyse des capacités des agents libres à endosser leurs volontés et leurs actions. Je ne suis donc ici pas en mesure d'expliquer dans quelles limites, s'il en existe, les conditions d'intégrité devraient figurer dans notre interprétation de la valeur de la liberté*. Cette brève étude de la valeur de la liberté n'en est pas moins décisive car elle nous rappelle que ce qui est en jeu dans notre autonomie, ce n'est pas seulement la nature de nos motifs et les processus par lesquels ils émergent, mais aussi nos identités d'agents. Une atteinte à notre liberté peut obstruer notre capacité à exprimer qui nous sommes à travers notre conduite, mais ce peut aussi être un coup porté au sentiment de notre identité en tant que créatures sociales. Si la condition d'estime de soi présentée dans cet article est significative, c'est parce qu'elle attire notre attention sur cet aspect social de la valeur de la liberté, un aspect que les théories standards neutres à l'égard du contenu peuvent difficilement intégrer.

---

*Benson 2005 fournit des éléments de réponse à ce sujet, particulièrement p. 110-117.

Axel Honneth

L'AUTONOMIE DÉCENTRÉE [*]

Les conséquences de la critique moderne du sujet pour la philosophie morale

Deux grands courants intellectuels ont conduit, au 20e siècle, à une crise majeure du concept classique de sujet. Tous deux ont certes pour point de départ une critique de la notion, liée à la philosophie de la conscience, d'autonomie individuelle, mais cette critique relève de perspectives et d'objectifs très différents [1]. Le premier de ces deux courants de pensée est avant tout associé aux découvertes de Freud mais trouve également ses racines dans le premier romantisme allemand et dans l'œuvre de Nietzsche. Il s'agit de la critique psychologique du sujet : en attirant l'attention sur la tendance de la conscience au refoulement ainsi que sur les

* A. Honneth, « Dezentrierte Autonomie. Modernphilosophische Konsequenzen aus der Subjektkritik », dans C. Menke et M. Seel (ed.), *Zur Verteidigung der Vernunft gegenhre Liebhaber und Verächter*, Frankfurt a.M., Surkhamp, 1993, p. 149-164.

1. Je reprends, dans l'introduction aux réflexions qui suivent, une distinction fort utile d'A. Wellmer ; voir « La Dialectique de la modernité et de la postmodernité. La critique de la raison depuis Adorno », trad. fr. M. et A. Lhomme, *Les Cahiers de philosophie* 5 (1988), p. 99-161. P. Ricœur a proposé une distinction analogue entre les deux directions de la critique moderne du sujet dans « La question du sujet : le défi de la sémiologie », dans *Le Conflit des Interprétations, Essais d'Herméneutique* I, Paris, Seuil, 1969, 233-262.

forces pulsionnelles et les motivations inconscientes de l'action humaine, elle démontre que le sujet humain ne peut pas être transparent à lui-même, du moins selon les modalités revendiquées dans la notion classique d'autonomie. Cette critique met en doute, à l'aide d'arguments empiriques, la possibilité d'une transparence totale de l'agir humain et invalide ce faisant l'idée d'autonomie au sens d'une capacité à contrôler ses propres actes. Le second courant intellectuel, associé aux investigations du second Wittgenstein d'une part, et aux travaux de Saussure d'autre part, propose une critique linguistique et philosophique du sujet. En attirant l'attention sur la dépendance du discours individuel à l'égard d'un système pré-donné de significations linguistiques, cette critique montre que le sujet humain ne peut ni constituer ni épuiser la signification comme le supposait, en particulier, la philosophie transcendantale. Cette fois, ce sont donc des arguments issus de la philosophie du langage qui mettent en question la possibilité d'une constitution individuelle de la signification, et qui invalident par-là l'idée d'autonomie entendue au sens de responsabilité.

La notion classique de subjectivité, qui était liée de manière normative à l'idée d'autodétermination individuelle, se trouve ainsi doublement détruite : tandis que la critique psychologique découvre des forces libidinales s'exerçant au sein du sujet comme quelque chose qui lui est étranger mais néanmoins nécessaire, la déconstruction de la subjectivité par la philosophie du langage cherche à dévoiler l'effectivité, antérieure à toute intentionnalité, d'un système linguistique de significations. Les deux dimensions, celle de l'inconscient comme celle du langage, renvoient à des pouvoirs ou à des forces qui, sans que le sujet puisse jamais les contrôler complètement ni même simplement les détecter, opèrent dans toute action individuelle. Cette conclusion, aussi offensante qu'elle puisse être pour le narcissisme du sujet, est aujourd'hui largement acceptée en philosophie. De fait, elle s'est même encore quelque peu enrichie et approfondie au cours des deux dernières décennies, notamment grâce au travaux de Claude Lévi-Strauss et de Michel Foucault, qui peuvent être compris comme de nouveaux progrès dans la découverte de puissances étrangères au sujet ou qui le dépassent. Mais si tout ceci est aujourd'hui indiscutable, et si les résultats de cette critique maintenant centenaire de la notion classique d'autonomie sont devenus évidents pour tout le monde, la question de la crise du sujet ne peut plus porter sur la valeur ou l'absence de valeur de ces types de décentrement. Le problème philosophique crucial concerne plutôt ce que l'on doit conclure du fait que le sujet humain ne peut plus être compris comme étant complètement transparent à lui-même, ou tout à fait maître de lui. Je voudrais, afin de délimiter le terrain théorique sur lequel s'appuieront ensuite mes réflexions, esquisser les trois types de réponses à cette question aujourd'hui défendus.

La première réponse consiste à radicaliser les tendances au décentrement déjà présentes dans les courants intellectuels évoqués ci-dessus : les forces étrangères au sujet mises au jour par la psychanalyse et la philosophie du langage sont à ce point objectivées comme forces anonymes qu'elles finissent par apparaître comme l'autre du sujet[1]. Cette position, qui est aujourd'hui celle du post-structuralisme, exige l'abandon de toute idée d'autonomie individuelle, car il devient impossible de dire de quelle manière le sujet peut atteindre un degré supérieur d'autodétermination ou de transparence.

La seconde réponse consiste à s'en tenir obstinément à l'idéal classique d'autonomie tout en reconnaissant dans le même temps, bien que paradoxalement, les résultats de ces processus de décentrement. Tout comme dans la doctrine kantienne des deux mondes, les forces de l'inconscient ou du langage qui transcendent le sujet sont certes acceptées comme des éléments constituants du monde empirique des sujets, mais on retient la notion d'autonomie individuelle, demeurée intacte, comme une idée transcendantale de l'espèce humaine. Cette position, qui se présente aujourd'hui comme une réaction au post-structuralisme, conduit à une sépa-

---

1. Pour la critique de ce type de réaction, voir l'essai de Vellmer cité ci-dessus.

ration de l'idée et de la réalité du sujet humain. Le concept d'autonomie individuelle en ressort toujours plus illusoire [1].

Enfin, la troisième réponse consiste en une reconstruction de la subjectivité conçue de manière à inclure, d'emblée et en tant que conditions constitutives de leur individualisation, ces forces qui transcendent les sujets. La liberté personnelle ou l'autodétermination des individus est ici comprise de telle sorte qu'elle apparaît non pas en opposition avec les forces contingentes qui échappent à tout contrôle individuel, mais comme une forme particulière d'organisation de ces même forces. Le développement d'un concept intersubjectif de sujet me semble constituer, à cet égard, la voie la plus prometteuse pour une telle une position, qui tente d'adapter l'idée d'autonomie individuelle aux conditions limitatives de l'inconscient et du langage.

Dans ce qui suit, j'aimerais montrer dans les grandes lignes comment il faudrait constituer le concept d'autonomie individuelle pour pouvoir rendre justice aux enseignements de la critique moderne du sujet. Il s'agira en fait de concevoir la personne humaine dans le cadre d'une théorie de l'intersubjectivité. On constatera, en s'engageant dans cette voie, que le décentrement du sujet ne mène pas à l'abandon de l'idée d'autonomie, mais que c'est précisément cette idée qui doit elle-même être décentrée. Je distinguerai tout d'abord trois sens différents du concept kantien d'autonomie, afin d'isoler l'élément qui seul intéresse notre question. Dans un second temps, j'exposerai brièvement la manière dont on devrait présenter un modèle théorique intersubjectiviste du sujet humain afin d'être en mesure de concevoir les forces de décentrement de l'inconscient et du langage non comme des obstacles à, mais comme des conditions constitutives de l'individualisation du sujet. Enfin, dans un troisième moment, j'aimerais indiquer les conséquences de ce décentrement intersubjectiviste du sujet pour la notion d'autonomie individuelle. Il s'agira ici

1. L. Ferry et A. Renaut peuvent être considérés comme des représentants de ce type de réponse ; voir *Itinéraires de l'individu*, Paris, Gallimard, 1987, p. 68-86.

d'atténuer et de reformuler l'idée d'autodétermination en tenant compte de trois niveaux successifs d'exigence, afin de pouvoir conserver cette idée comme guide normatif sans toutefois tomber dans les pièges de son idéalisation.

I

L'idée normative d'autonomie individuelle, telle qu'elle s'est développée dans l'histoire intellectuelle européenne depuis la philosophie pratique de Kant, a toujours comporté de multiples strates de signification : selon le contexte dans lequel elle était mobilisée – jurisprudence, philosophie morale ou psychologie sociale, l'idée normative selon laquelle les possibilités d'action autonome des sujets devaient être multipliées ou accrues ne signifiait pas la même chose. Si, alors que les conditions d'une formulation théorique sont devenues plus difficiles, l'on veut aujourd'hui se raccrocher à nouveau à cette idée, il faut donc dès le début être clair sur le sens auquel on parle de l'autonomie individuelle du sujet humain. À la suite de Thomas Hill, j'aimerais distinguer dans ce concept trois couches de signification qui, bien qu'elles aient toutes une origine chez Kant, empruntent chacune des directions fort différentes [1]. Ces trois strates se sont successivement constituées dans les contextes de la philosophie morale, de la jurisprudence, et d'une théorie philosophique de la personne, et seule la troisième joue un rôle dans la discussion qui, dans le sillage de la critique moderne du sujet, se rapporte à l'idée normative d'autonomie individuelle.

En philosophie morale, nous parlons d'autonomie individuelle avant tout au sens que Kant lui a assigné dans sa philosophie pratique : la volonté humaine est « autonome » si elle est apte à formuler un jugement moral fondé sur des principes rationnels et

1. Th. E. Hill, « The Importance of Autonomy », dans *Autonomy and Self-Respect*, Cambridge, Cambridge UP, 1991, p. 43-51.

qui, par conséquent, ne tienne pas compte de l'inclination personnelle. À examiner cette proposition de plus près, il s'avère d'emblée
évident que Kant entend d'abord par « autonomie » uniquement les
propriétés des personnes humaines en situation de justification de
leurs jugements moraux. En effet, c'est seulement alors que le sujet
individuel est contraint d'apprendre à s'abstraire de ses penchants
personnels et de ses préférences, afin de pouvoir aboutir à un jugement qui considère impartialement les intérêts de tous les individus
moralement concernés. C'est pourquoi on peut dire que l'expression « autonomie individuelle » ne désigne pas chez Kant une
propriété idéale de personnes concrètes, ni même une propriété
spécifique de personnes jugeant moralement. Principalement, cette
expression visait plutôt chez lui à décrire la propriété des jugements
auxquels on doit attribuer le prédicat « moral ». De tels jugements
se caractérisent par le fait d'être formulés de manière autonome
c'est-à-dire impartiale : ils sont détachés de la causalité empirique
liée aux penchants personnels et sont uniquement orientés par
des principes rationnels. Au regard du débat actuel concernant la
critique moderne du sujet, ce premier sens de l'autonomie devient
problématique dès qu'il est projeté comme un idéal normatif sur la
vie des êtres humains en général. Car c'est là qu'apparaît, comme
on le voit d'ailleurs parfois chez Kant, l'idée tronquée et trompeuse
selon laquelle le sujet qui sait s'élever rationnellement « au-dessus »
de tous ses penchants et besoins concrets est spécifiquement
autonome.

Une seconde signification du concept se manifeste dans notre
langage ordinaire chaque fois que nous disons que l'autonomie
individuelle d'une personne a été violée par un certain type d'action.
Ici, le terme ne décrit pas les propriétés idéales d'un acteur ou d'un
jugement moral, mais subsume les droits moraux ou légaux qui
reviennent de droit à toute personne responsable. En ce sens,
l'autonomie désigne un droit à l'autodétermination garanti à tous
les sujets humains dans la mesure où, dans leurs prises de décision,
ils peuvent être confrontés à des entraves physiques ou psychiques.
Si complexes qu'ils puissent être, les problèmes associés à la

réalisation d'un tel droit à l'autonomie individuelle n'ont rien à voir avec les questions nées dans le sillon de la critique moderne du sujet. En effet, la manière dont on évalue en détail le contrôle que les sujets ont d'eux-mêmes ne change rien à l'idée, devenue évidente depuis Kant, selon laquelle ils ont tous également droit, du point de vue moral, à l'autodétermination individuelle.

Ce n'est qu'avec le troisième usage du concept d'autonomie individuelle que nous atteignons cette strate particulière de signification à l'égard de laquelle la critique moderne du sujet représente un véritable défi critique. Par « autonomie » nous pouvons après tout désigner, au sens normatif, la capacité empirique des sujets concrets à déterminer leurs vies sans contrainte et en toute liberté. Cette forme d'autonomie individuelle n'est pas un phénomène auquel l'être humain pourrait avoir un droit quelconque : il s'agit plutôt d'une question de degré de maturité psychique permettant aux sujets, compte tenu de leurs penchants et besoins individuels, d'organiser leurs vies sous forme de biographies caractéristiques. Une telle formulation montre déjà clairement que, avec cette notion d'autonomie individuelle, on distingue deux capacités ou deux propriétés dont la critique moderne du sujet tente, d'une certaine manière, de mettre en doute la possibilité même : pour être en mesure d'organiser sa propre vie librement et sans contrainte, le sujet individuel doit en effet posséder, d'après les conceptions classiques, à la fois un certain degré de conscience de ses besoins personnels et un savoir spécifique de la signification attribuée à ses actions. Deux qualités de l'agir humain sont ainsi présupposées, la transparence des besoins et l'intentionnalité du sens, dont la possibilité ou l'accessibilité a légitimement été mise en question par la critique moderne du sujet. C'est pourquoi, si on veut encore considérer l'autonomie individuelle comme un idéal normatif, c'est ce troisième sens qui requiert aujourd'hui un amendement ou une révision théorique. De ce dernier point de vue, les capacités que l'idée d'autonomie personnelle – au sens d'autodétermination non contrainte – implique nécessairement doivent être conçues de telle sorte qu'elles n'apparaissent pas, à l'aune du décentrement moderne du sujet, comme faisant peser sur les êtres humains des exigences excessives. J'aimerais préparer la voie d'un tel décentrement dans l'idée d'autonomie en présentant d'abord un modèle de la personne basée sur une théorie de l'intersubjectivité puis, dans le cadre de ce modèle, en reformulant graduellement les présuppositions psychiques de l'autonomie personnelle, de telle sorte qu'elles ne puissent être taxées d'idéalisme par la psychanalyse ou la théorie moderne du langage.

II

C'est dans une certaine tradition de l'intersubjectivisme que l'on peut trouver la conception du sujet humain qui, selon moi, permet aujourd'hui la formulation d'un concept intelligible d'autonomie personnelle. Dans cette tradition, la constitution intersubjective de l'identité du moi est examinée sans méconnaître le fait qu'une partie des forces et des motivations qui constituent l'énergie psychique potentielle du sujet se dérobent en permanence à son expérience consciente. Je crois que l'on peut situer le point de départ d'une telle conception où, sans nier l'existence d'une spontanéité inconsciente, le sujet humain est considéré comme un produit des processus d'interaction sociale, dans des théories aussi différentes que la psychologie sociale de G.H. Mead ou la psychanalyse de Donald W. Winnicott : dans les deux cas on trouve les linéaments d'une position qui permet de concevoir les pouvoirs incontrôlables du langage et de l'inconscient non comme une limitation, mais comme la condition de possibilité d'acquisition de l'autonomie personnelle[1]. Naturellement, une telle perspective exige que tous

---

1. Dans une perspective psychanalytique, C. Castoriadis a fortement contribué à cette théorie de la personne ; voir *La Théorie imaginaire de la société*, Paris, Seuil, 1975, plus particulièrement p. 138-158. À ce sujet, voir également J. Whitebook, « Intersubjectivity and the Monadic Core of the Psyche : Habermas and Castoriadis on the Unconscious », *Praxis International*, 9. 4 (1990), p. 347-364. Pour une formu-

les concepts de la théorie classique de la conscience soient traduits dans les termes d'une théorie de l'intersubjectivité intégrant l'apport de la psychanalyse. Je ne peux ici que l'ébaucher en quelques mots clés qui, je l'espère, seront suffisants pour permettre d'exposer clairement l'idée principale [1].

Pour Mead, il ne fait pas de doute que le sujet individuel ne peut atteindre une identité consciente qu'en se plaçant dans la perspective excentrée d'un autre symboliquement représenté, à partir de laquelle il apprend à percevoir sa propre personne et son agir comme des participants de l'interaction. Le concept de « Moi », qui représente l'image que j'ai de moi-même d'après la perspective de mes interlocuteurs, vise à traduire clairement, sur un plan terminologique, le fait que l'individu ne puisse prendre véritablement conscience de lui-même qu'en adoptant une position d'objet. L'altérité concrète des premières interactions de l'enfance se transforme, au cours du processus de maturation, pour devenir un système langagier intersubjectivement partagé, où les perspectives dialogiques assument la forme objective de significations toujours ouvertes, linguistiquement représentées, et à travers lesquelles j'apprends à faire l'expérience de moi-même et de mon environnement. Ce qui se donne à moi comme conscience de la réalité n'est donc pas redevable d'une constitution individuelle du sens, mais de la participation active à l'événement transcendant du langage [*Sprachgeschehen*], événement qu'aucun centre quelconque ne saurait intentionnellement contrôler. Cependant, comme Mead le remarque, cette part consciente de la conduite de notre vie ne peut inclure, en principe, cette part de la subjectivité qu'il désigne, de manière assez surprenante d'ailleurs, par le terme « Je ». Ce qu'il entend par là, en un sens très proche de celui de l'inconscient en psychanalyse, c'est l'instance de la personnalité humaine qui est responsable de toutes les réactions impulsives et créatrices et qui,

---

lation du concept du sujet en rapport avec le pragmatisme de Mead et de Dewey, voir H. Joas, *La Créativité de l'agir* (1992), trad. fr. P. Rush, Paris, Le Cerf, 1999.

1. Pour ce qui suit, voir également A. Honneth (2000), notamment chap. 4 et 5.

comme telle, ne peut jamais atteindre l'horizon de la conscience. Mead, comme Winnicott, laisse délibérément ouverte la question des limites et du contenu de ce réservoir inconscient d'impulsions à l'action : le concept de « Je » renvoie uniquement, presque au sens du premier romantisme, à l'expérience soudaine du surgissement de pulsions intérieures, et ne permet donc pas de déterminer si elles prennent source dans des pulsions présociales, dans l'imagination créatrice ou dans la sensibilité morale de notre propre Moi. Mais, comme on peut le constater également chez Winnicott, c'est de cet inconscient dont est issu le flux continu des énergies psychiques qui dotent chaque sujet d'une multitude d'identités possibles et non exploitées.

Ainsi, dans son activité spontanée, ce « Je » ou ce subconscient non seulement précède la conscience qu'a le sujet de ses partenaires d'interaction linguistiquement représentés, mais il revient également continuellement, comme à titre de commentaire, dans les expressions de l'agir qui sont consciemment incluses dans le terme « Moi ». Il y a, entre le « Je » et le « Moi » ou entre la partie inconsciente et la partie consciente de chaque personnalité, une tension comparable à celle existant entre les deux partenaires inégaux d'un dialogue : sans être articulées, les impulsions inconscientes à l'action accompagnent l'ensemble de notre agir conscient en commentant en quelque sorte affectivement, sous forme de sentiments d'approbation ou de désapprobation, nos modes concrets de comportement. De ce jeu réciproque des poussées inconscientes et de l'expérience consciente, médiatisé par le langage, se développe en chaque sujet la tension qui l'entraîne dans un processus d'individualisation. Car afin de faire droit aux exigences de son inconscient, traduites affectivement, le sujet doit tenter, grâce aux forces de sa conscience, d'étendre sa marge sociale de manœuvre de manière à pouvoir se présenter intersubjectivement comme une personnalité unique. Mais je ne souhaite pas rentrer ici dans les implications théoriques de cette théorie de l'intersubjectivité pour la genèse de la personne morale, et je voudrais simplement que l'on retienne que l'essentiel, pour Mead, est que le moi ne peut s'indivi-

dualiser en accord avec ses pulsions intérieures qu'à la condition
d'être en permanence assuré, au cours du processus d'idéalisation,
de la reconnaissance d'une communauté élargie de communi-
cation. J'esquisserai, dans la dernière section, les conséquences
théoriques, pour l'idéal normatif d'autonomie individuelle, que
l'on peut tirer de l'intersubjectivisme élargi de la psychanalyse.

III

Dans le modèle de la personnalité que j'ai brièvement ébauché,
les forces incontrôlables de l'inconscient et de l'événement linguistique de la signification [*Bedeutungsgeschehen*] sont conçues
comme les deux pôles, au sein du sujet, dont l'opposition fait
d'abord naître la compulsion à l'individuation. C'est pourquoi les
deux forces qui échappent au contrôle conscient ne représentent pas
des barrières profondément enfouies, comme le soutient souvent la
critique moderne du sujet, mais au contraire les conditions constitutives du développement de l'identité de l'*Ego*. Évidemment,
cette thèse ne devient réellement plausible que si nous parvenons à
définir, dans le prolongement théorique du modèle esquissé, un
concept d'autonomie personnelle qui puisse servir, à l'égard de ce
processus d'individuation, d'objectif normatif. C'est ce que j'aimerais proposer dans ce qui suit, en introduisant successivement les
capacités et les propriétés qu'il nous faut théoriser de manière
cohérente afin d'aboutir à l'idée d'autonomie personnelle que nous
avons déjà développée. Nous verrons alors que l'intersubjectivisme
élargi de la psychanalyse nous oblige à remplacer les descriptions
classiques de ces propriétés par des notions atténuées, pour ainsi
dire décentrées. On peut négocier les propriétés correspondantes
de manière significative en les inscrivant dans une série compre-
nant, tour à tour, les dimensions de la relation de l'individu à sa
nature intérieure, à l'ensemble de sa propre vie et finalement au
monde social. Ainsi, l'autodétermination libre et sans contrainte,
telle que nous la concevons au moyen du concept d'autonomie
personnelle, requiert des capacités spécifiques par rapport à la fois

à nos pulsions, à l'organisation de notre propre vie et aux exigences morales de notre environnement social. Si nous prenons pour base le modèle de la personnalité esquissé ci-dessus, ces trois niveaux, par contraste avec l'idéal classique d'autonomie, doivent par conséquent connaître un fléchissement systématique. Je suggère donc de remplacer la visée classique de transparence des besoins par la notion de capacité à articuler ces besoins dans le langage; l'idée de consistance biographique par celle de cohérence narrative de sa vie; et enfin l'idée de principe d'orientation par le critère de sensibilité morale au contexte. J'aimerais détailler brièvement ma conception de ces substitutions et de ces compléments, ce qui permettra de montrer que ces trois capacités ne peuvent être acquises qu'au moyen de l'expérience de la reconnaissance.

L'idée d'une transparence complète de nos besoins et de nos pulsions constitue une composante élémentaire de la notion classique d'autonomie personnelle, d'après laquelle la détermination autonome de notre vie présupposait la connaissance de toutes les motivations de notre agir susceptibles de nous influencer lorsque nous prenons des décisions importantes. Or, avec la psychanalyse, nous avons déjà appris à tenir cet idéal de transparence permanente pour illusoire, idéal auquel il a fallu substituer la notion d'une conquête progressive de l'inconscient par le langage : seule la personne qui est parvenue à verbaliser complètement les aspects jusqu'ici inconscients de ses besoins pouvait être considérée comme autonome au sens strict. En reconnaissant l'existence de ce réservoir de pulsions créatrices qui, structurellement, demeure en dehors du contrôle de la conscience, on ôtait donc à un tel idéal d'autonomie son fondement théorique. Il faut lui substituer la notion de capacité à articuler sans crainte les pulsions à l'action qui s'octroient, de manière tenace et silencieuse, une expression dans la conduite quotidienne de la vie. L'ouverture créative, mais toujours inachevée, de l'inconscient aux voies linguistiques tracées par nos réactions affectives, constitue, au regard de la relation de l'individu à sa propre nature intérieure, l'objectif retenu par l'idéal d'une autonomie décentrée : une personne autonome, en ce sens, n'est pas seulement émancipée des motivations psychiques qui l'attachent inconsciemment à des réactions comportementales rigides et compulsives, mais elle est également en mesure de découvrir en elle de nouvelles impulsions à agir, qui ne se sont pas encore manifestées, et de prendre à leur sujet des décisions réfléchies[1]. Une telle faculté d'articulation non contrainte des besoins est dépendante du soutien du monde intersubjectif à deux égards. En premier lieu, comme Winnicott l'a montré, le sujet ne peut se concentrer de manière créative sur la pression de ses pulsions intérieures qu'à la condition d'être suffisamment assuré de la permanence du souci manifesté à son égard par des personnes concrètes pour être en mesure d'assumer sans crainte sa solitude[2]; en second lieu, l'articulation individuelle des besoins ne peut se passer de l'horizon d'un langage intersubjectif qui, sous l'incitation des innovations poétiques, est devenu et demeure si différencié et ouvert à l'expérience que des pulsions à l'agir jusqu'ici inarticulées peuvent trouver une expression aussi précise que possible dans ce langage[3].

Quant au second niveau de notre distinction, la question est de savoir comment le sujet peut intégrer les différentes pulsions à l'agir dans la conduite de sa vie de telle sorte que, comme totalité, elle puisse se voir attribuer le prédicat « autonome ». Le fait d'être capable, au cours d'une existence, d'intégrer dans un schème rationnel de subordination les diverses revendications des besoins constitue une composante centrale de l'idée classique de vie autonome : on considérait que l'autonomie personnelle présupposait l'aptitude à organiser les impulsions et les motivations intérieures dans une relation simple de valeur ou de signification, de manière à ce qu'ils puissent devenir des éléments d'un projet de vie linéaire.

---

1. Au sujet de cet idéal révisé de l'autonomie concernant la relation de l'individu à sa nature intérieure, voir Castoriadis, *op. cit.*, et « L'état du sujet aujourd'hui », *Le monde morcelé*, *Les Carrefours du Labyrinthe* 3, p. 233-280. Voir J. Whitebook, « The Autonomous Individual and the Decentered Self », 1990 (manuscrit).

2. D. Winnicott, « La capacité d'être seul », dans *De la pédiatrie à la psychanalyse*, trad. fr. J. Kalmanovitch, Paris, Payot, 1969, p. 205-213.

3. Voir Vellmer, *op. cit.*

Or avec l'idée d'une multitude d'identités possibles et non exploitées, que chaque sujet peut appréhender dans une relation à soi
libérée de toute crainte, un tel idéal d'autonomie perd également
son fondement théorique. Dès lors qu'on ne saurait exclure la
découverte, à tout moment, de nouvelles pulsions à l'action éventuellement divergentes, la notion de subordination réflexive de sa
propre vie à une seule échelle de sens est intenable. Elle doit être
remplacée par celle de capacité à présenter sa propre vie comme un
contexte cohérent, de telle sorte que ses éléments disparates apparaissent comme l'expression de la position réfléchie d'une seule et
même personne. Un tel niveau de réflexion est lié à la capacité de
l'individu à justifier, à partir d'une méta-perspective d'évaluation
de ses désirs et de ses pulsions à l'action, les décisions qu'il prend
concernant sa propre vie : c'est seulement lorsque je suis en mesure
de considérer et d'organiser mes besoins primaires à la lumière de
valeurs éthiques que l'on peut me déclarer capable de prendre une
position autonome, c'est-à-dire réfléchie, à l'égard de ma vie. La
capacité à mener sa vie de manière autonome se manifeste donc
dans la capacité à la présenter comme un contexte narratif émergeant de ces « méta-désirs » ou de ces évaluations éthiques. Cependant, cela ne signifie pas, comme l'entend MacIntyre, que l'on
puisse mettre rétrospectivement en récit tous les stades de sa biographie comme autant d'étapes vers la réalisation d'un but unique
dans la vie[1]. Ce critère normatif ne peut être compris qu'au sens
d'une capacité à présenter les différentes phases d'une existence
comme les maillons d'une chaîne d'évaluations fortes[2]. D'après
cette interprétation minimale du critère, où rien n'est dit sur le
contenu des évaluations fortes qui marquent chaque période de
l'existence, l'hédoniste radical tout comme le criminel réfléchi
représentent bel et bien des exemples de personnalité autonome.

---

1. Au sujet de cette interprétation, trop conventionnelle à mon avis, voir
MacIntyre (1997).

2. C. Taylor, « The Concept of a Person », dans *Philosophical Papers I : Human
Agency and Language*, Cambridge, Cambridge UP, 1985, p. 97-114.

Ceci montre clairement que nous parlons ici d'autonomie sans faire aucune référence aux exigences morales de l'environnement social. Ce n'est qu'au troisième niveau qu'entre en scène ce que nous entendons par autonomie personnelle d'un point de vue moral, lorsque nous prenons non seulement en compte les propriétés qu'une personne possède en tant qu'elle porte des jugements, mais que nous nous intéressons à la manière générale dont elle conduit sa vie.

Considérer qu'une personne est « autonome » quand elle peut, de manière réfléchie, mettre sa vie au service d'un épanouissement radical de ses propres pulsions, et ce sans manifester aucune sorte de considération morale pour ses partenaires d'interaction, voilà qui fait partie de l'héritage intellectuel de l'individualisme romantique. Naturellement, face à ces modèles de vie autonome, illustrés notamment par le cas de l'hédoniste conscient, on ne peut manquer de se demander si un tel degré d'isolement moral ne laisse pas également, dans la relation individuelle à soi, des traces négatives : il nous faut supposer que chaque membre de notre société est muni d'un surmoi rudimentaire, même intériorisé, dont la violation permanente doit conduire à des sentiments moraux de culpabilité et par-là à des mécanismes compulsifs secondaires[1]. C'est pourquoi il paraît acceptable, au troisième niveau, d'inclure parmi les propriétés d'une personne autonome l'aptitude à se rapporter, de manière réflexive, aux exigences morales de son propre environnement social. À ce niveau, l'idée d'orientation à l'aune de principes moraux constitue depuis Kant une partie de l'idéal classique d'autonomie : on considérait comme moralement autonome la personne qui pouvait guider ses actions par des principes rationnels c'est-à-dire universalisables, de manière à ne pas être amenée à prendre, en vertu d'inclinations personnelles ou d'attachements privilégiés, des décisions injustes ou partiales. Or plus les sujets apprendront à se familiariser avec la multitude de possibilités d'identité inédites

---

1. Winnicott, « La psychanalyse et le sentiment de culpabilité », dans *De la pédiatrie à la psychanalyse*, *op. cit.*, p. 214-228.

présentes en eux-mêmes, plus ils seront conscients et soucieux des difficultés et des besoins concrets auxquels les autres sujets sont confrontés dans leurs existences. C'est pourquoi l'idée normative d'une articulation créative de ses besoins requiert d'étendre l'idéal d'autonomie morale à la dimension de sensibilité pratique au contexte. Il n'est plus possible de considérer simplement comme moralement autonome une personne qui, dans son agir communicationnel, serait strictement orientée par des principes universalistes. Ne peut l'être que celle qui sait appliquer ces principes de manière responsable, en manifestant une sympathie affective et une sensibilité aux circonstances concrètes et aux cas particuliers [1]. De même que la prise en compte de l'inconscient comme élément incontrôlable par principe a rendu nécessaire une reformulation de l'idée de vie autonome, de même elle exige une nouvelle définition de l'autonomie morale des personnes : c'est uniquement le fait de comprendre affectivement que d'autres sujets peuvent tour à tour être confrontés à des possibilités insoupçonnées de leurs individualités, et qu'ils aient ainsi à se débrouiller avec des problèmes décisionnels difficiles, qui donne à l'orientation dictée par des principes le degré de sensibilité au contexte qui caractérise aujourd'hui une personne moralement autonome.

Ce sont les trois capacités ainsi décrites qui, prises ensemble, déterminent théoriquement la manière dont, même une fois ramenée à la réalité par les objections de la critique moderne du sujet, on peut encore défendre une idée normative d'autonomie individuelle. Seule peut être dite autonome la personne qui, dans des conditions où la psyché n'est en principe pas à la disposition du Moi, est en mesure 1) de s'ouvrir à ses besoins de manière créative, 2) de donner une représentation réfléchie, d'un point de vue éthique, de l'ensemble sa vie, et 3) d'appliquer des normes universalistes d'une manière sensible au contexte. Ceci ne signifie pas, cependant, qu'il existe une relation d'harmonie séquentielle ou

1. Voir K. Günther, *Der Sinn für Angemessenheit*, Francfort a. M., Suhrkamp, 1988.

même d'enrichissement entre ces trois axes de l'autonomie individuelle : les différentes capacités ne se fondent pas nécessairement
les unes sur les autres, et peuvent au contraire se retrouver en tension
voire en conflit. De fait, il pourrait bien être typique de notre
époque que, dans l'intérêt individuel pris à l'autonomie personnelle, on ne cultive qu'une seule de ces capacités au détriment des
deux autres : c'est ce que l'on pourrait qualifier d'autonomie à sens
unique. Ceci nous amène à conclure sur le constat suivant : on ne
peut parler de l'autonomie individuelle d'une personne, au sens
plein du terme, que si les trois capacités que nous avons dégagées
sont présentes en elles[1].

---

1. C'est la position qu'adopte D. Meyers, « The Socialized Individual and
Individual Autonomy », dans E.F. Kittay et D. Meyers (ed.), *Woman and Moral
Theory*, Savage, Rowman & Littlefield, 1987, p. 139-153. Voir également K. Baynes,
The Normative Grounds of Social Criticism : Kant, Rawls and Habermas, Albany,
State University of New York Press, 1992, chap. 4.

BIBLIOGRAPHIE

Monographies

ARPALY N., *Unprincipled Virtue. An Inquiry into Moral Agency*, Oxford-New York, Oxford UP, 2003.

ARISTOTE, *Éthique à Nicomaque*, trad. fr. J. Tricot, Paris, Vrin, 1997.

BENHABIB S., *Situating the Self: Gender, Community, and Postmodernism in Contemporary Ethics*, New York, Routledge, 1992.

BEROFSKY B., *Liberation from Self. A Theory of Personal Autonomy*, Cambridge-New York, Cambridge UP, 1995.

BOUVERESSE J., *Le Mythe de l'intériorité. Expérience, signification et langage privé chez Wittgenstein*, Paris, Minuit, 1976.

CAVELL S., *Les Voix de la raison* (1979), trad. fr. S. Laugier et N. Balso, Paris, Seuil, 1996.

COECKELBERGH M., *The Metaphysics of Personal Autonomy. The Reconciliation of Ancient and Modern Ideals of the Person*, London-New York, Parlgrave MacMillan, 2004.

DAVIDSON D., *Paradoxes de l'irrationalité*, trad. fr. P. Engel, Combas, L'Éclat, 1991.

DESCOMBES V., *Le Complément de sujet. Enquête sur le fait d'agir de soi-même*, Paris, Gallimard, 2004.

DWORKIN G., *The Theory and Practice of Autonomy*, Cambridge, Cambridge UP, 1988.

EMERSON R.W., *La Confiance en soi et autres essais* (1841-1844), trad. fr. S. Michaud, Paris, Payot-Rivages, 2000.

ELSTER J., *The Multiple Self*, New York, Cambridge UP, 1986.

ENGEL P., *Philosophie et Psychologie*, Paris, Gallimard, 1996.

FISCHER J.M., *The Metaphysics of Free Will*, Oxford, Blackwell, 1994.

— et RAVIZZA M., *Responsibility and Control. A Theory of Moral Responsibility*, Cambridge, Cambridge UP, 1998.

FLANAGAN O., *Psychologie morale et Éthique* (1991), trad. fr. S. Marnat, Paris, PUF, 1996a.

FOOT P., *Natural Goodness*, Oxford, Clarendon Press, 2001.

FRANKFURT H., *The Importance of What We Care About : Philosophical Essays*, Cambridge-New York, Cambridge UP, 1988.

– *Necessity, Volition, and Love*, Cambridge, Cambridge UP, 1999.

– *The Reasons of Love*, Princeton-Oxford, Princeton UP, 2004, trad. fr. D. Dubroca et A. Pavia, *Les Raisons de l'Amour*, Belval, Circé, 2006.

FREUD S., *Essais de psychanalyse* (1915-1923), Paris, Payot, 2001.

FRIEDMAN M., *Autonomy, Gender, Politics*, Oxford, Oxford UP, 2003.

GIBBARD A., *Sagesse des choix et Justesse des sentiments* (1990), trad. fr. S. Laugier, Paris, PUF, 1996.

GIDDENS A., *Modernity and Self-Identity. Self and Society in the Late Modern Age*, Cambridge, Polity Press, 1992.

GILLIGAN C., *Une si grande différence* (1982), trad. fr. A.-M. Kwiatec, Paris, Flammarion, 1986.

GLOVER J., *The Philosophy and Psychology of Personal Identity*, London, Penguin Books, 1988.

GOLDIE P., *The Emotions*, Oxford, Oxford UP, 2000.

HAWORTH L., *Autonomy : An Essay in Philosophical Psychology and Ethics*, New Haven, Yale UP, 1986.

HEIDEGGER M., *Sein und Zeit*, Tübingen, Niemeyer, 1990; trad. fr. E. Martineau, *Être et Temps*, Paris, Authentica, 1985.

HILL T., *Autonomy and Self-Respect*, Cambridge, Cambridge UP, 1991.

HOBBES Th., *Léviathan* (1651), trad. fr. F. Tricaud et M. Pécharman, Paris, Vrin, 2004.

HONNETH A., *La Lutte pour la reconnaissance* (1992), trad. fr. P. Rusch, Paris, Le Cerf, 2000.

HUME D., *Traité de la nature humaine* (1740), Livre II, trad. fr. J.-P. Cléro, Paris, Gallimard, 1991.

– *Traité de la nature humaine* (1740), Livre III, trad. fr. P. Saltel, Paris, Gallimard, 1993.

HURTHOUSE R., *On Virtue Ethics*, Oxford, Oxford UP, 1999.

JAEGGI R., *Entfremdung. Zur Aktualität eines sozialphilosophischen Problems*, Frankfurt a.M., Campus, 2005.

JAGGAR A., *Feminist Politics and Human Nature*, Towota, N.J., Rowman & Allanheld, 1983.

KANT E., *Fondements de la Métaphysique des Mœurs* (1785), trad. fr. V. Delbos revue par A. Philonenko, Paris, Vrin, 2004.

– *Anthropologie d'un point de vue pragmatique* (1798), trad. fr. M. Foucault, Paris, Vrin, 1964.

– « Qu'est-ce que les lumières ? » (1784), trad. fr. H. Wismann dans F. Alquié (dir.), *Œuvres Philosophiques* II, Paris, Gallimard, 1985, p. 207-217.

– *Critique de la Raison Pratique* (1788), trad. fr. L. Ferry et H. Wismann dans F. Alquié (dir.), *Œuvres Philosophiques* II, Paris, Gallimard, 1985, p. 607-804.

– *La religion dans les limites de la simple raison* (1793), trad. fr. J. Gibelin revue par M. Naar, Paris, Vrin, 2003.

– *Métaphysique des mœurs*, trad. fr. A. Philonenko, 2 vol., Paris, Vrin, vol. 1, *Doctrine du droit*, 1971 ; vol. 2, *Doctrine de la vertu*, 1968.

KOHLBERG L., *Essays on Moral Development* I, *The Philosophy of Moral Development*, New York, Harper and Row, 1981.

– *Essays on Moral Development* II, *The Psychology of Moral Development*, New York, Harper and Row, 1984.

KORSGAARD Ch., *The Sources of Normativity*, Cambridge, Cambridge UP, 1996.

KUSSER A., *Dimensionen der Kritik von Wünschen*, Frankfurt a.M., Athenäum, 1989.

LARMORE C., *Les Pratiques du moi*, Paris, PUF, 2004.

LAUGIER S., *Une autre pensée politique américaine*, Paris, Michel Houdiard, 2004a.

LEGRAND D., *Problèmes de la Constitution du Soi*, Thèse de doctorat, 2004, http://www/crea.polytechnique.fr/personnels/fiches/legrand/LegrandThese.pdf.

LINDLEY R., *Autonomy*, Atlantic Highland, N.J., Humanities Press, 1986.

LOCKE J., *Identité et Différence*, trad. fr. É. Balibar, Paris, Seuil, 1998.

– *Essai sur l'entendement humain* (1690), Livre II, trad. fr. J.-M. Vienne, Paris, Vrin, 2001.

MAC INTYRE A., *Après la vertu* (1981), trad. fr. L. Bury, Paris, PUF, 1997.

MARZANO M., *Je consens, donc je suis… Éthique de l'autonomie*, Paris, PUF, 2006.

MELE A., *Irrationality. An Essay on Akrasie, Self-Deception, and Self-Control*, New York, Oxford UP, 1987.

– *Autonomous Agents : From Self-control to Autonomy*, New York, Oxford UP, 1995.

MEYERS T.D., *Self, Society and Personal choice*, New York, Columbia UP, 1989.

– *Subjection and Subjectivity: Psychoanalytic Feminism and Moral Philosophy*, New York, Routledge, 1994.

MILGRAM S., *Soumission à l'autorité*, trad. fr. E. Molinié, Paris, Calmann-Lévy, 1974.

MILL J.S., *De la Liberté* (1859), trad. fr. G. Boss, Zurich, Grand Midi, 1987.

– *L'utilitarisme* (1861), trad. fr. G. Tanesse, Paris, Flammarion, 1988.

MOESSINGER P., *La Psychologie morale*, Paris, PUF, 1996.

MURDOCH I., *La Souveraineté du bien* (1970), trad. fr. C. Pichevin, Combas, L'Éclat, 1994.

NUSSBAUM M., *Upheavals of Thought*, Cambridge, Cambridge UP, 2001.

OGIEN R., *La Faiblesse de la volonté*, Paris, PUF, 1993.

– *Le Réalisme moral*, Paris, PUF, 1999.

— et CANTO-SPERBER M., *La Philosophie morale*, Paris, PUF, 2004.

PIAGET J., *Le Jugement moral chez l'enfant*, Paris, PUF, 1932.

PROUST J., *La Nature de la volonté*, Paris, Gallimard, 2005.

RAWLS J., *Théorie de la justice* (1971), trad. fr. C. Audard, Paris, Seuil, 1987.

RAZ J., *The Morality of Freedom*, Oxford, Oxford UP, 1986.

RICŒUR P., *Soi-même comme un autre*, Paris, Seuil, 1990.

ROUSSEAU J.-J., *Du Contrat social* (1762), dans *Œuvres Complètes* III, Paris, Gallimard, 1964, p. 347-370.

SANDEL M., *Le Libéralisme et les limites de la justice* (1982), trad. fr. J.-F. Spitz, Paris, Seuil, 1999.

SCHNEEWIND J.B., *L'Invention de l'autonomie. Une histoire de la philosophie morale moderne* (1998), trad. fr. J.-P. Cléro, E. Dauzat et E. Meziani-Laval, Paris, Gallimard, 2001.

SPINOZA B., *Éthique* (1677), trad. fr. B. Pautrat, Paris, Seuil, 1988.

STOCKER M., *Valuing Emotions*, Cambridge, Cambridge UP, 1996.

TAYLOR C., *Les Sources du moi: la formation de l'identité moderne* (1979), trad. fr. C. Mélançon, Paris, Seuil, 1998.

– *Le Malaise dans la modernité*, trad. fr. C. Melançon, Paris, Le Cerf, 2005.

TUGENDHAT E., *Conscience de soi et Autodétermination* (1979), trad. fr. R. Rochlitz, Paris, Armand Colin, 1995.

VELLEMAN J., *Practical Reflection*, Princeton, Princeton UP, 1989.

WALLACE R.J., *Responsability and Moral Sentiments*, Cambridge, Mass., Harvard UP, 1994.

WILLIAMS B., *L'Éthique et les limites de la philosophie*, trad. fr. M.-A. Lescourret, Paris, Gallimard, 1990.

WITTGENSTEIN L., *Remarques sur la philosophie de la psychologie* (1947), t. I, trad. fr. G. Granel, Mauvezin, T.E.R, 1989.

– *Remarques sur la philosophie de la psychologie* (1948), t. II, trad. fr. G. Granel, Mauvezin, T.E.R, 1994.

WOLLHEIM R., *On the Emotions*, New Haven, Yale UP, 1999.

WREN T., *Caring About Morality. Philosophical Perspectives in Moral Psychology*, Cambridge (Mass.), MIT Press, 1991.

Ouvrages collectifs

BETZLER M. et GUCKES B. (Hg.), *Autonomous Handeln, Deutsche Zeitschrift für Philosophie*, Berlin, Akademie Verlag, 2001.

BUSS S. et OVERTON L. (ed.), *Contours of Agency. Essays on Themes from Harry Frankfurt*, Cambridge (Mass.), MIT Press, 2002.

CANTO-SPERBER M. (dir.), *La philosophie morale britannique*, Paris, PUF, 1994.

CHAUVIRE Ch., LAUGIER S. et ROSAT J.-J. (éd.), *Wittgenstein : les mots de l'esprit. Philosophie de la psychologie*, Paris, Vrin, 2001.

CHRISTMAN J. (ed.), *The Inner Citadel : Essays on Individual Autonomy*, New York, Oxford UP, 1989.

— et ANDERSON J. (ed.), *Autonomy and the Challenges to Liberalism*, Cambridge, Cambridge UP, 2005.

CRISP R. et SLOTE M. (ed.), *Virtue Ethics*, Oxford, Oxford UP, 1997.

DEIGH J. (ed.), *Ethics and Personality. Essays in Moral Psychology*, Chicago, The University of Chicago Press, 1992.

EDELSTEIN W. et NUNNER-WINKLER G. (Hg.), *Moral im sozialen Kontext*, Frankfurt a.M., Suhrkamp, 2000.

— et NOAM G. (Hg.), *Moral und Person*, Frankfurt a.M., Suhrkamp, 1993.

FLANAGAN O. et RORTY A.O. (ed.), *Identity, Character and Morality : Essays in Moral Psychology*, Cambridge (Mass.), MIT Press, 1990.

KAGAN P. et LAMB S. (ed.), *The Emergence of Morality in Young Children*, Chicago-London, University of Chicago Press, 1987.

LAUGIER S. (dir.), *Éthique, littérature, vie humaine*, Paris, PUF, 2006.

MACKENZIE C. et STOLJAR N. (ed.), *Relational Autonomy : Feminist Perspectives on Autonomy, Agency, and the Social Self*, New York, Oxford UP, 2000.

MEYERS D.T. (ed.), *Feminists Rethink the Self*, Boulder, Westview Press, 1997.

NEUBERG M. (dir.), *Théorie de l'action. Textes majeurs de la philosophie analytique de l'action*, Bruxelles, Mardaga, 1991.

PAPERMAN P. et LAUGIER S. (dir.), *Le Souci des autres. Éthique et politique du care*, Paris, EHESS, 2005.

RORTY A.O. (ed.), *The Identities of Persons*, Berkeley, University of California Press, 1977.

SCHOEMAN F. (ed.), *Responsibility, Character and the Emotions : New Essays in Moral Psychology*, Cambridge, Cambridge UP, 1987.

TAYLOR J.S. (ed.), *Personal Autonomy. New Essays on Personal Autonomy and its Role in Contemporary Moral Philosophy*, Cambridge, Cambridge UP, 2005.

WATSON G. (ed.), *Free Will*, Oxford, Oxford UP, 1982.

WREN T. (ed.), *The Moral Domain*, Cambridge (Mass.), MIT Press, 1990.

Articles

ALLEN R., « Free Agency and Self-Esteem », Rencontres de la *Central State Philosophical Association*, Saint-Louis, 1997, home.twmi.rr.com/robertallen/PAS.pdf.

ALLISON H.E., « Autonomie », dans M. Canto-Sperber (dir.), *Dictionnaire d'éthique et de philosophie morale*, Paris, PUF, 1996, p. 136-144.

ANDERSON J., « Autonomy and the Authority of Personal Commitments : from Internal coherence to Social normativity », *Philosophical Explorations*, vol. VI (2) (2003), p. 90-108.

— et HONNETH A., « Autonomy, Vulnerability, Recognition and Justice », dans J.S. Taylor (2005), p. 127-149.

ANSCOMBE G.E.M., « Modern Moral Philosophy », *Philosophy*, vol. 33, n°124 (1958), p. 1-19, http://www.philosophy.uncc.edu/mleldrid/cmt/mmp/html.

ARPALY N. et SCHROEDER T., « Praise, Blame and the Whole Self », *Philosophical Studies*, vol. 93, n° 2 (1999), p. 161-188.

BAIER A., « Cartesian Persons », dans *Postures of the Mind : Essays on Mind and Morals*, Minneapolis, University of Minnesota Press, 1985.

BARCLAY L., « Autonomy and the Social Self », dans Mackenzie et Stoljar (2000), p. 52-71.

BAXLEY A.M., « Autocracy and Autonomy », *Kant Studien*, Bd 94 (2003), p. 1-23.

BENN S.I., « Freedom, Autonomy and the Concept of a Person », *Proceedings of the Aristotelian Society*, vol. LXXVI (1976), p. 109-130.

BENSON P., « Freedom and Value », *The Journal of Philosophy*, vol. 84, n° 9 (1987), p. 465-486.

– « Autonomy and Oppressive Socialization », *Social Theory and Practice*, vol. 17, n°3 (1991), p. 385-408.

– « Free Agency and Self-Worth », *The Journal of Philosophy*, vol. 91, n° 12 (1994), p. 650-668.

– « Feminist Intuitions and the Normative Substance of Autonomy », dans J.S. Taylor (2005), p. 124-142.

BERLIN I., « Deux concepts de liberté », dans *Éloge de la liberté* (1969), trad. fr. J. Lahana, Paris, Calmann-Lévy, 1988, p. 167-218.

BERNSTEIN M., « Socialization and Autonomy », *Mind*, vol. 92, n° 365 (1983), p. 120-123.

– « Can we Ever be Really, Truly, Ultimately, Free ? », *Midwest Studies in Philosophy*, XXIX (2005), p. 1-12.

BEROFSKY B., « Review of Susan Wolf's *Freedom within reason* », *The Journal of Philosophy*, vol. 89, n°4 (1992), p. 202-208.

– « Autonomy without Free Will », dans J.S. Taylor (2005), p. 58-86.

BLUM L.A., « Gilligan and Kohlberg : Implications for Moral Theory », *Ethics*, vol. 98, n°3 (1988), p. 472-491.

BRATMAN M., « Identification, Decision, and Treating as a Reason », *Philosophical Topics*, vol. 24, n°2 (1996), p. 1-18.

– « Reflection, Planning, and Temporally Extended Agency », *The Philosophical Review*, vol. 109, n°1 (2000), p. 35-61.

BUSS S., « Autonomy Reconsidered », *Midwest Studies in Philosophy*, XIX (1994), p. 95-121.

– « What Practical Reasoning Must Be If We Act For Our Own Reasons », *Australasian Journal of Philosophy*, vol. 77, n°4 (1999), p. 399-421.

– « Personal Autonomy », *The Stanford Encyclopedia of Philosophy* (2002), http://plato.stanford.edu/archives/win2002/entries/personal-autonomy.

– « Valuing Autonomy and Respecting Persons : Manipulation, Seduction and the Basis for Moral Constraints », *Ethics*, vol. 115 (2005a), p. 195-235.

– « Autonomous Action : Self-expression in the Passive Mode », manuscrit non-publié, 2005b.

CALHOUN C., « Standing for Something », *Journal of Philosophy*, vol. 92, n° 9 (1995), p. 235-260.

CASTEL P.-H., « L'esprit influençable : la suggestion comme problème moral en psychopathologie », *Corpus* n°32 (1997), p. 175-210 ; http://aejcpp.fr/articles/esprit/htm.

– « Y a-t-il une psychologie morale freudienne ? », dans *La vie morale, Revue Internationale de Psychopathologie Morale*, Paris, PUF, 2001 ; http://pierrehenri.castel.free.fr/.

CHRISTMAN J., « Constructing the Inner Citadel : Recent Work on the Concept of Autonomy », *Ethics*, vol. 99 (1988), p. 109-124.

– « Autonomy and Personal History », *Canadian Journal of Philosophy*, vol. 21, n°4 (1991a), p. 1-24.

– « Liberalism and Individual Positive Freedom », *Ethics*, vol. 101, n° 2 (1991b), p. 343-359.

– « Autonomy in Moral and Political Philosophy », *The Stanford Encyclopedia of Philosophy* (2003), http://plato.stanford.edu/archives/fall2003/entries/autonomy-moral/.

– « Relational Autonomy, Liberal Individualism, and the Social Constitution of Selves », *Philosophical Studies*, vol. 117 (2004), p. 143-164.

CODE L., « Second Persons », dans *What Can She Know ? Feminist Theory and the Construction of Knowledge*, Ithaca, N.Y., Cornell UP, 1991.

CUYPERS S.E., « Autonomy Beyond Voluntarism : In Defense of Hierarchy », *Canadian Journal of Philosophy*, vol. 30, n°2 (2000), p. 225-226.

DAN-COHEN M., « Conceptions of Choice and Conceptions of Autonomy », *Ethics*, vol. 102, n°2 (1992), p. 221-243.

DESMOND W., « *Autonomia Turannos*. On Some Dialectical Equivocities of Self-determination », *Ethical Perspectives*, vol. 5, n° 2 (1998), p. 233-252 ; http://www.ethical-perspectives.be/page.php?LAN=E&FILE=epdetail&ID=20&TID=406.

DORIS J. et STICH S., « Moral Psychology : Empirical Approaches », *The Stanford Encyclopedia of Philosophy* (2006), http://plato.stanford.edu/archives/sum2006/entries/moral-psych-emp.

DOUBLE R., « Two Types of Autonomy Accounts », *Canadian Journal of Philosophy*, vol. 22, n°1 (1992), p. 65-80.

DWORKIN G., « Acting Freely », *Noûs*, vol. IV, n°4 (1970), p. 367-383.

– « The Concept of Autonomy » (1981), dans Christman (1989), p. 54-62.

EKSTROM L.W., « A Coherence Theory of Autonomy », *Philosophy and Phenomenological Research*, vol. LIII, n°3 (1993), p. 599-616.

– « Alienation, Autonomy, and the Self », *Midwest Studies in Philosophy*, XXIX (2005a), p. 45-68.

– « Autonomy and Personal Integration » (2005b), dans J. S. Taylor (2005), p. 143-161.

FEINBERG J., « Autonomy » (1986), dans Christman (1989), p. 27-53.

FISCHER J.M., « Recent Work on Moral Responsibility », *Ethics*, vol. 110, n° 1 (1999), p. 93-139.

FLANAGAN O., « Psychologie morale » (1996b), dans M. Canto-Sperber (dir.), *Dictionnaire d'éthique et de philosophie morale*, Paris, PUF, 1996, p. 1581-1591.

– « Identity and Strong and Weak Evaluation », dans Flanagan et Rorty (1990), p. 37-65.

— et JACKSON K., « Justice, Care, Gender : the Kohlberg-Gilligan Debate Revisited », *Ethics*, vol. 97 (1987), p. 622-637.

FRANKFURT H., « Alternate Possibilities and Moral Responsibility », *The Journal of Philosophy*, vol. 66, n° 23 (1969), p. 829-839.

– « Freedom of the Will and the Concept of a Person », *The Journal of Philosophy*, vol. 68, n° 1 (1971), p. 5-20 ; réimp. dans Frankfurt (1988), p. 11-25 ; première trad. fr. M. Neuberg, « La liberté de la volonté et la notion de personne », dans Neuberg (1991), p. 253-269.

– « Identification and Externality » (1976), dans Frankfurt (1988), p. 58-68.

– « The Importance of What We Care About » (1982), dans Frankfurt (1988), p. 80-94.

– « Identification and Wholeheartedness » (1987), dans Frankfurt (1988), p. 159-176.

– « The Faintest Passion » (1992), dans Frankfurt (1999), p. 95-107.

– « Some Toughts About Caring », *Ethical Perspectives*, vol. 5, n° 1 (1998), p. 3-14 ; http://www.ethical-perspectives.be/page.php?LAN =E&FILE=ep_detail&ID=17&TID=360.

– « Autonomy, Necessity and Love » (1994), dans Frankfurt (1999), p. 129-141.

– « Rationalism in Ethics », dans Betzler et Guckes (2000), p. 259-273.

FRIEDMAN M., « Feminism in Ethics : Conceptions of Autonomy », dans M. Fricker et J. Hornsby (ed.), *The Cambridge Companion to Feminism in Philosophy*, Cambridge, Cambridge UP, 2000, p. 205-224.

– « Autonomy and Male Dominance », dans Christman et Anderson (2005), p. 150-173.

GEUSS R., « Auffassungen der Freiheit », *Zeitschrift für philosophische Forschung*, Band 49, n° 1 (1995), p. 1-14.

GILLETT G., «Moral Authenticity and the Unconscious», dans M.P. Levine (ed.), *The Analytic Freud. Philosophy and Psychoanalysis*, London-New York, Routledge, 2000.

HAWORTH L., «Autonomy and Utility», *Ethics*, n°95 (1984), p. 5-19.

HERMAN B., «Agency, Attachment, and Difference», *Ethics*, vol. 101, n° 4 (1991), p. 775-797.

HILL Th, «The Kantian Conception of Autonomy», dans Christman (1989), p. 91-105.

HONNETH A., «Dezentrierte Autonomie. Moralphilosophische Konsequenzen aus der Subjektkritik», dans C. Menke et M. Seel (ed.), *Zur Verteidigung der Vernunft gegen ihre Liebhaber und Verächter*, Frankfurt a.M., Suhrkamp, 1993, p. 149-164; première trad. fr. M.-N. Ryan, «L'autonomie décentrée. Le sujet après la chute», dans F. Gaillard, J. Poulain et R. Schusterman (dir.), *De Richard Rorty à Jürgen Habermas. La modernité en question*, Paris, Le Cerf, 1998, p. 240-251.

– «Reconnaissance», dans M. Canto-Sperber (dir.), *Dictionnaire d'éthique et de philosophie morale*, Paris, PUF, 1996, p. 1272-1278.

– «Invisibilité. Sur l'épistémologie de la reconnaissance» (2001), trad. fr. O. Voirol, *Réseaux*, n°129-130 (2005), p. 39-57; réimp. dans *La société du mépris. Vers une nouvelle théorie critique*, Paris, La Découverte, 2006, p. 225-243.

– «Capitalisme et réalisation de soi : les paradoxes de l'individuation» (2002), trad. fr. P. Rusch, dans *La société du mépris. Vers une nouvelle théorie critique*, Paris, La Découverte, 2006, p. 305-323.

INSOO H., «Authentic Values and Individual Autonomy», *The Journal of Value Inquiry*, 35 (2001), p. 195-208.

JEFFREY R.C., «Preferences Among Preferences», *The Journal of Philosophy*, vol. 71, n°13 (1974), p. 377-391.

JOUAN M., «Harry Frankfurt et la métaphysique du *Care* », dans Paperman et Laugier (2005), p. 203-226.

– «Harry Frankfurt's Metaphysics of *Care*: Towards an Ethics Without Reason», *Philosophy and Social Criticism* (2008).

KRISTINSSON S., «The Limits of Neutrality : Toward a Weakly Substantive Account of Autonomy», *Canadian Journal of Philosophy*, vol. 30, n° 2 (2000), p. 257-286.

KUFLIK A., «The Inalienability of Autonomy», *Philosophy and Public Affairs*, vol. 13, n°4 (1984), p. 271-298.

LAUGIER S., « Subjectivité et agentivité », dans V. Descombes, *Questions disputées*, Nantes, Éditions Cécile Defaut, 2007, p. 103-150

– « Care et perception. L'éthique comme attention au particulier », dans Paperman et Laugier (2005), p. 317-348.

– « Wittgenstein, le cercle de Vienne, le non-cognitivisme » (2004b), http://sip2.ac-mayotte.fr/_Sandra-Laugier_.html.

LAZAR A., « Deceiving Oneself or Self-Deceived? On the Formation of Beliefs "Under the Influence" », *Mind*, n° 108 (1999), p. 265-290.

MAUSS M., « Une catégorie de l'esprit humain : la notion de "personne", celle de "moi" » (1938), dans *Sociologie et Anthropologie*, Paris, PUF, 1960, http://dx.doi.org/doi : 10.1522/cla.mam.cat.

MAY T., « The Concept of Autonomy », *American Philosophical Quarterly*, vol. 31, n° 2 (1994), p. 133-144.

MCINTYRE A., « Is Akratic Action Always Irrational ? », dans Flanagan et Rorty (1990), p. 379-400.

MCKENNA A., « The Relationship between Autonomous and Morally Responsibility Agency », dans J.S. Taylor (2005), p. 205-234.

MCMAHON C., « Autonomy and Authority », *Philosophy and Public Affairs*, vol. 16, n° 4 (1987), p. 303-328.

MELE A., « History and Personal Autonomy », *Canadian Journal of Philosophy*, vol. 23 (1993), p. 271-280.

MENDENGER N.P., « Die Person als Zweck an Sich », *Kant Studien*, Bd 84, 1993, p. 167-184.

MEYERS T.D., « Personal Autonomy and the Paradox of Feminine Socialization », *The Journal of Philosophy*, 84, n° 11 (1987), p. 619-628.

– « Agency », dans A.M. Jaggar et I.M. Young (ed.), *A Companion to Feminist Philosophy*, Oxford, Blackwell, 1998, p. 372-382.

– « Feminist Perspectives on the Self », *The Stanford Encyclopedia of Philosophy* (2004), http://plato.stanford.edu/archives/spr2004/entries/feminism-self/.

– « Decentralizing Autonomy : Five Faces of Selfhood », dans Christman et Anderson (2005), p. 27-55.

MILLER R., « Ways of Moral Learning », *Philosophical Review*, 94, n° 4 (1985), p. 507-556.

MONTEFIORE A., « Identité morale. L'identité morale et la personne », dans M. Canto-Sperber (dir.), *Dictionnaire d'éthique et de philosophie morale*, Paris, PUF, 1996, p. 883-891.

NAGEL Th., « Moral Luck », dans *Mortal Questions*, Cambridge, Cambridge UP, 1979, p. 24-38.

NEDELSKY J., « Reconceiving Autonomy », *Yale Journal of Law and Feminism*, vol. 1, n°1 (1989), p. 7-36.

NEELY W., « Freedom and Desire », *Philosophical Review*, 83 (1974), p. 32-54.

NOGGLE J., « Autonomy and the Paradox of Self-Creation : Infinite Regresses, Finite Selves, and the Limits of Authenticity », dans J.S. Taylor (2005), p. 87-108.

O'CONNOR T., « Indeterminism and Free Agency : Three Recent Views », *Philosophy and Phenomenological Research*, vol. LIII, n°3 (1993), p. 499-526.

– « Freedom with a Human Face », *Midwest Studies in Philosophy* (2005), p. 207-227.

O'NEILL O., « Autonomy : the Emperor's New Clothes », *Proceedings of the Aristotelian Society*, Sup. Vol. 77 (2003), p. 1-21.

– « Self-legislation, Autonomy and the Form of Law », dans *Recht, Geschichte, Religion*, 181 (2004), p. 13-26.

OSHANA M., « The Autonomy Bogeyman », *The Journal of Value Inquiry*, 35 (2001), p. 209-226.

– « The Misguided Marriage of Responsibility and Autonomy », *The Journal of Ethics*, vol. 6, n° 3 (2002), p. 261-280.

– « Autonomy and Free Agency », dans J.S. Taylor (2005a), p. 183-204.

– « Autonomy and Self-Identity », dans Christman et Anderson (2005b), p. 77-97.

PETTIT P. et SMITH M., « Backgrounding Desire », *The Philosophical Review*, vol. 99, n°4 (1990), p. 565-592.

– « Practical Unreason », *Mind*, vol. 102, n°405 (1993), p. 53-79.

QUANTE M., « Freiheit, Autonomie und Verantwortung in der Neuen Analytischen Philosophie », *Philosophischer Literaturanzeiger*, Band 51 (1998), p. 281-414.

RAZ J., « When We Are Ourselves : The Active and the Passive », *The Aristotelian Society*, Supplementary vol. 71 (1997), p. 211-227.

RICHARDS D.A.J., « Rights and Autonomy », *Ethics*, vol. 92, n°1 (1981), p. 3-20.

RICHARDSON H.S., « Autonomy's Many Normative Presuppositions », *American Philosophical Quarterly*, vol. 38, n°3 (2001), p. 287-303.

RORTY A.O., « A Literary Postscript : Characters, Persons, Selves, Individuals », dans Rorty (1976), p. 302-323.

— et WONG D., « Aspects of Identity and Agency », dans Flanagan et Rorty (1990), p. 19-36.

RORTY R., « Freud et la réflexion morale », dans *Essais sur Heidegger et autres écrits*, trad. fr. J.-P. Cometti, Paris, PUF, 1991, p. 195-230.

RÖSSLER B., « Problems with Autonomy », *Hypathia*, vol. 17, n°4 (2002), p. 144-162.

SCHECHTMAN M., « Self-Expression and Self-Control », *Ratio*, XVII (2004), p. 409-427.

SMITH M., « The Human Theory of Motivation », *Mind*, vol. 96, n° 381 (1987), p. 36-61.

STOCKER M., « The Schizophrenia of Modern Ethical Theories », *The Journal of Philosophy*, vol. 73, n°14 (1976), p. 453-466.

STOLJAR N., « Autonomy and the Feminist Intuition », dans Mackenzie et Stoljar (2000), p. 94-111.

STRAWSON G., « Free will », *Routledge Encyclopedia of Philosophy* (1998, 2004), http://www.rep.routledge.com/article/V014.

STRAWON P., « Freedom and Resentment », *Proceedings of the British Academy* (1962), réimp. dans Watson (1982), p. 59-80.

STUMP E., « Sanctification, Hardening of the Heart, and Frankfurt's Concept of Free Will », *Journal of Philosophy*, vol. 85, n° 8 (1988), p. 395-412.

TAYLOR C., « Responsibility for Self », dans Rorty (1976), p. 281-299.

– « Qu'est-ce qui ne tourne pas rond dans la liberté négative? » (1979), trad. fr. P. de Lara, dans *La Liberté des Modernes*, Paris, PUF, 1997a, p. 255-283.

– « Atomisme » (1985), trad. fr. P. de Lara, dans *La liberté des Modernes*, Paris, PUF, 1997b, p. 223-254.

TAYLOR J.S., « The Theory of Autonomy », *Human Studies Review*, vol. 12, n°3 (1999).

THALBERG I., « Hierarchical Analysis of Unfree Action », *Canadian Journal of Philosophy*, vol. 8, n°2 (1978), p. 211-225.

THOMAS L., « Autonomie de la personne », dans M. Canto-Sperber (dir.), *Dictionnaire d'éthique et de philosophie morale*, Paris, PUF, 1996, p. 144-147.

TUGENDHAT E., « Der Begriff der Willensfreiheit », dans *Philosophische Aufsätze*, Frankfurt a.M., Suhrkamp, 1992, p. 334-351.

VELLEMAN J.D., « What Happens When Someone Acts? », *Mind*, vol. 101, n°403 (1992), p. 461-481.

WALDRON J., « Moral Autonomy and Personal Autonomy », dans Christman et Anderson (2005), p. 307-329.

WALLACE R.J., « Moral Psychology », dans F. Jackson et M. Smith (ed.), *The Oxford Handbook of Contemporary Philosophy*, Oxford, Oxford UP, 2005.

– « Caring, Reflexivity, and the Structure of Volition », dans Betzler et Guckes (2001), p. 215-136.

WALZER M., « La critique communautarienne du libéralisme » (1990), trad. fr. dans *Pluralisme et démocratie*, Paris, Esprit, 1997, p. 52-83.

WATSON G., « Free Agency », *The Journal of Philosophy*, vol. 72, n° 8 (1975), p. 205-220 ; réimp. dans Watson (1982), p. 96-110.

– « Free Action and Free Will », *Mind*, vol. 96, n°382 (1977), p. 145-172.

– « Responsibility and the Limits of Evil », dans Schoeman (1987), p. 256-286.

WILLIAMS B., « Internal and External Reasons », dans *Moral Luck*, Cambridge, Cambridge UP, 1981, p. 101-113.

– « La morale et les émotions » (1973), dans *La Fortune morale*, trad. fr. J. Lelaidier, Paris, PUF, 1994, p. 125-154.

– « Personne, caractère et morale », dans *La Fortune morale*, trad. fr. J. Lelaidier, Paris, PUF, 1994, p. 227-252.

WOLF S., « Asymmetrical Freedom », *The Journal of Philosophy*, vol. 77, n° 3 (1980), p. 151-166.

– « Sanity and the Metaphysics of Responsibility », dans Schoeman (1987), p. 46-62 ; réimp. dans Christman (1989), p. 137-151.

– « Freedom within Reason », dans J.S. Taylor (2005), p. 258-274.

WOOD A., « Autonomy as the Ground of Morality », *O'Neil Memorial Lectures* (1999), University of New Mexico, http://www.stanford.edu/~allenw/papers/Autonomy.doc.

YOUNG R., « Compatibilism and Conditioning », *Noûs*, vol. 13, n°3 (1979), p. 361-178.

– « Autonomy and the "Inner Self" » (1980a), dans Christman (1989), p. 77-90.

– « Autonomy and Socialization », *Mind*, vol. 89, n° 356 (1980b), p. 565-576.

ZIMMERMAN D., « Making Do : Troubling Stoic Tendencies in an Otherwise Compelling Theory of Autonomy », *Canadian Journal of Philosophy*, vol. 30, n°1 (2000), p. 25-54.

INDEX DES NOMS

TABLE DES MATIÈRES

Achevé d'imprimer par Corlet, Imprimeur, S.A. - 14110 Condé-sur-Noireau
N° d'Imprimeur : 112274 - Dépôt légal : avril 2008 - *Imprimé en France*